SOUVENIRS

D'UN

MONTAGNARD

PAR

le Comte Henry RUSSELL

Membre des Sociétés Géographique et Géologique de France,
de l'Alpine Club, du Club Alpin Français et de la Société
Ramond, auteur de 16,000 lieues à travers l'Asie et
l'Océanie, etc., etc., etc.

Mirabilis in altis Dominus...

N. B. — La vente de cet ouvrage est interdite

PAU
IMPRIMERIE VIGNANCOUR — L. PALHEILLOU, IMPRIMEUR

1878

SOUVENIRS

D'UN

MONTAGNARD

PAR

le Comte Henry RUSSELL

Membre des Sociétés Géographique et Géologique de France, de l'*Alpine Club*, du Club Alpin Français et de la Société Ramond : auteur de " 16,000 lieues a travers l'Asie et l'Océanie ", etc., etc., etc.

Mirabilis in altis Dominus........

N. B. — La vente de cet ouvrage est interdite.

PAU

IMPRIMERIE VIGNANCOUR. — F. LALHEUGUE, IMPRIMEUR.

1878.

PRÉFACE.

Craignant que la lecture d'un livre exclusivement rempli de récits d'ascensions ne devînt monotone et aride, j'ai cru devoir scinder le mien en deux parties absolument distinctes, l'une consacrée à l'histoire pure et simple de mes courses principales, l'autre à des réflexions pratiques et générales, quelquefois même philosophiques, sur les plaisirs et les périls de l'Alpinisme, ainsi que sur l'ensemble des circonstances qui ont fait naître et développé en moi la passion des montagnes, auxquelles j'ai voué une sorte de culte pendant plus de vingt ans.

Il m'a semblé qu'une vie si excentrique avait besoin d'une justification ou d'une excuse.

En somme, ce livre est une auto-biographie, chose toujours difficile à écrire. Mais j'ai fait de mon mieux. Si j'endors mon lecteur au lieu de le distraire, il me restera du moins l'espoir d'être pardonné par mes amis. et la douce perspective de consoler plus tard ou de poétiser mes derniers jours, en relisant moi-même, quand je ne pourrai plus marcher, l'histoire des émotions qui ont charmé la moitié de ma vie. J'imiterai le soleil, qui se dore et s'embrase vers le soir, en regardant, au moment de s'éteindre, les horizons lointains où il a commencé sa carrière.

H. R.

Penzance, janvier 1878.

PREMIÈRE PARTIE.

RÉFLEXIONS GÉNÉRALES SUR L'INFLUENCE ET LE PLAISIR DES ASCENSIONS, AINSI QUE SUR LES CAUSES, ACCIDENTELLES OU NATURELLES, QUI ONT FAIT NAÎTRE EN MOI L'AMOUR DE LA NATURE ET DES MONTAGNES.

Bien qu'un peu misanthrope, je ne suis pas encore assez indifférent à l'opinion des hommes pour ne pas m'inquiéter du jugement qu'ils porteront sur ce livre, s'ils le lisent. Je crains qu'après l'avoir fermé, le lecteur ne se dise : « A quoi cet être mystique a-t-il servi, et
« que m'a-t-il appris ? Ce n'est qu'un acrobate, ou pire
« encore, un panthéiste. Il a couru partout : il a été
« rêver sans but, sur toutes les plages de l'univers ; il
« a foulé aux pieds presque toutes les plantes connues
« ou inconnues, sans nous en nommer une. Quant aux
« rochers, il en a fait sa table, son oreiller et sa
« maison, et voilà tout. Exclusivement épris du Beau,
« il n'a pas vu autre chose dans la Nature, qui l'a
« ensorcelé. La science ne lui doit rien, car il n'a rien
« analysé ni découvert. Son caractère et ses idées ont

» pris la consistance et la mobilité des nuages, avec
« lesquels sa vie s'est écoulée dans l'égoïsme, loin des
« réalités et des devoirs auxquels il n'est jamais permis
« de se soustraire. Pourquoi vient-il nous raconter des
« ascensions qui se ressemblent toutes ? Pourquoi Blondin
« ou Léotard ne décriraient-ils pas aussi en 300 pages
« et sous ce titre : *Souvenirs d'un gymnaste*, leurs
« émotions sur le trapèze ou sur la corde ? »

Voilà sans doute ce qu'on dira de moi, et pire encore, peut-être avec raison.

Hélas! je ne le sens que trop, je suis un peu sauvage, et ma vie a été une espèce de défi jeté à la civilisation. Dieu me garde de l'offrir comme exemple! C'est une erreur d'être sans carrière, et c'est une faute de traverser la vie sans but pratique et bien déterminé. Le monde marcherait mal, s'il m'imitait ! et toutes les fois que je descends parmi les hommes, je me dis comme Ovide, exilé chez les Scythes :

Barbarus hic ego sum, quia non intelligor illis.

Je sens tout cela, et il n'est pas encourageant d'écrire avec la perspective de passer pour bizarre. Mais ce qui m'encourage, m'excuse et me console, c'est que le monde, tout réaliste qu'il soit, est encore plein d'âmes enthousiastes et virginales qui préfèrent la Nature à la Science, et qui trouveront peut-être quelque intérêt aux aventures et aux caprices d'un simple touriste. On ne fait pas la guerre aux arts et aux artistes ; et cependant, analysons leur but : à quoi servent-ils ? A émouvoir, à plaire, beaucoup plus qu'à instruire. Mais à mes yeux, c'est une mission aussi philosophique et aussi noble qu'une autre, celle qui consiste à se servir de la Nature comme d'un clavier, et à transmettre ensuite à l'âme de nos semblables les émotions qu'elle a fait naître en nous. Qui oserait dire que la contemplation est inutile ? Elle ne peut l'être qu'à ceux qui ne sentent rien.

Ah ! loin de moi l'idée folle et coupable de dénigrer la science et le travail ! Je vénère ceux qui cherchent à sonder les lois et les secrets de la nature, car après la vertu, la science est la plus belle parure de l'homme. Le véritable roi de la création, c'est le savant, et non pas le poète. Mais voudrait-on nous persuader pour cela qu'un simple touriste ne sert de rien ? Je repousse cette doctrine. Et je dirai même plus, l'explorateur doit précéder le naturaliste. Que deviendrait en effet celui-ci, perdu avec ses appareils scientifiques au milieu du brouillard, et dans des précipices que personne n'aurait vus avant lui ? La préservation de sa propre vie l'intéresserait plus que tout le reste, et il n'hésiterait pas à laisser là ses instruments pour se sauver lui-même.

Connaître les lieux, c'est une espèce de science, et comme il suffit pour cela d'être bien portant et enthousiaste, je ne conçois pas que les jeunes gens négligent tant les montagnes. Outre le plaisir extraordinaire qu'ils y trouveraient, ils devraient se convaincre que même sans être des Agassiz ou des Saussures, ils pourraient rendre de grands services. Sans faire de collections, sans prétentions et sans efforts, sans même se détourner de son chemin, il est toujours facile de ramasser quelques cailloux, de bien décrire l'itinéraire qu'on a suivi, montre et boussole en main, de découvrir de nouvelles routes, d'observer en passant les couches géologiques, les plantes et la température. Sans étudier la botanique, on peu apprendre à reconnaître certaines plantes rares, et fixer à peu près leurs frontières naturelles : rien de tout cela n'est inutile. On peut, sans s'arrêter, noter la direction et les virements du vent, observer la couleur si variable de la neige, et tous les phénomènes étranges qui accompagnent souvent le tonnerre et la grêle. Bien plus, dans des montagnes dont on connaît les proportions, on en arrive à deviner, sans baromètres et sans calculs à 30 ou 40 mètres de près, la hauteur où l'on est parvenu, surtout si on observe les plantes. Ainsi dans les Pyrénées, les hêtres arrivent à 1,600 mètres ; la limite des sapins, ainsi que des bouleaux, se trouve un peu au-dessus de 2,000 mètres, tandis que les génévriers, les pins, les aunes et les rhododendrons disparaissent à 2,500 mètres. Il n'y a pas besoin, pour découvrir tout cela, de regarder dramatiquement autour de soi, ou de porter une cravate blanche, avec les yeux en l'air : il suffit parfaitement de n'être ni paresseux ni ignorant. A ce prix le touriste peut être le bras de la science, dont le savant est l'œil.

Mais j'irai même plus loin, pour réhabiliter le simple touriste. Car on a beau être pénétré du plus profond respect pour les savants, je ne sais comment on oserait nier, qu'après tout, le mystère est un des plus grands charmes de la nature, et en connaîtrions-nous toutes les lois, qu'il serait encore permis de se demander si cela tournerait énormément à l'avantage de notre bonheur.

La nature est autre chose qu'un laboratoire : c'est un spectacle et une école. D'ailleurs les choses que l'on comprend le moins sont souvent celles qui plaisent le plus. Qu'est ce que la mélodie, l'harmonie et l'amour ? Qu'est ce que le Beau ? Et même dans l'ordre purement physique, sait-on et saura-t-on jamais exactement ce que c'est qu'un fluide ? Qu'est-ce que l'affinité chimique, et le sommeil ? Le saura-t-on dans dix mille ans ? Il est probable que non, et nous n'y perdrons rien.

Nous n'avons pas besoin de savoir décomposer les rayons du soleil pour l'admirer quand il se couche, et lorsque nous voyons briller dans le regard de l'homme les grands éclairs de la passion, de la douleur et du génie, peu nous importe de savoir ce que c'est que la cornée, la sclérotique et les humeurs aqueuses! Les choses vraiment sublimes, nous les sentons, mais nous ne les apprenons pas, et nous les comprenons bien moins encore. Notre âme est avant tout mystique: les faits et les réalités ne lui suffisent jamais. Elle est éprise de l'Infini et du mystère, et elle aime à bondir librement dans l'espace comme les étoiles, les oiseaux et le vent.

C'est pour cela qu'après avoir vécu sur les montagnes, on y revient toujours, comme si la vie s'y changeait en roman. Face à face avec la nature dans les brillants déserts de la montagne, notre âme rayonne avec l'Aurore: elle s'allume aux ardeurs de midi: elle s'assoupit et elle s'endort avec le jour, elle se réveille plus pure que lui. De là cette douce simplicité de la vie pastorale, que les poëtes ont tant chantée. Si l'innocence quittait la terre, elle s'arrêterait en chemin sous le toit du pasteur.

Hélas! moins que tout autre, le Français goûte ces choses, parce qu'il déteste la solitude. Il est le roi du monde par son intelligence: mais la contemplation ne lui va pas, et il est trop sociable pour aimer à rêver. Cette indéfinissable ivresse morale que donnent la vie nomade et libre, le vent, la mer et les déserts, semble être un privilége des races du Nord, et surtout des Anglais. C'est une passion, même chez les femmes. Il y a quelque chose d'Alpestre dans le génie Anglais, génie dominateur, nuageux et libre, épris de la tempête et des sublimes désordres. On le devine à la littérature. Tandis que le génie Français aime avant tout la règle et l'ordre ; il est discipliné, toujours correct, et moins aventureux. Il est la négation de la rêverie. Aussi, quelle admirable clarté brille dans la langue Française ! Comme la syntaxe y est impitoyable ! La France est le pays géométrique par excellence, où le militarisme envahit tout, même la pensée et l'imagination. L'esprit français est plutôt juste que poétique. Il n'aime pas les folies, même quand elles sont sublimes.

Quelle horreur du désordre et du vague ! Et quel amour de la ligne droite, des peupliers bien rangés en bataille, des contours nets et arrêtés ! N'y aurait-il pas quelques analogies entre l'horizon et le caractère ? Je l'ai souvent pensé. Pour ne parler que de l'Angleterre, voyez ces paysages humides, voilés, ces horizons indéfinis, ces contours onduleux : voyez cette molle verdure, ces vallons veloutés où semblent dormir, au bord des fleuves ou des lacs vaporeux, des troupeaux, des bergers et des bois... Voyez ces brumes légères et blanches où apparaissent de vagues profils de châteaux, de villages, et de clochers tout habillés de lierre.. La lumière du soleil a l'air de s'attendrir en descendant sur ces tableaux paisibles et pastorals, où elle se fait plutôt sentir que voir. Les nuages caressent le sol et voilent toutes ses aspérités ; les rivières tournent toujours, comme les routes : on ne voit rien de rectiligne, le vent vient de partout, et l'on dirait en vérité qu'un souffle de liberté a passé là jusque dans les caprices de la Nature... N'y a-t-il pas dans tout cela, comme un lointain reflet du caractère anglais ? Libre et fier avant tout, excentrique et nuageux, il est également triste et tendre comme l'horizon crépusculaire du Nord.

Comment ne pas devenir rêveur, dans un milieu si vague? Or pour rêver, il faut être seul, et pour les races méridionales, la solitude, en général, est une torture.

Si j'osais, à propos de montagnes, comparer deux grands peuples, la France et l'Angleterre, il me semblerait voir, d'un côté, une horloge d'une perfection inimitable, et de l'autre le soleil. L'une est une vraie merveille de mécanisme et d'art, que tout le monde est obligé de consulter : mais elle s'arrête si on oublie de la monter tous les matins. L'autre voyage dans l'espace, et il échappe à l'analyse : mais sa carrière est éternelle, et dans sa solitaire grandeur il ne relève que de lui-même.

Quant à moi, je rêvais à douze ans, et les montagnes surtout me fascinaient déjà. Cette passion a duré. Même aujourd'hui, quand je m'allonge au grand soleil sur une pelouse, à 2,000 mètres au-dessus des plaines, près d'un torrent et d'un sapin, j'éprouve un tel plaisir, surtout après avoir dompté une montagne difficile, que je n'échangerais pas mon site alpestre contre tous les trônes de l'univers : car mon bâton ferré me semble moins lourd qu'un sceptre. Et quand je couche sur le sommet d'un pic, je suis encore bien plus heureux. Qui donc saurait décrire la virginale magnificence de ces levers de soleil sur des montagnes blanches comme les pôles, ou violettes d'épouvante après une nuit d'orages? De telles splendeurs électrisent l'âme la plus morose et la plus sombre : rien n'y résiste.

Cette vie profite d'ailleurs autant au corps qu'à l'âme. Elle est moins dure qu'on ne le pense. Par le beau temps, on s'habitue bien vite à coucher en plein air, même à de grandes hauteurs, et l'abaissement de la température nocturne est loin de correspondre à l'altitude où l'on se trouve. Parfois il fait plus chaud pendant la nuit sur les montagnes que dans la plaine! C'est rare, mais ça s'est vu. Croyons-le, la nature, malgré tous ses caprices, est plus hospitalière qu'on ne se l'imagine.

Quant aux dangers des ascensions, on peut tellement les diminuer par la prudence, que pour un montagnard solide et sage, ils se réduisent presque à zéro. C'est à de véritables actes de folie (parmi lesquels je classe celui de tenter les ascensions les plus scabreuses sans expérience), que l'on doit attribuer l'immense majorité des catastrophes alpestres.

A mon avis, le mauvais temps est le plus grand ennemi du montagnard. Que de victimes il a faites dans les Alpes! Le froid, la grêle et la fureur du vent peuvent tuer un homme bien vite, sans compter le tonnerre. Mais tout cela peut se prévoir plusieurs heures à l'avance, et à moins d'être sur un immense glacier, ou entouré de précipices, on est presque toujours sûr de trouver un abri. Il le faut bien: car comment vivre sous une mitraille de pierres, et de grêlons gros comme des œufs de poule? C'est presque une canonnade.

Les avalanches sont aussi très-dangereuses. Toutefois, elles suivent en général un lit connu: elles tombent à certaines heures et dans de certaines saisons; en sorte qu'un œil prudent et exercé peut conjurer même ce péril si grave. Les « pluies de pierres », les rochers qui descendent comme la foudre, doivent aussi inspirer une terreur salutaire. Mais l'oreille et les yeux sont ici très-utiles. Si on est sur la neige, on y voit des sillons, tracés partout où ces rochers ont l'habitude de se précipiter. Il faut passer ailleurs. Si c'est sur la terre ferme, on les entend venir: il n'y a qu'à s'échapper, ou bien à se cacher : il est très-rare qu'on ne puisse faire ni l'un ni l'autre.

Je ne parle pas des chûtes et des faux pas. Si l'on est maladroit, il faut vivre dans la plaine. Et je n'aime pas à parler de l'usage de la corde, car chacun a son opinion là-dessus. On a plus discuté la corde que la valeur du *lime-juice* comme anti-scorbutique, dans les dernières Expéditions Arctiques, et ce n'est pas peu dire! Ce que tout le monde admet, c'est que sur les glaciers, quand ils sont labourés de crevasses que la moindre couche de neige rend invisibles, la corde est un *sine quâ non*. La négliger alors est une folie. Car il est clair que si l'on sombrait *seul* dans une crevasse un peu profonde (et il y en a qui ont des centaines de mètres de profondeur), la mort serait certaine. Tandis qu'à deux ou trois, bien attachés ensemble à quelques mètres d'intervalle, si l'un enfonce, le poids des autres l'empêche de s'engloutir. Là-dessus tout le monde est d'accord.

Mais sur des pentes unies de neige, de glace ou de névé, très-inclinées et sans crevasses, que faut-il faire ? C'est discutable. Il faut suivre ses instincts. Quant à moi, je préfère ne jamais m'attacher sur un talus de glace, fut-elle dure comme du fer ; et plus elle est à pic, plus grand, à mon avis, est le danger de s'attacher : car je ne vois pas comment, dans ce cas là, la chûte d'un seul touriste n'entraînerait pas forcément celle de tous les autres. La catastrophe du Mont-Cervin l'a tristement prouvé !

Et je vais même plus loin ; car bien que les paradoxes aient rarement le sens commun, je crois que jamais un montagnard n'acquerra la qualité qui lui est le plus nécessaire, c'est-à-dire une confiance presqu'illimitée en lui-même, s'il ne s'est pas trouvé très-souvent seul dans le brouillard, la neige et la tempête, au beau milieu des précipices, ne dépendant, après la Providence, que de lui-même. Il m'a souvent semblé qu'à deux, on s'intimide mutuellement. C'est justement parce qu'on peut compter sur son voisin, que l'on devient pusillanime. On est plus brave dans les montagnes quand on est seul. C'est un bonheur d'être deux, c'est une leçon d'être seul.

Du reste, en face de la nature, et avec Dieu, la solitude n'est pas sans charmes, surtout dans les montagnes. Quels retours on y fait sur soi-même, en regardant ces immobiles et prodigieux colosses dont la durée et l'éternelle jeunesse rappellent à tout moment la petitesse de l'homme et sa fragilité ! Celui qui les avait aimés dans son enfance, et qui s'y traîne dans sa vieillesse, croit rajeunir soudain de toute sa vie, en n'y trouvant rien de changé. Les torrents coulent dans le même lit, leur mélodie sauvage a la même note, et les mêmes fleurs colorent les mêmes pelouses. Les arbres seuls ont grandi. Dans le royaume des neiges, le vent a conservé cette voix furieuse qui renverse tout, excepté les montagnes. Les grands glaciers reprennent chaque soir leur manteau d'écarlate : la neige s'y mêle au feu, le céleste au funèbre, et les teintes désolées du couchant, en rappelant solennellement au montagnard les tristesses et la fin de la vie, viennent redorer la sienne. Tout se passe comme il y a cinquante ans, comme il y a cinquante siècles...... Et lui, pauvre pèlerin toujours changeant et aujourd'hui caduque, que lui reste-t-il donc de ses beaux jours ? Il a changé vingt fois de caractère et d'opinions, son cœur s'est endurci, il n'a plus d'illusions, il n'a plus de cheveux ; et lui qui fut si jeune, lui qui escaladait les monts plus vite que le soleil, il marche à peine, il n'y voit plus ! Toutefois comme au marin, comme au soldat, l'honneur lui reste d'avoir fait quelque chose de sa vigueur et de sa vie : et ces pages ne seront pas perdues, si leur auteur a pu arracher quelque vaillant caractère aux artifices et à la corruption du monde, pour le ramener dans les chemins honnêtes et oubliés de la nature. N'oublions pas qu'on est ce qu'on veut être. Le plus grand fat peut devenir un tueur d'isards, le plus brave homme un scélérat et le plus grand pécheur un saint. Il ne s'agit que de vouloir et de se bien porter, pour devenir un grimpeur émérite, ce qui n'est pas du tout à dédaigner. Un plaisir innocent n'est jamais inutile, et l'enthousiasme est toujours une bonne chose.

Et pourtant, j'ai passé tant d'années à courir les montagnes, j'ai si longtemps envisagé la vie civilisée comme un fleuve plein d'écueils, n'en suivant que les rives, pour ne pas m'y noyer, que j'ai besoin de m'excuser.

Mes excuses, les voici.

Mes excentricités ont tenu à bien des causes. Doué d'une santé à toute épreuve, passionnément épris de la nature et de la liberté, ardent comme un soleil d'Asie, triste comme l'automne et nomade comme le vent, j'ai passé ma jeunesse à parcourir capricieusement le monde, de l'équateur aux mers polaires, en ne lisant que Lamartine, Châteaubriand, Byron, Bernardin de St Pierre, et plus tard, Tennyson. Il y avait certes de quoi me rendre mystique, et même un peu sauvage... d'ailleurs ces goûts sont très souvent innés, et ils l'étaient en moi.

J'ai regretté trop tard de n'avoir jamais eu de carrière.

C'est la plus grande erreur du monde, que d'être trop libre. Mais que ce soit ma faute ou non, je n'ai jamais franchement aimé la vie civilisée. J'ai cru ou j'ai voulu l'aimer pendant plusieurs années : elles ont été les plus amères de toute ma vie.

Mes jours les plus heureux ont été ceux où n'ayant pas encore vingt ans, je bondissais comme un chamois sur les belles neiges des Pyrénées, ou sur les plages fuyantes et monotones où se touchent trois déserts : le sable, le ciel et l'Océan. J'aimais aussi passionnément l'Ouest de l'Irlande, les comtés de *Galway* et de *Clare*, avec leurs landes pierreuses, leurs ruines aussi sinistres que leurs légendes, leurs arbres tordus, toujours penchés vers l'Est, et comme assassinés par l'ouragan des mers.

La poésie de la désolation avait pour moi un charme inouï. J'aimais les côtes stériles et tourmentées de la baie de *Bantry*, ses ciels sauvages, et les falaises tombant à pic de 600 mètres au bout de l'île d'*Achil*; mon imagination partait pour l'Amérique, quand je voyais ces promontoires perdus aux confins de l'Europe, dont les derniers lambeaux s'évanouissaient au loin dans les fureurs et dans l'écume de l'Atlantique. Quel vent il y soufflait toujours ! Mais plus le temps était affreux, plus j'en jouissais, et mon plus grand bonheur était d'aller braver la rage des éléments, tout seul et sans abri, sur des caps déchirés par les vagues, les rafales et la pluie. Saturé jusqu'aux os, je restais là des heures entières, sur des rochers décolorés et nus, à écouter ce vent sonore des mers, qui sent l'immensité, plus que tout autre. J'étais comme enivré par la nature, dont j'aimais les colères, au moins autant que les sourires. Etre fort et être heureux me semblaient la même chose. En plein hiver, j'allais casser la glace pour me baigner!....

Folies! me dira-t-on. Folies peut-être : mais puisque nous sommes tous condamnés à en faire, est-ce que celles-là ne valent pas mieux que beaucoup d'autres? Elles sont du moins bien innocentes. D'ailleurs tout ce qui rend viril et fort, élève aussi le caractère.

A 22 ans, je passai quelque temps à Paris, mais je partis bientôt pour le Pérou. A peine revenu, je repartis pour l'Amérique du Nord, et dix-huit mois après, je traversais la Sibérie en plein hiver pour aller à Pékin, d'où j'allai au Japon, en Australie, dans la Nouvelle Zélande, et puis enfin, dans l'Inde, où je restai un an. On voit combien j'étais nomade. Même à Paris, un vague ennui me poursuivait partout. Mais la vue d'une mappemonde, à l'étalage d'un magasin, avait sur moi un effet magnétique. Que de souvenirs, que de désirs elle réveillait en moi ! Je ne voyais plus qu'elle, je n'entendais plus rien. Que peut donc dire, à ceux qui ont entendu le vent ou le tonnerre dans les montagnes et les forêts de l'Amérique et de l'Asie, le bruit vulgaire et monotone des lourds carrosses qui roulent les hommes, avec leur luxe, leurs vices et leurs ennuis?

Il me semblait revoir les plaines soporifiques de l'Inde, et les monts effrayants qui défendent le berceau de ses fleuves, la Sibérie avec ses deux milles lieues de cèdres, de neige et de bouleaux, et le glacial *Gobi*, dont les hideux déserts, traînant à perte de vue leur misère infinie, fesaient pourtant bondir mon cœur de vingt-cinq ans!

Telles étaient mes pensées au milieu de Paris, à la vue d'une mappe-monde! Elle évoquait en moi le souvenir des jours les plus utiles et les plus beaux de ma première jeunesse, et me rendait odieux la vue d'une ville.

Un jour, un dimanche soir, je fus saisi d'une telle

tristesse, que je me réfugiai à la Madeleine, loin du fracas des rues, juste au moment de la bénédiction. L'encens montait en nuages aromatiques, et l'édifice était rempli d'une mélodie vague et superbe, non pas de cette musique énervante et profane du théâtre, mais d'une harmonie sainte, empreinte d'une volupté surnaturelle, et de toute la tendresse, la poésie, le mystère et la gloire que rêve, sans les trouver sur terre, une âme éprise de Dieu. La musique n'est-elle pas la voix de la prière, autant que de la passion? Et qu'est-ce que la peinture ou la parole auprès de la poésie des sons? Quand l'orgue en pleurs gémit sous les voûtes catholiques et nous enivre d'une pieuse tristesse, ne nous semble-t-il pas voir s'entr'ouvrir devant nous les portes de l'infini et la patrie des séraphins? Notre âme se sent alors des ailes magiques, et dans la mélodie, elle s'évanouit en Dieu.

Je sortis à moitié consolé, laissant aux Pyrénées le soin d'achever ma guérison.

Les Pyrénées!.... On le voit, j'y reviens de partout et toujours. Et cependant, plus d'une fois je leur fus infidèle............ Plus d'une femme a manqué me ravir aux montagnes... Car où est l'homme que n'a jamais halluciné l'amour? Il serait bien à plaindre! Mais tel que je l'entends, le bonheur conjugal n'est possible que dans le cas bien rare où deux êtres s'aiment éperdûment, et autant l'un que l'autre. Sans un amour immense et partagé, sans les reflets surnaturels dont il colore le cœur, la vie à deux me semble pire que la mort: mieux vaut mille fois vivre seul, et se jeter dans le sein de la nature. Mais le bonheur de ceux qui s'aiment passionnément doit faire envie aux anges. Il est si beau et si touchant, ce rêve de deux êtres enchaînés l'un

à l'autre, l'un pour conduire, et l'autre pour consoler !
C'est comme la flamme, où la lumière et la chaleur se
mêlent et se confondent. Malheureusement, cet amour-là
est rare.

La triste nécessité, imposée par le monde, de faire
entrer dans le mariage des calculs prosaïques et vulgaires,
et de faire taire son cœur, a aussi contribué à me rendre
misanthrope, et à me faire rester célibataire. Il n'y a
pas de tyran comme le monde, car même en Angleterre,
où les mariages sont encore romanesques, il est presqu'impossible de n'écouter que ses prédilections, et de
choisir sa femme. Et cependant, je ne vois pas que les
unions artificielles et contre nature aient de bien merveilleux résultats !

Les âmes ont leur climat, et la passion ne s'y greffe
pas. L'amour y vient tout seul, ou pas du tout.

D'un autre côté, je ne croirai jamais qu'il faille
combattre une grande passion, quand elle est pure. Ce
n'est même pas honnête. Je n'admets pas non plus qu'elle
finisse toujours mal, ou que la faim l'éteigne : car au
contraire, les ménages pauvres sont presque toujours
les plus heureux, les plus unis : ce sont surtout les
riches qui s'aiment froidement ou pas du tout. Le
divorce-court est là pour le prouver. Enfin je me refuse
à croire que le meilleur climat du cœur soit la zône
tempérée. J'aime les tropiques.

On le voit donc, je suis, sur des questions brûlantes,
en guerre ouverte avec le monde : c'est pourquoi j'ai
vécu comme ces fleurs solitaires et sans nom qui s'épa-
nouissent au sommet des montagnes, entre le ciel et
la neige, et meurent avant qu'on ne les ait cueillies :
et je rendrai peut-être à Dieu, sans avoir pu en faire
usage, le plus beau don qui nous descende du ciel.

Je ne veux pas parler de politique : elle serait déplacée dans ces pages. Sans cela, j'en aurais long à dire. Il est sûr que l'état politique et social de l'Europe a de quoi rendre un peu morose et insociable. Je vois inscrit partout le mot : " *Fraternité* " : c'est " *Fratricide* " qu'il faudrait mettre. La désunion devient universelle.

La société me semble, politiquement, malade, agonisante et mystifiée.

Quant au monde des salons et des bals, c'est autre chose. Qui oserait nier ses séductions ? Et qui pourrait sortir de là comme il y était entré ? Il faudrait être un Saint Jérôme ou un glaçon. Mais si un bal semble idéaliser la vie, ce n'est qu'à la façon du chloroforme ou du haschish. Ça ne dure qu'un instant. Ses joies fébriles, ses illusions et ses ivresses se payent trop cher. Le plaisir est souvent le tombeau du bonheur, et le monde ne vaut pas toute la peine qu'on se donne pour lui plaire. Voilà du moins ce que j'en pense, après avoir tout essayé pour y trouver le secret du bonheur. Je n'ai pas réussi : loin de là !

Personne n'a plus aimé la valse que moi : c'était un vrai délire. Et cependant, combien de fois, électrisé par le grand air à la sortie d'un bal, ému par le silence auguste d'une nuit sans nuages, et rajeuni par la brise de l'Orient, combien de fois je me suis dit, en me retrouvant seul et tout-à-coup en face de la nature à quatre heures du matin : « Qu'ai-je été faire
« dans l'atmosphère empoisonnée des faux plaisirs et
« des passions ? N'y ai-je pas flétri mon cœur et ma
« santé ? N'y ai-je pas laissé le plus pur de moi-même ?
« Quelle comédie et quelle folie ! »

Si j'y allais avec plaisir, c'était toujours avec bonheur

que j'en sortais, surtout quand je voyais à l'horizon les neiges lointaines des Pyrénées, argentées par la lune ou l'aurore. Devenu philosophe en moins de cinq minutes, cherchant dans la nature le salutaire oubli de mes folies, je ne comprenais plus alors comment le monde avait pu me séduire, et le remords dans l'âme, je fesais seul de longues promenades, en attendant le réveil des oiseaux et du jour.

Des mille plaisirs que j'ai goûtés dans les salons, celui qui m'a toujours le plus charmé, ravi, enthousiasmé, c'est la musique. Elle me fesait tout oublier. La poésie mystique et passionnée des sons est certainement ce que les hommes ont inventé de plus divin. Elle me transporte au septième ciel, surtout quand elle est triste : car la mélancolie a des charmes infinis. Les anges eux-mêmes doivent en avoir un peu. Notre âme et la musique sont sœurs. La mélodie nous jette parfois dans une extase que jamais la parole n'aura le don de remplacer ou de traduire ; elle est plus douce que la verdure à l'œil, et même que l'espérance au cœur. Quelle plume définira jamais cet art plein de mystère et de tendresse ? Oui, c'est bien l'art divin par excellence, car nous sentons le ciel, et nous croyons le voir, quand notre âme s'assoupit, se balance et s'endort sur les ondes mélodiques.

Eh bien, j'aime mieux encore la voix terrible et triste de l'Océan, le bruit mystique des cascades ou des vagues au milieu de la nuit, et le souffle embrasé du Simoun, quand il gémit sous les sapins brûlants des Pyrénées.

De tout ce qui précède, il résulte que mon livre est nuageux, excentrique, et peut-être même un peu morose. Et il fera peut-être sur ceux qui le liront, l'effet d'un narcotique. Est-ce tout-à-fait ma faute ?

Il est aussi très-égoïste, défaut beaucoup plus grave. Il n'y est question d'un bout à l'autre que de moi-même.... Mais comment l'éviter, dans un récit tout-à-fait personnel? Car ce n'est pas un " *Guide* " que j'ai voulu écrire : c'est une histoire ou une série d'ascensions de montagnes.

Si j'ai presque déifié la nature, si je l'ai trop aimée, j'ai du moins une excuse, c'est que jamais elle ne m'a fait verser de larmes : et je n'en puis pas dire autant des hommes.....

Si mes explorations ont été inutiles à la science, qu'on me permette de dire, pour ma défense, que c'est pour moi, et non pas pour les autres, que je m'y suis livré. C'était une vocation : je l'ai suivie. Je ne m'en repents pas, et c'est la main sur la conscience et sur le cœur que je puis m'écrier : qu'elles soient trois fois bénies, les heures et les années que j'ai passées dans ces régions sereines et lumineuses d'où l'on revient toujours plus pur et plus heureux. Elles ont été les plus tranquilles et les plus innocentes de ma vie. On aura beau les croire perdues, comment pourrais-je les regretter, si j'ai appris dans la sainte solitude des montagnes à trembler devant Dieu, à oublier ceux qui m'ont fait du mal, et à calmer un cœur trop orageux pour être longtemps heureux parmi les hommes ?

SECONDE PARTIE.

ASCENSIONS.

UNE NUIT D'AUTOMNE ET DE TEMPÊTES PASSÉE SEUL A LA BRÈCHE DE ROLAND (2804 MÈTRES), EN DESCENDANT DU MONT-PERDU (3351 MÈTRES).

En septembre 1858, quelques semaines avant de traverser la Sibérie pendant l'hiver (peut-être pour m'habituer au froid ?), je conçus le projet insensé d'aller de Luz au haut du Mont-Perdu et d'en revenir en 24 heures (entre deux minuits), par la Brèche de Roland et Gaulis, le seul itinéraire qui fût alors suivi : car ce ne fut qu'un ou deux ans plus tard que l'intrépide chasseur et guide Laurent Passet (père de Henri Passet, qui continue ses traditions) parvint au Mont-Perdu directement par le Nord-Ouest et la Hourquette de l'*Astazou*, chemin nouveau qu'il me laissa l'honneur de livrer avec lui au public en **1861**, car il n'avait encore fait profiter aucun touriste de sa belle découverte.

L'horloge mélancolique de Luz sonnait minuit quand je quittai cette petite ville pour Gavarnie, seul et à cheval. Malheureusement mon petit poney, une fois loin de chez lui et loin des hommes, fut pris de convulsions, de spasmes nerveux, d'éternûments et de terreurs fiévreuses. Il s'arrêtait, flairait le sol, se dérobait : bref, j'étais menacé d'une chûte de 200 mètres dans les abîmes où le torrent roulait en mugissant sous les ténèbres. Du reste, je crois qu'en général la nuit effraye les animaux, et surtout les chevaux. Ils n'y voient rien, et ils ont peur de tout. Distrait moi-même, je m'arrêtais aussi pour écouter le vent d'automne qui caressait les feuilles mourantes, et s'envolait en gémissant, comme un esprit de la forêt.

Mon cheval me gênait : aussi je fis à pied une grande partie des dix-neuf kilomètres qui séparent Luz de Gavarnie, où j'arrivai à cinq heures du matin, avant l'aube. Là je pris du café, à l'excellent hôtel Vergez, je congédiai mon cheval, et je montai vivement sur les parois occidentales du cirque, où le soleil, qui m'avait devancé, jetait déjà des lueurs vermeilles.

A la *Brèche de Roland* (2804 mètres), où j'arrivai avant dix heures, je m'arrêtai pour déjeûner, en regardant avec bonheur les pics brûlés de l'Aragon, déjà tout veloutés par la chaleur, et les sapins de la profonde vallée d'*Arras*, baignés dans une vapeur tremblante, annonçant trop l'orage.... Mais sur la Brèche elle-même il fesait froid et clair, et la silhouette neigeuse des cimes élevées se profilait avec une telle netteté sur le limpide azur du ciel, que je m'attendais peu à ce qu'une si belle journée pût mal finir.... A l'Est, de longues et onduleuses terrasses toujours couvertes de neige, fuyaient au loin sous le soleil qui les fesait étinceler. C'est là qu'en avançant un peu, j'allais apercevoir le Mont-Perdu, dont la vue seule ferait bouillir mon sang. Mais ces ardeurs sont inconnues à l'homme des plaines, à qui on ne fera jamais comprendre le magnétisme et le prestige des cimes neigeuses se détachant en blanc sur un ciel bleu ou noir. Les richesses et la gloire ont pourtant moins de séductions. Dans ces journées caniculaires où tout dort, jusqu'aux heures, il semble que des sapins, un précipice et une cascade, dominés par des neiges éternelles, suffisent pour le bonheur!

Heureux comme un enfant, je descendis au Sud-Est, en Espagne, sur les pelouses désertes du *Millaris*, pour remonter de là au Nord, aux cabanes misérables de *Gaulis*, que les bergers avaient déjà quittées.

Seul, toujours seul, et poursuivi par de gros nuages que je n'avais pas encore vus, mais qui montaient à toute vitesse des gorges d'Espagne, je grimpai au Nord-Est, à pas accélérés, sur les interminables terrains calcaires et caillouteux du versant Sud du Mont-Perdu : j'escaladai comme un chamois ses " cheminées " à pic, et alors légendaires, et à trois heures, j'étais sur le sommet, où je trouvai une caravane et quelques guides de Luz: mais comme ils allaient tous à *Fanlo*, en Espagne, je les quittai, et au plus vite, car nous étions cernés par un brouillard glacial et sombre, n'annonçant rien de bon. C'était vraiment trop dur, d'avoir gravi trois fois le Mont-Perdu en un été, toujours pour ne rien voir !

Mais j'eus bientôt un autre sujet d'angoisses, beaucoup plus grave. Cette année-là, les éléments conspiraient tous contre moi. Il n'y avait pas une heure que je redescendais, quand le tonnerre commença à rouler sous mes pieds, où, en deux heures, s'étaient amoncelés d'immenses nuages électriques. Bientôt l'éclair vint déchirer ces masses compactes; il faisait tantôt froid, tantôt chaud, et des rafales intermittentes passaient dans mes oreilles, comme le vent d'un boulet; puis tout-à-coup, il faisait calme. Toute la nature semblait inquiète ou hésitante.....

Mais cela ne dura pas longtemps. Le vent, devenant de plus en plus violent, chassait de bas en haut des tourbillons de neige qui rayonnaient en éventail jusqu'au zénith. On aurait dit une aurore boréale. Puis il souffla avec une vraie fureur. L'anxiété me gagnait. Les nuages se déchiraient maintenant, et je voyais alors la cime du Mont-Perdu, si brillante le matin, ayant à présent l'air d'un spectre ou d'un sépulcre. Il faisait peur. Un rayon fugitif de soleil reparaissait parfois dans les ténèbres et dans le vent: mais sa lumière était horrible. C'était le soleil rouge des pôles.

Comme je fuyais vers la Brèche de Roland, pour essayer d'y arriver avant la nuit! Je courais en montant: j'avais des ailes, car l'inquiétude en donne, et heureusement j'étais sûr de mes forces. Ce que je redoutais le plus, c'était de m'égarer. Une fois perdu dans les montagnes par ce temps-là, on n'en sort guère vivant.

La neige avait tout effacé, tout enseveli comme sous un suaire immense; car bien qu'il en tombât fort peu du ciel dans les lieux abrités, celle des cimes tournoyait en spirales, qu'un vent féroce chassait partout, comme la fumée d'une capitale en feu. N'y voyant plus à vingt pas devant moi, et n'ayant rien pour me guider, je ne sais quel instinct me menait vers la Brèche. Fuyant, fuyant toujours, je traversai le Millaris dans une tempête de grêle, et j'arrivai en vie, mais voilà tout, à la Brèche de Roland, quelques instants avant la nuit.

Mouillé, gelé et harassé, sans vivres, sans même une goutte de vin, sans couverture et *seul*, il me fallait ainsi passer une nuit polaire au haut des Pyrénées, dans l'ouragan et l'électricité. Quelle perspective ! Il y a bien un abri, à deux pas de la Brèche de Roland : mais ouvert aux trois quarts, à quoi me servait-il ? La neige et les rafales entraient partout.

Jamais, sur l'Océan lui-même, le vent ne souffle comme sur les hautes montagnes à l'équinoxe. Il gronde plus fort que le tonnerre, qu'on n'entend plus. Les rochers vibrent comme un bourdon qui sonne, et l'on s'étonne qu'ils restent en place. Du reste, j'ai souvent vu voler des pierres comme de la paille. Quand on est seul à de pareils moments, on croit vraiment sentir la mort qui passe.

Et pourtant, malgré tout, il me restait assez de force et d'enthousiasme pour jouir des effroyables batailles que se livraient les éléments autour de moi. Comment ne serais-je pas tombé à genoux, quand juste avant la nuit, je vis surgir d'une mer de nuages pleins de foudre et d'éclairs, cent kilomètres de pics rougis par le soleil couchant ? On aurait dit un archipel d'îles infernales, ou les écueils de la Patagonie, à l'arrivée des nuits australes. Comme l'horrible et le beau se ressemblent !

Inutile de décrire les horreurs de cette nuit désastreuse, qui dura plus d'onze heures, et où je serais mort de froid si je m'étais assis. Je passai tout mon temps à marcher au midi de la Brèche et à me flageller à tour de bras.

Quand le jour vint, la neige cessa, le vent tomba, et je songeai à redescendre à Gavarnie. Mais comment faire? Le sentier de la Brèche n'est jamais bien facile à trouver, même par le plus beau temps du monde. Comment descendre dans le brouillard, sans carte et sans boussole, et sur une couche épaisse de neige qui cachait tout? Naturellement, je me perdis; et on ne devinerait jamais comment je me tirai d'affaire.

Comme tous les sens se surexcitent en présence du danger! Comme on les utilise alors!... Comme on voit loin, et comme on entend bien! Aussi, les accidents arrivent rarement dans les endroits dangereux. On a les sens trop éveillés pour cela, et ils sont tous sur le " qui-vive ".....

C'est au tonnerre de la cascade de Gavarnie que je dus mon salut, en opérant, dans un brouillard impénétrable et sur la neige, une des descentes les plus scabreuses que j'aie faites de ma vie. Me trouvant au sommet d'une effrayante paroi à pic, j'entendis la cascade à ma droite, beaucoup trop près de moi, d'où je conclus qu'en obliquant à gauche, je retrouverais la direction voulue : car la cascade ne s'entend pas du tout dans cette descente. J'étais évidemment vers le milieu du cirque, et appuyant beaucoup à gauche, j'arrivai en effet aux escaliers des *Sarradets*, où je quittai enfin la neige. J'étais sauvé.... Une demi-heure après, j'entrais chez Palasset, à la *Baraque* du cirque, où l'on avait déjà désespéré de moi, et où je fus comblé de soins bien nécessaires, car j'étais exténué.

On me soigna si bien, là et à Gavarnie, qu'on me fit presque aimer la vie civilisée! Mais aussi, quel soleil il fesait! Jamais je n'ai si bien compris le rôle qu'il joue dans la nature et dans la vie!

LE LUSTOU [3,025 MÈTRES].

Le midi ! Quel prestige dans ce mot ! Que de rayons, que de couleurs, quelles images il évoque ! Chacun aime son pays ; mais c'est autour des régions lumineuses de la terre, que l'imagination de presque tous les hommes gravite avec le plus d'amour. Quelle âme ardente et jeune, avant de faire naufrage sur les écueils ou les glaces de la vie, ne s'est pas emportée sur les déserts de l'Inde ou de l'Afrique ? Et qui n'a pas, au moins une fois, rêvé aux sables, aux caravanes et aux panthères ? Quelle imagination n'a pas été frémir, sur le char embrasé du soleil, dans ces forêts sonores que font pâlir les éclairs des tropiques ? Les froids pays du Nord n'ont pas tant de prestige. Sans doute il y a de la poésie derrière le vent du pôle : mais c'est un peu celle du cimetière : et bien que tous les hommes trouvent leur patrie splendide, fût-elle un *Ice-berg*, ils conviennent tous aussi qu'elle se dépoétise en l'absence du soleil.

D'ailleurs, dans l'ordre purement psychologique lui-même, qui pourrait nier l'influence du beau temps ? Voyez, sondez les cœurs endoloris, et dites-nous s'il existe un chagrin que ne puisse adoucir un beau ciel ? Enfin, jusque dans les choses inanimées, tout relève plus ou moins du soleil : il fait sourire les fleurs, et les planètes s'y enchaînent. Tout s'étiolerait sans lui : il est comme l'âme du monde . . . . . .

Ainsi du moins je l'ai toujours pensé ; et c'est un peu pour cela que je préfère les Pyrénées aux Alpes. Voyez la vallée d'*Aure*. Où trouverait-on, en Suisse, des teintes si chaudes, tant de lumière et de couleurs, de tels contrastes entre le soleil, la neige, les fleurs et la verdure ?

Lecteur qui en doutez, si vous voulez vous en convaincre, gravissez avec moi le *Lustou*.

Gracieux comme une ondine, assez neigeux et très-aigü, ce pic domine fièrement l'élégante chaîne qui borne au sud la vallée d'Aure, et la sépare de l'Aragon. Le *Batoua* le dépasse de dix mètres : mais il ne se voit pas de cette vallée.

Parti à pied d'*Arreau* (en 1864) de l'hôtel d'Angleterre, que je ne quitte jamais sans peine, passant par *Vielle*, et prenant un chasseur à *Azet* (16 kil.), je traversai d'abord au Sud, par une chaleur caniculaire, un grand bassin ovale, vert comme l'Irlande, après quoi je montai (mais en restant nécessairement très-haut sur la rive droite de son fougueux torrent) dans le vallon étroit et sombre d'*Arsouë*, si exposé aux avalanches, que presque toutes ses cabanes étaient en ruines. Quelle puissance que la neige en mouvement ! La mer elle-même, dans ses plus grandes colères, exerce peut-être moins de ravages qu'une avalanche lancée à toute vitesse. Elles ont beau jeu ici : car c'est souvent entre des parois glissantes et presque à pic, que descend et bondit le torrent, dont il n'est guère possible de remonter les bords : il faut rester très-haut ; là les pentes sont faciles.

D'ailleurs c'est là le caractère de toutes les gorges qui forment, en se réunissant, la vallée d'Aure. Leurs flancs mouillés et lisses forment des parois de cinq ou six cent mètres, et celle de *Clarabide* est une des plus dangereuses des Pyrénées, du moins dans sa partie moyenne. Car plus haut, elle s'évase, et elle devient facile.

De même de celle d'*Arsouë*. A une hauteur de

2,000 mètres, mes regards et mes muscles se reposèrent sur un bassin de la plus tendre verdure, où je trouvai un pauvre abri, bien mutilé, décoré cependant du nom de *cabane de Lustou*. C'était un pan de mur contre un rocher. Comme la nuit était proche, je fus d'abord tenté de coucher là. J'étais si enchanté qu'il n'y eût personne! Trouverais-je ailleurs autant de place inoccupée?

Mais n'ayant pas de sac à cette époque, ni même de couverture, j'eus peur du froid, et je crus plus prudent d'aller à la recherche d'une vraie cabane située à 300 mètres plus haut, à droite à (l'O.S.O.), celle de *Bassia Sailla*, bien qu'il n'y eût pas de bois : j'y serais du moins bien abrité du vent, et près d'une source exquise.

Jugez de ma déconfiture, en trouvant là cinq jeunes bergers, qui s'entassèrent sur nous comme des sardines dans une cabane que trois personnes auraient remplie, et ne firent que chanter toute la nuit! Oh! comme je regrettai alors le rocher pacifique que j'avais dédaigné! Mais il était trop tard pour redescendre. Plus je parcours les Pyrénées, plus je préfère les abris naturels aux cabanes de bergers. On est chez soi, c'est propre, et on a de la place. Mais je n'ai pris ces goûts que depuis que je couche dans un sac, autrement dit, dans les dépouilles cousues de six agneaux. Avec mon sac, je puis coucher littéralement partout : c'est mon ami le plus inséparable, et j'ai cent fois dormi dedans, sous les étoiles, mieux qu'aucun potentat, mieux certainement qu'un Président de République.

Mais à *Bassia Sailla* (2,300 mètres) les odeurs et les chants, les coups de pied, les meurtrissures et le manque d'air, me firent passer une nuit intolérable.

Aussi étais-je tout démoralisé quand le lendemain matin j'attaquai le Lustou, fesant en outre fausse route.

Après avoir passé un petit lac qui sommeillait au nord-nord-ouest du pic dans un berceau de neiges, je pris sans hésiter l'arête occidentale, qui a l'air si facile, et monte jusqu'au sommet en décrivant une courbe charmante. Rien n'est plus séduisant..... Mais rien n'est plus perfide..... Je me trouvai bientôt sur une espèce de lame si mince que je dus l'enseller, avec une jambe en France, l'autre en Espagne, et le vide sous chaque pied..... Cela ne pouvait pas durer : mon pouls battait trop fort. Je ne dis pas que cette arête fut impossible : il est rare de trouver une arête qui le soit. Mais comme j'avais du temps pour essayer ailleurs, et que depuis six ans j'avais abandonné la gymnastique, je traversai la partie nord du pic, sur une grande flaque de neige glacée et éternelle, qu'on voit très-bien du col d'Aspin (30 kilomètres). Une fois passé le méridien du pic, j'en fis l'assaut par le Nord-Est, et j'atteignis la cime sans aucune peine, par un couloir plein de débris (appelés *pierraille* en langue Pyrénéenne), et sur de la neige *noire*, phénomène très-curieux, mais pas rare, et toujours dû à la même cause, à une véritable pluie d'insectes, de mouches, de papillons et de cousins, emportés de la plaine par des trombes et jetés par le vent sur le haut des montagnes, où ils gèlent par millions dans la neige. Mais quelques-uns, chassés plus loin, s'en vont tomber encore vivants dans les vallées ou dans la plaine, comme un nuage de poussière. Plus libres que nous, la douane ne s'en mêle pas à la frontière, et ils n'inspirent que de la compassion.

Comme nous ne trouvâmes pas la moindre trace de

l'homme sur la cime du Lustou, j'y construisis un imposant *steinman*. Elle n'est pas si pointue qu'elle en a l'air de loin. C'est une arête étroite, dirigée SSO-NNE. La vue est merveilleuse. On voit presque tous les glaciers des Pyrénées. C'est un point très-central. A l'Est, les yeux reculent avec effroi du fond d'un précipice qui descend de *mille mètres* sur le val de *La Pez*, et c'est le plus énorme abîme que je connaisse en France.

J'effectuai mon retour à Arreau par *Génos*, en descendant à l'Est et au Nord-Est, par divers petits lacs, au *col d'Ardounes*, dont les moëlleuses pelouses forment un si doux contraste avec l'affreux décharnement des pics qui les dominent au Sud.

LE PERDIGHERO [3220 MÈTRES]

Ce pic, un des plus hauts des Pyrénées, est si facile par le beau temps, que je le gravis seul.

Mais il serait très-imprudent de s'y aventurer dans le brouillard sans un excellent guide; car les dangers (crevasses et précipices) ne sont pas loin......

Après avoir couché (en 1863) à l'auberge du *Lac d'Oo*, à 17 kilomètres de Luchon, j'arrivai à neuf heures du matin au *lac glacé* du *Fortillon* (2650 mètres), où je fus un instant dérouté, bien qu'il n'y eût pas un nuage. Toute cette région est en effet bien faite pour rendre un peu nerveux. Un lac où tombe à pic un glacier crevassé, qui se disloque avec un bruit funèbre, des rochers monstrueux, et à gauche, une espèce de falaise plongeant sous l'eau ou sous la glace, tout cela, quand on est seul, fait un peu hésiter. Mais il suffit du moindre sang-froid pour se tirer d'affaire. Je devinai bien vite qu'il me fallait passer à gauche (à l'Est) du lac glacé, et y décrire un demi-cercle, en m'élevant graduellement, pour contourner un petit pic qui en sort au Sud-Est. La seule difficulté, c'était de traverser le déversoir du lac, torrent violent et écumeux qui m'aurait noyé net, si je m'étais laissé glisser dedans. Une couche très-mince de glace y fesait pont. J'entendais l'eau rugir dessous. Me porterait-elle? Je m'y risquai, et passai sans sombrer.

Après cela, l'ascension devint roide : mais le Perdighero, qui se dressait en face, au Sud, était déjà à moi : je voyais bien qu'il ne m'échapperait pas.

Grimpant au S. S. E. sur des graviers morainiques et très-mous, j'entrai bientôt dans le royaume des neiges, ayant bien soin de tenir en respect, à ma droite, les grandes crevasses du *Portillon d'Oo* (3044 mètres), que je franchis pourtant sans compagnon l'année suivante, pour passer un instant en Espagne, rentrant en France par le *Port d'Oo*.

Une fois au pied de mon Perdighero, qui forme au nord un précipice superbe et bleu, je fis un long, mais nécessaire détour à l'Est, remontant, par pentes douces et presque nulles, un silencieux vallon de neige, aussi blanc au milieu de l'été qu'en janvier, car sa hauteur moyenne est d'au moins 3,000 mètres : on n'y voit pas un brin de terre, et il ressemble au Groënland. J'y vis bondir quelques isards, puis j'arrivai, après une délicieuse flânerie sur ces neiges éblouissantes, au *col Perdighero*, ouvert à la frontière d'Espagne, et à une altitude de 3,110 mètres. C'est un des plus élevés des Pyrénées.

Ici, malgré mon impatience, je m'arrêtai pour contempler la vue. A l'Est-Sud-Est, les Monts-Maudits paraissaient en profil. Au loin, dans l'Est, j'apercevais les pics bleus de l'Ariège, comme une mer tumultueuse de granit. Au Sud-Est et tout près (mais plus bas), le lac toujours glacé de *Litayrolles* me donnait le frisson. Enfin à l'Ouest, la neige fuyait en ondulant à perte de vue vers les *Gours-Blancs*. J'étais au centre de la région la plus polaire des Pyrénées. En plein été il y règne une espèce de terreur, même dans l'air. On n'entend rien, et les vautours perchés sur des rochers mornes et maudits, semblent désolés de vivre. Une immobilité cadavérique est répandue partout.....

Fuyons ces lieux : montons encore, car un sommet n'est jamais triste. Comment garder une idée noire, quand on n'a plus autour de soi que l'infini? Et certes, elle était belle et sans limites, la vue qui m'attendait sur le Perdighero, où j'arrivai en 30 minutes du col, après avoir escaladé au Sud-Sud-Ouest une crête fort longue et chaotique, mais sans le moindre danger. Je trouvai une tourelle au sommet. Il avait donc été déjà gravi.

Cette cime est une des gloires des Pyrénées : c'est tout-à-fait comme dans les Alpes : mais tant de neige fait mal aux yeux.

On peut descendre au S. S. E. (assez difficilement). Toutefois étant pressé, je rentrai à Luchon par le glacier de Litayrolles et le *col de Crabioules* (3,000 mètres), au nord duquel, en descendant sur la vallée du Lys, on peut toujours faire sur la neige des « glissades » émouvantes de plusieurs kilomètres. Il est facile d'éviter les crevasses, dont pas une seule ne traverse entièrement ces glaciers. Elles sont toutes près des bords, et n'ont aucune longueur.

ASCENSIONS DU POSETS (3367 MÈTRES) ET DU NÉTHOU (3404 MÈTRES) EN 48 HEURES.

Ces deux sommets (les deux plus hauts des Pyrénées) ne sont, à vol d'oiseau, qu'à 18 kilomètres l'un de l'autre : mais en réalité, il y en a plus du double. Car entre les deux, il faut descendre au niveau de 1,000 mètres.

En 1864, non-seulement je n'avais jamais fait l'ascension du Posets, mais je ne comprenais pas bien par où y étaient montés mes deux ou trois prédécesseurs. Je savais cependant qu'ils avaient pris par l'Est, en traversant une suite de grandes terrasses superposées et pleines de lacs, dont l'un, le *Baticiel*, était assez considérable. Me fiant à mon instinct pour tout le reste, je partis seul de Bagnères-de-Luchon, et couchai en Espagne, à l'excellente cabane de *Turmes* (1680 mètres), située dans la charmante vallée d'*Astos*, à l'E.-N.-E. du pic. Après une nuit d'orages terribles, j'engageai le matin un berger fortement constitué, mais qui, malheureusement, avait moins d'énergie que de muscles. Règle générale, pour une grande course, les bergers ne valent rien, surtout sur les glaciers. Je dus guider le mien, car il n'était jamais monté à plus d'une heure de la cabane.

Grimpant d'abord à l'Ouest sur des pelouses, je vis, au bout d'une heure et demie, paraître à l'O. S. O., comme un spectre de granit, un pic très-décharné, que je crus être le pic Posets : mais ce n'était pas lui. Puis je trouvai un petit lac triangulaire. J'étais déjà perdu, car ni Packe ni personne n'avaient passé par là. Prenant alors une ligne Sud-Ouest, pour éviter à gauche des éboulis neigeux, une bonne heure d'escalade me plaça sur une brèche diabolique, ouverte dans une arête schisteuse qui, descendant du Sud au Nord, forme la rive Orientale du glacier de *Paoul*. Là, pour la première fois, l'immense faîte du Posets, tout brillant de glaciers, parut au S. S. O., sans un obstacle insurmontable entre lui et moi. Mon cœur battit de joie. J'avais besoin de cette consolation, car mon berger devenait timide, préoccupé, et dérouté un peu moi-même, j'allais machinalement et tristement, sans savoir où. J'avais bien une boussole ; mais sans cartes, elle est presqu'inutile, et la belle carte de M. Packe, la seule que nous ayons de cette région, n'avait pas vu le jour encore. Toutefois, j'étais maintenant sûr du succès. Il n'y avait plus qu'à descendre au S. O., sur le glacier alors peu crevassé de la *Paoul*, d'où remontant au Sud sur des neiges étincelantes, nous arrivâmes au *col de la Paoul* (2900 mètres ?), formant un horizon de neige d'où l'on voit à l'Orient comme un royaume de pics de premier ordre, jusqu'à la Méditerranée.

De ce col au sommet du Posets, qui est une crête longue d'un kilomètre, courant Sud-Nord, il faut encore une heure un quart. A la fin de l'été, quand le glacier se sépare des rochers, la sortie peut en être difficile : mais il y touche jusqu'en septembre : et plus haut, l'escalade du rempart terminal ne présente pas le moindre danger : il y a des marches partout. Seulement, il faut s'y prendre de droite à gauche, où est le sommet réel. Nous l'atteignîmes sans peine.

La vue du pic Posets est d'une splendeur incomparable. Même aujourd'hui, après en avoir tant contemplé d'autres, je la juge comme il y a quatorze ans. C'est la plus belle et la plus étendue de toutes les Pyrénées. Une grande hauteur et l'isolement, tel est peut-être le secret de cette magnificence.

Mais il était trois heures : c'est trop tard pour rêver sur le haut d'une montagne. Mon pauvre berger, inquiet et muet, était pâle comme un mort. Voyant qu'il me serait pire qu'inutile à la descente, sachant d'ailleurs qu'il n'aurait pas besoin de moi pour retrouver le chemin de sa cabane, je lui donnai une bonne poignée de main, et je descendis seul, à tout hasard, par le Sud-Est, laissant loin sur la gauche tous les itinéraires alors connus pour monter au Posets. L'inconnu a toujours tant d'attraits, surtout lorsqu'il s'y mêle un peu de risque ! Du reste, je risquais peu, car si la nuit ou un danger réel m'avaient barré la route, j'aurais dîné et bien dormi sous un rocher. Il n'en manque pas, ni d'eau non plus, sur les terrasses superbes qui descendent du Posets au Sud-Est et à l'Est. Avec une bonne santé, des vivres, et la passion de la nature, on peut toujours coucher dehors sur les montagnes. Puis j'étais sûr du temps. Encore bien jeune alors, je descendis comme un isard vers le Sud-Est, sur des pentes assez douces, mais très-longues. Il me fallut une heure et demie pour arriver à une constellation de petits lacs d'un bleu charmant, qui paraissaient tout près ! De là, je pris au S. S. E., sur la rive droite d'un gros torrent, encore plus jeune et plus pressé que moi, laissant à gauche une tumultueuse cascade. L'herbe reparut bientôt (vers 2,500 mètres), et à l'entrée des bois (1,800 mètres), je trouvai deux cabanes, où je me retournai pour revoir au Nord-Ouest la cîme glacée du pic Posets, que le soir commençait à rougir. Laissant un pont à gauche, dans une gorge à parois escarpées, et 30 minutes après, une autre gracieuse cascade à droite, ainsi qu'une ruine, passant ensuite sur la rive gauche, et reprenant la droite près d'une scierie, j'arrivai juste avant la nuit, après quatre heures de folle descente, au village d'*Eristé*, sur la rive droite de l'Essera. Une heure après, je fesais mon entrée à *Vénasque*.

Tout avait réussi, et j'étais même peu fatigué, comme on va le voir : car le lendemain, je remontai, toujours à pied, les bords de l'Essera, pour déjeûner à l'*Hospice de Vénasque*, située alors sur la rive droite, et renversée depuis par l'avalanche, comme elle l'avait déjà été. Tant mieux, car ce n'était qu'une espèce d'écurie. Elle se trouve aujourd'hui reconstruite sur la rive gauche de l'Essera, dans un site ravissant, au pied des Monts-Maudits, et c'est maintenant un véritable hôtel, où l'on ne manque de rien. Les prix sont modérés, vu la hauteur (1,800 mètres).

Le temps restant au beau, j'eus l'idée lumineuse de tenter par ici l'escalade du *Néthou*, en décrivant autour des Monts-Maudits une longue spirale, par l'Ouest et le Sud-Ouest. Etait-ce possible? Personne ne pouvait me le dire. Je me souvenais que c'était plus ou moins la direction suivie en 1842 par MM. de Franqueville et Tchichatheff, qui les premiers conquérirent le Néthou. Mais n'ayant jamais pu me procurer un récit détaillé de leur course, (je ne sais même s'il en existe), leur belle exploration de ces régions ne me servait de rien : car elles étaient encore, en 1864, tout aussi inconnues au public et à moi, que le centre de l'Afrique.

J'avais pourtant la conviction de réussir : et c'est souvent les trois quarts du succès. Ayant maintes fois examiné de loin ce grand massif par l'Ouest, je m'étais convaincu qu'il n'y avait là qu'une suite d'arêtes très hautes, mais praticables, et rayonnant chacune plus ou moins d'un des nombreux pitons des Monts-Maudits. Comme le Néthou devait avoir la sienne, il suffirait de les traverser toutes, en décrivant un demi-cercle par l'Ouest, pour en découvrir une qui mènerait à la cime.

J'eus le bonheur de ne pas me tromper : seulement la course fut prodigieuse : car à toutes jambes, elle me prit quatorze heures (aller et venir), dont au moins onze de marche forcée.

Prenant un Espagnol jeune et très-fort, mais par malheur, un peu timide, je grimpai juste au Sud de l'Hospice, dans les rhodendrons et sous de vieux sapins brisés par l'avalanche ou le tonnerre, arrivant en une heure à un petit vallon désert, avec étang. Là je vis un bouquetin. J'en ai vu deux depuis (en 1877) un peu plus haut. Ce sont les seuls qu'il m'ait été donné de contempler en liberté. Ils sont bien moins timides et moins agiles que les isards. Ils ne prennent pas la fuite.

Après avoir franchi un premier petit col très-facile, et aperçu à droite, à une grande profondeur, deux petits lacs sans nom, je continuai mon ascension au Sud, et j'arrivai bientôt à une fente très-étroite, ouverte dans une arête qui descend Est et Ouest du *pic d'Albe*.

Derrière cette brèche, le paysage changea, devenant de plus en plus austère. J'entrai dans un sauvage amphithéâtre rempli de blocs énormes, où le silence n'était troublé que par les gémissements d'une belle cascade. Plus haut, je n'entendrais plus rien, car tout serait gelé.

Inclinant vers la gauche au (S. E.) et traversant à toute vitesse cette solitude de pierres, où l'on ne pense qu'aux fantômes et aux morts, je me trouvai soudain au bord d'un lac, qui, se courbant à l'Est, ne me laissait pas voir encore son autre extrémité. Quelles ne furent pas mon émotion et ma surprise, quand je vis à mes pieds, après avoir doublé deux ou trois caps, le plus grand lac des Pyrénées! C'est le lac *Gregonio*, dont jamais jusqu'alors je n'avais soupçonné l'existence. Il est très-haut, et presque toujours il y flotte des glaçons. Mon ami Packe lui a trouvé 2656 mètres. Il couvre bien près de cent hectares. Quant à ses rives, elles sont vraiment un Enfer de rochers. J'y ai depuis passé la nuit par accident. Au clair de lune, çà troublait le cerveau. On ne voit rien que des légions de blocs de toutes les formes (humaines et autres), de toutes les dimensions, aigüs, carrés et menaçants, perchés ou accroupis sur les rivages neigeux du lac, comme des millions de mastodontes. Ils semblent une nécropole à perte de vue, ou les ruines de Palmyre. Et par dessus cette mer de monstres, brillent les glaces éternelles de la *Maladetta*, dont le dos tombe sur le lac Gregonio.

Il faut du temps pour traverser une telle région, et plus encore pour gravir les longs talus de neige glacée qui montent à l'Est du lac vers le large *col de Gregonio* (2927 mètres). Je commençais à m'inquiéter. L'heure avançait... Où était le Néthou? Il ne s'était pas encore laissé voir. Y arriverais-je par là? Et à quelle heure? Mais comment reculer, quand on a attaqué la plus haute cîme d'une chaîne? C'est sur le *col de Gregonio* que nous allions apprendre notre sort. Aussi une sorte d'extase, d'ivresse et d'électricité s'emparèrent-elles de moi, en me fesant sauter comme un isard, quand du haut de ce col, couvert de neige et de soleil, je vis enfin à l'Est le mont si désiré, le sommet du Néthou, drapé aussi dans un manteau de glaces et de lumière, et séparé de nous seulement par un petit glacier à pentes fort douces, au bas duquel (S. E.), dans le vallon neigeux de *Coroné*, luisaient deux petits lacs toujours glacés. J'étais maintenant certain de la victoire, bien que mon Espagnol eût des frissons quand son regard tombait sur les crevasses ouvertes à l'Est, entre nous et le petit *col de Coroné*, où nous étions forcés d'aller. Toutefois, pour éviter ces glaces perfides, il n'y avait qu'à monter par le Sud sur le *Pic du Milieu* (3354 mètres), sans quitter un instant le rocher, et puis à suivre vers le Sud-Est la crête facile qui descend sur le lac Coroné. Malheureusement, mon homme tremblait aussi sur les parois presque verticales qu'il nous fallut escalader, et je n'osais l'encourager ni à me suivre ni à s'arrêter là tout seul. Je le laissai donc faire comme il voudrait, et nous finîmes par arriver tous deux, et par le Sud, sur le *Pic du Milieu*, très-difficile de ce côté. Tournant alors à l'E. S. E., nous descendîmes en dix minutes au petit *lac de Coroné*, où l'Espagnol, tout-à-fait épuisé, dût s'arrêter. Me connaissant très-peu, le pauvre garçon me fit promettre sur mon honneur que je redescendrais par là: puis j'achevai l'ascension seul, n'arrivant au sommet du Néthou qu'à 4 heures, 48 heures après avoir perché sur le Posets. Triste et glacé, je n'y restai que cinq minutes.

La cure de mon Aragonais ne fut pas longue: il ne manquait peut-être que d'oxygène, car il me fit descendre comme s'il avait des ailes, au risque de me briser mille fois les jambes, et il n'était pas nuit quand nous revîmes les bords fleuris de l'*Essera*, en passant par les *Bains* de Vénasque.

LES MONTS MAUDITS. ASCENSIONS DU PIC DE MALIBIERNE (3,109 MÈTRES) ET DU PIC RUSSELL (3,300 MÈTRES).

Bien jeune encore, j'ai vu les pics presque fabuleux des Andes, où des tempêtes arrivant de l'Asie sans rencontrer d'obstacle sur un parcours de 3,000 lieues, jettent les fureurs accumulées de la moitié des vents du globe. J'ai entrevu les solitudes célestes où naît le plus puissant de tous les fleuves, l'Amazône colossal, dont les eaux suffiraient pour submerger le monde dans un nouveau déluge, et qui ravage presque sans voir l'homme, 800 lieues de forêts. Quand il déborde, un empire disparaît sous ses vagues, et l'Atlantique recule à son approche.

Eh bien! malgré toutes les magies de la nature Equatoriale, quand je revis les Pyrénées, quand j'y recommençai les courses interrompues de ma première jeunesse, je fus tenté de prendre la lyre pour les chanter, tellement je leur avais été fidèle; et du plus loin que j'aperçois la silhouette blanche de la Maladetta, même aujourd'hui, mon âme tressaille. Je ne désire rien de plus beau.

Comme ils jugent mal les Pyrénées, les touristes prosaïques qui, au Port de Vénasque, s'assoient autour d'un bon dîner en face de la Maladetta, la regardent souvent moins que leurs poulets ou leur journal, et redescendent fièrement à Bagnères-de-Luchon, pour discuter les Monts-Maudits, les comparer aux Alpes, etc.! Même ceux qui montent sur le Néthou sans faire autre chose, ne comprennent rien aux Pyrénées. Pour cela, il faut passer au moins trois ou quatre jours dans les vallées de neige qui, rayonnant au sud des Monts-Maudits, se couvrent bientôt, à perte de vue, d'énormes sapins et de fleurs merveilleuses, à mesure qu'elles descendent, au bruit des mille torrents vomis par leurs glaciers, vers le bassin torride de l'Èbre. Dans la vallée de *Malibierne*, la Russie semble toucher à l'Espagne. Mais les plus beaux sapins des Pyrénées se trouvent à l'Ouest de l'*Hospice de Viella*, dans une forêt noire comme la nuit, et peuplée d'ours. J'ai mesuré un de ces patriarches, et je lui ai trouvé six mètres de tour.

Une description complète de ces immenses régions m'entraînerait loin : je me contenterai donc de signaler les ascensions les plus intéressantes que j'y ai faites pendant l'été de 1865.

Installé pour quelques jours avec mon ami Packe sur les rives dénudées des lacs très-poissonneux de *Rio-Bueno* (2196 mètres), au Sud-Est, mais fort loin du Néthou, j'escaladai d'abord un pic pyramidal de premier ordre, que je nommai " Petit Néthou, " mais qu'on m'a fait l'honneur d'appeler depuis, le " *Pic Russell* ". J'étais seul, et je ne le gravis que par erreur, l'ayant pris pour un autre ! Sans être dangereux, il est loin d'être facile. Il forme l'extrémité d'une crête assez scabreuse et très-élevée (la plus élevée des Pyrénées) que le Néthou darde au Sud-Est, et qui ne descend pas au-dessous de 3300 mètres. Quelle prise elle offre au vent !

Montant d'abord sur des pelouses, à l'Ouest des lacs de Rio-Bueno, et puis à l'Ouest-Nord-Ouest, j'entrai bientôt dans un aride vallon plein d'étangs très-profonds. En une heure, j'arrivai à un col (2600 mètres?), d'où j'aperçus au Nord-Nord-Ouest une pyramide très-noire, très-haute et très-aiguë, zébrée de neige : c'était le pic Russell.

Laissant alors à gauche le pic de Malibierne, aux

flancs brunâtres, je descendis à l'Ouest-Nord-Ouest sur un étang triangulaire, d'où, enfilant un long et silencieux ravin, je remontai à l'Ouest-Nord-Ouest, sur des neiges éternelles, qui me menèrent au *col de Malibierne* (2776 mètres). Trois petits lacs, moitié eau, moitié glace, brillaient à gauche sous un soleil d'Afrique, à l'origine de la vallée grandiose de Malibierne, noircie au loin par les sapins, et chère aux botanistes. Mais moi, j'allai vers d'éternels frimas, fasciné et gelé par la vue du Néthou, qui s'élançait au Nord-Nord Ouest, tandis qu'au Nord, le pic Russell formait une flèche gracieuse, mais menaçante.

Après avoir passé sur des graviers roulants, pleins de boue et de glace, je traversai au Nord, un grand col anonyme, à l'Est duquel je vis un lac carré, d'un bleu céleste. Combien y a-t-il de lacs au Sud des Monts-Maudits? Qui les comptera? Malheureusement, la plupart sont sans nom.

Et maintenant, le pic à vaincre dressait au Nord-Nord-Ouest sa pyramide en apparence inaccessible. En moins d'une heure pourtant (3 heures 1/2 des lacs de Rio-Bueno), je la mis sous mes pieds, après avoir escaladé avec les mains, (pour ne pas dire avec les dents), un couloir plein de neige, qui heureusement, avait assez fondu près du sommet, pour former un petit corridor entr'elle et le rocher. Cette galerie me mena sur la cime (3300 mètres?), que je trouvai bien moins aiguë qu'elle ne semblait d'en bas. Mais ayant eu l'idée bizarre de continuer de là vers le Néthou, sur la crête praticable et presqu'horizontale qui paraissait unir les deux sommets, je fus bientôt arrêté net, d'abord par l'heure, puis par la vue d'une immense brèche, béante et diabolique, ouverte en forme de V entre moi et le Néthou.

Douze ans après (en 1877), je gravis par le Sud, avec Céleste Passet, la grande pointe noire qui se dresse au Sud-Est de cette brèche. C'est le *pic des Tempêtes* (3350 mètres ?)

La vue du pic Russell rappelle beaucoup celle du Néthou. (En descendant, je passai plus à l'Est.)

Notre seconde nuit sur les affreux rivages des lacs de Rio-Bueno, fut glaciale : nous n'avions pas le moindre abri, et aucun combustible (hauteur, 2196 mètres). Je pensais au Thibet.... Puis les bergers nous volèrent toutes les truites pêchées la veille par Packe. N'ayant pas d'armes, je dormis mal la troisième nuit, car nous étions à la merci de ces mauvais sujets : peut-être que la pudeur les empêcha de revenir.

Le lendemain, Packe continuant sa pêche, et travaillant à la belle carte des Monts-Maudits qu'il publia l'année suivante, je fis seul l'ascension du *pic* de *Malibierne* (3109 mètres). L'itinéraire est trop facile pour que je le détaille. Au petit lac triangulaire dont j'ai parlé plus haut (après le premier col), je m'élevai à l'Ouest-Sud-Ouest, sur des rochers calcaires, et de longues pentes de neige à pentes fort douces. Cette ascension rapelle un peu celle du *Riffel* au *Görner-grat* : et même la vue du pic de Malibierne (une des plus belles des Pyrénées) n'est pas sans quelque analogie avec celle du *Görner*, *moins* l'Océan de neige qui recouvre toute la chaine du Mont-Rose ; bien que le versant sud des Monts-Maudits, malgré les foudroyantes ardeurs d'un soleil tropical, soit tout resplendissant de glaces. Je mis trois heures pour atteindre le sommet ; la seconde pointe est assez dificile.

L'excellente carte que M. Packe a publiée depuis, a beaucoup simplifié les courses toujours assez aventureuses des Monts-Maudits : mais leur revers méridional était si peu connu à cette époque, qu'en 1863, partant à pied de l'Hospice de Viella pour Vénasque, *viâ Sénet*, *Vidallet* et *Castanese*, avec la conviction naïve qu'il me faudrait quatre heures, j'en mis quatorze ! Il y a près de 60 kilomètres, et la montée de Vidaillet au *col de Bassivé* représente 1500 mètres d'ascension, sous un soleil de feu et sans un arbre. C'est une des plus accablantes courses que j'aie faites de ma vie. La veille, j'étais venu de *Viella*, par le port de ce nom [2456 mètres].

LE PIC LONG (3194 MÈTRES).

Le nom est bien choisi !... C'est un des rares sommets de premier ordre qui se laissent voir de Pau, d'où il a l'air d'un buste posé sur un piédestal bleu de hautes montagnes, avec une tête conique, et des épaules d'une éclatante blancheur. Mais où on l'aperçoit le mieux, c'est en se retournant au deuxième kilomètre entre Gèdre et Gavarnie.

La pointe extrême du pic est assez difficile, mais le reste est seulement fatigant.

On connaissait une ascension avant la mienne : c'est celle de Monseigneur le duc de Nemours (en 1846), guidé par Marc Sesquet, de Gèdre ; et c'est avec ce même excellent guide que je montai en 1865, 21 ans après !

M. le comte de Franqueville, qui avait eu l'honneur de faire en 1842 la première ascension du Néthou, n'était pas arrivé au sommet du Pic Long.

Sesquet avait *68 ans* quand il m'accompagna avec son fils, preuve étonnante de la puissance de l'habitude ; comment comprendre qu'elle puisse à un tel point remplacer la jeunesse ? Etant pressés, nous fîmes la course, aller et venir de Gèdre, en 7 heures 1/2, et le même soir j'allai coucher à Gavarnie.

Voici la route que nous suivîmes. Partant à l'Est, dans la gorge de *Cambiel*, nous arrivâmes en une heure 1/2 aux cabanes du même nom (1706 mètres). Deux heures après, montant toujours à gauche (Nord-Est) sur des gazons de plus en plus pierreux et roides, nous franchîmes, par un temps très-brumeux, la *Hourquette de Badet* (2900 mètres ?), derrière laquelle s'étend un âpre bassin d'ardoises, où croupit tristement une mare presque toujours glacée. On est comme au sommet du monde, mais dans un creux, et la vue est bornée.

Laissant alors le petit lac à droite, et montant au Nord-Ouest, nous attaquâmes, en inclinant à l'Ouest, le glacier Oriental du Pic Long, nous dirigeant vers l'étroite brèche qui s'ouvre à gauche du pic. Les pentes d'abord très-douces, se redressèrent bientôt beaucoup, mais aussi les crevasses disparurent, ce dont je fus bien aise, car je n'avais pas pris de corde, ne sachant pas alors qu'il y eût de vrais glaciers loin de la ligne de faîte des Pyrénées. Le Pic Long en a deux, l'un au Nord et au pied d'un abîme " impossible "; l'autre à l'Est.

Avant d'atteindre la petite brèche, nous dûmes tailler à coups de hache quelques pas dans la glace. Il y eut ensuite quelques difficultés pour en sortir, mais pas sérieuses. Ce ne fut qu'à partir de la brèche que l'escalade devint très-émouvante. Tournant à droite (au N. N. O.), nous nous hissâmes avec les mains et presque à pic, sur des cailloux qui filaient sous nos pieds comme de l'eau dans l'abîme. C'est le seul mauvais pas, mais une glissade serait mortelle....

En 4 heures 15 de Gèdre, nous étions sur la cime granitique du Pic Long (le 20 septembre). Température : 14° à l'ombre. Malheureusement, je ne fus pas récompensé de mes efforts, car le brouillard couvrait la moitié de la chaîne. Un seul rayon de soleil perçait encore les nuages. Tombant sur le petit lac *Tourat*, il le fesait reluire au Nord, au fond d'un précipice épouvantable de 700 mètres ! Tout le reste était noir, et ressemblait à Londres.

Pour varier mes plaisirs, je fis à l'Ouest une descente hazardeuse, mais justifiée par le succès. Revenu à la brèche (S.-S.-E. du sommet), je me laissai partir dans une espèce de précipice, couvert de cailloux rouges, sur des pentes que j'estime à 60°. Pour éviter une chute qui m'aurait démembré et réduit en poussière, j'essayai de décrire des zig-zags, mais je fus entraîné par les pierres comme par une avalanche : il fallait bien les suivre, n'importe où elles allaient. A ces hauteurs, et surtout à ces angles, le déplacement du moindre cailloux en fait partir tout un hectare. Je ne crois pas qu'on puisse jamais monter par là : mais enseveli jusqu'aux chevilles dans des cascades de pierres, je n'eus qu'à me laisser aller, pour arriver en bas dans un vacarme épouvantable, entraînant tout sur mon passage. C'était une cataracte. Il me fallut pourtant une heure pour m'abaisser ainsi de 600 mètres à l'O.-S.-O. du pic. Là je trouvai deux flaques de neige, où je fis vœu, avec le fils Sesquet, de ne jamais conseiller à personne cette folie de jeunesse.

L'ARDIDEN (2,988 MÈTRES).

Il y a vingt ans que j'ai gravi ce pic : mais le passé a tant de charmes! Rien n'est plus difficile que de perdre le souvenir de nos premières amours, et nous y replongeons volontairement la tête pour nous y endormir, comme l'oiseau sous son aile..........

C'est le *nec plus ultrà* de la désolation, que cette bizarre chaîne de granit qui monte, à l'Ouest et au Sud-Ouest de Luz, jusque dans les nues. Quel mal elle m'a donné! Et quelle nomenclature confuse! La seule pointe de ce groupe sur le nom de laquelle tout le monde soit d'accord, c'est celle de l'*Ardiden*, qu'on voit au Sud-Sud-Est en sortant de Cauterets, sur le chemin de la Raillère. Mais de Luz, l'Ardiden est masqué : on ne le voit qu'en montant à Baréges. C'est le point culminant du massif.

Cette ascension se fait maintenant assez souvent : mais il n'en était pas ainsi il y a 20 ans.

Ce n'est qu'après plusieurs assauts, que j'atteignis, en 1858, la cîme de l'Ardiden.

J'avais lu et relu le récit de M. de Chausenque. Je restais sous le charme, comme je le suis toujours en parcourant les poétiques volumes de cet homme plein de cœur, qui m'honora longtemps d'une affectueuse correspondance; l'amour des Pyrénées formant entre lui et moi un trait d'union. Mais j'avais beau chercher à suivre ses traces, j'y perdais mon latin et mon temps. L'erreur où je tombais, c'était de croire que l'Ardiden n'était que la continuation et le sommet du grand chaînon qui domine St-Sauveur au Sud-Ouest. Aussi c'était toujours directement par là que je livrais l'attaque, sans jamais arriver au sommet véritable.

Enfin, après plusieurs échecs, je découvris que l'Ardiden est séparé des monts qu'on voit de Luz par un vallon sauvage et très-profond, contenant plusieurs lacs, et orienté du Sud au Nord. C'est en effet par là que je finis par le dompter, en traversant d'abord le village de *Sazos*, montant de là à l'ouest, puis au Sud-Ouest, et enfin droit au Sud, en suivant le torrent qui sort plus haut des petits *lacs*, aujourd'hui bien connus, d'*Ardiden*. Leurs eaux sont d'une limpidité extraordinaire, mais le berceau où dorment ces purs enfants de la montagne est d'une beauté sinistre et sombre.

D'ici (3 heures et 1/2 de Luz), voyant le pic au Sud, j'en attaquai de l'Est à l'Ouest la pyramide aigüe et foudroyée, en traversant l'éternelle nappe de neige qui la blanchit au Nord, et qui se voit si bien de Lourdes. Cinq heures (en tout) me menèrent au sommet. La vue est magnifique, mais effrayante, et ces montagnes en ruines ne valent pas toute la peine qu'on se donne pour les vaincre en partant d'aussi bas que Luz ou St-Sauveur. Aussi est-ce de Cauterets, situé beaucoup plus haut, que l'on attaque presque toujours ces géants disloqués de granit, horribles chaos de blocs en équilibre, dont il suffit de détacher un seul pour en faire tomber mille, et peut-être s'ensevelir sous leurs ruines. Ces ascensions sont plus faciles *en plein hiver*, quand la neige couvre tous les « chaos ».

Je descendis au Sud, par *Barbe-de-Bouc* (2948 mètres), et de là au Nord-Est, par le val de *Badet*, où la nuit me surprit. Quand je rentrai à Luz, il y avait douze grandes heures que j'en étais parti.

P.-S. *Pour plus de détails, voir l'excellent « Guide de Cauterets » qu'a publié M. Lequeutre.*

SEIL DE LA BACQUE (3060 MÈTRES).

En 1867, je construisis avec un jeune Anglais, M. Streatfield, et mon solide porteur, Firmin Barrau, une petite pyramide sur le *Seil de la Bacque*, la montagne la plus blanche de toutes les Pyrénées, et qui n'avait jamais encore été gravie, bien qu'elle en vaille assurément la peine.

Qui donc, en descendant du Port de Peyresourdes à Bagnères-de-Luchon, ne s'est pas arrêté près de l'église solitaire et en ruines de *Garin*, pour voir étinceler au Sud les glaciers du Port d'Oo ? Nous partîmes cinq : mais au *lac glacé d'Oo*, M. Norris, vaincu par le soleil, dut redescendre avec son guide.

Sur le versant Français, le seul rocher qui sorte des neiges, c'est le sommet, qui ressemble à une île : car tout le reste est enseveli sous un glacier qui se boursoufle comme un ballon, et va plus bas tomber à pic sur les eaux noires du *lac glacé d'Oo*, (2670 mètres) où se promènent gravement des *ice-bergs* mélancoliques.

Et puisque ces glaçons qui flottent sur tous les lacs des hautes montagnes ont la même origine, le même aspect et le même caractère que ceux de l'Océan, n'en différant que par leurs dimensions, parlons un peu des *ice-bergs* marins.

Singulière destinée que la leur ! Sortis, non pas des eaux, mais des glaciers des terres polaires, ils s'écroulent un beau jour dans la mer. Les courants ou les vents les emportent, et ils s'en vont au Sud comme des fantômes. Ils errent partout, ils vont échouer sur cent rivages, d'où ils repartent ensemble ou dispersés : on dirait des sépulcres en voyage. Ils se disloquent et se renversent les uns les autres dans un affreux tonnerre : ils se culbutent, ils sombrent et reparaissent soudain du fond de l'abime avec d'autres formes et d'autres couleurs. La mer a beau les bombarder, elle glisse dessus sans même les faire bouger, et gronde en vain dans leurs cavernes de glace. Enfin, comme fatigués de tant de courses et de naufrages, ils viennent se reposer dans les latitudes chaudes, où ils s'alignent parfois militairement, laissant entr'eux de longues rues d'eau, qui ressemblent aux boulevards d'une capitale inhabitée. Puis ils s'en vont aux quatre coins de l'univers, pour devenir la terreur des marins. Où finissent-ils ? qui le sait ? Fondent-ils tout-à-fait ? ou rentrent-ils dans leur patrie pour s'y refaire, en repartir, et vivre ainsi éternellement ? Fantastique existence !

Eh bien ! ceux qui redoutent les longs voyages peuvent voir tout cela sans sortir de l'Europe : car le même phénomène se reproduit, bien que sur une petite échelle, sur toutes les hautes montagnes, et sur le versant nord du massif du Port d'Oo, les Pyrénées nous offrent deux lacs où flottent des glaçons éternels, tombés pour la plupart des glaciers d'alentour. Pendant huit ou neuf mois de l'année, ces lacs ne voient plus le soleil.

C'est en laissant à gauche le lac glacé d'Oo, et à droite le *Port d'Oo* (3001 mètres) que nous montâmes, de l'Ouest à l'Est, sur le *Seil de la Bacque*, qui ne semblait qu'à dix minutes du Port, mais qui nous prit une heure, tant les distances trompent sur la neige ! Et puis elle était dure : il fallut faire un escalier près du sommet, où nous restâmes longtemps éblouis et comme hallucinés, non seulement par la vue, mais par la neige et le soleil.

Quittant avec regret ces solitudes brillantes et blanches, nous fîmes à l'Est-Nord-Est, sans corde, une périlleuse descente sur un glacier tout déchiré d'énormes crevasses, pour arriver avec mille précautions et après mille détours, au *lac glacé du Portillon* (2650 mètres), que M. Packe préfère au fameux lac Marjelen de la Suisse. Quant à moi, qui venais de gravir le Mont-Blanc, je n'en trouvai pas moins superbes et redoutables les grandes crevasses des glaciers d'Oo, frappés par un soleil inconnu dans les Alpes. En automne, ces glaciers s'illuminent tous les soirs de lueurs sanglantes si fantastiques, que l'homme des plaines, à cinquante lieues de là, croit voir des incendies au beau milieu du ciel. Mais à l'ombre, les reflets métalliques de la glace rappellent la Sibérie, et quelque beau que soit le temps, jamais on ne contemple sans un frisson ce morne empire des neiges.

TUSSE DE MAUPAS (3110 MÈTRES).

Cette montagne n'offre aucun danger, malgré sa grande hauteur. Et cependant, comme on y monte rarement! Si elle était en Suisse, il y aurait un hôtel à mi-chemin, à l'entrée des glaciers. Car pour un jour, la course est longue. De la cabane du *Lys*, où s'arrêtent les voitures de Luchon, il faut s'élever de plus de 2,000 mètres. Mais l'ascension est très-facile, pourvu qu'on aille toujours au Sud. La preuve, c'est que j'ai pu la faire par un temps effroyable, avec un bûcheron découragé, qui pendant toute la dernière heure, m'implorait de descendre. Rien ne démoralise autant un montagnard médiocre qu'une tempête sur des crêtes inconnues. Or c'était notre première ascension de la *Tusse*. J'allais à tout hazard, et sans rien voir.

Au lieu de faire, comme mes prédécesseurs, un long détour à l'Est, par le *lac Bleu* et son glacier, je ne sortis presque jamais d'une ligne Nord-Sud, laissant à gauche le cône appelé *Tusse de Prats Long* (surmonté d'une tourelle), et après cela suivant toujours, en appuyant tantôt à droite tantôt à gauche, la crête interminable, mais presque toujours solide et large, qui mène droit au sommet. Par le beau temps, rien de plus simple : mais sur la cîme, où l'on ne voyait rien, nous fûmes presque emportés par une trombe : on ne distinguait plus le bruit du vent de celui du tonnerre : il fallut fuir, et j'étais trop mouillé, j'avais surtout trop froid, pour éprouver des sensations morales...... Elles furent essentiellement physiques .... Je réussis, mais voilà tout.

COL DE MALE-ROUGE (2830 MÈTRES).

Avec une carte d'état-major, un temps superbe, des provisions et une boussole, je fis cette course tout seul (en 1865). Mais malheur à celui que le brouillard ou la tempête surprendraient au milieu de ces pics décharnés par où l'on passe de Gavarnie dans la vallée d'Estoum, pour aller à Cauterets ! Il n'en sortirait plus.

Je ne savais même pas si ce trajet était possible, et ne m'attendais guère à réussir.

Montant d'abord au N.-N.-O. de Gavarnie sur des

gazons fleuris, puis au N.-O., je débouchai au bout d'une demi-heure dans le vallon peu fréquenté d'*Aspé*, où je m'élevai lentement à l'Ouest pendant une heure 1/4, passant plusieurs cabanes abandonnées, un imposant « chaos », et entrant graduellement dans des régions affreuses, dont le silence et la tristesse me glaçaient l'âme. L'eau seule remuait et consolait ma solitude par son murmure. Il y en avait partout. Sans elle, le deuil de la nature aurait été aussi complet qu'au fond de la Patagonie, bien qu'il fît du soleil. Il n'éclairait que des stérilités immenses.

Au fond du val d'Aspé (1985 mètres), je m'arrêtai pour contempler au Nord trois grands pics noirs et rouges, et tout zébrés de neige. Ils avaient l'air de malfaiteurs. Il fallut bien pourtant les attaquer. Grimpant au nord sur des pentes raides et rocailleuses, j'arrivai donc sur le *Col de la Houle* (2710 mètres?), entre la pointe majestueuse de Mâle-Rouge (2969 mètres) à gauche, et celle de *Soum de Mâle* (2793 mètres) à droite. Quels noms sinistres ! (sans compter le *Vignemale*.) Toujours du « *Mal* »...

Déjà j'étais tout dérouté. Au Nord et au Nord-Est du col de Houle, descendait tristement le vallon de *Cestrède*, plein de neige, de ténèbres et de pierres, avec un étang noir en bas. Mais j'allais à Cauterets, et ce n'était pas là la route. C'est au Nord-Ouest qu'il me fallait absolument passer, et de ce côté là, je ne voyais de praticable qu'une brèche étroite, derrière laquelle tout m'était inconnu. L'ayant risquée, j'y arrivai sans peine, mais fatigué, détachant à chaque pas des avalanches de boue et de cailloux, et curieux de savoir ce que j'allais trouver de l'autre côté...

D'abord je vis le Grand-Vignemale, avec toutes les

aiguilles et les *séracs* de son glacier encore illuminés par le soleil. C'était si beau, que pendant cinq minutes, je ne m'occupai pas d'autre chose, pas même de l'orgueilleux Balaïtous, qui, au Nord-Ouest, sourcillait dans les nues.

Quand je ramenai mon regard plus près de moi, je vis à droite (au Nord) deux grandes aiguilles inaccessibles, et à l'Ouest, un vallon à pentes douces, descendant sur des neiges éternelles où s'ébattait follement une colonie d'isards, aux bords de deux ou trois petits étangs glacés. L'horreur des lieux ne les attristait pas ; et cependant, c'était comme aux confins du globe... Ils semblaient fous : on aurait dit qu'ils avaient bu !

Je consultai ma carte, et m'assurant que j'étais bien à l'origine de la vallée d'Estoum, ou de *Lutour*, qui débouche à Cauterets, je commençai ma descente au N.-O., dans une gorge granitique, obliquant graduellement vers le Nord après avoir laissé à gauche les deux beaux lacs de *Soubiran* (2460 mètres), qui ne dégèlent entièrement que vers la fin d'août.

Ici, je me crus hors de tout danger ; mais pas du tout : je me trouvai bientôt au bord d'un vaste escarpement où le torrent tombait au Nord en cascades furibondes. Il était tard, trop tard pour perdre du temps à explorer. La rive droite me semblant impossible, la rive gauche périlleuse, je pris le juste-milieu, en descendant avec les mains à côté du torrent, pour ne pas dire dedans. Je n'étais plus debout, car je faisais partie de la cascade ; mais du moins, je savais où j'allais. Ce passage est le *Tuc dous Mounges* (Rocher des Moines). C'est un vilain endroit, surtout quand on n'a plus qu'une heure de jour...... J'en sortis cependant assez vite pour arriver avant la nuit aux bords paisibles du *Lac d'Estoum*

(1782 mètres), d'où j'accomplis dans les ténèbres, sous les pins rouges et les sapins, la fin de mon assez aventureux voyage ; deux petites heures me menèrent à Cauterets.

Belle course en somme, mais longue, et qu'il vaut mieux ne pas faire seul.

L'ARBIZON (2831 MÈTRES).

C'est en 1865 que je fis l'ascension de ce pic très-rarement visité, mais que mon ami, Émilien Frossard, gravit cinq ans après, par les scabreux couloirs du Nord.

Partant d'Arreau sans guide, après avoir passé *dix nuits* consécutives dans les montagnes, je remontai la vallée d'Aure jusqu'à *Guchen* (6 kil.), où je tournai à droite (S. O.). Laissant alors à gauche un bois de beaux sapins, et à ma droite les pentes arides, abruptes et tourmentées de l'Arbizon, qui me rappelait beaucoup le Canigou, je décrivis autour du pic une longue et fatigante spirale, et j'arrivai par l'Ouest sur le sommet, après avoir laissé à gauche la *Porte de la Paloume* (2510 mètres), grande brèche aussi perfide et inutile que gigantesque, car par le Nord, un chasme affreux la rend inabordable.

Rien ne souillait l'azur du ciel, et le panorama était immense. Je voyais même à l'horizon du Sud, en Aragon, le cône cendré du Cotieilla, que je venais d'escalader, et tout autour de moi se dressaient comme des vagues des légions de montagnes vaporeuses et bleuâtres, assoupies au soleil, tandis que vers la Catalogne, des neiges brillantes fuyaient en ondulant à perte de vue.

C'est une des plus belles vues que je connaisse, et

les chasseurs aussi aiment l'Arbizon, qui est le dernier refuge des perdrix blanches et des isards dans ces régions. Mais la plus grande curiosité de cette montagne aux formes et aux couleurs austères, c'est une source, une *vraie* source, qui sort des schistes à moins de 60 mètres au-dessous de la cîme (côté Nord-Ouest). Comme j'en ai bu après la fonte entière des neiges, je ne puis plus douter du fait. Sans cela, je l'aurais accusée de sortir de la neige, comme tant d'autres filets d'eau appelés « sources »; celui qui suinte sur le dôme du Montcalm, par exemple, à une hauteur de 3000 mètres. La source de l'Arbizon étant à près de 2800 mètres d'altitude, me paraît être la plus élevée des Pyrénées, et l'eau est excellente. Il n'y a qu'à la goûter pour se convaincre que ce n'est pas de l'eau de neige, que je trouve détestable, et qui agit sur moi et sur tant d'autres comme un poison. A ce propos, je me permets d'émettre mon opinion bien arrêtée, que l'insalubrité généralement admise de l'eau de neige et des glaciers vient de ce qu'elle manque d'*air*. Entendons-nous: je ne dis pas d'*oxygène*, car un de mes savants collègues de la Société de Géologie, après avoir dosé l'eau des glaciers, affirme quelle est aussi oxygénée que celle des plaines. Mais il n'est pas prouvé qu'elle contienne autant d'*air*. Toujours est-il qu'elle est *viciée*, mauvaise, et qu'elle fait mal, comme l'atmosphère néfaste et raréfiée des grandes hauteurs, qui finit par n'être plus respirable. Le résultat est bien certain, quelle qu'en puisse être la cause.

La course de l'Arbizon est longue. La vallée d'Aure était dans l'ombre quand je redescendis. Mais dominant encore la nuit, et incendiés par le soleil couchant, les pics neigeux de la frontière d'Espagne perçaient les nues de leurs flèches écarlates, comme un rempart de flammes élevé entre deux royaumes.

CYLINDRE DU MARBORÉ (3327 MÈTRES).

La coupe monumentale, les lignes Babyloniennes et perpendiculaires de ce géant de marbre lui donnent un air tellement inaccessible, que lorsqu'à Gavarnie, en 1864, je parlai d'y monter, je trouvai peu d'encouragement. Tombant au Nord absolument à pic de 3 ou 400 mètres sur le glacier du Mont-Perdu, il me rappelait ces forteresses inexpugnables et monstrueuses qui surgissent de la mer entre Portsmouth et Ryde.

Eh bien, je dois pourtant l'avouer, il ne m'offrit aucune difficulté sérieuse par le Sud-Ouest.

J'étais à Gavarnie, à l'excellent hôtel Belou, en charmante compagnie. Outre Emilien Frossard, il y avait M. Packe, dont les exploits Pyrénéens ne se comptent plus. Mes deux amis voulant aller au Mont-Perdu, et moi tenter le Grand-Cylindre, nous aurions le plaisir de cheminer ensemble pendant cinq heures, jusqu'au vaste col ouvert entre ces deux pics célèbres, et même (si je réussissais), nous pourrions essayer de causer à plus d'un kilomètre les uns des autres... Le son arriverait-il? La voix humaine porte-t-elle à une distance de 1500 mètres dans l'air très-raréfié de ces hauteurs? C'était une expérience intéressante à faire. Et ceci me rappelle un mot charmant du brave Laurent Passet, qui mourut peu après. Comme je le consultai à ce sujet, il répondit gravement, après plusieurs minutes de réflexion :

« Monsieur, je crois que vous pourrez parler, mais quant
« à vous entendre, je n'en sais rien » !!

Malheureusement, le ciel étant brumeux, Packe renonça au Mont-Perdu, s'en allant du côté du Vignemale ; et je partis avec Frossard, qui, prenant un autre guide, me laissa Hippolyte, oncle de Henri Passet.

Il était tard (9 heures) ! mais nous gravîmes à toute vitesse, à l'Est, les pentes tantôt brûlées, tantôt glacées, toujours très-raides et quelquefois dangereuses, de l'*Astazou*, dont nous franchîmes le col (3000 mètres) un peu après midi, nous « embarquant » tout de suite de l'autre côté (Sud-Est) sur le glacier très-crevassé du Mont-Perdu, qui forme de l'Ouest à l'Est un fleuve de glace long de trois kilomètres (1). C'est une des vues les plus neigeuses des Pyrénées. A gauche, semblable à la Mer-Morte, brillait le *Lac glacé*, où quelques *Ice-bergs*, renversés par le vent, flottaient la tête en bas, laissant voir sous les eaux leurs cîmes céruléennes. Au loin, dans l'Est, apparaissaient les fiers sommets des Pyrénées Centrales, qu'un éternel hiver disputait au soleil. A droite, comme deux génies des mers polaires, trônaient le Mont-Perdu et le Cylindre.

Ici Frossard, moins habitué alors qu'il ne l'est aujourd'hui, aux voyages sur la glace, dut ralentir un peu sa marche, et l'heure était si avancée, que ce retard aurait pu m'être fatal dans mon exploration des abords du Cylindre, d'où j'étais résolu à descendre le même soir. Mon généreux collègue, sentant que chaque minute m'était précieuse, me pria donc si instamment de continuer ma route sans lui, que je me résignai à le laisser avec son guide.

(1) Voir la belle carte de mon ami M. Schrader...

Une heure après, ayant escaladé, en allant au S. E, un couloir difficile, très exposé aux avalanches, je débouchai avec mon guide sur l'immense *col du Mont-Perdu*, d'où sans perdre une minute, nous descendîmes à l'Ouest, aux bords d'un petit lac glacé qui dort dans les rochers à l'O. N. O. du Mont-Perdu, entre lui et le Cylindre.

Où aller maintenant? N'ayant pas le temps d'hésiter, et ne suivant que notre instinct, nous nous hissâmes à droite dans une raillère extrêmement raide, pleine d'éboulis, où nous fesions partir des cataractes de pierres. Rien n'est plus fatigant, mais la victoire était à nous; nous le sentions.... Bientôt nous atteignîmes une petite brèche étroite, au Sud-Ouest du Cylindre; nous étions sur son dos, et il est très bossu..... Encore quelques minutes de gymnastique avec les mains et les genoux, et sur des pentes plus douces nous arrivâmes au crâne, où il n'y eut plus aucune difficulté. Le sommet est facile, et assez arrondi. Sur le point culminant, nous construisîmes une petite tour que mon ami Lequeutre y retrouva 9 ou 10 ans après.

La vue est d'une splendeur indescriptible, plus belle que celle du Mont-Perdu. Mais le plaisir qu'elle me donnait était mêlé d'une certaine inquiétude, car il était quatre heures... Comment sortir avant la nuit des mauvais pas de l'Astazou?

Le crépuscule nous prit sur les rivages mélancoliques du *lac glacé* du Mont-Perdu, dont les glaçons, emportés par la brise, chancelaient comme des cadavres galvanisés. Tout prenait un air triste. Toutefois, je ne décrirai pas notre périlleux retour, puisque nous arrivâmes à Gavarnie sans autre mutilation que celle de nos habits, mis en lambeaux par la descente des

Rochers-Blancs pendant la nuit. C'était la moindre des choses, car il est presque miraculeux que nous ne fûmes pas précipités de 7 ou 800 mètres, en tâtonnant dans les ténèbres sur ces parois calcaires et lisses, qui, même le jour, sont fort peu rassurantes. C'est leur blancheur qui nous sauva. Bien qu'il n'y eût pas de lune, on en voyait assez les grands détails, et on palpait le reste.....

UNE SOIRÉE DE MAI AU LAC D'ONCET.

Heureuse, mais courte saison que le printemps! On ne l'oublie pas plus que sa jeunesse. Le 30 Mai 1869, j'arrivai vers une heure, en sortant d'une chaleur tropicale, aux cabanons de *Thoue* (1940 mètres), où je trouvai déjà un berger solitaire, mais complaisant et très-causeur. Le temps était très-orageux. A l'Ouest, des nuages brûlants s'allongeaient massivement sur les pentes si souvent foudroyées d'*Ardiden*; une sorte de fièvre pesait sur l'air: mais malgré l'imminence d'un déluge, je savourais la poésie de ces déserts encore blanchis par les frimas, et je trouvais plus splendide que jamais, ce je ne sais quoi de vénérable et d'affligé qui se répand sur les montagnes, quand la brume électrique des orages voile à demi leurs neiges et leurs abîmes.

Pendant que j'écoutais les gouttes pesantes qui crépitaient sur la cabane, où la brise commençait à siffler, le berger m'adressa la parole, et me dit, dans le style pittoresque des pasteurs, que la cabane était encore toute pleine de neige le jour où il était monté, mais que le vent l'avait chassée, par ce que « l'air était furieux », et que « le vent fait plaisir à la neige ».

Là-dessus, le temps s'étant amélioré, je pris la gorge qui monte au nord au lac d'Oncet. Tout ce qui peut porter de la neige était blanc, mais elle était gelée, et je n'enfonçais pas. Bientôt tout cela se couvrit de soleil, la neige devint ardente, et moi, aussi ravi que si je n'avais jamais vu de montagnes, je me disais : Oh ! quel bonheur, d'arpenter sans entraves, et aussi librement qu'un monarque, ces virginales et brillantes solitudes !..... Mais un bruit formidable m'arracha tout-à-coup à mes méditations..... Je devinai une avalanche. Partie avec un craquement sec du haut des précipices qui bornent au nord le lac d'Oncet, elle descendit avec fureur comme une ville qui tomberait. Véritable cataracte de *séracs* et de neige, elle laboura toute la montagne du haut en bas, laissant de larges sillons sur son passage, couvrant le ciel de fumée blanche, et s'épuisant enfin comme un torrent de lave, au bord du lac, sur des pentes adoucies. Quel magnifique spectacle, et surtout quel vacarme ! Toutes les fois que j'y pense, je tremble pour mon vaillant et téméraire collègue le Général de Nansouty, qu'une avalanche peut emporter à tout moment pendant l'hiver.

J'avoue sans honte que n'ayant pas de hache, je tremblais pour moi-même, en traversant les grands talus de neige très-inclinés, qui précèdent l'hôtellerie : car ils étaient durs comme du fer, et une glissade d'une ligne m'aurait précipité de 200 mètres sur la glace noire du Lac d'Oncet, où un rocher se serait fracassé. J'arrivai cependant sain et sauf, avec mille précautions, à l'*Hôtellerie* du Pic, et là je m'arrêtai, au jour tombant, pour contempler ces fabuleuses magnificences des montagnes au printemps, lorsque s'y trouvent mêlées, dans le vent, le soleil, et le splendide éclat des neiges, toutes les colères et toutes les joies de la nature. C'était d'ailleurs un singulier spectacle que celui de ce lac, situé à quelques heures des plaines, et recouvert d'un mètre de glace à l'avant-veille de juin ! Toute sa surface était coupée de fissures bleues et circulaires, comme si la main d'un géomètre les avait dessinées. La nature a-t-elle donc une si grande affection pour le cercle ? On le dirait, car c'est autour d'un centre que tourne généralement un homme perdu. L'amour du cercle semble être partout.

Saluant de loin le neigeux *Néouvielle*, je quittai l'hôtellerie, qu'une avalanche récente avait bien cruellement traitée ; elle était presque en ruines, et cernée aux trois-quarts par une colline de neige. Alors revint le mauvais temps, et le brouillard fondit sur moi si vite, qu'en un instant, je perdis tout de vue, en descendant par la gorge des Cinq-Ours. Comme j'étais seul, je m'attristai. Mais en me retournant, j'eus, à l'Ouest, une espèce de vision. Dans le conflit des nuages, j'entrevoyais encore de fugitives apparitions de terre illuminée, des archipels célestes zébrés de neige, qui semblaient tour à tour s'avancer, reculer, se dilater, et fondre. Ces illusions, ces jeux de la lumière dans le brouillard des hautes régions, sont un des plus étranges spectacles du monde.

Je ne dis rien de ma descente à *Gripp*, qui se fit tristement dans la neige, et sous une pluie battante. Je n'eus plus qu'un instant de plaisir ; ce fut au pont de *Rimoula*, où, à neuf heures du soir, je m'arrêtai pour contempler encore le cône du Pic du Midi de Bigorre, s'élevant comme une idole d'argent, sous un pâle clair de lune, dans les gloires de la nuit. Les montagnes à cette heure semblent des êtres fantastiques, animés, qui réfléchissent, et voient par dessus les ombres des choses que nous n'y voyons pas.

Je n'arrivai qu'à onze heures à Bagnères, après une course longue et pénible, mais non pas inutile, puisqu'elle m'apprit que pour courir les hautes montagnes, l'été n'est ni la seule, ni la plus belle saison.

ASCENSIONS D'HIVER.

LE PIC DE GER (2612 MÈTRES) ET LE VIGNEMALE (3290 MÈTRES).

C'est une erreur de croire que les montagnes deviennent inaccessibles pendant l'hiver. Souvent les ascensions sont alors plus faciles que jamais, car le temps est plus clair et plus sûr. Le seul inconvénient sérieux, c'est la longueur des nuits.

En hiver, les crevasses, les cascades, et les plus gros rochers sont ensevelis sous de telles masses de neige, qu'on peut passer partout sans corde. La neige est stable : les avalanches sont rares.

Toutefois, il faut être sûr du temps : car il serait impossible de survivre à certains ouragans qui se déchaînent pendant l'hiver sur les montagnes. Rien ne peut en donner une idée. Il y a de quoi mourir en cinq minutes.

Mais de même qu'en Russie et dans les mers polaires, le milieu de l'hiver est une saison de calme et de beau temps à de grandes altitudes. L'air se repose alors. Il n'y a que deux saisons où il soit impossible, ou du moins insensé, de faire des ascensions : c'est au printemps, ou pire encore, à la fin de l'automne. C'est là par excellence l'époque des avalanches et des tourmentes. C'est plus mortel que les cyclones de l'Inde, car le froid est polaire, et sur des pentes même modérées, cinquante hectares de neige peuvent partir à la fois, quand le soleil de mars a commencé à l'amollir. Rien ne résiste à de telles cataractes, puisqu'elles emportent même des rochers, et des forêts entières.

Dans les rafales de neige qui passent sur les montagnes aux équinoxes de Mars et de septembre, il est presqu'impossible de respirer, d'ouvrir les yeux, ou de rester debout, et je fus renversé par le vent au mois de mars 1863, avec un Irlandais d'une force herculéenne ([1]) et plusieurs guides, sur le *col de Gourzy*, qui n'atteint cependant que la modeste hauteur de 1830 mètres ! Que devait-il se passer ce jour-là sur le Posets ou la Maladetta ?

Le 5 mars cependant, nous atteignîmes la cime du *Pic de Ger* (2612 mètres), M. Congreve et moi, avec trois guides, Camy, Jean-Pierre, et Jean Dotte (des Eaux-Chaudes), mais en partant cette fois-ci des Eaux-Bonnes, et en montant par la gorge de Balourd.

Singulier paradoxe ! *Il faisait chaud sur le sommet*, aussi chaud qu'en été, et l'air était si calme qu'une

---

(1) M. Congreve.

allumette y brûla jusqu'au bout sans s'éteindre ! D'ailleurs, en refesant cette ascension quelques hivers après, avec M. Loraine Petre, je fis la même observation, comme je la fis plus tard en plein hiver sur le haut du Vignemale. Çà ne peut être une loi : ce serait trop étrange ; mais je suis convaincu que bien souvent, pendant l'hiver, il fait plus chaud sur les montagnes que dans la plaine.

En 1869, je profitai de quelques journées superbes de Février, pour accomplir l'ascension du *Vignemale* (3290 mètres). J'arrivai donc, le 10, à Gavarnie, sans y trouver de neige. Le cirque, couvert de glace du haut en bas, luisait comme une cuirasse : toutes ses cascades étaient gelées : on n'y entendait pas un son, et au-dessus de ses assises funèbres et bleues, se déployait l'azur mélancolique d'un ciel polaire. Jamais il ne m'a tant frappé que ce jour-là. D'ailleurs il faisait calme, et assez doux.

Avant dîner, je gravis une colline dans la vallée d'Ossoué, pour étudier la tournure du Vignemale en hiver, et je rentrai plein de confiance et d'enthousiasme. Quelle poésie, et quel magique tableau ! Il n'y entrait que du soleil, du silence, de la neige et du bleu....

Le lendemain matin, 11 février, j'étais en route avant six heures avec Henri Passet et son oncle Hippolyte. Nous avions une lanterne, car il faisait encore nuit close. Bientôt le ciel pâlit derrière le Piméné, il se leva une petite brise glaciale, mais vivifiante, et devant nous, à l'Ouest, le grand glacier du Mont-Ferrant s'empourpra tout-à-coup, comme si du sang avait coulé dessus. Quel temps ! il n'y avait pas un nuage. Lorsqu'au lever du jour nous entrâmes sur la neige pour ne plus en sortir pendant plus de douze heures, nous nous trouvions déjà à une hauteur de 1800 et quelques mètres.

Nous n'eûmes aucune difficulté, aucune hésitation, jusqu'au ravin où grondait, sous la neige, la cascade des *Oulettes*, dont on remonte toujours la rive droite en été. Mais attaquer ces pentes au milieu de l'hiver, sur de la neige poudreuse et molle, et toute prête à glisser dans l'abîme, nous sembla une folie, et nous escaladâmes les parois presqu'à pic de l'autre rive, où aucune neige ne peut tenir. Pourtant le soir, nous n'osâmes pas descendre par là, et nous bravâmes sur la rive droite, le risque d'une avalanche, qui Dieu merci ne tomba point... Elle nous aurait anéantis.

Ici nous vîmes beaucoup d'isards. Bientôt le blanc se fit partout autour de nous, et à vingt lieues de Pau, je retrouvai les enchantements et les splendeurs d'une aurore sibérienne. Rochers, ravins, moraines, cascades, tout dormait sous la neige comme au fond d'un sépulcre, et dans ce blanc illimité, qui foudroyait nos yeux, nous seuls faisions trois taches errantes. Nous avancions sans bruit comme des fantômes, dans un silence étrange, universel et absolu : car rien au monde n'est aussi muet qu'une solitude de neige. La chaleur (chose bizarre!) était extraordinaire. Dans les creux de la neige, où s'engouffraient les rayons du soleil, l'air semblait plein de paillettes enflammées, et quant à la lumière, la neige nous en envoyait plus que le soleil! Ce ne fut guère qu'à 3000 mètres, en approchant des brèches neigeuses par où déborde à l'Ouest le grand glacier d'Ossouë, que le 11 février, (!) nous commençâmes à respirer. Du reste, ce paradoxe d'une grande chaleur en plein hiver sur les montagnes, peut s'expliquer par la blancheur extrême des neiges nouvelles. L'été, la neige est sale, et réfléchit peu de rayons solaires, ou bien il n'y a que de la glace, qui refroidit toujours, même de loin, l'atmosphère et le sol. Elle est cachée pendant l'hiver sous d'immenses masses de neige d'une éclatante blancheur.

A trois heures juste, nous étions tous les trois sur le sommet du Grand-Vignemale (3290 mètres). Jamais je n'oublierai les courtes mais mémorables minutes que nous passâmes là-haut dans le cœur de l'hiver, avec la certitude qu'aucun homme en Europe ne respirait à notre niveau : orgueil puéril mais pardonnable. D'ailleurs des fibres plus nobles vibraient aussi en moi. Du haut de cette espèce de cathédrale céleste, je voyais sous mes pieds la chaîne des Pyrénées gelée d'un bout à l'autre. J'étais au centre d'un paradis de neige !... Mon enthousiasme touchait à la folie.....

Mais le soleil, en rougissant la neige, fuyait déjà sur les sentiers dorés du ciel ; et bien qu'il fit monter le thermomètre à *30°*, il fallait repartir au plus vite, avant que les petites cascades qui descendaient du pic sur le glacier n'eussent eu le temps de se geler. A ces hauteurs, il gèle presque tout de suite après le départ du soleil. Sur de la glace, la descente eût été périlleuse..... Nous partîmes donc le cœur léger, mais la jambe un peu moins, car dans la neige amollie par huit heures de soleil, nous enfoncions parfois d'un mètre ! La nuit nous prit à moitié chemin de Gavarnie, où nous rentrâmes, lanternes en main, un peu avant dix heures du soir, après seize heures de marche forcée.

Le lendemain, 12 février, il y tomba deux pieds de neige ! Il neigeait dans la plaine !

Mais elle tomba trop tard pour nous punir d'avoir violé ses temples pendant l'hiver, et elle ne put qu'y effacer nos traces.

LE PIC DU MARBORÉ (3,253 MÈTRES).

C'est le point culminant du cirque de Gavarnie. D'ailleurs on le devine en le voyant de ce village ; il monte si haut qu'il semble appartenir à un autre monde, où le soleil a perdu sa puissance.

Le bleu glacial et sombre de ses immenses parois, la transparence et la clarté de l'air où resplendit la neige immaculée qui les couronne, ont quelque chose de boréal, qui gèle le spectateur au plus fort de l'été. Il croit sentir et voir l'hiver.....

Pendant combien d'années j'ai contemplé ce môle énorme avec envie, je pourrais dire avec amour, lorsque j'étais encore trop jeune pour essayer de le gravir ! J'aurais voulu accélérer la marche du temps ! Mais on se guérit vite de la jeunesse, et le 24 septembre 1865, je déposai ma carte sur le sommet, guidé par Hippolyte Passet, frère de Laurent, l'explorateur par excellence du Cirque de Gavarnie.

En elle-même, l'ascension est facile. Seulement, il s'agissait de trouver le chemin.

Au lieu de perdre une heure à descendre au Sud-Est de la Brèche de Roland vers *Gaulis*, et deux autres heures à remonter ensuite au Nord, nous montâmes au Nord-Est, vers le *Casque*, sur la neige, puis à l'Est, passant sur une corniche large et facile au Midi de la *Tour* (3,018 mètres) pour déboucher ensuite sur le sommet du Cirque de Gavarnie au *col de la Cascade* (2,938 mètres), entre la Tour et trois pointes très-élevées, vaguement appelées les « Pics de la Cascade ».

On est vraiment saisi d'une sorte d'effroi, quand, d'un

seul bond, le regard tombe du haut de cette terrasse sublime, au bas du Cirque, à *1,200* mètres de profondeur ! Les sources elles-mêmes de cette fameuse cascade, dont le berceau est un glacier collé aux flancs d'un précipice à 2,200 mètres d'altitude, semblent réléguées aux régions les plus basses : l'hôtel du Cirque a l'air d'un caillou gris, et on éprouve autant le sentiment du vide que si on regardait la terre du haut des astres. On croit voler.

Ici nous dîmes adieu au Cirque, que nous perdîmes de vue, en contournant de l'Ouest à l'Est le versant espagnol des trois grands « Pics de la Cascade ». Nous traversâmes une espèce de glacier sans crevasses, à pentes fort douces, puis nous montâmes graduellement vers le Nord, sur un sol très-étrange, raviné, fauve et jaune, mais moucheté de neige, qui lui donnait tout l'air d'une peau de léopard.

Six heures de marche, de Gavarnie, nous mirent sur le sommet du Pic du Marboré, qui par le fait, n'est pas un pic, mais un plateau de cailloux et de neige, si grand, si uni et si ferme, que l'on pourrait s'y promener en voiture, à 3,253 mètres au-dessus du niveau de la mer ! C'est une espèce de Champ de Mars : 50,000 hommes y tiendraient facilement.

A mon avis, le Pic du Marboré et le Posets sont les plus beaux observatoires des Pyrénées.

S'appuyant au S.-E. contre les murs du *Cylindre*, il forme à l'ouest un des plus grands précipices de l'Europe : car à ses pieds le gave naissant s'échappe du cirque de Gavarnie à une hauteur de moins de 1,600 mètres : or le sommet du pic étant à 3,253, la différence est d'à peu près *1,700* mètres, qu'une pierre ne mettrait pas deux minutes à franchir, même en ne quittant pas le sol, et en tombant par bonds de rochers en rochers. Mais elle serait sans doute pulvérisée ou volatilisée bien avant d'arriver.

Au bord de cet abîme, en vue de Gavarnie, j'ai construit une tourelle de 4 pieds de hauteur ; mais elle est invisible du village ; on ne peut voir d'en bas que les objets ayant au moins trois mètres d'élévation, et même alors, ils semblent microscopiques.

Il n'y avait guère que dix minutes que nous jouissions de notre victoire sur le sommet du pic (où il n'y a pas le moindre abri) lorsqu'un assourdissant coup de tonnerre partit à nos côtés. C'est la plus forte détonation dont j'aie gardé le souvenir. Puis elle était tellement inattendue, subite, étrange, rien dans l'aspect du ciel ne l'ayant annoncée, que nous pâlimes tous deux, et quant à moi, je m'allongeai par terre, pour ne pas attirer l'attention de la foudre.... Mais heureusement, le second coup partit fort loin ; ce mystérieux orage passa comme il était venu, et tout-à-coup, il se mit à neiger violemment ! Ces bizarreries ne paraissant m'annoncer rien de bon, je consultai mon thermomètre, qui marquait 9° (24 sept.), et je partis immédiatement. A la fin de septembre, il est dangereux de s'attarder à de pareilles hauteurs, et bien m'en prit de fuir, car en quelques minutes, le temps devint tout-à-fait alarmant. L'air se mit à gémir, et la neige à siffler..... Il y a quelque chose de douloureux, d'inconsolable, dans ces grandes brises de la montagne à l'entrée de l'hiver, quelque chose des régions désolées d'où elles viennent. Elles mettent de l'agonie dans l'air. Mais je les aime pourtant, et dans ma fuite derrière le Cirque de Gavarnie, je m'arrêtais souvent pour méditer, autant que me le permettaient d'immenses flocons de neige, aussi fougueux, aussi massifs que ceux des mers polaires. Le *Mont-Perdu*, comme un géant livide et mort de froid, apparaissait encore à l'Est dans les bourrasques, projetant sa blancheur sur des nuages violacés.....

Oubliant l'heure, nous n'arrivâmes à Gavarnie qu'à la lueur des éclairs, qui rendaient la nuit rouge.....

N. B. — Voir le « Guide de Barèges » par A. Lequeutre, qui connaît mieux cette montagne que personne.

LE PIC D'ANIE (2504 MÈTRES) ET « MALVERN HILLS ».

Pendant l'été de 1866, je fus bien près de sacrifier les Pyrénées aux humbles, mais vertes et poétiques collines de l'Angleterre. Et cependant, avant de traverser la Manche, déjà je regrettais amèrement le soleil. Hélas ! qu'était devenu le ciel bleu du Midi ? Il faisait froid au mois d'août ! Il pleuvait violemment, et à Boulogne, un vent furieux, sorti d'une mer bourbeuse et jaune, balayait tristement les quais vides et mouillés. Pendant que je dînais, les rafales redoublèrent au point de faire trembler les fenêtres et les murs de l'hôtel, qui ruisselaient de pluie. Il fit nuit à six heures ! Tout se plaignait, tout gémissait, les arbres, les édifices, les poulies, les mâtures ; enfin la mer devint si menaçante, qu'il fut question d'empêcher le départ du vapeur pour la Tamise et Londres.

Le soir pourtant, il leva l'ancre. La nuit étant atrocement noire, de merveilleuses phosphorescences étincelaient dans le sillage, mais on ne voyait pas la mer : on entendait seulement le frôlement de l'écume contre les flancs du navire, bruit mystérieux et doux qui contrastait singulièrement avec les grandes colères du large, où l'Atlantique hurlait de tous côtés. J'aimais à l'écouter, car entre la mer et nous, il y a d'étranges affinités; elle nous ressemble en bien des choses, et rien ne nous rappelle autant nos émotions passées, nos pélerinages et nos rêves de jeunesse, que ce bruit monotone, éternel, de la vague, qui fait rendre le même son à toutes les plages du monde, et qui évoque en nous tant de souvenirs.

Habitué à la mer, je m'endormis d'un si profond sommeil, que je ne m'aperçus même pas de notre entrée dans la Tamise. Mais quel changement je vis à mon réveil! Notre bateau remontait tranquillement ce fleuve sale et puissant qui semble charrier toutes les richesses et toute la boue de l'univers. L'homme qui n'a pas contemplé ce spectacle à la fois désolant et grandiose, n'a pas la moindre idée de l'Angleterre. Perçant à peine un nuage crépusculaire et jaune, avec lequel se confondaient au loin des plages bourbeuses, une espèce de soleil apparaissait vaguement dans le brouillard et la fumée qui s'échappait de longues cheminées grises et solitaires, dont on cherchait en vain la base. Et nous étions au mois d'août! Pourtant le nuage humide et froid qui rampait sur les eaux ayant fini par s'entrouvrir, nous eûmes comme une apparition subite de toutes les flottes du monde, vrai fouillis de mâtures, qui ressemblait à une immense forêt sans feuilles. On aurait dit un empire sur les eaux, comme si les terres n'étaient pas assez grandes pour satisfaire et loger l'Angleterre.

Une heure après j'étais à *London-Bridge*.

L'aspect de Londres n'est certainement pas gai: mais il fascine toujours celui que la nature a créé voyageur.

En regardant cette rivière presque vivante, en respirant

la brise marine et goudronnée qui agite ces brillants pavillons venus des antipodes et irrités de leur captivité, on vole soi-même par la pensée au bout du monde, dans les déserts sans fin et par delà les Océans. On a comme le tourment de l'Infini. On voudrait être en mer, sur le pont d'un navire balayé par le vent, écoutant les poulies qui gémissent....... car un navire parle tant à l'imagination ! Que dis-je ? il lui ressemble un peu. Voyageur et volage, n'obéissant qu'au vent et ne vivant que de secousses, il n'arrive à son but qu'après d'immenses détours, brisé ou mutilé, décoloré, mais tout fier de la course qu'il a faite. Qui pourrait donc sans enthousiasme contempler un navire, sa proue qui pointe vers l'horizon en ayant l'air de le narguer, ses mâts dardés vers les espaces astronomiques, ses lignes gracieuses et sveltes, où l'on croit deviner le besoin de partir, et sa population toujours nomade, bronzée, durcie par l'air et le soleil ? Non, aucune poésie n'est plus incontestable que celle d'un port de mer, et pendant une semaine, Londres me fit oublier les montagnes.

Je les négligeai même assez longtemps, car j'allai voir ensuite la splendide cathédrale de *Gloucester*, et les riants rivages de la *Severn*. Il y a douze ans de cela : et cependant, je me rappelle encore avec amour les collines dénudées de *Malvern*. Quel beau pays ! Combien de fois, solitaire et pensif, j'ai contemplé l'horizon de verdure qu'elles dominent, océan de pelouses où des bois séculaires formaient des archipels de sombre feuillage un peu voilés par le brouillard. Çà et là, je voyais des espaces éclairés par un soleil vraiment Pyrénéen, tandis qu'au bout des plaines, à une distance énorme, paraissaient de gros nuages chargés de pluie et de tempêtes, groupés par masses violettes, bariolés d'arcs-en-ciel, et versant obliquement sur la terre ces lourdes mais passagères ondées, qui sont le vrai secret de son incomparable verdure. Toute l'Angleterre est verte.

Je les quittai pourtant, ces chères collines, pour revenir aux Pyrénées. Je m'embarquai à *Newhaven*, et bientôt disparurent derrière moi ces falaises ravagées et à pic du comté de Sussex, qui semblent défier et menacer le reste du monde. Il y a de la fierté jusque dans le sol de l'Angleterre. Personne ne disait mot, car tout le monde est triste sur un navire, quand la terre fuit et s'évanouit à l'horizon. C'est une heure désolante et morose, où l'âme oscille entre le rêve et le souvenir. La mer était houleuse, mais calme et d'un beau vert. Disséminées sur l'horizon, j'apercevais au loin, bien loin, quelques voiles indécises, atômes flottants qui fesaient tristement ressortir l'inexorable immensité de l'Océan, et la distance qu'il met entre nous et ceux que nous aimons. Un navire est l'emblème de l'exil, et sur les flots inquiets qui le tourmentent et le balancent, il semble lui-même en peine, comme les cœurs déchirés qu'il emporte, quelquefois pour toujours.

C'était le soir, une belle soirée d'automne. Le ciel brûlait à l'horizon de l'Amérique, et le soleil descendait sur la mer endormie, sans voir un nuage autour de lui. C'était vraiment d'une beauté idéale ; et comme un Caraïbe, je rêvais éveillé..... Mais quelques jours après, j'étais en face des Pyrénées..... N'est-ce pas tout dire ?.... j'allais recommencer à faire des ascensions !

Toutefois, il était tard pour en tenter de grandes. Septembre allait finir : les forêts jaunissaient, des brises violentes et tristes fesaient gémir les arbres en emportant leurs feuilles, et les montagnes se saupoudraient de neige nouvelle..... Il me fallut choisir une cime modeste. Etant à Pau, je vis à droite, tout au bout de la chaîne, un pic dont les gracieux contours et la fière attitude me captivèrent tout de suite : c'était le pic d'*Anie*, qui, à défaut d'hermine, s'habille presque tous les soirs d'or et de pourpre. C'est là que je monterais... Sans m'occuper des Vandales, des Normands, des Romains et des Maures, auxquels je m'intéresse fort peu quand j'explore les montagnes, je remontai la pastorale et charmante vallée d'*Aspe* jusqu'à *Bedous*, où je couchai, après avoir donné un souvenir à Despourrins en passant à *Accous*, où on lui a élevé un gracieux obélisque. Qui donc pourrait entendre sans émotion ces chansons élégiaques qui ravissaient Louis XV, et que soupirent encore les jeunes pasteurs des Pyrénées? *La haüt sus las mountagnos, u pastou malhurous*, etc... « Là haut sur la « montagne, un pasteur malheureux, assis au pied d'un « hêtre et noyé dans ses larmes, songeait au change- « ment de ses amours »... etc.

A cinq ou six kilomètres en amont de Bedous, je montai au Sud-Ouest, par un sentier raide et pierreux, au hameau de *Lescun* (902 mètres), près duquel, en 1794, quelques centaines d'Aspois mirent en déroute 6,000 Aragonais.

Toujours braves et belliqueux, les Aspois défendirent en tout temps leur liberté. Rien n'est plus significatif et plus curieux que les *fors (fueros)* de la vallée d'Aspe, boulevard et consécration de ses privilèges et de ses libertés, que lui conserva Louis XIII. Mais l'histoire va peu nous inquiéter, dans ces hautes régions où ne pénètrent jamais le vacarme et les disputes des hommes. Laissant aux malades et aux artistes la trop fameuse cascade de Lescun, allons-nous en déjeuner rustiquement sur l'herbe à l'entrée du *Cirque* de Lescun dominé par des arêtes fantastiques, ou bien chez M. Cazou, qui nous fournira des poulets, du pain et du vin. Déjà la dent blanche du pic d'Anie se dresse noblement à l'ouest avec un orgueil presque ridicule; mais enfin, on y trouve des isards et de la neige éternelle, ce qui rend ses prétentions excusables. Et du reste, bien que j'aurais des scrupules, et même de la honte, à appeler dangereuse une montagne de 2500 mètres, il est bien sûr que dans le brouillard, le montagnard le plus adroit risquerait fort de ne pas arriver.

Voici en quoi consiste cette ascension, qui dure 4 heures depuis Lescun. Il faut décrire autour du pic un cercle presque entier, par l'est, le nord, l'ouest, pour l'attaquer finalement par le sud-ouest. Au nord, les parois sont impraticables. Pendant deux heures on remonte, au nord-ouest de Lescun, le délicieux vallon tout plein d'ombrages, qui s'arrondit à l'est du pic. Il n'y a qu'à suivre le torrent : et du reste, c'est ce qu'il faut bien souvent faire dans les montagnes. Que de fois, perdu dans le brouillard, je me suis tiré d'affaire en prenant pour guide le cours ou la voix d'un torrent ! Y a-t-il un guide plus sûr, un ami plus fidèle? On ne se sent jamais seul, on est rarement triste auprès d'un torrent. Quand il serpente au milieu des prés, il a quelque chose d'heureux, de tranquille et de musical : et plus haut, vers sa source, il est pur et vagabond, comme tout ce qui est jeune.

Ce vallon est charmant : plein d'herbe et de mousse, de hêtres et de sapins, placé dans cette région moyenne et chaude qui précède l'empire des glaces, on y savoure la religion de la solitude et des bois, et l'on y cherche des muses; mais les muses, comme tout le monde habitent aujourd'hui les villes, et la nature est seule.

Laissant assez haut sur la droite, et sans le voir, l'établissement de bains de *Laberou*, dont les eaux, jadis chaudes, se sont, d'après la tradition, subitement refroidies pendant un tremblement de terre, il y a une centaine d'années, et où l'on se baigne encore suivant les coutumes primitives du Japon *(voir les voyages au Japon)*, nous voici, à la sortie des bois, aux *cabanes* dispersées d'*Azun* (1800 mètres), où commence l'aridité. Le silence aussi se fait, silence extraordinaire, parce qu'il est si absolu. Les troupeaux disparaissent, puis les torrents, à mesure que l'on s'élève en écharpe, et par pentes rapides, au nord et à l'ouest du pic, qui est d'une nudité sans pareille. Des savanes sans fin et sans ombre, où brille le petit lac d'Anie, long, dans ses plus beaux jours, d'une vingtaine de mètres : la dévastation partout; de la *rocaille*, et des vagues de calcaire, séparées par des puits profonds, comme ceux que j'ai signalés au pic *Cotieilla* : des pentes crevassées, ravagées par le vent de l'Atlantique : quelques brins d'herbe qui frissonnent : enfin des lambeaux de neige éternelle, froide et morne comme le marbre du sépulcre, tel est en somme l'entourage du pic d'Anie, dont les flancs, jamais dangereux, deviennent cependant très-roides et fatigants vers la cime. Si d'ailleurs on doit estimer une montagne d'après les jouissances qu'elle donne, il ne faut pas mépriser celle-ci. Pourquoi donc n'est-elle pas plus fréquentée par les touristes de Pau, lorsqu'ils sont las de sacrifier à Terpsichore ? Certes ils ont des muscles, les adorateurs de cette noble muse! Les temps ne sont plus où l'on vous lapidait si vous tentiez de profaner ce pic, dont la fée passait pour impitoyable et jalouse, surtout si vous portiez une barbe noire : aujourd'hui c'est pour n'y pas monter qu'on devrait vous jeter la pierre.

A l'est se hérissent confusément presque tous les pics des Pyrénées jusqu'à la Haute-Garonne, et par une étrange, mais assez fréquente illusion d'optique, on a l'air de les dominer tous. Souvent j'ai observé, sans jamais me l'expliquer, l'effet tout contraire. Je crois qu'il est impossible, à l'œil nu, d'estimer son niveau relatif sans tomber dans de grandes erreurs. C'est peut-être un effet de réfraction : mais ce qui est parfaitement naturel, c'est que nous perdions toute idée de niveau, comme tout moyen de nivellement, lorsque nous ne voyons plus rien d'horizontal, et que nous n'avons plus, pour nous faire un horizon, que notre instinct ou notre imagination. Si deux ballons se rencontraient dans un nuage, à différents niveaux, leurs passagers pourraient-ils jamais savoir quel est le plus haut des deux, s'ils n'avaient aucun instrument pour le mesurer?

Je crois que la vue du pic d'Anie doit plaire à tout le monde, justement parce qu'elle est panoramique, et que l'on ne domine pas assez pour se sentir tout seul dans les airs, comme sur la Maladetta, le Mont-Perdu, etc., etc. Du reste, n'en est-il pas un peu de même dans l'ordre moral? La grandeur isole, et tout le monde se groupe autour de la modestie. On doit voir assez distinctement l'Océan, éloigné à vol d'oiseau d'une soixantaine de kilomètres : mais malheureusement le jour de mon ascension il se produisait un phénomène dont se passeraient souvent ceux qui sont habitués à le voir, quelque admirable qu'il semble à l'homme des plaines. Du nord au sud-ouest, on ne voyait plus la terre : elle était cachée sous une mer cotonneuse de nuages, sur lesquels descendait lentement le soleil, superbe et rouge : sur ma tête, le ciel était tout-à-fait pur et calme, et les flancs du pic, enflammés jusqu'à l'incandescence, se dressaient sur d'immenses brouillards de feu. En vérité, malgré ce voile qui me cachait la Navarre et les plaines de France, je me sentais tout ému, et je me disais : quels spectacles ! Et qui se lasserait de les voir ? J'entendais encore, du haut de ma pyramide, les clochettes et les bêlements des troupeaux. Les animaux peuvent-ils admirer quelque chose ? pensais-je, en me rappelant une discussion que je soutenais naguère contre un demi-savant prussien prêchant cette thèse ignoble que l'homme n'est que la continuation de l'animal, sans qu'il y ait entr'eux d'abîme infranchissable. O barbarie ! N'y eût-il entr'eux qu'une différence, il resterait toujours le culte et l'amour du beau ! La poésie n'est jamais entrée dans le cerveau d'un animal, les animaux ne produisent pas d'artistes, et le plus pensif d'entr'eux n'a jamais connu ce galvanisme du cœur qu'on appelle l'enthousiasme !

Mais l'enthousiasme n'échauffe pas le corps : c'était à la fin de septembre : le vent de la nuit commençait à siffler sur la cime, et je me décidai, avec mon guide Lacazette, à descendre au plus court, à l'est-sud-est, par le ravin d'*Anaye*. C'est très-roide, et plus court d'une heure, mais fatigant, car on enfonce jusqu'à mi-jambes dans un torrent de cailloux dont on entraîne les avalanches avec un bruit terrible, au grand détriment de ses chaussures. Si l'on essayait de monter par là, on ressemblerait au rocher de Sisyphe, en faisant près de deux mètres en arrière pour chaque mètre que l'on ferait en avant, manœuvre peu économique dans les montagnes.

Une fois aux sources du torrent d'*Anaye*, on trouve un bon sentier qui descend en zig-zags sur la rive gauche, le long d'un escarpement haut de plus de 100 mètres, où fut un jour précipité le fils de mon guide, chute vraiment miraculeuse, puisqu'il vit encore.

A peine avais-je rejoint, à une heure en amont de Lescun, le chemin par où j'étais monté, que la nuit se fit complètement, et je continuai ma descente un peu comme un somnambule, morose et taciturne, comme il arrive assez souvent le soir qui suit une longue ascension, alors que ses plaisirs et son enivrement sont passés. Souvent on peut se dire en arrivant, lorsqu'elle a été assaisonnée de périls et couronnée par la victoire :

« When the shore is won at last,
Who will count the billows past ? »

Mais la course du pic d'Anie est trop facile pour excuser ce petit orgueil. Je la livre aux hommes du monde qui ont conservé quelque amour de la nature, et qui la retrouveront, dans les plaisirs qu'elle donne, fidèle comme Pénélope. Les malades eux-mêmes pourront se permettre cette course, en y mettant trois jours de Pau ; le troisième, comme le premier, se passant en voiture ; et quand même on renoncerait au pic d'Anie, jamais on ne regrettera, pour peu qu'on soit artiste, une visite aux champs heureux de la vallée d'Aspe.

COURSES DIVERSES.

GRADINS DU CIRQUE DE GAVARNIE. HOURQUETTE DE BUGARRET. LE LAC DE LITAYROLLES. LE CASQUE DU MARBORÉ (3006 MÈTRES). PIC D'ALBE (3280 MÈTRES). LE GRAND ET LE PETIT VIGNEMALE. LE TAILLON (3146 MÈTRES).

Par une très-belle après-midi de juin 1868, l'idée me prit d'aller me promener avec Hippolyte Passet, le cicerone par excellence du Marboré, sur le premier *étage* du Cirque, dont la partie orientale semble aboutir presque au niveau de la source de la grande cascade. Quittant le petit sentier de la Brèche de Roland à 500 mètres environ au-dessus du fond du cirque, près de la source si froide des *Sarradets*, nous allâmes horizontalement à gauche, et tantôt sur de l'herbe, tantôt sur de tristes cailloux, nous suivîmes pendant près d'une heure ce talus à pente douce qui constitue le premier étage du cirque. De longues flaques de neige permanentes s'y dessinent çà et là, tachetées de blocs calcaires précipités d'en haut, et des torrents très-turbulents labourent avec fracas ces lieux déserts, où jamais peut-être créature humaine n'avait pensé à venir, bien qu'à la base des murailles qui les portent, des armées de touristes viennent défiler et s'ébahir tous les étés. Mais de cette promenade de quelques heures nous ne rapportâmes que le plaisir de la nouveauté;

la source de la grande cascade ne peut s'atteindre par là, et le lendemain nous allâmes coucher à la Brèche de Roland, pour explorer au lever du jour le second gradin, chose beaucoup plus sérieuse. Rarement on voit plus de poésie dans un coucher de soleil. Le versant nord des Pyrénées, couvert de tristesse et de neige, se voilait d'ombres, plutôt bleues que ténébreuses, et de froides brises gémissaient sur la glace, tandis qu'au sud les pics brûlés de l'Aragon et le sommet des précipices de la vallée d'Aras prenaient, au-dessus de la nuit montante, ces teintes de pourpre et d'écarlate qu'on peut, sans être poète, appeler célestes ; mais cela dura peu. La nuit fut froide, comme bien l'on pense (2804 mètres). Nous dormîmes cependant, la tête tout près d'un monceau de neige, Mont-Blanc en miniature, et ce qui nous éveilla souvent, ce fut peut-être un peu d'orgueil, à la pensée que nous avions le faîte des Pyrénées pour lit. On pouvait voir, comme des fragments de fantômes, sous un mystérieux clair de lune, les blanches parois du *Casque*, quand le vent déchirait le brouillard en sifflant dans la Brèche. A six heures du matin, par un vrai froid d'hiver, nous redescendîmes au bas du glacier par le versant français, puis tournant subitement à l'est, nous allâmes nous asseoir au nord et au-dessous du glacier du Casque, en attendant que la brume se levât : car on ne voyait rien à vingt pas. A peine assis, nous entendîmes une, deux, puis trois et quatre affreuses détonations, enfin un roulement continu, le bruit d'un fleuve de pierres et de glaçons, descendant sans qu'on pût le voir, approchant et retentissant comme le tonnerre. C'était un pan du glacier du Casque qui tombait droit sur nous en millions de fragments désagrégés sous l'effet du brouillard, qui change la glace en une espèce d'éponge. Mais que faire ? Ne pouvant fuir au milieu de tant de précipices, nous attendîmes, et quand les nuages fondirent, nous aperçûmes un boulet de glace qui venait de s'arrêter à moins de cent pas de nous. Ces chûtes de pierres et de neiges durcies forment un danger continuel dans toute exploration du cirque : c'est l'épee de Damoclès qui tombe au moins vingt fois par jour. Aussi fûmes-nous pressés de dépasser la limite orientale de ce périlleux glacier, dont la tranche bleue, arrêtée perpendiculairement juste au bord du rocher sur nos têtes, nous menaçait d'un nouveau cataclysme. De l'autre côté de son méridien oriental, vinrent des dangers d'un autre genre. Cheminant à des angles de plus en plus scabreux, sur des cailloux roulants et des graviers gelés, il fallut prendre la hache pour faire des marches dans la terre même. On aurait pu se croire en Sibérie, où l'on fait dégeler le sol pour enterrer les morts. Entre les abîmes du cirque à gauche, et la menace des avalanches à droite, nous continuâmes ainsi une des promenades les plus émouvantes que l'on puisse faire dans les Pyrénées, atteignant enfin un point situé juste au milieu de la demi-circonférence du cirque, au bas d'un glacier noirci comme du charbon par les débris de toutes sortes qui tombent dessus. On aurait pu aller plus loin vers la cascade, mais comme il était clairement impossible de l'atteindre, à cause du redressement des parois, toutes lisses et verticales, nous revînmes aux Sarradets, et le temps devenant superbe, nous montâmes à l'ouest au col neigeux du *Taillon*, derrière lequel descend, du sud au nord, le glacier majestueux du même nom. Nous n'y vîmes pas de moraines ; mais ses larges crevasses commençaient à s'ouvrir, et n'ayant pas de corde, nous le remontâmes avec certains scrupules jusqu'à sa source où, débarquant à droite, nous gravîmes facilement le sommet du Taillon (3146 mètres), montagne trop peu connue, car les crevasses de son glacier sont aussi grandes que celles des Alpes, et peut-être n'y a-t-il pas dans toutes les Pyrénées de glacier aussi facilement accessible, puisqu'il n'est qu'à trois heures de Gavarnie.

Quittons maintenant le Marboré, pour explorer des lieux presqueausssi peu connus que l'Amérique russe. Le 8 août, je partis seul de Luz à pied, j'arrivai à Pragnères, et là, laissant à droite la route de Gavarnie, je m'élevai à l'est, par la rive gauche du torrent, dans le val du *Lis*, passant au bout de trois quarts-d'heure sur la rive droite, que je ne quittai plus. A droite s'élevaient orgueilleusement des forêts de hêtres et de sapins, se déroulant au soleil comme un manteau de velours ; mais ce qui écrasait tout par sa splendeur, c'était le pic de *Barbe de Bouc*, terrible et pâle montagne, dont la stérilité sublime faisait ressortir le bleu du ciel. A une heure et demie de Pragnères, s'ouvrit soudain, au-dessus de la limite des bois, un cirque de pâturages, au milieu duquel se groupaient quelques bergers, à côté de leurs pauvres cabanes. Ici parurent les premières neiges, qui encombraient, au sud, les longs ravins du *Carbounouse*. Du nord-est descendait un ravin plus étroit, tout plein de neiges brisées, sous lesquelles s'échappait, en écume plus blanche qu'elles, le torrent rocailleux sorti des lacs de Bugarret ; mais ce ravin étant alors impraticable, je montai avec un berger droit à l'est, sur une espèce de vaste escalier de rocs et d'herbe glissante, jusqu'à un rocher décoré du nom de cabane, et perché à une **hauteur de 2,200 mètres**, dans un pays perdu, près d'une excellente source. Là, descendant un peu à gauche (nord) pour rejoindre le torrent, nous arrivâmes enfin (5 heures de Pragnères) au petit lac de *Rabiet*, marqué par erreur sur les cartes comme la continuation, à l'ouest, du lac de *Bugarret*, dont une forte digue le sépare à tout jamais. Ici commencent des *chaos* sans fin, mais sans danger. Aussi je congédiai le berger, pour retrouver ma liberté perdue, et me sentir seul dans ce monde étrange, bien plus montueux et tourmenté que je ne l'avais supposé en le regardant, il y a trois ans, du sommet du *Pic Long*, qui est le dieu, ou plutôt le démon de ce royaume de pierres et de glaces. On ne peut rien voir de plus inaccessible et de plus sourcilleux que ce pic du côté du nord, où tout est précipices et glaciers. Au sud-est du lac Rabiet, dont je suivis le côté gauche, j'en trouvai un autre un peu plus grand, puis un troisième, plus haut que le second de quelques mètres, et tous les deux sans écoulement apparent, bien qu'entr'eux ils communiquent par un ruisseau dont on entend le murmure sous les rochers. Ils sont enfermés de toutes parts, et c'est de ces trois lacs ensemble qu'on a formé celui marqué *Bugarret* sur nos cartes (2,200 mètres). Chacune des rives est praticable ; celle du nord est un amas confus de rochers énormes ; l'autre est tapissée de verdure, mais comme il faut beaucoup monter et redescendre pour suivre ses pentes abruptes, je pris au Nord, et je trouvai à l'extrémité orientale du troisième et dernier lac d'épais bancs de neige qui se prolongeaient dans l'eau, sous laquelle, touchant peut-être le fond, ils noyaient leur muraille azurée. Prenant alors à l'est un ravin raide, mais très-facile, trois quarts d'heure de montée, sur l'herbe et la « rocaille, » me placèrent enfin sur la *Hourquette de Bugarret*, ouverte à une hauteur de 2,700 mètres au sud de Néouville, inaccessible par là. J'étais ici à cinq heures de Pragnères, et à six heures et demie de Luz. A l'est, et plus bas que le col d'environ 300 mètres, s'étendait le beau lac de *Cap Long*, au moins deux fois plus grand que le lac de Gaube ; il était d'un bleu de mer, et consolait un peu mes yeux de la désolation de son entourage, chaos sur chaos de pierres, chauves et grises comme des crânes. L'Arbizon (E. N. E.), le Cambiel (S.) et le Pic Long (S.), tels étaient les principaux pics en vue. Mais on ne peut voir ces lieux sauvages sans penser au sépulcre, et les sapins brisés qui se dressent au bord du lac ressemblent à des cyprès dans un cimetière.

La descente à l'est sur le lac de Cap de Long étant facile, on peut donc passer directement de Pragnères à la vallée d'Aure, par le *lac d'Orrédon* et la gorge de *Couplan*. Comme c'est là ce que je voulais constater par moi-même, je terminai bien vite cette course intéressante, mais longue, en montant (au nord-ouest du lac Rabiet), au col très facile de *Pierrefitte* (2,468 mètres), et de là deux heures de descente à l'O. N. O. me ramenèrent prosaïquement à Luz, après treize heures de marche, entre le *Maucapérat* à gauche, et le *Montarrouye* à droite.

Mais allons à Luchon, où tout devient éminemment alpestre.

Sans décrire en détail, bien qu'elle mérite de l'être, la course trop négligée du lac du Portillon à la vallée du Lys, il faut en dire quelques mots, ne fût-ce que pour faire un appel aux photographes, qui vont chercher tous leurs *séracs* et leurs crevasses en Suisse, quand ils ont sous la main des lacs gelés au mois d'août, et toutes les blanches merveilles du monde glaciaire.

Arrivé le 1er août, à neuf heures du matin, au lac du Portillon, où ne flottaient plus que de rares débris de la glace de l'hiver, j'en trouvai la moitié septentrionale gelée. Deux heures après, j'étais au lac de *Litayrolles*, situé en Espagne, à la base orientale du Perdighero, et pas assez connu, bien que l'on puisse y arriver, non-seulement sans danger, mais sans beaucoup de fatigue, en couchant au lac d'Oo, revenant le second jour à Luchon par-dessus les sommités du Lys. C'est un lac ovale, qui a de 15 à 20 hectares, et qui est probablement le plus élevé des Pyrénées : car en se plaçant sur certains points de la crête du Litayrolles, on peut voir à la fois le lac du Portillon, et celui-ci, et se convaincre que le premier, élevé de 2650 mètres, est inférieur d'au moins 150 mètres au second, qui a donc une hauteur de 2800 mètres. Le 1er août de cette année, la moitié de sa surface était un vaste plateau de neige où l'on aurait pu se construire un palais sans la moindre imprudence, et qui ne doit jamais fondre, puisque cet été brûlant ne l'a pas évaporée. Le glacier de Litayrolles, qui drape les pentes méridionales du cirque du Lys, et va précipiter dans le lac la terre, les pierres et les souillures de ses moraines, serait aussi bien digne d'être visité. Il fait partie de cette chaîne de glaciers qui, sous différents noms, se prolongent sans coupure sur une longueur de 14 kilomètres, depuis le val de Caillaouas jusqu'aux abimes fleuris du Lys, ensevelissent tout dans leur blancheur et leur magnificence, vallons, torrents, lacs et déserts, ondulent, se déroulent et débordent, mornes et grands comme la mort, avec l'hiver dans les entrailles, et de la gloire sur le front.

A propos de moraines, observons qu'il n'en manque pas dans les Pyrénées ; mais on n'en voit guère de médianes, car le confluent de deux glaciers puissants y est une chose très-rare. Cependant, dans la gorge de *Salenques*, à l'est du Néthou, on voit quelque chose de semblable, parce qu'il y a là tout un système de glaciers qui se heurtent et se confondent. Mais nulle part dans les Pyrénées le géologue glacialiste ne trouverait un si beau champ d'étude que sur le Vignemale et sa ceinture de frimas. Il aurait là le lac de Gaube pour faire du sentiment, lorsque ses études lui paraîtraient arides et par trop froides.

Passons au *Casque du Marboré* (3006 mètres). Il est fort peu terrible, et n'offre guère de saillant que sa forme ; j'en dirai donc très-peu de chose. Sa forme est en effet excentrique, orgueilleuse et farouche : il a la tournure militaire, et du reste la nature affecte un peu le *militarisme* dans son dessin du Marboré. C'est un faible adversaire. Une fois au faîte du Cirque, entre la *Tour* et le Casque, je pris à l'ouest la crête assez disloquée, mais parfaitement inébranlable et sûre, qui monte à celui-ci, et vingt minutes de facile escalade me placèrent sur la cime, où s'élève une tourelle.

Pour le *Pic d'Albe* (3280 mètres), le plus occidental des Monts-Maudits, voici la route. Couchez à la Rencluse, et le lendemain, au lieu de prendre au sud la direction du Néthou, montez graduellement au midi du rocher de Paderne, suivant une ligne ouest, dans un vallon où, par un temps tranquille, pas le moindre bruit ne se fait entendre. Qu'il était calme, et comme ses pelouses étaient élastiques et moëlleuses, quand je le remontai avec Aurillon par une caniculaire journée de juillet, tantôt sur de l'herbe veloutée, tantôt sur des belles neiges rutilant au soleil! Il faisait lourd comme à midi sous l'équateur, et resserré entre des rivages d'émeraude, coulait sans le plus léger murmure, quadruplant la distance à force de serpenter en revenant sur lui-même, un ruisseau de la plus admirable transparence. Laissant à gauche la Maladetta proprement dite, dont la cime se cachait sous la convexité de son glacier tristement azuré, nous montâmes au S.-O. sur des collines granitiques qu'envahissait de de plus en plus la neige, de sorte que nous en fûmes bientôt cernés. Là quinze izards défilèrent devant nous, à 500 mètres environ. Enfin, à deux heures de la Rencluse, nous pûmes toucher du doigt les rochers du pic d'Albe, dont nous gravîmes le côté nord, sur une crête onduleuse et plus ou moins pulvérisée, mais large : du reste, le roc était encore à l'état granitique, et non calcaire, comme il le devient plus bas à la *Pique Blanche*. En moins de 3 heures en tout, la cime d'Albe était vaincue. La vue était superbe, plus étendue que du Néthou sur les régions de Vénasque et de Malibierne, où paraissaient au sud les trois-quarts du beau lac *Gregonio*, portant un archipel de glaces flottantes. Le froid devenant très-vif, bien qu'à Luchon il fît ce jour-là plus de 30°, nous fîmes une courte halte, et nous redescendîmes en traversant de l'ouest à l'est tout le glacier de la Maladetta. Ici je me sentais fier des Pyrénées, car on s'y serait cru au milieu des hautes Alpes, la terre et les rochers ne se montrant plus que par îlots lugubres dispersés çà et là sur un horizon de neiges et de gouffres glacés, d'un bleu qu'on peut appeler « maudit. » La neige unie et fine, blanche ici, toute rouge un peu plus loin, jaune ailleurs, ne suggérait aucune idée de perfidie, et semblait ferme comme une route impériale. Cependant la corde nous fut utile, car plusieurs fois nous laissâmes derrière nous, non des traces, mais des trous. On sait que c'est dans une de ces crevasses que s'engloutit, en 1824, l'infortuné Barrau.

Restant à plus de 3000 mètres de hauteur absolue, nous fîmes ainsi deux kilomètres en ligne à peu près droite, reprenant terre au confin oriental du glacier, là où l'arête du *Portillon* le sépare de celui du Néthou. Huit heures après nous étions à Luchon.

Un mois plus tard, je refis l'ascension du *Grand Vignemale* (3290 m.) dont je ne vais parler qu'à propos de son glacier oriental, le plus intéressant et le plus accidenté des Pyrénées. En 1861, ne m'étant « embarqué » dessus qu'au milieu de sa longueur, en quittant la crête de Monferrat, qui en forme la rive droite, je n'estimai son développement qu'à trois kilomètres; mais il en a près de cinq. L'ayant remonté cette fois avec Hippolyte Passet depuis le bas jusqu'au haut, il nous fallut deux heures pour le parcourir, bien qu'en appuyant vers la rive gauche, sur la partie purement neigeuse, nous pûmes monter presque en ligne droite. Ce ne fut qu'au milieu qu'il fallut obliquer au S.-O., et prenant le milieu du glacier, s'arrêter devant une crevasse monstrueuse, dont les parois étaient deux précipices noyés dans une ombre bleue. Ici régnait le chaos, une sorte de pétrification des mers australes, à l'apogée de leur fureur. Le glacier semblait creusé par des boulevards à peu près parallèles, et « Hausmanisé. » Il fallut descendre à coups de hache au fond de cet abîme, cheminer dedans comme des plongeurs au fond de la mer, et reparaître enfin à son extrémité. Même au Mont-Blanc, je n'ai pas vu de plus grandes crevasses. Du reste, un peu plus bas, on en apercevait de plus énormes encore, dont la tranche verticale, se perdant par le fond dans la nuit, avait au moins cent pieds de profondeur. Rien ne ressemble plus au beau glacier de *Fee*, en Suisse, par où l'on va de Zermatt à Saas, en descendant du col de l'Alphübel. Mais dans les Pyrénées, les tons sont bien plus chauds, et rien ne saurait rendre, pour qui ne l'a jamais vu, ce vif contraste, formé par la verdure, le calme et le soleil des gorges et des vallées torrides, avec les lignes inexorables, tumultueuses, effrayantes des glaciers. Quelles convulsions dans celui du Vignemale ! Il a l'air de descendre épouvanté par sa hauteur et par le froid, pour se précipiter sur la verdure, dont cependant un abîme le sépare.

Le *petit* Vignemale, qui se dresse à une hauteur de 3050 mètres (?) à l'est du grand, n'est pas, malgré son épithète, un pic à dédaigner, bien qu'il suffise d'être bon marcheur pour y aller seul en moins de quatre heures du lac de Gaube. L'ayant gravi le lendemain de mon ascension à l'autre, je sortis sans regret de la route battue et si pierreuse qui monte au col d'Ossoue, et remontant lentement de droite à gauche en diagonale le glacier nord, j'y promenai ma solitude pendand deux heures, les crevasses y étant partout à découvert. Lui aussi est plus grand qu'on ne pense ; et comme il a deux bras, on trouve à son milieu des amas de boue et de gros rochers qui ressemblent bien à une moraine médiane. Partout où la surface était neigeuse, on voyait des milliers de petits cônes, formant une mer de pains de sucre. Ailleurs, dans les fissures bleuâtres, il coulait à grand bruit, comme saisis de vertige, des ruisseaux très-rapides, dont le volume et la vitesse augmentaient d'heure en heure, suivant la hauteur du soleil, qui en réglait la fonte. A midi, le fracas de ces mille ruisseaux ensemble était presque un tumulte, ils grondaient ; mais à 4 heures du soir, quand je redescendis, l'ombre s'étant jetée sur leurs sources, ils s'apaisaient déjà, et le silence revenait sur le glacier. Les torrents, moins fougueux, laissant à sec leurs lits de glace, s'engloutissaient jusqu'au lendemain dans leurs caves bleues, et bien qu'on entendit encore dans les vastes profondeurs des crevasses des bruits sans nom qui ne s'entendent que là, des espèces d'ingurgitations, comme de quelqu'un qui avale, le glacier s'endormait : car tout se calme le soir, les orages, les glaciers, l'Océan, et jusqu'au cœur de l'homme. Moi-même assoupi là comme le soleil tombait, je croyais voir une machine toute puissante qui travaille et se plaint, qui se déchire et se disloque pendant le jour, et dont les pulsations s'arrêtent le soir.

(*Extrait du Bulletin de la Société Ramond, d'Octobre 1868.*)

LE PIC DE SESQUES (2605 MÈTRES).

C'est une montagne carrée, ne manquant pas de prétentions, gardant toujours quelques lambeaux de neige, et se voyant très-bien de Pau. Elle est située au S.-O. des Eaux-Chaudes.

Voici comment j'en ai fait l'ascension, en 1871, avec le brave et vénérable Camy.

A quelques centaines de mètres avant le col d'Izège (chemin d'Accous), nous nous élevâmes vivement au sud, d'abord sur l'herbe, ensuite sur du calcaire, et enfin sur la neige, où un ciel orageux jetait une lueur triste et plombée. Au bout d'une heure, nous atteignîmes une crête ronde et très-large, d'où l'on voit à ses pieds se dérouler, à l'ouest, les masses confuses et tourmentées des Pyrénées-Occidentales, petites sans doute, mais pastorales et pittoresques, pleines de souvenirs, depuis les paladins de Charlemagne jusqu'à Napoléon, et sans cesse balayées par le vent de la mer, qui gronde au loin sous leurs forêts et siffle sur leurs têtes chauves. D'ailleurs, le pic d'*Anie* se dresse encore assez fièrement, et au sud-est, derrière la vallée d'Aspe, et en Espagne, on voit s'élever un pic austère, babylonien, le *Bisouri*, montagne calcaire aussi frappante par sa hauteur que par sa forme. C'est un énorme cylindre de marbre, ou plutôt une forteresse, où la neige se dessine en assises concentriques.

Pour arriver au pic de Sesques, on pourrait suivre au sud la crête dont j'ai parlé ; mais le vent soufflait fort ce jour-là : elle se rétrécissait beaucoup, et nous nous décidâmes à redescendre un peu à droite, pour attaquer ensuite le pic par le sud-ouest. Cinq heures après notre départ des Eaux-Chaudes, nous étions au sommet. C'est une très-longue arête, allant du N.-O. au S.-E.

Au N.-N.-E., à 600 mètres plus bas, étincelle et miroite, au milieu d'une affreuse solitude, le petit lac d'*Izabe*, sur lequel la descente est facile : on dirait un saphir. En vérité, on a beau se moquer de ces lacs, les appeler des cuvettes, il est incontestable que les montagnes perdraient sans eux une grande partie de leur beauté, tant leur couleur et leur tranquillité contrastent avec les rochers gris, les grands désordres et la désolation qui les entourent. D'ailleurs, une eau si pure est souvent bien précieuse.

Il est grand, en effet, le désordre des rochers et des

couches autour du pic de Sesques, mais surtout au sud-est, par où nous descendîmes. Qu'elles sont énigmatiques, ces stratifications presque circulaires, ces roches tordues et de toutes les couleurs ! Un géologue doit y perdre son latin. Voyez cet obélisque encore plus fantastique, qu'on laisse à droite, en descendant vers le nord-est dans le vallon boisé de *Sesques*, et qu'à l'œil nu on voit très-bien de Pau. Pourquoi cette grande aiguille, haute d'une centaine de mètres, a-t-elle été se planter là ? Comment résiste-t-elle à l'ouragan et au tonnerre ? On n'ose passer trop près, tant elle a l'air fatiguée d'être debout et prête à s'allonger par terre !

Je n'ai plus rien à dire du pic de Sesques. C'est une course longue, mais des plus simples, et digne d'être faite « une fois ». La vue ressemble assez à celle du pic de Ger.

Dix heures suffisent en tout, repos et même repas compris.

LE TOUR DU PIC DE GER.

Remontant, un beau jour de juillet, toute la gorge de Balourd, avec un enthousiaste et bienveillant breton, et le chasseur infatigable Orteig, je traversai le plateau d'*Anouilhas*, du NO au SE : et une fois au sud-ouest du cône aride du Ger, nous continuâmes notre ascension vers le col d'*Ar* (SE), par pentes douces et neigeuses, laissant à gauche l'étonnante pyramide d'*Amoulat*, et à droite la dent blanche d'*Arcizette*. Quelle apreté, quel vide, dans ces gorges muettes et monotones, sans eau, sans arbres et sans abri ! Mais bien qu'affreuses sous un ciel gris, le soleil et la neige leur donnaient ce jour-là des reflets merveilleux. On aurait cru marcher sur des diamants.

Au col d'*Ar (voir les Guides « Jam »)*, vue superbe au midi, sur le Balaïtous, le lac d'Artouste, le pic d'Ossau, etc., etc. J'y fus frappé d'un magnifique effet d'optique. A un certain niveau, vers 2000 mètres, au-dessus des pelouses et des arbres, les montagnes étaient bleues, phénomène remarquable, mais bien commun pourtant dans la nature, où tout ce qui n'a pas une couleur propre bien prononcée, les rochers par exemple, la neige même, réfléchit plus ou moins l'azur du firmament. Je n'oublierai jamais les teintes céruléennes des neiges de Sibérie, qui, sous le ciel glacé mais bleu de février, ressemblaient à la mer : ni ces prairies superbes et ondoyantes où le Mississipi se perd, plutôt qu'il ne se jette dans le golfe du Mexique. Ces herbes à perte de vue sont tellement bleues, qu'à une certaine distance on les confond toujours avec la mer, où elles meurent dans la brume des tropiques. De même des plaines, vues du haut d'une montagne. C'est donc le bleu qu'aime le mieux la nature ; car elle prodigue partout cette couleur favorite, même au désert, mais surtout sur les monts qui, vus de loin, s'azurent toujours, et prennent la teinte céleste par excellence.

Mais de près, les choses changent, et le col d'Ar, où nous nous arrêtâmes émerveillés (à 2500 mètres), était d'un gris sinistre. Nous ne regardions pas non plus sans une espèce d'alarme ou d'inquiétude une corniche caillouteuse, qui remontait à gauche et dessinait en pente une ligne presque sans largeur, sur les abîmes méridionaux de l'*Amoulat* ; car c'était là la route à suivre, peu rassurante à première vue. Mais comme toujours (sauf parfois sur la neige) tout danger disparut quand nous fûmes sur les lieux : un éléphant y aurait passé. Dans les montagnes, défiez-vous de vos yeux : presque toujours ils exagèrent les pentes et les dangers.

Nous voici donc à l'est de l'Amoulat et sur le versant nord de la crête qui le joint aux Englas. Ici, petite descente à l'est, puis promenade horizontale de moins d'une heure dans la même direction, pour arriver au col d'*Englas* (2500 m.). Vue bornée, mais gracieuse, au nord-est, où s'arrondit la nappe limpide du *Lac d'Englas*, à 400 mètres plus bas. (On ne voit pas le lac d'*Uzious*). Descente au lac, en 45 minutes : et de là, il n'y a plus qu'à descendre vers le nord, sur la rive gauche du turbulent torrent d'Englas, pour rejoindre en une heure la grande route d'Argelès, à l'ouest du col de Tortes et à six kilomètres des Eaux-Bonnes.

Cette charmante course, bonne pour les montagnards novices, représente à peu près neuf ou dix heures de marche. Elle consiste à décrire un carré autour du pic de Ger.

LE MONT-PERDU (3351 MÈTRES).

Trois fois déjà, il y a treize ans, j'avais gravi ce pic célèbre, dont les beautés réelles et les périls imaginaires ou contestables, ont tant ému la belle âme de Ramond, et lui ont inspiré ces pages grandioses connues de tous les montagnards. Mais chaque fois, j'avais eu mauvais temps; et la dernière, mon ascension, faite seul, avait été un vrai désastre. C'est alors, en effet, qu'en septembre 1858, surpris seul par la nuit et la neige, à mon retour à la Brèche de Roland, j'étais resté jusqu'au matin à frissonner dans l'ouragan, à 2800 mètres, sans vivres, sans eau, sans couverture, presque sans espoir de redescendre.

Mais que de nuits calmes et splendides j'ai passées là depuis ! Si quelquefois elles ont été bien dures, je n'hésite plus pourtant à dire que la Brèche de Roland me semble bien préférable au rocher de Gaulis, pour bivouaquer dans l'ascension du Mont-Perdu. D'abord, on est beaucoup plus haut (2804 m.), en sorte que l'ascension du lendemain est diminuée de 500 mètres. Ensuite, on est plus près de Gavarnie, et bien mieux abrité qu'à Gaulis, où l'on est inondé quand il pleut. Enfin, quel beau spectacle que celui du coucher du soleil à la Brèche de Roland ! On en jouit doublement quand on n'a pas à redescendre. C'est d'ailleurs un pays singulier, à toute heure, que l'Aragon et ses montagnes, quand on les voit dans leur ensemble et de si haut.

Quel étrange paysage ! Tous ces sommets, que l'on domine, ont l'air de faire une plaine sans ombre, stérilisée par l'éternel soleil qui la calcine, tandis qu'il ne pénètre qu'une ou deux heures par jour dans les profondes crevasses qui la déchirent et y tracent des lignes noires. Une de ces « failles » est la vallée d'*Aras*. Mais au midi, bien loin, ces masses calcaires, où prédomine la forme carrée, se précipitent sans doute verticalement sur les plaines véritables, comme une marche colossale d'escalier : et les seuls pics qui fassent vraiment saillie sur cet horizon jaune et plat, si africain par sa structure et son aspect, sont le fier *Mont-Perdu*, couvert de neige, et la pointe nue, mais orgueilleuse aussi du *Cotieilla*, perçant l'ardente vapeur du ciel d'Espagne, comme un énorme Vésuve éteint ou le génie morose des sables.

J'allai donc recoucher, cette année, sur mon lit de cailloux, à la Brèche de Roland, en compagnie de Célestin Passet. Il n'y avait pas un nuage, il faisait assez calme, et le seul bruit qui troublât constamment le grand silence des nuits dans ces régions trop hautes pour des cascades, était celui des filets d'eau coulant au bas des neiges, à mesure qu'elles fondaient. Ce bruit variait selon la fonte, la brise et les heures de la nuit ; le matin, il se tut, et l'on n'entendit plus que le vent qui passait dans la Brèche à l'approche de l'aurore, mais par saccades et pour mourir sur place. Ces petites brises sont tout à fait locales : elles tiennent aux grands écarts de la température sur chaque versant, dont l'un est toujours froid, couvert de glace, et l'autre brûlé toute la journée par le soleil d'Espagne.

Une chauve-souris, sortant de mes cheveux, vint aussi secouer l'air un instant : et quelque chose tourmentait les cailloux, qui ne restèrent jamais tranquilles. Les rats vivent-ils si haut ?

A sept heures, nous partîmes, pour commencer notre beau voyage à l'est, sur le faîte supérieur du Cirque de Gavarnie. Mais le premier quart d'heure, en descendant au sud-est de la Brèche, n'est pas toujours très-rassurant. Pour ne pas trop descendre et remonter après, on longe, en la touchant, la face méridionale de la falaise très-décrépite qui joint la Brèche au Casque, et vous surplombe la tête d'une façon inquiétante. Il y a des caves sans nombre dans cette muraille, en cas de mauvais temps. Des cailloux et des gouttes tombent d'en haut; mais comme le roc penche au midi, vous restez en deçà de la ligne de leur chute : c'est un passage assez original. Ici vous devez vous ensevelir dans une espèce de rue profonde, entre la neige et le roc : un peu plus loin, il n'y a, pour tout passage, qu'une corniche large à peine comme le pied, en pente d'un très-mauvais côté, et couverte de cailloux aussi mobiles que du mercure. A droite, la neige, très-dure après la nuit, descend en pentes très-roides. En somme, c'est quelquefois, suivant l'état et le niveau des neiges, un assez mauvais pas. Mais 30 minutes suffisent pour vous mettre en sûreté sur un col magnifique et tout blanc, au sud-est de la Brèche, et d'où le Mont-Perdu paraît théâtralement à l'est. C'est le *Col des Isards*.

Il ne faut plus descendre, mais s'élever graduellement au nord-est et à l'est, contourner le midi de la *Tour*, et arriver enfin, à l'est de ce môle très-facile, sur le faîte même du Cirque, qui vu d'ici, du haut en bas, est d'une grandeur sublime.

Nous voici sur ce col anonyme, au nord duquel descend le grand glacier de la cascade. L'appellerons-nous le « *Col de la Cascade* » ? C'est un nom qui me semble naturel.

D'ici au pied du cône du Mont-Perdu, il y en a pour une heure ; mais c'est une simple promenade sur un désert plus ou moins ondulé, tantôt pierreux et nu comme une ardoise, tantôt couvert de neiges moelleuses. (Ce jour-là, nous passâmes huit grandes heures dans la neige). Laissant à gauche le *Pic du Marboré*, nous décrivîmes un demi-cercle horizontal au midi du *Cylindre*, et en une heure du col de la Cascade, nous arrivâmes à l'étang tout gelé du Cylindre, à l'O. N. O. du Mont-Perdu, dans une région à coup sûr bien alpestre, où tout est morne et à jamais glacé, on pourrait dire cadavérique : car la pâleur et la lividité des morts sont répandues partout sur ces neiges et ces marbres, plus désolés que des cimetières, où la touchante présence des morts rappelle au moins qu'ils ont vécu et parle encore de l'homme.

Prenant à l'E. S. E. le couloir, heureusement plein de neige, qui monte au Mont-Perdu, nous atteignîmes la cime avant midi, et pour la première fois je fus dédommagé de mes efforts. C'était superbe : et il faisait si chaud, que sur les pierres qui grillaient au soleil, on voyait défiler des processions aux milles couleurs de ces insectes appelés « bêtes du bon Dieu » (*coccinella*). C'est un plaisir presqu'ineffable que de trouver à ces hauteurs des êtres qui vivent comme nous : quelques petits qu'ils soient, on s'y attache tout de suite ; on les respecte, on n'y touche pas. Ces charmantes créatures, qui paraissaient endimanchées, étaient sans doute heureuses et jouissaient de la vie : car le soleil brûlait comme aux tropiques. Mais que deviennent-elles dans la tempête et les nuits de décembre ? Le souffle d'un homme ou d'un enfant les eût expatriées à tout jamais !

Au nord, quelle différence avec les pentes d'Espagne ! La neige, la neige, partout la neige ! Pas un ruisseau, pas un brin d'herbe, à peine même un rocher ! Une vaste blancheur, où l'imagination se figurait des rennes et des traîneaux emportés vers les pôles, dans une rafale de Sibérie !

Telles sont les gloires de Gavarnie : et c'est avec amour que, chaque année, depuis les jours déjà lointains de mon enfance, je reviens voir ces lignes superbes, ces déserts dans les nues, et ces amas neigeux de pics, de dômes et de terrasses, où l'harmonie sort partout du chaos ; ce Cirque est un miracle.

MONTÉE AU FAÎTE DU CIRQUE PAR LE GLACIER DE LA CASCADE

Le Mont-Perdu étant « fini » et le temps magnifique, je repris Célestin, et nous repartîmes le surlendemain matin, pour monter d'un seul jet, sans même nous arrêter, jusqu'au sommet du Cirque de Gavarnie, par les glaciers de la Cascade. En général, cette course est impossible ou périlleuse ; car dès la fin de juin, le glacier, crevassé, très en pente, dur et poli comme une longue dalle de porcelaine, devient impraticable, ou du moins il faudrait plusieurs heures pour faire cette escalade assez risquée, avec hache, cordes, etc. Et au printemps, les avalanches y tombent de l'est en cataractes. Cette ascension s'est, dit-on, faite une fois : mais aucune relation n'en a jamais paru. Dans tous les cas, elle n'offrait cette année aucune difficulté, vu l'immense masse de neiges tombées l'hiver : la glace ne se montrait à nu nulle part, et nous n'eûmes d'autre mérite (nécessité d'ailleurs par l'heure très avancée) que de monter avec une prodigieuse rapidité, puisque, partis de Gavarnie (par le *Pailla*) après 10 heures, nous y rentrâmes avant 8 heures du soir, ne mettant pas une heure à descendre de la Brèche.

On n'a pas oublié la relation scrupuleusement exacte, donnée il y a quelques années, dans ce Bulletin, par mon ami Frossard, de sa promenade à la source de la chute. Jusque là, on ne court qu'un danger, mais souvent il est grave : c'est celui de trouver infranchissable, à la montée, la grande crevasse ouverte pendant l'été entre l'Astazou et la terre ferme, là où un promontoire calcaire, à stratifications presque verticales, s'avance majestueusement à l'ouest du pic du Marboré, en forme de crête de coq. Même cette année, cette crevasse existait (en juillet), et nous causa quelque embarras. Mais nous passâmes sur un fragment de neige, et sans franchir la petite brèche *Passet*, ouverte plus haut et au midi, nous contournâmes la crête à droite, sur des corniches faciles, bien que poudreuses et fatigantes. De là, une pierre tomberait de mille mètres dans le Cirque !

La descente au midi de la crête est assez roide, et dure une vingtaine de minutes ; mais elle est tout à fait sans danger.

Ici, nous mîmes le pied sur le *glacier de la Cascade* (3 heures de Gavarnie), pour ne plus le quitter jusqu'en haut.

A gauche, déjà de menaçantes crevasses commençaient à s'ouvrir sur le glacier énormément épais du Marboré, qui tombe de l'est à l'ouest dans l'autre, pour former avec lui un réservoir de glaces en forme d'Y. Ces glaces ont des centaines de mètres de profondeur. A droite aussi, elles étaient déchirées par quelques vilaines crevasses ; mais, au milieu, une neige superbe et dure formait une route, où nous passâmes comme des isards, allant, allant toujours : car il était deux heures, il faisait froid, et la grande ombre des nuages commençait à courir tristement sur la neige.

Comme tout est colossal, comme l'œil se trompe ! et quel insecte que l'homme, dans ces palais de la nature ! Dix mille hommes se tiendraient certainement à leur aise sur ce glacier triangulaire d'où s'échappe la cascade ; le réservoir qu'il comble est un vrai cirque, creusé dans les parois de l'autre... Et d'en bas, on dirait un ravin!

Cependant, les touristes, postés devant la porte de l'auberge Palasset et prévenus que nous montions, nous virent très bien et nous suivirent des yeux jusqu'au sommet du Cirque, pendant notre ascension sur le glacier.

Cette grande nappe blanche, qui, du village de Gavarnie, a l'air si roide et formidable, est cependant singulièrement facile, tant que la glace est recouverte de neige. Depuis la source de la cascade jusqu'au sommet, il y a une heure de marche. La pente moyenne de ce glacier atteint peut-être 50°. Mais, inégal et bosselé, il moutonne, il ondule, se creuse et forme des vagues, en sorte qu'on s'arrêterait bien vite en cas de chute : on roulerait tout au plus de cent mètres. Or, je connais un membre de l'Alpine-Club, qui vit et grimpe encore, après une chute de six cents mètres sur le Mont-Blanc (M. Birbeck). En général, les chutes sont moins fatales qu'on ne le pense.

Les dernières pentes sont roides, sur le glacier de la cascade, et sur de la glace pure, elles seraient périlleuses. Il tombe aussi des pierres, et sur de la neige dure, on ne peut se garer.

Ainsi, nous arrivâmes (4 h. 30 de Gavarnie) au *Col de la Cascade*, où l'on nous vit encore très-bien du bas du Cirque, à cause sans doute de la pureté du ciel où nous nous profilions : car l'inverse fut impossible, les quinze ou vingt personnes groupées en bas devant l'auberge, ne formant pour nous autres qu'un misérable atôme. Nous essayâmes la portée de nos voix réunies : mais c'est en vain que nous vociférâmes sur tous les tons. Aucun son n'arriva ; un canon seul pourrait s'entendre à travers ces abîmes prodigieux. Toutefois, il est fâcheux que ces personnes n'aient pas songé à répéter notre expérience, pour voir si le son monte plus facilement qu'il ne descend : c'est bien probable. Verticalement, nous dominions l'auberge de près de *quinze cents mètres;* mais en réalité, il y avait bien trois kilomètres ou plus.

Enchanté de cette course et du brave Célestin, je dis le lendemain adieu à Gavarnie, et quittant à regret ses merveilles, je partis seul pour le Col du Vignemale et Cauterets.

LE NÉTHOU (3404 MÈTRES) : SON ASCENSION ACCOMPLIE SEUL.

Le Néthou! grand mot que celui-là, dans la géographie pyrénéenne! Il est sonore : il suggère des idées de casse-cous, d'avalanches, de vertige, de gouffres infranchissables..... Idées puériles, illusions ridicules ! Il est bien clair que l'habitant des plaines, qui a le vertige sur le clocher de son village, doit avoir le cauchemar quand il gravit un pic quelconque, ou qu'il le voit en rêve. Mais ce n'est pas pour lui que sont écrits les récits d'ascensions : il n'est pas juge; toutes ses idées sur le danger sont fausses, et parler à de vrais montagnards des périls du Néthou, c'est s'exposer à leurs sarcasmes. Cette ascension, faite à trois ou à quatre, est *une des plus faciles des Pyrénées.* Elle est seulement longue et coûteuse. Ce n'est que si on l'entreprend tout seul, qu'elle peut devenir dangereuse, parce que, pendant une lieue, on court la chance de s'engloutir dans des crevasses cachées. Mais me fiant, cette année, à l'épaisseur des neiges, je montai seul.

Au lieu d'aller coucher sous le rocher de la Ren-cluse, je m'installai chez l'aubergiste Francisco Cabellud (*Port de Vénasque*), à 2300 mètres. Il y a un lit très propre et de quoi vivre. Il m'annonça que l'hospice espagnol de Vénasque avait encore été détruit pendant l'hiver par l'avalanche : c'est la quatrième fois !

Quel beau climat que celui du port ! Quel air pur ! quelle bonne eau ! comme on respire ! S'il y avait un hôtel, il serait toujours plein. Quant à la vue, qui ne la connaît pas ? Presque constamment il fait du vent, surtout le soir. Le mauvais temps vient invariablement de l'ouest, des régions de *Gourgouttes* : pluie l'été, neige l'hiver ; le beau temps vient de l'est. Le vend du nord ne peut souffler. On pourrait vivre vingt ans dans ce site magnifique, sans jamais se lasser de regarder la Chaîne « *Maudite* » qui se déroule au sud. Chaque nuage, chaque heure en change l'aspect. Comme c'est blanc ! comme c'est vaste ! C'est d'une grandeur épouvantable, et les distances sont bien trompeuses dans ce monde-là ! A vol d'oiseau, le Port est à cinq kilomètres des glaces de la Maladetta, qu'on a l'air de toucher ! Cependant, on entend parfaitement le bruit des pierres qui tombent sur les moraines, et d'autres sons plus étranges, quand une crevasse cherche à s'ouvrir : on pense aux mitrailleuses.

Le premier soir, le vent étant à l'ouest, un orage éclata du côté de Vénasque, et il neigea sur le Posets ; en plein juillet, nous fîmes du feu. Les sifflements du vent dans les serrures, l'aspect pourpré du ciel, les teintes glaciales et hyperboréennes des pics, la fuite des nuages, l'air effrayé de la nature, tout rappelait le Cap Horn, et menaçait pour le lendemain, qui, en effet, s'annonça mal. Je partis cependant à cinq heures, espérant monter vite et devancer l'orage sur le Néthou.

En une heure et demie, j'étais à la *Rencluse*, où je pris un frugal déjeuner, qui dura cinq minutes. Puis, je grimpai au sud, pour traverser, de l'ouest à l'est, cette longue chaîne de rochers qui descend vers le nord, entre les glaces du Néthou et celles de la Maladetta. Dans cette immense arête s'ouvrent deux ou trois passages, tous trois faciles et appelés *Portillons*; mais il vaut mieux traverser assez haut, parce qu'ainsi on a moins à descendre, pour « s'embarquer », à l'est, sur le glacier, qui, vers le bas, s'écarte plus de l'arête. (A l'ouest de ces rochers, les eaux vont à la Méditerranée ; à l'est, dans l'Atlantique.)

Ici, le temps prit une tournure tout à fait alarmante. Le vent soufflait sur les sommets qui s'embrumaient : un livide crépuscule vint jaunir le glacier, où les nuages s'abattaient en flocons agités ; je m'attristai moi-même et pensai redescendre. Mais étant toujours sûr d'une retraite honorable et facile sur la neige, qui garderait mes traces au moins deux ou trois heures, j'entrai sur le glacier, sans toutefois traverser au milieu, où paraissaient des abîmes entr'ouverts et ces couleurs jaunâtres et fausses que prend la neige au contact des crevasses. Je restai sur les bords, montant vivement à droite, sur une ligne S.-S.-O. vers le col éblouissant du Néthou. Trente minutes d'ascension très-rapides me placèrent sur ce col, élevé de 3200 mètres, et là, tournant à gauche, contre la face nord du pic nommé *Pic du Milieu* (3354 mètres), que je laissai à droite, je m'avançai avec circonspection sur les grandes neiges, où par moments tombait encore un rayon de soleil. Ce passage fut critique, et je sondais à chaque pas, comme un marin au milieu des écueils.

Craignant de me trouver sur le prolongement d'une grande crevasse qui s'ouvrait derrière moi et fuyait sous la neige, je ne fis plus un pas sans frapper violemment du bâton, précaution plus qu'utile, car tout à coup il traversa une voûte de neige, s'enfonça tout entier, et laissa un trou noir à sa place. Elle était là, presque sous mes pieds et à ma droite, cette longue crevasse, dissimulée sous quelques pouces de neige. Mais, sans la voir, je pouvais la sentir et la suivre, en appuyant à gauche, où en sondant, je retrouvais toujours une neige très-ferme. Malheureusement, cet abîme invisible, qui se rouvrait un peu plus loin à gauche, barrait ma route vers le lac Coroné : il fallait donc absolument le traverser ou renoncer à l'ascension. Ces dangers sous les pieds, ces vides qu'on ne voit pas, donnent des terreurs superstitieuses, quand on est seul. Enfin, sondant, sondant toujours, à tour de bras, et trouvant presque partout une épaisseur d'un pied de neige pour me porter, je traversai le gouffre, dont la largeur pouvait avoir cinq mètres.

Une fois sorti de ce très-mauvais pas et sûr de la victoire, je respirai plus librement, et en moins d'un quart d'heure, j'arrivai sain et sauf, après ma périlleuse navigation sur le glacier, au col et à l'étang de Coroné, d'où trente minutes d'ascension sans danger sur le *Dôme*, me placèrent, à onze heures, sur la cime du Néthou (3404 mètres), pour la quatrième fois.

Mais quel temps ! Il neigeait, il grêlait, et je ne voyais rien, que d'immenses tourbillons de brouillard, montant et descendant autour de moi, comme une fumée prise de vertige : c'était horrible. La solitude a bien des charmes au haut des monts, quand le soleil les dore et les échauffe ; alors l'âme prend des ailes, s'enorgueillit et s'émancipe, et ne demande que Dieu pour être heureuse ; mais sous un ciel en deuil, elle se démoralise. J'apercevais encore, de temps en temps, un peu de bleu au nord, vers les grandes plaines de la Garonne, cachées elles-mêmes sous d'immobiles brouillards que frappait le soleil. Mais tout autour de moi, c'était l'hiver en plein, bien qu'il fît assez calme (plus qu'au Port de Vénasque, comme je l'appris à mon retour); et l'on ne saurait rien imaginer de plus décourageant que l'aspect du glacier où j'allais redescendre, quand ses solitudes blanches et boréales paraissaient par lambeaux dans les nuages, avec leurs gouffres et leurs crevasses.

Je mis mon nom dans le nouveau cahier installé là depuis qu'on a descendu l'autre, il y a trois ans ; je consultai le thermomètre *à maximâ*, qui indiquait 36° (il est tourné vers le soleil levant...) ; je ramassai une pauvre statuette décapitée, laissée peut-être par quelque âme pieuse dans ces régions maudites, et puis, il fallut repartir. Déjà le *Pont de Mahomet* était couvert de neige et très glissant : des rafales commençaient à passer ; l'orage allait évidemment se ruer sur toutes ces pointes électrisées. Je descendis, mais en fuyant ; et bien m'en prit, car deux ou trois orages me prirent sur le glacier. Spectacle plein d'épouvante et de grandeur ! Seul, dans la brume, avec des kilomètres de neige autour de soi, des abîmes sous les pieds, le tonnerre et la grêle sur la tête, on sent trembler son corps ; mais l'âme grandit, s'élève et se sent plus puissante que la tempête et l'électricité, qui, après tout, font presque toujours plus de bruit que d'autre chose : l'homme est plus fort que la nature.

J'arrivai au rivage au milieu des éclairs, et moins

d'une heure après, à la Rencluse, où j'allumai du feu pour me sécher. Avant 4 h. 1/2, j'étais au port.

En tout, cette course me prit onze heures : et j'en dois le succès à l'énorme masse de neige tombée pendant l'hiver. Je ne sais cependant si elle est arrivée au niveau marqué pour une certaine année sur le mur de l'Hospice de Luchon : $1^m 87^c$! (Hauteur : 1360 mètres).

LE LAC DE LITAYROLLES (2800 MÈTRES), LE PLUS ÉLEVÉ DES PYRÉNÉES.

J'allai coucher à la première cabane du Lys (*Hôtel « des Délices du Lys »*).

Ah! qu'il est mystérieux et touchant, dans sa tristesse et sa sonorité, ce roulement des cascades à minuit! Leur son parle comme une voix : il enfle, grandit et s'apaise tour à tour, suivant la force du vent et le volume des eaux ; il semble chercher notre âme et palpiter comme elle : le bruit, comme le silence, a d'étranges majestés.

Partant à l'aube, par une journée irréprochable, j'escaladai au sud, non plus comme autrefois, ces périlleux escarpements à pic et tout mouillés, qui, sous les bois, montent à la rue d'Enfer, mais la rive gauche de ces fameuses cascades, où l'on vient d'achever une route modèle, à pentes si douces, qu'on pourrait presque galoper à cheval, en montant. Elle a deux mètres de large et va jusqu'à la rue d'Enfer.

A la naissance du jour, sur les montagnes, que la nature est belle! Comme elle enivre les sens et l'imagination ! pourquoi pas dire le cœur ? Comme sa puissance et sa pureté sont contagieuses ! L'effluve aromatique des pins, l'azur immaculé du ciel, les troupeaux qui s'éveillent et agitent leurs clochettes, tout, jusqu'à l'eau, toujours plus pure après la nuit, parce que la fonte des neiges est suspendue : tout, dans ces belles matinées, même en hiver, excite et rajeunit le voyageur, comme s'il montait avec des ailes vers les jardins d'Armide.

Cette ascension, de la cabane du Lys au Col *Crabioules*, éprouve beaucoup les poumons et les muscles, car, d'un seul jet, on monte de 2000 mètres. Et comme elle est assez scabreuse quand on la connaît mal, je vais la détailler ici assez minutieusement.

Le Cirque du Lys, qui rappelle tant celui de Gavarnie, peut se décrire ainsi : c'est une espèce d'escalier gigantesque à quatre marches, dont la dernière est le sommet, et dont chacune a, plus ou moins, 500 mètres de hauteur.

De ces quatre marches cyclopéennes, la première aboutit à ce sombre corridor de rochers, appelé *Rue d'Enfer*. Là on prend la rive droite, et l'on monte roide pendant une heure sur un sentier à peine visible.

Alors (2 heures de la cabane du Lys) on se trouve à la base d'un ressaut à peu près vertical, taillé en demi-cercle et tout plein de cascades (les *Pichis de Crabioules*). Ce précipice est le plus haut des trois et le plus formidable. Mieux vaut rester sur la rive droite (quoique l'autre soit praticable aussi), mais très loin du torrent et très haut : herbe et sources.

Trois heures (depuis le val du Lys) vous mènent aux premières neiges et à la base du trosième précipice. Il y a une flaque carrée de neige, et les trois pics

Maupas, *Crabioules* et *Quaïrat*, tous trois équidistants, se dressent derrière, lançant au ciel, au-dessus des glaciers, leurs pitons noirs et menaçants. Huit grandes cascades tombent en glissant sur ce ressaut, juste au milieu duquel s'ouvre un passage très praticable. Beaucoup de fleurs à droite (nord-ouest) : *ranunculus glacialis*, des *linarias* et de charmantes fougères, etc. On peut aussi escalader ce troisième petit cirque par chaque rive du torrent, mais la rive gauche est accablante : c'est un immense amas de rochers et de pierres morainiques, sans aplomb, et qui s'échappent dès qu'on les touche. Mieux vaut monter à gauche (rive droite), longeant de l'est à l'ouest la base du glacier de *Maupas*, qui se boursouffle au sud comme un hippopotame énorme et bleu couvert de cicatrices. (Gare aux rochers qui tombent....).

Voici maintenant le quatrième ressaut (4 heures du Lys), beaucoup moins roide que les trois autres, mais tout couvert de neiges et de glaciers, facile du reste, pourvu qu'on se gare des crevasses. Pentes moyennes : 45° tout au plus. Mais méfiez-vous des chutes de pierres ; en moins d'une heure, j'y échappai deux fois, et la seconde, je fus épouvanté. C'était en descendant : j'étais assis, à déjeuner, sur l'arête qui sépare le glacier de Maupas de celui de Crabioules, ayant mes pieds sur celui-ci, et rêvant aux plaisirs des montagnes, lorsqu'une épouvantable détonation se fit entendre, et presque au même instant, un gros rocher, cubant au moins dix mètres, passa comme un boulet à quelques pieds de ma figure, en faisant siffler l'air. C'était vraiment sublime de voir bondir une pareille masse, descendant sur la glace avec une foudroyante rapidité, la déchirant, et sautant tellement haut chaque fois qu'il la touchait, qu'il aurait pu passer par-dessus ma tête sans me blesser. J'ai mesuré après, les intervalles qu'il laissait entre chaque bond, et il y avait vingt de mes pas ou environ 15 mètres. C'était sublime : mais j'eus de vagues terreurs, quand je pensai que c'était juste par là qu'une heure avant j'étais monté, sur de la neige si dure, qu'il eût été radicalement impossible de se mettre de côté. En Suisse, ces accidents sont continuels, et tous les membres de l'Alpine Club connaissent « l'artillerie des montagnes ». On s'en méfie : c'est un danger de de tous les jours ; mais dans les Pyrénées, on n'y pense pas assez.

Nous voici près du *Col de Crabioules*. Laissant à gauche la presqu'île de rochers dont je viens de parler, escaladons les dernières neiges. Voyez au nord les plaines brûlantes et vaporeuses de Montréjeau et de Toulouse... Passons le Col Crabioules (3040 mètres).

Comme on est bien ici ! Comme on est libre sur ces glaciers pleins de silence, où l'on comprend si bien la vie et le bonheur de Robinson Crusoë ! Comme on aime ces sommets, à la fois doux et menaçants, et plus magiques que des palais d'or ou d'argent, quand le soir ou l'aurore passent dessus et les font luire à cinquante lieues ! Un mathématicien serait poète à ces hauteurs ! Un philosophe s'attendrirait devant cette ressemblance vague et touchante qu'ont les montagnes avec l'humanité : en bas, la vie, les fleurs et le printemps, les ruisseaux vagabonds ; plus haut et graduellement, la décoloration, les ruines, la mort, et au sommet, le Paradis et l'infini.

Nous entrons en Espagne. Voici, tout près de nous, à 2800 mèt. de hauteur, le *Lac de Litayrolles* et les régions les plus glaciales des Pyrénées. Nous sommes au mois d'août ; mais le lac est gelé aux trois-quarts. Dans quelques jours, l'hiver va revenir et le lac s'engloutir sous une colline de neiges. Car ces lieux ne connaissent ni printemps ni été, bien qu'un soleil splendide y brille parfois, comme l'immortalité sur les tombeaux.

(*Extrait du Bulletin de la Société Ramond, d'Octobre 1871.*)

ASCENSIONS DU MONTCALM (3080^m) & DE LA PIQUE D'ESTATS (3120^m ?) LES LACS BASSIÈS, &C.

Il est généralement admis que la mode est une chose illogique et absurde ; cependant tout le monde s'y soumet plus ou moins ; dans les choses les plus graves, comme dans les plus futiles, on est toujours tenté, souvent forcé, de suivre et d'imiter les autres : en sorte qu'en somme, c'est le caprice, bien plus que la raison, qui mène le monde. Telles sont les réflexions décourageantes que je faisais au mois de juin 1872, en parcourant les vallées et les monts admirables, mais si peu populaires, de l'Ariége. Qui donc va là ? Quelques malades et des savants, c'est tout. Pour mille touristes, entreprenants ou non, qui grossissent tous les ans les foules et le tapage de Luchon, de Cauterets, de Bigorre, &c., &c., il y en a dix à peine qui donnent une heure ou une pensée aux cimes neigeuses et historiques, aux lacs et aux grandioses cascades de l'Ariége, de la Cerdagne ou de l'Andorre. On se fait illusion : on s'imagine qu'entre la Maladetta et Perpignan, les Pyrénées deviennent des monts de second ordre, comme dans le pays Basque. Il n'en est rien pourtant. Au-delà de Luchon, elles fendent encore les nues, sans s'humilier, sur une longueur de cinquante lieues, et du sommet du Canigou, dominé cependant par plus d'une cime voisine (*Puigmal*, *Carlitte*, &c.), le regard émerveillé se promène de Toulouse à Marseille, d'où il se perd à l'est sur quarante lieues de mer.

Il y a sept ou huit ans déjà (les années volent si vite !), j'avais passé quelques étés à parcourir à pied ces belles régions, douées d'un climat généralement plus sec que celui de Luchon. Cet été, à huit ans d'intervalle, je revins donc à Foix, où je fus accueilli avec une hospitalité vraiment touchante et retenu à déjeuner par Mme et M. de Clausade, jeune conseiller de préfecture. De Foix à Vicdessos, où j'allais m'établir pour trois jours, il y a 31 kilom., et d'affreuses diligences, bonnes seulement pour brûler. J'aurais été plus vite à pied, car nous mîmes cinq grandes heures ! Mais je les oubliais, en regardant par la portière au bassin de l'Ariége, dont les eaux mugissantes roulent de l'or (*Aurifera*), et aux étranges collines pyramidales, dont la verdure naissante et l'aspect pastoral rendaient plus vénérables encore les vieilles ruines féodales qui brunissaient leurs cimes. Enfin, je regardais surtout du côté du midi, où mon regard, me précédant moi-même d'un jour, montait avec amour, avec cette grande passion qu'aucune âge n'affaiblit, sur des pics majestueux, pleins de neige, où deux ou trois orages précipitaient ensemble leurs noirs déluges et leurs bourrasques, pendant qu'autour de moi régnait encore une chaleur brézilienne, et qu'une ardente poussière embrumait tout, même le soleil.

La vallée de l'Ariége monte à peine : aussi elle est très-longue, et il y a 45 kilom. de Foix à la frontière d'Espagne. L'entrée dans la montagne est donc excessivement graduelle : la civilisation s'obstine à ne pas disparaître, et pour un montagnard, toujours épris de la stérilité, il y a trop de champs cultivés ; c'est utile, mais hideux... On dirait des blessures ou des taches : un champ m'a l'air d'une maladie.

A Tarascon (où l'Oriége et l'Ariége mêlent leurs eaux turbulentes), nous changeâmes de chevaux, opération qui prit une demi-heure et à laquelle nous ne gagnâmes rien ; car les nouveaux étaient encore plus étiolés, plus paresseux et chétifs que les autres. Les yeux fermés et prêts à s'évanouir, ils marchaient tristement, en éternuant de la poussière, et ressemblaient à trois malades qui vont aux eaux pour s'y guérir du rhumatisme. Nous ne dépassions pas sept kilomètres à l'heure : nous étions trois dans le coupé ; l'un de nous était énorme, et la voiture brûlante et disloquée criait partout, comme un agonisant qui supplie qu'on l'achève. Le tout ensemble était navrant.

Mais la nature devenait de plus en plus sévère et belle. A Tarascon, les vraies montagnes commencent : l'air est plus vif, les torrents retentissent, l'aridité s'étend partout, et les poumons, comme l'âme, sentent comme un souffle puissant de liberté.

Laissant à gauche la route d'Ussat et d'Aix-les-Bains, avec le regret de n'avoir pu voir en passant notre jeune et laborieux confrère, le Dr Garigou, je m'enfonçai dans la gorge grise et morne qui monte à Vicdessos. Jamais je n'ai vu tant de grottes : toutes les montagnes en sont percées de part en part, les unes s'ouvrant au-dessus des autres, ou les unes dans les autres ; car, dans les grandes, on en voit de plus petites, formant encore plusieurs étages de trous sur leurs parois ; c'est comme des ruches à miel fossiles, ou plutôt d'immenses crânes où bâille à tous les vents l'ouverture vide des yeux. C'est curieux, mais bien laid.

A peine sortis de Tarascon, nous vîmes à gauche une très-gracieuse église (St-Charlemagne), puis une maison jetée par terre par l'avalanche : elles sont terribles et continuelles dans ce pays fort peu boisé, où à chaque pas on en voit les ravages et les traces, et où, un jour ou l'autre, les torrents, les rochers ou la neige enlèvent tout. Dans la vallée de Saleix, c'est une vraie calamité.

Mais toute mon attention se concentra bientôt sur le temps et le ciel, qui prenaient un aspect électrique et sinistre. L'orage grondait au sud, où des pitons neigeux, semblables à des apparitions célestes, perçaient encore avec une dignité superbe les brumes et les éclairs qui volaient sur leurs flancs violacés. Autour de nous, la lumière était pâle, et les vieilles ruines perchées partout sur les sommets les plus stériles, avaient l'air plus livide que jamais : elles paraissaient inquiètes, comme si leur dernier jour était enfin venu. Il faut aller dans les montagnes pendant l'été, pour savoir ce que c'est qu'un orage : c'est digne de Calcutta.

Tout à coup il fit froid. Une heure avant, nous respirions du feu : maintenant c'était comme en décembre ! Bientôt de grandes bourrasques descendirent du midi ; les arbres penchaient au nord, avec leurs feuilles toutes blanches ; le torrent, grossissant à vue d'œil, inondant les prairies, roulait déjà des vagues énormes de boue mêlée d'écume, sous laquelle des rochers se culbutaient avec fracas ; enfin, la terre elle-même était sonore, comme si l'orage avait grondé dessous. Tout cela était assez décourageant ; mais heureusement, nous en fûmes quittes pour quelques gouttes de pluie, qui réveillèrent nos chevaux léthargiques et leur ouvrirent les yeux pour un quart-d'heure.

Une chose bien remarquable dans cette saison, c'était la neige qui, au milieu de juin, descendait presque partout à son niveau moyen de février. A 1600 mètres de hauteur absolue, toutes les pentes nord en étaient encombrées. Je ne dis rien des fameuses mines de Rancié : je laisse ce soin aux hommes spéciaux. Mais ce qui doit frapper tout le monde, c'est l'état pitoyable de la route, déchirée, labourée comme un champ par les pesants chariots qui portent le minerai : c'est un casse-cou pour tous ceux qui voyagent en voiture. L'agriculture m'a paru arriérée, les villages pauvres et construits par des fous : car ils sont dans les nuages, perchés si haut qu'il faut se tordre le cou pour les apercevoir. Quelle vie que celle de leurs curés ! Et les facteurs ruraux !! Il faut être acrobate pour grimper là pendant l'hiver !

A Vicdessos (car nous finîmes par y arriver !), je reçus à l'hôtel (*la Renaissance*) la visite d'un gendarme, le plus poli que j'aie jamais trouvé dans ces parages. Je me plais à le dire, car c'est la première fois que je parcours l'Ariége, sans y être pris pour le dernier des malfaiteurs. Avant que Jacques Latour ne fût exécuté à Foix, je ne sais quels soupçons pesaient là-bas sur moi ; mais après dix-sept jours d'ascensions, qui me donnaient certainement l'air d'un Robinson, mais pas d'un criminel, je fus chassé par les douaniers de la manière la plus brutale, il y a huit ans, du village de Couflans, à la base du Mont-Rouge (3000 mètres.) Les choses ont bien changé : cette fois, le brave gendarme ne voulut même pas voir mon passe-port, et quand je m'en allai à Vicdessos, le brigadier, le maire et son adjoint me firent la politesse de venir chez moi me dire adieu ;

si c'est la République qui a fait ce miracle, elle a du bon.

Sans perdre une seule minute, je fis venir d'Auzat (1 kil.) le guide qui m'avait mené jadis au pic d'Estats (Jean-Jacques Denjean); mais il se mit à rire, me prenant poliment pour un fou, de vouloir monter là maintenant. « La neige, monsieur, la neige, c'est « impossible; jamais vous ne monterez: il y a de la « neige comme en hiver! » Et le gendarme aussi, les habitants, tout le monde, de crier; « Impossible! » Mais ce mot-là n'ayant pas plus de sens pour un vrai montagnard que pour un amoureux, j'engageai le brave homme pour le lendemain, lui promettant de monter seul, s'il se décourageait à l'entrée de la neige. Toutefois le temps, le lendemain, étant encore peu sûr, je modifiai mes plans et commençai par faire une course modeste aux lacs Bassiès, situés à trois bonnes heures et au sud-ouest de Vicdessos, à une hauteur d'à-peu-près 2000 mètres.

Je copie simplement mon journal.

Départ de grand matin (le 18 juin). L'orage d'hier a tout lavé: les prés sont verts, les oiseaux chantent, et au midi la grande masse du Montcalm, étincelante de neiges, se dessine sur l'azur avec les prétentions d'un pic de 5000 mètres. Quelles belles formes! A Auzat (1 kilom. de Vicdessos), nous nous élevons à droite (ouest) vers le col de Saleix, qui mène aux bains d'*Aulus*. Nous prenons la rive droite du torrent, laissant sur l'autre la blanche église et le hameau exposé de Saleix, où tombent souvent des avalanches. Les pentes sont douces: arbrisseaux, peupliers et rosiers, etc. Déjà le soleil brûle (6 heures). Une heure de marche (de Vicdessos) nous mène à une cabane en ruines. Carrière d'ardoise sur la rive gauche. Les montagnes se dénudent, l'herbe fait place au granit. Pont à droite. Deux cabanes et bonne source (1 h. 15'). Un peu plus loin, à gauche, immense coulée de pierres très-blanches, tombées sans doute tout dernièrement. Chaleur intense. Quelques hêtres encore, rhododendrons : beaucoup de fleurs charmantes (que ne suis-je botaniste !) et cascatelles qui glissent sur le granit ardent; leur murmure argentin nous désaltère déjà, avant d'en boire. Cirque très-sauvage : pied d'une falaise à pic où s'est tué, il y a quelques vingt ans, un imprudent touriste, M. Pugens; il est tombé du haut en bas. A l'est, dans un azur incandescent, surgissent les pointes encore neigeuses, mais veloutées, du fameux pic de Tabe ou de *St-Barthélemy* (2349 m.). Rude montée au midi, sur des tapis de fleurs. Enfin, nous arrivons, en franchissant une crête (3 h. de Vicdessos), à la pointe Est du plus considérable des trois lacs de Bassiès. Il est entre les deux autres. Voyez à l'est, mais assez loin, le pic d'*Andron* (hauteur ??), et au sud-est celui de *Laspe*. Le pic *Bassiès*, point culminant de ce monde granitique, est au sud-ouest, mais encore invisible. (Son ascension est très-facile : il n'y a qu'à toujours suivre, du nord au sud, la crête qui monte jusqu'à la cime). Grande ressemblance de tout ce groupe avec celui de *Néouvielle* : structure, formes identiques. On dit les lacs très-poissonneux. Sur la rive nord du plus grand des trois lacs, nous trouvons des pasteurs, et à une cinquantaine de mètres au-dessus de son niveau, une petite croix en fer debout sur le rocher : là périt un berger foudroyé.

Au nord-ouest du grand lac, en voici un petit, avec cabanes, où l'on devrait coucher pour faire bien à son aise, soit de Vicdessos, soit d'Aulus, l'ascension du

Bassiès, dont les trois pointes équidistantes et d'altitude égale (2800 m.) se dressent au sud : (2 h.) : il est couvert de neige, absolument comme en hiver.

Le temps menace ; nous montons au N. O., sur une large croupe, où commence à rouler le tonnerre. Vue superbe au N. O., sur les montagnes et la vallée d'Aulus. Nous sommes ici à 2100 m. (?) Descente facile (N. O.) vers le port de *Saleix* (1801 m.), laissant successivement à gauche deux petits lacs encore gelés le 18 juin, bien que si bas. Nous descendons maintenant au nord, une demi-heure, et au fond du vallon qui monte et se termine à gauche (ouest) au large col de Saleix, nous trouvons d'énormes blocs de calcaire tombés du nord. Tout seuls sur l'herbe et d'un blanc mat, ils font sur la verdure un singulier effet. Tout à côté, voici les cabanes ou *orrhys* de Saleix, où l'on fait du fromage. L'orage fuit vers les plaines, et je m'endors du plus profond sommeil, sur une belle dalle de marbre encore brûlante des ardeurs de midi.

De là, une heure d'assez rapide descente à l'est nous ramène à Auzat, et dix minutes après, nous sommes à Vicdessos. C'est une course elliptique de sept heures environ, qui ferait les délices de tous les botanistes. *Gentiana pyrenaica* (au nord des lacs Bassiés) ; *anemone hepatica, primula integrifolia,* etc., etc.

Le lendemain, le temps étant au beau, je me remis en route pour le Montcalm, avec J.-J. Denjean et un jeune homme d'à peine vingt ans, mais taillé en hercule, et à qui j'avais loué un mulet pour me porter au Pont de Marc, au fond de la vallée (10 kilom.). Montant au S S O, parmi des prés, sur les rives de l'Oriège, avec le gigantesque Montcalm bornant toujours notre horizon au sud, nous eûmes bientôt laissé à droite (4 kilom.)

la cascade de *Bassiès*, une des plus imposantes de toute la chaîne pyrénéenne. Je me rappelais la gorge de Gavarnie : même flore, mêmes formes, mêmes roches polies, arrondies, tour à tour rouges ou sombres, et formant des *chaos* sur chaque rive. Au cinquième kilomètre, la route devient mauvaise et n'est plus carrossable.

Au *Pont de Marc* (10 kilom.), la vallée se bifurque : on laisse à gauche l'étroit sentier d'*Andorre* par le port d'*Arensal* (2700 m.), pour appuyer à droite. On est là à la base du Montcalm, avec une ascension de 2000 m. en perspective pour arriver à la cime de l'*Estats*. On le voit donc, les montagnes de l'Ariége sont loin d'être méprisables.

Il n'était pas sept heures, et nos poumons se dilataient à l'air frais du matin : il me semblait qu'elles allongeaient la vie, ces froides rafales qui descendaient des neiges de l'Andorre et du *Rialp* (2903 m.), sans s'être souillées à rien d'humain. Et puis, les deux torrents qui se rencontrent ici à angle droit, en fondant l'un sur l'autre avec une vraie furie, formaient eux-mêmes un tourbillon de vent capable de renverser, si on l'avait jamais achevée, une église ébauchée sur le vert promontoire au bout duquel ils se confondent et forment l'Oriége. Quel fracas ! quelle écume !

Mais, continuons à droite, vers le sud-ouest : mon mulet va toujours.

Voici le cirque repoussant de l'*Artigue*, avec un pauvre village qu'une heure peut changer en cimetière : car ici l'avalanche détruit tout. Nous attaquons les pentes nues du Montcalm, sur une ligne S S O. Pas un sapin sur ces montagnes; mais çà et là de chétifs bois de hêtres : c'est une stérilité de Sibérie. Les pentes sont roides, le sentier détestable, mais le mulet monte comme une chèvre. Bientôt nous inclinons au sud, pour entrer dans la gorge de Pijeol : premières neiges (19 juin ; 1500 m.)

Voici (2 h. 1/2 de Vicdessos) les cabanes de *Pijeol* (1700 m.), et trente minutes après, la pelouse de *Subra*, où je descends de mon mulet. D'ici, il faut marcher : mais le jeune homme qui me l'a loué, pris subitement d'un enthousiasme irrésistible pour la montagne, veut à toute force arriver au Montcalm et laisse là son mulet, malgré l'avis et l'effroi des bergers qui, comme tout le monde à Vicdessos, ne cessent de répéter : « c'est impossible. » Cette terreur de la neige, même chez les montagnards quand ils y vont très peu, est vraiment singulière : c'est une espèce d'hydrophobie. Un marin à cheval, un parisien sur mer, ont moins peur qu'un berger sur la neige. Et pourtant, quels services elle nous rend, si nous savons nous en servir !

De *Pla Subra*, où l'on trouve des abris et de l'eau (2000 m.), le Montcalm est superbe : il nous domine encore d'au moins mille mètres ; il est tigré de neige du haut en bas, et ses noirs précipices font un contraste funèbre avec les éblouissants couloirs qui les découpent. C'est une muraille de schistes, mais bien moins roide qu'elle n'en a l'air, et surmontée par la coupole toute blanche qui forme le faîte (S O).

L'ascension est fort longue, mais sans l'ombre de danger : montez S. O. *(Viola arenaria)*. La neige étant très molle, nous mîmes trois heures des cabanes de Subra au sommet, laissant à gauche, à trois quarts-d'heure environ de la cime, un petit lac *(Rioufred ?)* qui ne dégèle presque jamais (2600 m. ?). Perdrix blanches; pas d'isards.

Sur le sommet s'élève une tour assez massive, qui

résiste là, depuis une quarantaine d'années, au vent et aux orages. Elle fut construite lors du passage des ingénieurs, qui restèrent au faîte même du Montcalm (3080 m.) pendant plusieurs semaines, pour faire la triangulation des Pyrénées ; ils s'étaient fait porter du bois, et on voyait leur feu d'Auzat (15 kilom.) pendant la nuit. En vérité, il fallait du courage.

Mais quel observatoire ! quelle vue pour les dédommager ! Depuis le Canigou jusqu'aux glaces du Posets, l'œil se promène et se perd tout à fait sur des milliers de pics : vagues gigantesques de schiste, de granit et de neige, s'entre-croisant dans un chaos sublime et sans limites. On domine tout, sauf le cône de l'Estats, qui s'élève au S. O. de vingt-cinq ou trente mètres au-dessus du Montcalm. Il a trois pointes, dont la plus haute, juste au S. O., est au milieu. Je fus heureux de constater encore une fois qu'il est bien au S. O. du Montcalm, et non pas au S. E, comme l'y mettent toutes les cartes. La même observation m'avait frappé, il y a huit ans. Autre erreur : le filet d'eau qui suinte pendant l'été sur le Montcalm (au nord du dôme appelé « *Plaine* »), n'est pas une source, comme on le dit, mais une infiltration de neige.

Ce dôme immense forme certainement la plus vaste cime des Pyrénées : un régiment pourrait y manœuvrer. La neige n'en sort jamais, et cette année (le 19 juin) elle avait deux bons mètres d'épaisseur ; car elle formait autour de la tourelle, sans y toucher, une muraille circulaire, en deçà de laquelle, debout, je ne voyais plus rien : il fallut faire un escalier pour remonter à la surface.

Il était tard : mon guide était « rendu » et endormi. Je partis donc avec mon jeune et alerte « volontaire », pour arriver avant les nuages sur la cime de l'Estats. Dix minutes de descente au S. O., suivie d'une ascension de quinze minutes, nous mirent sans peine sur le point culminant de l'Estats (3120 m.?), où nous n'avions plus rien à notre niveau, depuis la Méditerranée jusqu'au Néthou. La Catalogne entière, l'Andorre et la Cerdagne étaient là sous nos pieds, brûlées par le soleil ou blanchies par la neige.

Au nord, un océan de nuages couvrait les plaines de la Garonne, et j'éprouvais je ne sais quel méchant mais pardonnable plaisir à voir le mauvais temps punir ainsi leurs habitants de vivre si bas. Dans tous les cas, quelle qu'en soit la raison, il fait presque toujours plus clair sur les montagnes que dans la plaine, et en été, quand les vallées sont privées de soleil, neuf fois sur dix on le retrouve à 3,000 mètres.

Au S. S. O. du pic, à quelque chose comme quatre cents mètres plus bas, j'entrevoyais, mais cette fois bien gelés, deux petits lacs sans nom connu, dont peut-être jamais homme n'a foulé le rivage. Quel éclat ils avaient en juillet 1864 ! Ils scintillaient alors comme deux yeux bleus de dix-huit ans ! Mais aujourd'hui solides et mornes, ils glaçaient l'âme.

A l'ouest du pic d'Estats, s'ouvre un port très-élevé, menant au val d'Andorre par les deux petits lacs, et un pays absolument inexploré, où un savant aurait beau jeu, car la géologie de ces parages est aussi peu connue que leur topographie.

Quant à la vue, elle est vraiment de la dernière magnificence, bien qu'à cause de la mer qu'on ne voit pas d'ici, j'aime encore mieux la vue du Canigou. Mais le regard se fatigue et se trouble dans cet énorme amas de pics, qu'un ouragan surnaturel paraît avoir soulevés comme les flots tourmentés du Cap-Horn, et l'œil s'envole à l'horizon, vers Barcelone, pour chercher un niveau sur la plaine ou la mer.

N'oublions pas les Monts-Maudits, à l'O. S. O., qui font si grande figure (100 kilom.). Température, le 19 juin et à 4 h. = 10° (ombre). En juillet 1864, j'avais trouvé 14°.

A 4 h. 30', nous voici de retour au Montcalm, où Denjean se réveille. Il est si tard et la neige nous sera si utile pour descendre, que je renonce à prendre l'arête facile, mais schisteuse et déjà dénudée, que projette le Montcalm au S. E. Nous partons au N. E., en courant, sur nos traces du matin : en vingt minutes, nous descendons de six cents mètres !

N'étant pas fatigué, je fis monter Denjean sur le mulet au Pont de Marc, et à 10 h. du soir nous rentrions à Vicdessos, après une course de dix-sept heures, arrêts compris. Elle est longue pour un jour ; il vaudrait mieux coucher aux cabanes de Subra (3 heures de Vicdessos). Je recommande le guide Denjean pour sa bonne volonté et pour sa connaissance des lieux.

Le surlendemain, combien je regrettais d'être descendu au triste et monotone niveau des villes et des campagnes ! J'étais assis, tout seul, par une journée torride et sans un nuage, sur la plaine embrasée de Toulouse et tout près de *Portet-St-Simon*. Je revoyais, à l'horizon, dans une clarté extraordinaire, les Pyrénées perçant de leurs stérilités neigeuses l'azur presque tropical du ciel : je souffrais d'être si bas... Et pourtant, quelle splendeur, quelles récoltes, quelles richesses la merveilleuse nature étalait là autour de moi ! Une immense poésie s'exhalait de partout : j'étais assis contre un cimetière, où les soupirs intermittents du vent faisaient gémir les tombes et les cyprès ; partout ailleurs les blés ondoyaient au soleil avec un léger bruit, et personne ne passait sur la route pour me faire oublier la nature ou me parler de politique. Rien de tout cela pourtant ne pouvait arracher mes regards ou mon âme à ces pics menaçants, mais toujours enchantés, qui proclamaient à tous les horizons, si loin des prévarications et des folies des hommes, la gloire et la sagesse de Dieu. Sommes-nous donc nés sauvages ? On le croirait souvent, tellement elles sont magiques, les séductions d'une nature vierge, et tant il est facile, auprès d'elle, de trouver une espèce de bonheur dans la misanthropie, ou dans les nuages et les chimères du panthéisme. « Il n'est pas bon que l'homme soit seul. »

LES PRÉCIPICES DE LA CASCADE DE GAVARNIE.

C'est une course insensée, dont je ne fais mention que pour en détourner ceux qui voudraient la faire et qui tiennent à la vie.

Mon but était de découvrir une voie nouvelle et plus directe, pour arriver de la *Baraque* du Cirque à l'origine de la cascade, en passant *au-dessous* de la ligne suivie, il y a quelques années, par mon ami Frossard, et par moi-même l'année dernière. Quelle découverte, pensais-je, si désormais tous les touristes pouvaient dans une après-midi, sans découcher et sans se tuer, aller toucher du doigt la source restée si longtemps mystérieuse d'une des plus hautes cascades du globe !

D'en bas, la chose n'avait pas l'air tout à fait folle. Aussi, quittant la route de l'Astazou à mi-chemin du port, et franchissant du nord au sud les *Rochers-Blancs*, je m'en allai à droite, en descendant un peu, pour traverser sur un facile pont de neige la turbulente cascade de l'*Astazou-Barane*. De là, je montai au S. O. en évitant une grêle de pierres que me lançait le Pic du Marboré, et j'arrivai à des pelouses redressées mais faciles, servant de base à une petite arête calcaire d'une blancheur remarquable, derrière laquelle j'entendais bruire la grande cascade. Déjà je me flattais d'être un nouveau Christophe-Colomb ! Comptant trouver au moins un marche-pied au midi de cette crête qui me semblait toucher le lit de la cascade sur sa rive droite, j'escaladai vigoureusement des pentes de plus en plus à pic et bientôt tout à fait alarmantes. Le brouillard m'enveloppa ; mais battre en retraite si près du but était plus fort que moi : je me sentais des ailes, j'étais magnétisé ; déjà mes pieds étaient pires qu'inutiles, ils me gênaient comme mon bâton, et je ne savais plus qu'en faire. Je me hissai avec les mains et le menton, et à plat ventre, dans un ravin vertigineux, tout hérissé de lames calcaires désagrégées, debout, mouvantes et plongeant presque à pic sur les abîmes épouvantables du Cirque, où bondissaient à tout moment, en sifflant dans le vide et la brume, les pierres que détachaient mes mains. Jamais je n'ai passé sur des rochers aussi extravagants ; mais aussi, comment dire l'émotion et la joie qui me firent un instant oublier tout le reste de la terre, quand j'aperçus, dans l'endroit le plus noir et le plus infernal de mon sauvage couloir, une petite fleur cramoisie, souriant là comme un ange tombé du paradis ? Elle frissonnait : elle était seule : je m'en épris à première vue, car je n'avais jamais compris toute la beauté d'une fleur, et aucune rose ne vaudra plus pour moi l'*androsace ciliata* des précipices de Gavarnie.

Enfin, je mis le pied sur l'arête diabolique, vraie lame de calcaire blanc, dont la paroi méridionale tombait verticalement, comme les tours de Notre-Dame, sur un ravin absolument impraticable creusé entre moi et la cascade. J'étais vaincu. Je l'entendais tonner à droite, tout près de moi, cette folle et prodigieuse cascade, mais sans la voir, et dominant d'environ deux cents mètres ses sources inabordables d'ici. On ne peut donc y arriver que par la Brèche-Passet, ou par le Sud, en descendant dessus du haut du Cirque.

Le promontoire étrange et aérien où j'étais parvenu mérite pourtant un nom : je l'appelai donc *Brèche des Druides*, à cause de trois pierres blanches qui la couronnent. l'une faisant pont sur les deux autres et formant un *dolmen*. Du reste, un peu plus haut, à gauche, on voit se reproduire le même échafaudage sur une plus grande échelle : des roches si fantastiques donnent le cauchemar. Je n'y reviendrai plus, tout en m'avouant vaincu. D'ailleurs, c'était là-haut le moindre de mes soucis, car je ne songeais plus qu'aux périls du retour : environné d'abîmes, dans le brouillard et seul avec la nuit qui arrivait…. la position était critique. Malheur à moi! pensais-je; mais il fallut partir.

A peine sorti du plus mauvais endroit, en étreignant chaque pierre comme un pauvre naufragé qui, pour ne pas sombrer, s'accroche à tout, je me perdis si complètement dans le brouillard, qu'il fallut à l'instant prendre mon parti de passer la nuit là, sans vivres et sans abri : tout valait mieux que d'errer au milieu du brouillard dans ce dédale de précipices. Bientôt pourtant j'entendis le tonnerre d'une cascade : je n'en avais trouvé qu'une seule, à la montée, qui fît tant de tapage; c'était certainement celle de l'*Astazou-Barane*, que j'avais traversée le matin et dont le pont de neige aurait sans doute gardé mes traces..... Quel bonheur que ce bruit! Guidé par mes oreilles (car on ne voyait rien, tant la brume était noire), j'arrivai au torrent, je retrouvai le pont de neige providentiel, avec mes traces encore dessus, et une fois là, en tâtonnant un peu, je rejoignis les *Rochers-Blancs*, d'où j'arrivai sans trop de peine, mais à la nuit tombante, à la *baraque*.

Ce fut une course aussi rude qu'inutile, et c'est très-sérieusement que je me suis demandé depuis : Où l'homme ne passe-t-il pas?

Ce « sauvetage » opéré par le bruit d'une cascade n'a sans doute l'air que d'un hasard heureux, qui ne prouve rien : je ne saurais dire pourtant combien de fois ce même hasard m'a servi et sauvé. Le fait est qu'en courant les montagnes, il faut tout observer : à cette condition-là, on se retrouve toujours. On peut se perdre dans une forêt, et il suffit de reconnaître un arbre pour se tirer d'affaire. Sur les côtes de la Manche, il y a des caboteurs qui n'ont pour se guider en mer que les ondulations de l'eau, dont ils connaissent la direction. Dans le brouillard, le lit connu du vent vaut souvent une boussole; et les Indiens de l'Amérique, bien plus observateurs que nous, trouvent le nord sous un arbre, en mesurant l'épaisseur de l'écorce, généralement plus forte au nord qu'au sud.

LE MONT PERDU (3351 MÈTRES) : SON ASCENSION PAR L'EST.

Course magnifique et bien digne de devenir populaire. De Gavarnie, deux fortes journées suffisent. On peut aller coucher le premier jour sur la terrasse grandiose que j'ai nommée terrasse *Belle-Vue*, à 2800 mètres de hauteur, à l'Est du Mont-Perdu et à deux heures de son sommet (10 heures de marche). Le second jour, on monte au pic, et on descend à Gavarnie par l'ouest (8 heures). C'est Célestin Passet qui m'a accompagné ; je le recommande en toute confiance.

Pour être plus clair et bref, je copie mon journal.

Départ de Gavarnie le 3 juillet, et montée au Sud-Est. Après la brèche d'*Allanz* (2 h. 15'), descente d'une demi-heure vers le S. E., puis montée d'un quart d'heure (S. S. E.) pour arriver au bas de l'échelle *Tuque-Rouye*.

Neiges partout. Un isard solitaire, qui se désaltérait dans de la neige fondante, s'échappe presque sous nos pieds. Cette brèche de Tuquerouye a trop fait parler d'elle : c'est une vraie plaisanterie pour un bon *iceman*, comme on dit dans les Alpes. Il faut dire cependant que son inclinaison varie sans cesse, suivant la quantité de neiges qui recouvre le glacier. Cette fois, la pente ne dépassa nulle part 50°. Cette escalade nous prit 40 minutes : Ramond y avait mis cinq heures ! En ce temps-là, on allait bien doucement, et l'art des ascensions était évidemment moins avancé que la navigation.

3 h. 45' (de Gavarnie) nous placent sur la brèche de Tuquerouye (2866 m.). Les rochers brûlent. Vue fan-

tastique au sud, où les glaciers du Mont-Perdu et du Cylindre resplendissent comme les plaines du soleil. Cinq cents hectares de neige étincellent devant nous : à peine quelques îlots commencent à émerger de cette mer blanche ; on a de la peine à se croire en Europe ou même sur notre planète. Le lac glacé du Mont-Perdu, aussi blanc que le reste, ne se voit pas du tout ; une ligne liquide, d'un bleu comme il n'y en a pas d'autre dans la nature, laisse pourtant deviner çà et là l'emplacement et la courbe de ses rives. De temps en temps, ses glaces crépitent et se disloquent, mais sans laisser rien voir, comme les rivières de Sibérie en plein hiver. Nous sommes au 3 juillet, et cependant on ne pourrait encore, sans exposer sa vie, passer de l'Astazou au Mont-Perdu, car le couloir toujours assez mauvais qui monte au col du Mont-Perdu, est labouré du haut en bas par une grande avalanche, tombée hier ou peut-être aujourd'hui : elle est toute fraîche.

Au sud-est et très-loin, paraît le col de *Niscle* ; mais les scabreux et superbes précipices d'*Esparrets* descendent de deux mille mètres entre lui et nous. Il faut les traverser.... A l'est, on voit à l'horizon la cime carrée du pic Posets, le Cotieilla et tous les pics de l'Aragon, déjà incandescents, car le jour baisse. Coupés vers le milieu par le rebord neigeux de la terrasse de l'Astazou, d'où nous les contemplons comme deux marins perchés sur une falaise énorme, ils semblent des îles de feu sortant des mers polaires. Mais l'heure avance, il faut partir et nous aventurer dans une région tout à fait inconnue, car ce n'est pas par là que Ramond fit son ascension (août 1802). D'ici, il descendit à l'est, alla coucher sur les bords de la cascade de Bielsa (ou de *Béousse*), et le lendemain fit un très-grand détour pour arriver enfin au col de Niscle ou de *Fanlo*, d'où il monta péniblement de l'est à l'ouest au Mont-Perdu. Il décrivit ainsi, en descendant beaucoup plus bas que nous, les deux côtés d'un vaste triangle : nous allons suivre une voie parallèle à la sienne, mais en restant plus hauts de cinq cents mètres au moins.

Nous voici donc sur le bord oriental de ce désert neigeux et presque horizontal, où va bientôt se découvrir pour trois ou quatre semaines, le lac glacé du Mont-Perdu. Il est 4 h. 1/2. Sous nos pieds tombe à l'est, avec l'étourdissant fracas d'une cataracte, la cascade de Bielsa, dite aussi de *Pinède*. Laissant tout cela à gauche, et allant au sud-est, sans monter ni descendre, nous commençons à traverser les grandes parois qui, du sommet du Mont-Perdu, se précipitent de deux mille mètres vers le nord-est, sur le val de Bielsa. C'est colossal et très peu rassurant. Ces abîmes formidables ont assez l'air d'un orgue : les renflements qui en simulent les grands tuyaux sont faciles, bien qu'assez fatigants, et couverts de cailloux très-mobiles; mais les ravins qui les séparent sont pleins de neige très-dure, très-inclinée, et nous font perdre un temps précieux. Toutefois, nous trouvons le moyen de ne jamais descendre au-dessous de 2500 mètres : Célestin fait merveille.

Enfin (2 heures du lac glacé), passant à une centaine de mètres au-dessous d'une remarquable aiguille ou dent calcaire, décrépite et toute jaune, que nous laissons à droite, nous arrivons à un amas de rocs qui me décident à passer là la nuit, car il est près de 7 heures, et je ne puis découvrir M. Packe, qui, parti plusieurs jours avant moi pour une chasse à l'isard avec le Rév. M. Lambert, le brave Chapelle, Henri

Passet et d'autres encore, m'a donné rendez-vous pour ce soir dans une certaine cabane de *Fourcaral* (1) (?) impossible à trouver dans ces vastes solitudes. J'y renonce; nous dînons de très grand appétit à 2600 mètres (?); déjà je me prépare à m'ensevelir dans mon sac pour la nuit, quand tout à coup nous entendons une fusillade sortie des profondeurs inouies de la vallée de Bielsa... Evidemment, me dis-je, c'est M. Packe qui appelle au secours; il manque de vivres, il en a pris si peu! Je n'hésite plus, et bien qu'il ne nous reste qu'une heure de jour pour descendre de mille mètres dans des abîmes inexplorés, nous volons au secours des malheureux, peut-être à leur dernier morceau de pain, en obliquant toujours à gauche, presqu'à toucher la cascade de Bielsa, car à droite le calcaire tombe à pic. Heureux, trois fois heureux de leur serrer la main! Je regrette cependant d'avoir perdu un jour pour leur être tout à fait inutile : car ils ont engraissé et n'ont aucun besoin de mes services !!!

Nous couchons tous, grâce au malentendu, dans une forêt de hêtres et de sapins, au fond de la vallée (cirque de Bielsa), au grand tonnerre de la cascade, toujours furieuse, comme si elle maudissait les rochers qui la brisent : elle est vraiment superbe.

Le lendemain, M. Packe et les siens rentrant à

---

(1) Le lendemain, je découvris que cette petite cabane. d'où M. Packe était monté il y a quelques années, se trouve à une hauteur de 2000 mètres, à l'E N E du Mont-Perdu, et juste à la limite supérieure des arbres. D'autres pourront y coucher, s'ils la trouvent. Pour moi, elle est trop basse, car à mes yeux c'est un axiôme qu'il n'y a qu'un seul moyen d'explorer sans fatigue la chaîne des Pyrénees : c'est de coucher *à de très-grandes hauteurs*, sous des rochers qui gardent longtemps la chaleur du soleil.

Gavarnie, je recommence mon ascension avec mon jeune et vaillant Célestin, pour la reprendre où nous l'avions interrompue. Chaleur épouvantable. Nous grimpons au midi, laissant fort loin à gauche le col de Niscle ou de Fanlo, qui est une longue crête d'un kilomètre, renflée vers le milieu.

Avant midi, nous arrivons, après une escalade facile, à la base des glaciers qui montent en ondulant, de l'est à l'ouest, jusqu'au sommet du Mont-Perdu, et se prolongent de là, derrière le Cirque de Gavarnie, jusqu'au Taillon, sur une longueur totale d'au moins 16 kilomètres. Il est vrai qu'en été ils cessent généralement d'être continus. A l'est du Mont-Perdu, ce sont de vrais glaciers très crevassés : mais aujourd'hui (le 4 juillet), ils sont partout couverts de neige.

Le site est tellement merveilleux, il fait si beau et nous avons des vivres pour si longtemps, que je me décide à passer là, non seulement la journée, mais la nuit.

C'est ici, à l'entrée des glaciers, que doivent coucher, à mon avis, tous les touristes de Gavarnie qui veulent monter au Mont-Perdu par l'Est. C'est une journée de dix heures environ, et en somme assez simple, pourvu qu'on ait bien soin de suivre continuellement une ligne *Sud-Est*, depuis le lac glacé du Mont-Perdu, en s'élevant graduellement et toujours.

Une longue terrasse, horizontale et macadamisé par la nature, s'étend suivant une ligne S. E. — N. O., à l'est du Mont-Perdu (qu'on ne voit pas) et à la base de ses glaciers, à une hauteur que j'estime à 2800 m. (au *minimum*). Usant du droit qu'a chacun de nous de suggérer un nom pour les lieux remarquables qui n'en n'ont pas encore, j'appellerai celui-ci *Terrasse*

Belle-Vue, car c'est une vraie merveille. J'espère qu'il restera toujours quelque chose de la tourelle pyramidale que j'y ai élevée avec le secours de Célestin : c'est un signal utile.

Il y avait quelques fleurs (4 juillet) : *silene acaulis*, etc. Voici quelle est la vue.

Au nord de ce splendide observatoire, et sous les pieds du spectateur, s'ouvre comme un gouffre l'énorme *Cirque de Bielsa*, où l'on voit écumer sous les hêtres et les buis, à *1300 mètres* plus bas (!), les eaux naissantes et vagabondes de la Cinca, qui vont ensuite à l'Est, serpenter, miroiter et dormir pendant vingt kilomètres au soleil. A l'ouest, se dressent confusément des dômes neigeux, qui semblent des mausolées et cachent le véritable sommet du Mont-Perdu. A l'est, derrière les gorges brûlantes qui rayonnent de Bielsa, on voit les crêtes et les déserts du Cotieilla et du Posets, d'une blancheur antarctique. Vers le sud-est descend la chaîne calcaire et nue des montagnes de Fanlo, dont on domine tous les sommets, malgré leur grande hauteur ; et en face d'eux, dans le nord-est, ayant de vraies montagnes pour bases, surgissent les précipices bronzés de la *Munia*, le *Pic-Long*, le *Cambiel*, etc., etc. C'est d'une splendeur inouïe. On est si haut sur cette plate-forme, que tout a l'air de s'enfuir sous les pieds, comme si le monde sombrait ; et sauf à l'ouest, il faut baisser les yeux partout, pour voir autre chose que le ciel et l'espace. J'ai commis là plus d'un péché d'orgueil : jamais l'humilité ne monte si haut.

Peut-on, sans l'avoir vu, s'imaginer ce que fut le coucher du soleil, par une superbe journée d'été, en pareil lieu ? C'était indescriptible. Au nord, les nuages de France essayaient de monter, mais débordaient à peine à la frontière, arrêtés là par un souffle insensible. Quelques flocons roses et légers flottaient pourtant à l'est sur l'Aragon. Dans les entrailles du monde neigeux qui nous cernait, on entendait parfois des plaintes, d'étranges et sourdes détonations.... C'était la glace qui avançait en glissant sur les rocs, comme l'aiguille éternelle d'une horloge, où chaque siècle ne vaudrait qu'une minute. Tout près de nous murmurait bruyamment, mais en rentrant lentement dans le silence à l'approche de la nuit, le ruisseau cristallin et glacial qui s'échappait des neiges par une caverne toute bleue. Enfin, à l'O. S. O., la brise nous apportait les gémissements d'une grande cascade, tombant des blanches épaules du Mont-Perdu, mais ne voyant le jour qu'un seul instant, pour s'engouffrer presqu'aussitôt sous la voûte éternelle des glaciers. Rien n'est plus solennel que cet assoupissement de tous les bruits sur les montagnes à l'entrée de la nuit : les ruisseaux gèlent, le vent s'endort, tout a l'air de mourir, et dans ce calme universel qui se reflète sur l'âme, on pense avec pitié aux habitants des villes, qui changent la nuit en jour : même sur un lit de pierres, on ne les envie pas. Les orgies de la terre sont inconnues là-haut. Déjà il nous semblait que tout allait rentrer dans l'immobilité d'une nécropole, quand onze isards vinrent bondir sur la neige et faire de la voltige à deux ou trois cents mètres au-dessous de nous. Nous pûmes les étudier bien à loisir, car ne nous voyant pas, ils restèrent là presque un quart d'heure, à jouer et à courir. ou plutôt à sauter : la pente les inquiète peu, et ils montent aussi vite qu'ils descendent. Quelle grâce et quelle agilité !

Mais la température baissant avec le jour, nous eûmes froid, et nous fîmes une promenade au sud de notre terrasse, vers ces parois crayeuses qui descendent en ressauts successifs, comme des marches d'escalier, du Mont-Perdu au col de Niscle. Ces gradins gigantesques ne sont pas praticables ; il faut toujours longer leur base du côté nord, mais pas trop près, car ils lancent sur la glace de grands blocs blancs pesant au moins vingt tonnes. Dispersés çà et là dans la monotonie des neiges, ils ont l'air de fantômes. Au crépuscule, on dirait qu'ils remuent.

Maintenant la nuit approchait à grands pas. Un vent glacial descendait par moments du sud-ouest, où le soleil s'était éteint depuis longtemps, et où la neige était d'un bleu d'acier qui faisait frissonner. Il n'y avait plus d'illuminés que trois sommets, brillant dans le plus pur éther comme trois torches écarlates, pendant que sous nos pieds montait mystérieusement la grande marée de l'ombre. Le Cotieilla, le pic Posets et la Munia mirent longtemps à s'éteindre : ce fut sur celui-ci que disparut enfin le jour ; il était rouge comme un rubis, mais un instant après, la nuit l'avait noyé.

Il fallait donc rentrer au gîte, c'est-à-dire s'allonger entre deux blocs, en cherchant les plus chauds ; car dormir en plein air, à 2800 mètres et sans feu, sur le rivage d'une mer de glace, exige quelques préparatifs. Toutefois, je n'étais pas à plaindre : je n'ai jamais passé plus heureuse nuit. Mon lit était un trône comme jamais potentat n'en a eu. Couché sur des cailloux entre deux rochers qui formaient corridor vers l'orient, et qui gardèrent presque toute la nuit le calorique accumulé sur eux par quinze heures de soleil, je jouissais de la vie et je me disais : Oh ! quelles sont belles et mémorables, ces nuits d'été passées sur les montagnes ! Il semble, en vérité, que ce soit là le seul plaisir que les années n'émoussent jamais ! Il est trop pur pour s'amortir.

Je n'eus vraiment pas froid : le thermomètre ne descendant jamais à glace : le minimum fut de $+4°$, bien qu'à trois pas de mes rochers tout fût gelé le lendemain matin. Mon cher ruisseau ne coulait plus : il ne se fit entendre et voir qu'une heure après le lever du soleil, bien qu'à quatre heures déjà il commençât à murmurer sous le glacier, comme un oiseau qui cherche l'ouverture de sa cage. Quand il sortit enfin et se mit à couler, en reflétant le bleu du ciel, il me sembla qu'il saluait le soleil : ce fut un événement. Je m'attachai à ce ruisseau comme s'il aimait à causer avec moi ; j'en bus deux verres en me levant, mais c'était froid .. Le thermomètre y marquait juste zéro.

En vérité, je ne sais si l'aurore ne fut pas encore plus magnifique que ne l'avait été le coucher du soleil. Mon lit regardant l'est, la première lueur de l'aube naissante m'ouvrit les yeux. Le vague murmure de l'air, qui semble vibrer avant l'apparition du jour ; ces pics de marbre qu'argentait la lumière, pendant que les vallées restaient encore plongées dans les mystères silencieux de la nuit ; ces dômes de glace plus pâles que des cadavres, mais ayant l'air d'attendre le jour et d'écouter ses premiers bruits : tout cela ressemblait au miracle et jetait l'âme dans une espèce d'extase. Je serai le dernier à médire de la science ; mais il faut bien avouer qu'il y a des lieux et des moments où elle se voit abandonnée par ses disciples les plus fervents. Devant de tels spectacles, personne ne songe à l'origine et au pourquoi des choses : on est trop près de Dieu pour discuter ; on ne voit la nature que dans son merveilleux ensemble, et en faire l'autopsie semble une profanation.

Mais je m'arrête, pour être sûr de finir.

De la *Terrasse Belle-Vue*, montant à l'ouest sur des neiges sans limites, nous arrivons en dix minutes au pied d'une « cheminée » très-large, mais roide, où mugit une cascade; elle s'ouvre entre deux môles majestueux de calcaire. Après l'avoir escaladée, nous nous trouvons dans un vallon sinueux, au milieu d'un dédale de coupoles arrondies, absolument couvertes de neige et plus ou moins pareilles. Dans le brouillard, on pourrait errer là pour toujours. Où est le Mont-Perdu? Deux ou trois fois nous nous trompons, tellement ses acolytes lui ressemblent. Enfin, montant toujours à l'ouest, mais graduellement, nous voyons subitement devant nous le sommet véritable, le « dôme » par exellence. Voilà le Mont-Perdu! Neiges partout, sans crevasses : elles s'ouvriront sans doute dans quelques jours. Emprisonnés dans ces vallons tout blancs, parmi ces cônes neigeux qui semblent des vagues énormes de crême, nous passons trois quarts d'heure sans voir autour de nous le moindre morceau de terre. Effet superbe de ces silhouettes neigeuses, qui se profilent avec tant de pureté sur un ciel d'un bleu sombre. Le bleu et le blanc, ne sont-ce pas les deux choses les plus immaculées du monde? Comme on voudrait passer un mois sur ces blancheurs ensoleillées! Pourtant, le vent du nord est froid, les pics français ont l'air gelé sous un ciel de janvier. Soudain, que vois-je? la neige devient toute noire! Je la ramasse et la trouve pleine d'insectes, de fourmis et de guêpes, de papillons, etc.! Nous en foulons aux pieds des millions de cadavres : le vent les a sans doute chassés là-haut, où ils sont morts de froid. Il y a quelques années, j'ai déjà vu ce phénomène sur le *Lustou* (3025 m.), pic de la vallée d'Aure. Du reste, combien de fois ne trouve-t-on pas des feuilles de hêtres, de chênes, etc., en pleins glaciers ?

Deux petites heures (de la Terrasse Belle-Vue) nous placent sur le sommet du Mont-Perdu, où je retrouve une de mes cartes : il est rare qu'elles y restent une année.

De là, nous descendons à l'ouest sur de la neige très-dure, à coups de hache, et nous suivons la route maintenant si bien connue, de la Brèche de Roland, par les hautes crêtes du Cirque. Pour varier nos plaisirs, nous prenons le glacier du Taillon, pas encore crevassé : de magnifiques glissades nous mènent en bas, et nous sortons enfin des neiges au bout de dix grandes heures, faisant ainsi, de l'est à l'ouest, *vingt kilomètres, en plein été, sans toucher terre*. Je ne puis donc mieux terminer qu'en répétant, après Ramond, « qu'il faut venir au Mont-Perdu, même du Mont-Blanc. »

(*Extrait du Bulletin de la Société Ramond, d'octobre* 1872).

PIC DE BALAÏTOUS (3146 MÈTRES).

C'est un chasseur nommé Coustet, aujourd'hui aubergiste à Arrens, qui eut, dit-on, l'honneur de faire la première ascension de ce pic redoutable, il y a plus de trente ans, avec MM. les Officiers d'état-major, lorsqu'ils dressaient la carte de France. Et il est sûr que ces messieurs durent séjourner assez longtemps sur le sommet, puisqu'ils y firent porter du bois pour se chauffer, dont les débris s'y trouvent encore; et même une tente dont les piquets y ont passé plus de vingt ans!

L'histoire du pic Balaïtous mérite d'être racontée.

La première ascension fut tellement oubliée, que jusqu'en 1863, ce pic passait partout pour vierge, et à vrai dire, presque personne ne s'occupait de lui. On savait sa hauteur et son nom, et plus ou moins sa position, mais voilà tout, lorsque M. Charles Packe parut sur l'horizon, et vint en faire le siège (1863). L'ayant d'abord inutilement attaqué par le Nord, il revint à la charge l'année suivante (1864), en triompha par l'Ouest après six jours d'explorations, et une semaine après, je le gravis aussi par la même voie avec le père Gaspard, d'Arrens (25 septembre 1864). Nous descendîmes au Sud, par les lacs de l'Ariel, à *Sallent*.

Mais l'arête par laquelle nous montâmes était si périlleuse, que l'on chercha bientôt un autre itinéraire, et le fameux Orteig, guide des Eaux-Bonnes, arriva au sommet en 1865 par le glacier de *las Néous*, qui tombe et se déploie en éventail à l'Est du pic.

En 1870, je refis l'ascension par cette voie avec le fils Gaspard (Basile) et un chasseur nommé Poulou Salettes. Nous descendîmes par l'Ouest.

Puis vint M. Lequeutre, dont la course fut un vrai tour de force, car il la fit en un seul jour, à pied, en partant des Eaux-Bonnes, avec Orteig et le non moins solide Henri Passet. Du reste, M. Lequeutre est devenu une des illustrations Pyrénéennes.

En 1872, il arriva un accident à M. Marmontel, qui fit en descendant une chûte terrible : mais lui aussi, avec son fils, avait atteint la cime.

Enfin Latour, guide de Cauterets, ayant trouvé une troisième route, par le Sud-est, et les corniches bizarres de Frondeilla, y escorta, en 1874, M. Wallon, bien connu aujourd'hui par ses panoramas chromo-lithographiques, et ses explorations en Aragon.

Telle est l'histoire de cette fameuse montagne, devenue si populaire depuis quelques années, qu'on n'en compte plus les ascensions. Mais elle conservera toujours le prestige et le charme du danger. C'est le Cervin des Pyrénées.

Voici maintenant comment j'en fis la connaissance.

Parti de très-bonne heure, et à pied, d'Argelès (24 sept. 1864), et déjeûnant chez Loret, à Arrens (¹), j'y pris, avec des vivres pour plusieurs jours, le père Gaspard, pour remonter d'abord l'interminable vallée d'Azun. Au bout d'une heure, le pic Balaïtous parut un peu à droite du Sud. Laissant ensuite à l'Ouest la gorge aride et le petit sentier qui montent au lac de *Miguelou* (que j'ai une fois trouvé gelé au mois de juin) nous arrivâmes en 2 heures 30' d'Arrens, à l'étang poissonneux de *Suyen* (1539 mètres), où se trouve une cabane de pêcheur; elle seule atteste que l'homme passe quelquefois par là. Un peu plus loin, aux cabanes de *Doumblas* (1580 mètres), nous dîmes adieu à la vallée d'Azun, qui mène au Sud en Aragon, par le port de la *Pierre-S*ᵗ*-Martin*.

Ici nous commençâmes à nous élever très-sérieusement à l'Ouest, dans une gorge granitique où l'on n'entendait plus d'autre bruit que celui du torrent, qui descendait en cascades écumeuses et tonnantes.... Encore quelques pelouses parsemées de sapins attristés, deux petits lacs plus verts que l'herbe de leurs rivages, et nous voici, en 3 heures 30' d'Arrens, devant un gigantesque entassement de blocs énormes : c'est le chaos de l'*Arribit*,

---

(1) Hôtel de France et de la Poste.

où nous allons passer la nuit, au Nord du pic lui-même, qui nous domine de 1360 mètres.

. Figurez-vous un rocher prodigieux, cubant plusieurs centaines de mètres, et ne touchant au sol que par un point, de manière à laisser entre ses bords et la terre deux ou trois grandes cavernes... C'est là-dessous que nous allons coucher. Ce bloc monumental s'appelle *Tour d'Arribit* : son altitude au-dessus de la mer est d'environ 1800 mètres, et c'est assurément un des meilleurs gîtes naturels que j'aie jamais trouvés dans les montagnes. Je n'aurais pas dormi d'un si heureux, d'un si profond sommeil, dans le plus bel hôtel du monde! Et cependant, il est certain qu'elles sont aussi étranges, aussi paradoxales qu'ineffaçables, les impressions, les émotions que font toujours passer en moi ces nuits si romanesques où je m'endors sous un rocher, au bruit soporifique des cascades et du vent..... Ces plaisirs-là ne peuvent jamais se raisonner. Car il semble dur assurément, de s'allonger sous un plafond de pierre, dans de froides nuits d'automne, avec la perspective de se perdre le lendemain, ou de se fracasser les membres..... Jamais pourtant je ne suis descendu sans regrets de ces lieux pleins d'effroi, où l'âme se sent plus près du ciel que de la terre. L'homme n'a plus l'air d'être à sa place, dans cette nature en ruines, dans ces cimetières de glace et de granit, où la congélation, plus rapide que la mort, vient au milieu de la nuit pétrifier les torrents, leur imposer silence, et lancer des rochers dans des lacs aussi noirs que le Styx..... Il semble que tout conspire contre le bien-être et le bonheur de l'homme couché par terre sur le haut des montagnes..... Et malgré cela, il y remonte toujours avec le même plaisir, pour échapper à la douleur ou aux passions. Son âme devient plus fantastique et aussi pure que la flamme rouge et capricieuse qui s'agite à ses pieds : elle vient reprendre ici ses couleurs naturelles, et enivrée de poésie et de roman, elle trouve une volupté suprême à se passer des choses humaines.

Mais l'aurore a paru. Le front du monstre que nous allons dompter devient tout rouge, et les étoiles s'éteignent dans les brouillards sanglants du crépuscule... Il faut partir. Nous montons au Sud-Ouest, sur des pentes douces et gazonnées : en trois quarts d'heure nous arrivons à un plateau, et à une pauvre petite cabane, où l'on pourrait aussi passer la nuit : mais il n'y a pas de bois, et elle se trouve à 2000 mètres d'élévation... C'est grave. A vingt minutes plus haut, nous traversons une brèche étroite, derrière laquelle nous pénétrons dans le vallon glacial et nu de *Bacrabère*, tout plein de petits lacs, et qui descend du Sud au Nord. A l'O. S. O., se dresse la pyramide très-escarpée du pic *Pallas*, qu'une crête dentelée et orientée de l'Est à l'Ouest, reliée à l'Est au pic Balaïtous.

Cette crête forme la frontière.

Laissant ici à droite, à une centaine de mètres au-dessous de nous, les petits lacs de Bacrabère, nous entrons en Espagne, en allant Sud, par la Hourquette bien dessinée de *La Barane* (2,584 mètres), où l'on commence à voir, à l'E. S. E., les contreforts occidentaux de la terrible montagne, dont le sommet ne paraît pas encore. Il faut aller presque horizontalement à l'Est-Sud-Est.

Maintenant l'aspect des lieux devient de plus en plus farouche. Passant près d'un rocher cyclopéen, que j'ai appelé « *Rocher du déjeuner* » et qui doit être, plus ou moins, à 2700 mètres, nous attaquons, au N.-N.-E., un couloir très-pierreux et très-raide. Jusque-là, tout va bien. Mais au haut du couloir, tournant à droite, nous nous trouvons bientôt sur une arête vertigineuse, étroite et disloquée, qui semble escalader les nues, car nous n'en voyons pas la fin. Est-il vraiment possible de monter là ? Oui : mais à mon avis, *c'est le plus mauvais pas des Pyrénées*. De chaque côté de cette arête, juste assez large pour qu'on puisse y passer, descendent des précipices de 5 à 600 mètres, cuirassés de verglas, et polis comme une glace : leur base se perd dans une ombre bleue qui rappelle les « ténèbres extérieures » dont parlent les Ecritures. Nos pieds nous servent à peine : au bord de nos semelles s'ouvrent le vide et l'éternité..... C'est comme des acrobates que nous escaladons cet enfer de rochers, et que nous traversons les intervalles perfides qui les séparent. Dans une de ces fissures, je fis descendre Gaspard, qui me servit de pont, et je passai debout sur ses épaules : mais on peut éviter cet obstacle en passant plus à droite.

Enfin, au bout d'une demi-heure de gymnastique, je me trouvai, de la manière la plus inattendue, sur le sommet du pic Balaïtous; car on n'en voit la cime qu'au moment d'y toucher. Le temps était superbe, et le spectacle grandiose qui m'accueillit là-haut valait assurément les risques que nous avions courus. Il me sembla d'abord voir l'Océan, qui brillait au Nord-Ouest comme une cuve à mercure. Gaspard ébloui faillit « tomber des nues » quand je lui dis que c'était là la mer, qu'il n'avait jamais vue. Le Néthou, le Posets et le Perdighero blanchissaient l'horizon du côté de de Luchon, en nous masquant l'Ariège : mais quelle compensation de tous les autres côtés ! Quelle vue immense ! Que de montagnes, de plaines, de lacs et de glaciers ! Les plaines de France étaient si lumineuses, que je reconnaissais facilement à l'œil nu Tarbes et Coarraze, ainsi que le village d'Agos, en aval d'Argelès. En Espagne, les montagnes de Sallent, de Canfranc et de Panticosa ressemblaient à d'énormes crocodiles endormis au soleil : leurs glaciers flamboyaient comme de l'or en fusion, et plus au sud, des milliers d'humbles collines fuyaient en moutonnant sur l'horizon caniculaire et vaporeux de l'Aragon.

Vers Saragosse, il y avait quelques nuages : mais ils étaient légers comme un duvet tombé de l'aile d'un séraphin. Il est bien rare d'avoir un temps pareil à la fin de septembre. Sur le sommet du pic, mon thermomètre marquait 3° à l'ombre, et 35° au soleil ! 32° de différence !

Il m'en coûtait de m'en aller. Un horizon illimité a tant d'attraits, sous un ciel bleu ! Que de magnificences on perd de vue en descendant ! Mais il fallut pourtant quitter ces splendeurs sibériennes, et même en détourner nos yeux pour ne plus regarder que nos pieds, sur la terrible arête de l'Ouest, par où nous descendîmes aux petits lacs *d'Ariel*, puis à *Sallent*, pendant la nuit. Du haut du pic à ce village, nous mîmes *cinq heures* en marchant assez vite.

Six ans après (1870) je remontai sur le Balaïtous par un tout autre itinéraire, et non sans peine. Voici quelques extraits de mon journal :

Dimanche 12 juin, départ à pied d'Argelès, avec deux jours de vivres et le sac à dormir. Grande chaleur. En arrivant à *Arrens*, une vieille femme, prenant sans doute mon sac pour une dépouille, et mon bâton ferré pour un instrument de meurtre et de carnage, recule un instant d'épouvante, et fait deux soubre-sauts : mais elle se calme bientôt et revient à elle.

A Arrens, j'envoie chercher le père Gaspard, avec son fils Basile; je m'arme de pain, de vin, d'eau-de-vie, etc., et nous partons à pied pour remonter au sud la belle vallée d'Azun.

On voit d'Arrens (*Hôtel de France et de la Poste*) la cime du Balaïtous, mais mal. Ce n'est qu'au bout d'une heure qu'on l'aperçoit soudain du haut en bas, blanc et menaçant (sud).

Le bord du chemin est rouge de rhododendrons.

Au milieu de la vallée, un douanier me demande mon passe-port ! N'ayant, en fait de papiers, qu'un numéro de la *Patrie* à lui montrer, nous ne pouvons nous entendre, et je file.

Après quatre petites heures de marche, nous voici au plateau de *Labassa* (1800^m), où je vais m'installer pour quatre jours.

Trois bons bergers nous accueillent dans leur cabane, une des plus grandes et des meilleures des Pyrénées. Comme c'est dimanche, ils sont rasés à neuf et propres comme s'ils allaient au bal.

Soirée calme et superbe. La nuit venue et les troupeaux rentrés, je vais me promener seul au milieu de ces rochers solennels, qui ont l'air de s'attrister, comme l'ombre les envahit, et ressemblent aux pierres tombales d'un cimetière de géants. Grande poésie de ces solitudes pendant la nuit. Enseveli dans mon sac, j'entends parfois de violentes bouffées de vent passer comme des boulets, et le bruit monotone du torrent s'enfler ou diminuer mystérieusement. Comme tout cela ressemble peu à la rue de Rivoli, à minuit !

La nuit est chaude, et le matin, à six heures, il fait 11° cent.

Lundi. Partis à 7 heures, après une soupe au lait, les deux Gaspard et moi nous montons par pentes douces au S. O., sur l'herbe et le granit : gentianes et rhododendrons. Au bout d'une demi-heure, tout change soudain d'aspect. Voici un col d'où l'on voit se dresser juste au S. O. une pointe aiguë, immense et fière, chargée de neiges. Est-ce le Balaïtous ? Gaspard père dit que non : et il a raison. (Il est assez remarquable qu'on ne voit jamais la cîme du Balaïtous, n'importe par où on l'attaque, jusqu'à ce qu'on soit tout à fait dessus).

Du col paraît aussi, au sud, le facile pic *Cristail* (2892 m.), et à sa suite, depuis le sud jusqu'au sud-ouest, un vaste glacier long de 3 kilom., derrière lequel se dresse un cirque de précipices fendus verticalement par des couloirs qui lui donnent l'air d'un orgue immense.

Laissant à gauche une mare et le glacier, nous montons roide à l'O. S. O. A 1 h. 30' de Labassa, lac glacé, scène extra-polaire. Je suis avec le fils Gaspard ; n'ayant besoin que d'un homme, j'ai fait redescendre son père à Labassa. Appuyant sur la droite, dans l'espoir de gravir par le nord le pic pointu dont j'ai parlé, et de passer de là sur la cîme véritable du grand Balaïtous, nous franchissons de l'est à l'ouest une longue et large arête granitique, dont la vue plonge à droite (nord) sur un glacier couvert de neige, et sur les rochers d'*Arribit*.

Nous sommes déjà à 2700 mètres au moins. Longeant à droite, en montant au S. O. sur une croupe de neige molle, l'arête qui mène au haut du pic mystérieux, nous nous arrêtons à une brèche en deçà de laquelle rien d'humain ne peut monter. Découragé, mais non désespéré, je me décide alors à faire le demi-tour du Balaïtous par le nord, aussi haut que possible, et à y monter par l'ouest, comme il y a six ans. Longue descente au N O., toute sur la neige. Enfin, une brèche se présente dans l'arête formant la rive gauche du glacier : nous la passons (hauteur, environ 2300 m.) et nous voilà dans le vallon de *Bacrabère*, que je ne décris pas ici, pas plus que la *Barane* et la crête formidable qui monte de là au pic Balaïtous ; car M. Packe et moi-même en avons depuis longtemps dépeint toutes les horreurs.

Nous sommes ici à l'ouest du pic. Le couloir au N. N. E. du *Rocher du déjeuner* est plein de neige très-roide. L'orage menace à l'ouest : il gronde avec mystère du côté de Bayonne ; le pic d'Ossau se met en deuil ; des ombres bleues et des nuages électriques s'emparent des montagnes de Canfranc ; tout menace, tout est sinistre, les couleurs comme le bruit, et nous voilà au pied de cet escalier d'aiguilles, dont l'effroyable chaos monte et mène à la cîme.

Déjà les trois-quarts des dangers sont vaincus : nous ne sommes plus qu'à cent mètres du sommet, quand le tonnerre éclate, les aiguilles de granit tremblent sur leurs bases, et mon bâton se met à bourdonner comme s'il était rempli d'abeilles (phénomène singulier, mais commun dans l'orage sur les hautes cîmes). La grêle arrive, puis le brouillard et les ténèbres : c'est une mitraille, et nous ne pouvons bouger ; car à droite et à gauche, il y a de 600 à 700 mètres de précipices, dont les lambeaux neigeux ou noirs paraissent lugubrement quand ce brouillard s'entrouve. Un éclair sort du bout de mon bâton ferré. Grand froid.

Nous restons là une heure. La grêle s'arrête, et l'espoir nous revient : mais le plus mauvais pas reste à faire, et le rocher est couvert de grésil. Basile, qui n'a jamais encore gravi le Balaïtous, veut à toute force monter. Il part, se cramponne aux rochers, les étreint dans ses genoux et ses bras, et arrive à une trentaine de mètres du sommet. Mais là je l'entends crier : " Impossible. » Il redescend sur le flanc tout mouillé des rochers, et très-tristes tous les deux de notre défaite, mais résolus à la venger, nous descendons en Espagne sur la route de Sallent (S.S.O.), pendant une grande heure. Là (après les lacs d'*Arriel*), nous tournons à gauche (est), et nous remontons pendant une heure et demie la rive droite de la gorge de la *Pierre St-Martin*, à au moins 400 mètres au-dessus du torrent. — Près du fond de cette gorge, au nord-est du premier lac (très poissonneux) nous trouvons par bonheur une cabane espagnole pleine de bois. Nous y passons la nuit, sans couverture (2200 m.), avec quelques onces de pain et de poulet pour toute nourriture.

Le lendemain matin, mardi, rentrant à Labassa par le Port de la Pierre St-Martin, après avoir ainsi décrit un cercle complet autour du pic Balaïtous, nous trouvons les bergers et le père Gaspard dans la plus grande angoisse, ayant passé toute la nuit à se désoler sur notre sort.

Ce jour-là, je fais descendre le père Gaspard à Arrens pour des vivres, et de chez Loret (hôtel de France) il nous revient le soir à neuf heures et demie, avec force viande, pain, vin et œufs : il était temps.

Enfin le soleil de mercredi se lève, radieux, superbe : nous sommes plus forts et plus décidés que jamais, et nous repartons trois à l'assaut du Balaïtous par le côté est, Basile, un énergique chasseur d'isards de Doumblas, nommé Poulou Salettes, et moi.

Même route que lundi, c'est-à-dire montée soutenue au S. O. pendant une heure et demie. Mais au lac glacé, au lieu de retomber dans l'erreur de lundi en continuant à droite du pic pointu (appelons-le, jusqu'à nouvel ordre, le *Petit-Balaïtous*), nous escaladons, à gauche, d'assez mauvais rochers formant la rive nord du grand glacier qui descend et serpente à notre gauche, plus large que la Garonne. (Nous aurions pu éviter ces rochers, en remontant le glacier de l'est à l'ouest : mais nous économisons une heure, et les crevasses ne sont qu'à demi-ouvertes).

Après cette escalade, nappes de neige très-faciles, descendant du flanc sud du *petit* Balaïtous : mais impossible de voir le véritable.

Enfin (3 h. 1/2 de Labassa), voici devant nous, à l'ouest, une muraille moitié granit, moitié autre chose bien moins solide. Deux longues gouttières descendent à pic sur le glacier, du haut de ce rempart en apparence absolument inexpugnable, et haut de 150 mètres.

Au bas de la gouttière de gauche baille une énorme crevasse bleue et noire. J'aime peu l'idée de tomber dedans; mais je me console en pensant qu'avec la rapidité acquise en tombant, on passerait par dessus, et en bas il y a trois kilomètres de neige. La gouttière de droite me plaît plus, car la neige pure y arrive ; elle est presque ou tout-à-fait verticale, et Sallettes ne l'aime pas : aussi nous allons voir comment vont les choses au nord du Balaïtous, en passant la tête dans une brèche ouverte à gauche (ouest) du *petit*

Balaïtous (1). On ne voit que des abîmes où le vent du nord a réussi à faire coller la neige, qui n'y tiendrait pas sans cela.

Nous nous décidons alors à grimper dans la gouttière de droite, c'est-à-dire à escalader le précipice Est du Balaïtous, dont on ne voit jamais le sommet. Avant d'aborder le roc, la neige se redresse à un angle alarmant; mais sur la ligne de chûte il n'y a pas de crevasses encore (15 juin), ni de *Bergschrund* pour débarquer.

Dans la cheminée, Sallettes ôte ses souliers; nous nous pendons et nous hissons : en somme, ce mauvais pas est mille fois préférable à l'arête (ouest) du pic, quand ce ne serait que parce que vingt minutes suffisent pour en sortir. En général, la roche est bonne.

A peine au haut de la cheminée (quatre petites heures de Labassa), on voit soudain au nord près du quart de la France, et ce qui ravit bien plus, à quelques pas à gauche, la cîme extrême du pic Balaïtous, le plus redoutable, sans contredit, des Pyrénées, car ce n'est qu'un amas de précipices réunis par un nœud qui en forme le faîte. J'étais à moitié ivre de joie quand je vis la tour à gauche. La crête est arrondie et si facile qu'un cheval la suivrait. Je bondis sur la neige neuve et blanche, mollement étendue là sous les caresses et les ardeurs du grand soleil de juin, comme pour nous accueillir et nous guérir les pieds sur un tapis plus doux que de la ouate. Comment penser alors au cercle d'abîmes qui vous entoure et vous attend à la descente?

Une fois le pic sous mes pieds, je sautai sur la

---

(1) Cette brèche facile et haute de 3000 mètres, sépare les deux Balaïtous. Le petit, haut de plus de 3000 mètres, se trouve à l'E. N. E. du grand, tout près, et je crois que l'on peut facilement passer de l'un à l'autre en 45 minutes.

tour, mais quelques pierres s'échappèrent par le sud : aussi est-ce dans le côté *nord* que je cachai ma bouteille, avec les phrases voulues. Le temps était superbe, le thermomètre à 12° (ombre), et à l'œil nu nous vîmes tous trois le tracé du chemin de fer près d'Agos comme autrefois (il y a six ans) j'avais vu l'Atlantique. (On voit le Balaïtous des falaises de Biarritz).

Je donnai une pensée à mon ami absent, M. Packe, dont je retrouve, sur tant de pics, la trace ou le souvenir, et puis il nous fallut songer à la descente, opération que je proposai de faire par l'ouest, comme la neige de lundi devait avoir fondu, et le vilain couloir près du sommet devait être sec. Mais le vieux chasseur ayant dit : « Oui, » et repris son sac en peaux d'isards, se mit à genoux devant la tour, et ôtant son chapeau, fit tout haut une prière : scène sublime, vu les lieux, les circonstances, et l'immense poésie d'une âme honnête en face de l'univers.

Immédiatement au bas du mauvais pas, c'est-à-dire à cent mètres environ du sommet (côté ouest), j'ai déposé une autre bouteille pouvant servir de point de repère, et quelques indications dedans.

Aguerris par nos courses, et plus encore par le succès, nous descendîmes en moins d'une heure sur la Barane, et de là, laissant à gauche, très-bas, la gorge de l'Arribit, nous revînmes à Labassa sur une ligne N. E., en coupant la crête de Fachon. (Une heure de montée à l'ouest de l'Arribit mène au petit lac *Babiel*, d'où au lac d'*Artouste*, une autre heure, à l'ouest aussi par un col très-élevé, mais facile).

Ayant passé trois heures, jeudi matin, à errer seul sur le glacier qui tombe à l'est du Balaïtous, puis se recourbe brusquement au nord (il a 3 kil.), et m'étant avancé au midi jusqu'au pied du morne amphithéâtre de précipices où s'ouvre la brèche très-difficile, mais praticable, de *las Néous* (des neiges), je revins à Argelès le soir. Ainsi se termina ma seconde campagne.

A ceux qui ne veulent pas faire l'ascension complète du pic Balaïtous, signalons une belle course, qui consiste à en faire tout le tour, par l'Arribit, Bracabère, la Barane, la vallée espagnole de la Pierre St-Martin et le port du même nom. C'est une course de douze heures environ.

Dans cette gorge de la Pierre St-Martin, qui descend de l'est à l'ouest (au sud du pic Balaïtous), on trouve trois lacs situés près de son origine et sur une moyenne S. O-N. E., à un kilomètre les uns des autres. Il y a plusieurs cabanes à l'est du plus au nord des trois (qui est grand), et une au nord-est du plus bas (à dix minutes). Quatre Espagnols, morts au sein d'une tourmente, sont enterrés au fond de cette gorge.

Au midi des trois lacs, se dresse l'immense barrière appelée *Piedra-Fitta*, percée de plusieurs cols qui vous mènent à *Sallent*. A l'est des lacs, on voit cinq pics pyramidaux (*la Fache, Baccimaille*, etc.), entre lesquels s'ouvrent des cols très-élevés, menant aux monts d'*Enfer* et aux bains de *Penticosa*, ou bien au *Marcadaou*, sur le versant français de la chaîne, si l'on passait à gauche (nord) de toutes ces pyramides.

De ces régions élevées, on voit surgir à l'ouest quelques pics très-gris, probablement calcaires (*Socques* et *Sobe?*).

C'est de la plaine de Tarbes, que le Balaïtous se montre avec le plus de grâce et de grandeur.

LE COTIEILLA (3010 MÈTRES).

Pendant bien des années, chaque fois que je fesais une ascension sur la frontière d'Espagne, et que de là ma vue errait sur l'Aragon, j'y regardais avec autant d'envie que de curiosité une montagne orgueilleuse et aride, dont la hauteur et l'aspect africain m'intriguaient tant, que je pouvais à peine résister au désir d'y monter. C'était devenu une idée fixe. Seulement, comment s'y prendre? Où était-elle? Par où y arriver, ou même en approcher? Personne n'en savait rien. Entre Luchon et Vénasque, partout où j'en parlais, on ouvrait de grands yeux, mais sans pouvoir me renseigner. On me croyait halluciné.

Il fallut donc me fier à mon instinct, ne plus faire de questions, chercher ce pic étrange par toutes les voies possibles, et enfin le gravir quand je l'aurais trouvé.

C'était pendant l'été de 1865.

Cette poursuite d'une montagne introuvable a sans doute de grands charmes : mais elle menaçait d'être aussi ardue et aussi longue que la recherche d'une belle idée qui ne veut pas venir........

Aussi, j'avais de tristes pressentiments quant je me séparai de M. Packe dans la région la plus déshéritée des Monts-Maudits, où nous avions passé toute une semaine ensemble et en plein air, sans entrer sous un toit. Je partis non-seulement fatigué, mais démoralisé.

J'emmenai mon porteur Francisco (de Luchon), et

descendant aux premiers feux du jours la magnifique vallée de Malibierne, nous traversâmes Vénasque, où j'eus bien soin de me faire cuire, chez l'aubergiste Juan, trois tendres et succulents gigots d'agneau, qui nous sauvèrent la vie dans les affreux déserts du Cotieilla.

Restant sur la rive droite de l'Essera, et passant le hameau d'*Eristé*, je descendis encore jusqu'à *Saoun* : mais là, ne voulant pas m'abaisser davantage (800 mètres), je commençai à remonter dans une gorge au Sud-Ouest, sans trop savoir où elle allait. Seulement quelques bergers me rassurèrent, en m'affirmant qu'à une journée de marche je trouverais dans cette direction là (du côté de *Gistain*) un pic brûlé, sans eau, et très-élevé. C'était bien cela..... Le signalement était parfait. Je les pris sur parole, et ils avaient raison.

Je dis adieu à l'Essera, qui descendait follement au S.S.E : puis j'obliquai à l'Ouest, suivant à une très grande hauteur la rive gauche du torrent qui débouche à Saoun. Mais la nuit arrivait. J'étais parti du fond de la vallée de Malibierne, et satisfait de ma journée, je m'endormis au coin d'un champ, dans une petite cabane ouverte à tous les vents (hauteur probable : 1800 mètres).

Le lendemain, mon fidèle Francisco m'éveillant dès l'aurore, nous continuâmes notre ascension à l'Ouest vers le *col de Saoun* (2100 mètres.?), que nous franchîmes au bout d'une heure. La vue est assez belle ; Mais ce qui m'enchanta surtout, ce fut l'apparition subite du grand pic décharné que j'avais si souvent contemplé de loin ou dans mes rêves, et dont jamais encore je ne m'étais trouvé si près. Quel singulier objet ! Il était au sud-ouest, à environ sept kilomètres en ligne directe. Brûlé partout, il ressemblait à une montagne de cendres. La neige elle-même qui sillonnait ses vallons désolés augmentait sa tristesse : elle me rappelait ces larmes qu'on peint en blanc sur les cercueils. Je n'ai jamais rien vu de plus lugubre et de plus nu : et cependant, l'ensemble de cette espèce de monstre était empreint d'une majesté bizarre. Mais son aspect et ses couleurs m'inportaient peu : je n'avais qu'un seul but, c'était d'en triompher. D'autres feront le portrait de ce géant sauvage.

Je découvris d'abord son nom : il s'appelle *Cotieilla*. Après avoir constaté cela, je le saluai, et j'allai droit à lui.

Laissant à droite (à l'Ouest) la vallée de *Gistain*, j'allai au Sud-Sud-Est en descendant, me dirigeant un peu à gauche du pic, et comptant bien le gravir ce jour-là, puisqu'il était à peine neuf heures. Quelle illusion, et comme les distances trompent dans les montagnes tout-à-fait nues, où il n'y a pas un seul objet de dimensions connues, qui puisse servir d'échelle, et nous aider à deviner les proportions réelles des choses ! Sur un désert, l'œil est tout dérouté.

N'ayant pas déjeûné, je cherchai un torrent ou une source, pour économiser mon vin : mais ô misère ! Le sol était partout à sec, et je perdis près de deux heures au milieu d'une forêt clair-semée de sapins gigantesques, avant d'avoir trouvé le plus mince filet d'eau. J'entrai dans un pays calcaire, où l'eau est aussi rare qu'en Arabie, et n'est jamais aussi limpide que celle des régions granitiques. Il n'y a pas un seul lac important dans les parties calcaires des Pyrénées. Enfin, après m'être humecté les lèvres dans une source pleine de boue et stagnante, près de laquelle, cinq ans après, j'eus une triste et tragique aventure, je descendis au

S.-S.-O. sur un autre col, appelé *Las Coronas*, qui fait communiquer le vallon de *Gistain* (O.-N.-O.) avec celui de *Barbaruens* au S.-S.-E. Il a probablement 1700 mètres d'élévation : dans ce cas, il serait inférieur de près de 500 mètres à celui de *Saoun*.

Bientôt tout le pays se dépouilla, comme je montais au S.-S.-O. sur d'arides pentes derrière lesquelles la tête plus fauve du *Cotieilla* ne tarda pas à se cacher. Il y avait un sentier de cheval, mais très-raide. Malheur ici à ceux qui ont l'habitude funeste de transpirer ! Car il n'y a pas plus d'ombre qu'au milieu du soleil ! Je n'en trouvai un peu qu'au bout d'une heure et demie de brûlante ascension, en arrivant à un bosquet de pins si vieux, si décrépits, qu'ils ressemblaient vaguement à des cadavres oubliés sur un champ de bataille. Ils couronnaient une crête calcaire orientée du Sud-Est au Nord-Ouest, d'où mon regard découragé se lança tout-à-coup sur l'énorme masse du *Coticilla*, qui, malgré tout, me dominait encore de 7 à 800 mètres, et dont un cirque immense, capable de contenir une capitale, me séparait aussi effectivement qu'un bras de mer ! Le pic était si loin, que je n'eus pas un seul instant l'idée d'y monter ce jour-là, et il n'était cependant que trois heures ! Cette enceinte vide, étrange et silencieuse, dont il ne m'était pas possible de deviner les proportions (car il n'y avait rien dedans), aurait eu l'air d'un prodigieux cratère, si des neiges éternelles n'avaient pas attesté le froid glacial qui y régnait toujours. Pas un oiseau, pas une cabane, pas une goutte d'eau ! Mais, près de moi, au bas du petit bois, il y avait une bonne source, de grands troupeaux et des pasteurs. J'avais du temps, des vivres, un ciel sans nuages et mon sac à dormir..... Pourquoi donc m'attrister ? Que peut vouloir de plus un homme sensé, fût-il sauvage ?

Je me résignai donc très-facilement à coucher n'importe où. Je descendis de 200 mètres au Sud, et envoyant mon docile Francisco chercher du vin à *Barbaruens*, je m'allongeai comme un Pasha au grand soleil, pour y livrer sur de brûlantes pelouses mes membres au repos, et mon esprit à la rêverie.

Tout s'y prêtait. Le calme et le silence étaient extraordinaires ; je n'entendais même pas murmurer un ruisseau. Rien ne bougeait que le soleil, qui rougissait déjà, en descendant vers la Navarre, le dôme aride et calciné du pic *Turbon*, le seul rival du Cotieilla dans ces régions. Les pieuses clartés du crépuscule montaient partout, des vallées et des plaines ; et de vagues mélodies, portées sur les parfums du soir, arrivaient en mourant jusqu'à moi. J'aurais peut-être médité là toute la soirée, si un spectacle moins poétique n'était brusquement venu refroidir mon lyrisme..... . 4000 moutons s'avançaient droit sur moi, en bêlant tous ensemble ! Qu'allaient-ils faire ? Ils semblaient très-surexcités, (pour des moutons), et ils hâtaient le pas en me prenant pour centre de leurs opérations.

Les pâtres fougueux de l'Aragon volèrent à mon secours : hurlant, jurant, vociférant, courant partout, ils lançaient leur houlette au milieu du troupeau comme l'anathème ou le tonnerre..... Rien n'y fesait, car les moutons criaient encore plus fort, ils tramaient un complot, et ils étaient maintenant en pleine insurrection : ils allaient me charger !..... Leurs huit mille yeux jetaient des flammes. " Echappez-vous ! " me criaient les bergers. Mais mon honneur, ma dignité m'obligeant de rester, je levai pompeusement le bras droit, comme la statue d'un conquérant. Alors le calme se rétablit, et le silence se fit dans ces 4,000 poitrines, comme si j'allais prendre la parole. Mais un discours *sans sel* ne valant rien, je n'en fis pas, car les bergers m'apprirent qu'il ne fallait qu'un peu de sel pour calmer ces brebis irritées, qui n'en avaient pas eu depuis quinze jours, et qui s'imaginaient qu'un illustre visiteur était venu leur en porter. Ce n'est qu'avec la nuit que leur colère passa. Je m'endormis alors en paix dans mon grand sac de peaux, par une température très douce, bien que je fusse tout-à-fait sans abri, à une hauteur de plus de 2000 mètres, et seul; car les bergers s'étaient tous en allés, et Francisco n'était pas revenu. Il ne restait auprès de moi que les troupeaux. La solitude était complète et solennelle.....

Au milieu de la nuit, nouvelle et grave insurrection, accompagnée d'éternuments, de spasmes, et de lamentations. Trois loups avaient bondi sur un agneau, qu'ils enlevèrent après avoir flairé mon sac! C'était la première fois qu'on me prenait pour un agneau! Les bergers reparurent tout-à-coup et se précipitèrent dans les ténèbres avec leurs énormes chiens, à la poursuite de l'ennemi : mais la victime ne revint plus, et j'éprouvai vraiment un serrement de cœur, en entendant les hurlements des loups mêlés pendant longtemps, dans ces noires solitudes, aux aboiements sauvages des chiens, et tout cela répercuté par mille échos.

Le lendemain matin, guidé par un berger, je traversai le « Cirque » dont j'ai parlé, qui se creusait entre moi et le pic Cotieilla, au Sud-Ouest. Rien n'est plus fatigant. Figurez-vous une mer solidifiée au milieu d'une tempête, et hérissée de vagues aigües et longues, dont quelques-unes n'ont pas moins de cent mètres de hauteur! Ces cônes énormes et ces mamelons sont séparés les uns des autres, tantôt par des ravins, tantôt par de grands puits noirs et profonds, comme on peut s'en convaincre en y jetant des pierres..... Cette triste enceinte, sans contredit la plus déserte des Pyrénées, ne contient pas d'autre eau que celle qui suinte au bas des flaques de neige. Mais sous le bois de pins près duquel je couchai, il y a une source exquise. Ce cirque sauvage, qui s'appelle *Armenia*, a une hauteur moyenne de plus de 2000 mètres, et on y trouve en abondance le *Gnaphallium Leontopodium*.

Pour éviter de trop descendre, j'y décrivis un demi-cercle à l'Ouest, bien que mon but fût une petite brèche double, ouverte au Sud-Sud-Ouest, sur la longue crête pierreuse que le pic darde à l'Est. La montée à cette brèche fut très roide. De là je vis au loin le village de *Campo*, au bas d'une très longue gorge qui descendait au Sud-Sud-Est, tandis que l'horizon des plaines, au Sud, était déjà sans bornes. Laissant un précipice à droite (au nord), je tournai au N. O. vers le pic, puis au Nord, et enfin au Nord-Est, ou en montant sur les derniers cailloux de ces pentes calcinées, quel ne fut pas mon étonnement, d'y voir une fleur, et une fleur rare, le *papaver Pyrenaicum*! Sur un pic aussi chauve, l'effet d'une fleur est ravissant.

Trois heures après avoir quitté le petit bois de pins, j'étais sur le sommet du *Cotieilla* (Août 1865).

C'est certainement un des observatoires les plus grandioses des Pyrénées, et cela pour trois raisons : son isolement, sa grande hauteur, et sa distance de la chaîne principale, qui fait panorama au nord sur une longueur de *300 kilomètres!* Il est si près des plaines, qu'en suivant les vallons qui en rayonnent au sud, on descendrait en quelques heures de 2400 mètres. Aucun autre pic des Pyrénées n'offre une pareille descente directe et interrompue. Il domine d'une manière étonnante.

Malheureusement, la première fois que je gravis le Cotieilla, le temps n'était pas clair. Je ne voyais au nord qu'une masse désordonnée de nuages brisés et dispersés sur la grande chaîne, dont je ne pus identifier que quelques cimes.

Mais je fus bien dédommagé cinq ans après, en couchant au sommet par une nuit magnifique, avec un enthousiaste admirateur des Pyrénées, M. Lequeutre, et les deux jeunes Passet, (Henri et Célestin), braves et honnêtes garçons dont je ne saurais dire assez de bien.

Nous prîmes à Gavarnie des provisions pour plusieurs jours, car en Espagne, il faut souvent vivre d'air, de pain et de résignation : puis nous partîmes par une belle matinée de juillet pour Luchon, *viâ* Bielsa, Saravillo, Plan et Vénasque. Le Cotieilla était sur notre chemin. Comme nous étions heureux, et comme la Providence est généreuse, en nous laissant toujours ignorer l'avenir ! L'illusion vaut l'oubli, et si nous pouvions lire dans l'avenir ou relire toutes les pages du passé, il y aurait de quoi mourir de désespoir.

Nous montâmes joyeusement au Sud-Est sur les flancs du *Pailla*, laissant à gauche la route du Piméné, à droite les murs sublimes et les glaciers du Cirque de Gavarnie, et derrière nous le Grand Vignemale, avec son fleuve de glace reluisant au soleil. Les pics semblaient légers, comme s'ils avaient des ailes, tant l'atmosphère était subtile, tant elle donnait envie de s'envoler. Nous nous sentions presque volatilisés par l'élasticité de l'air, et plus heureux que les oiseaux;

Derrière le col d'*Allanz*, descente d'une demi-heure, pour remonter vers le Sud-Est, laissant à droite les murailles d'*Estaubé*, portant des glaces si inclinées qu'on ne sait pas comment elles tiennent à un tel angle. Quel cirque sauvage! Pas une goutte d'eau nulle part; mais çà et là de brillantes plaques de neige, îles blanches et consolantes pour l'œil, dans cette universelle aridité calcaire, presque digne de Cotieilla.

Voici le port orageux de Pinède; mais aujourd'hui l'Espagne est aussi claire que l'Inde au mois de mai, et la vue plonge jusqu'aux pics Catalans, grillés par le soleil, qui mouille et fait ruisseler à droite, au-dessus de nos têtes, les glaciers et le dôme du massif Mont-Perdu, tandis qu'en bas, on voit languir, tourner, étinceler et s'arrêter la chaude et paresseuse rivière *Cinca*, dont nous allons bientôt nous-même descendre les rives sur des pentes presque nulles, où pendant vingt kilomètres on ne s'abaisse que d'une centaine de mètres.

Cette vallée de Bielsa ressemble si peu aux autres vallées pyrénéennes, qu'on ne sait plus si on est en Europe; car ce n'est pas la Suisse non plus : elle est si rectiligne et presque horizontale. A droite, une chaîne immense, qui descend graduellement au Sud-Est du faîte du Mont-Perdu, jette à pic, sur les plages nues de la Cinca (côté méridional), une ligne de précipices calcaires aussi droits que les tours de Notre-Dame : c'est la chaîne de *Fanlo*, très-peu ou point connue. Sur la rive gauche s'élèvent aussi des monts de premier ordre, mais moins abrupts, et recouverts tantôt de buis à perte de vue, tantôt de petits sapins d'un vert très-tendre (rares dans les Pyrénées françaises); enfin, de la poussière qui vole au vent, du sable et des cailloux semblent couronner partout cette chaîne de la rive gauche.

Derrière, en descendant, on laisse le Mont-Perdu et le *Cirque de Bielsa*, d'où tombe en plusieurs bonds une cascade gigantesque, sortie du grand glacier Astazou-Mont-Perdu, ou même du *lac glacé* du Mont-Perdu, facilement accessible par ici.

Ne parlons pas de l'*hospice* de Pinède! Car ce mot ressemble trop à celui d'*hospitalité*; il suggère des idées de soulagement dans l'infortune, et dans cette vieille masure, on ne trouve *rien*, ni homme, ni pain, ni vin. Il faut aller, aller toujours, pendant deux heures et demie, sur la rive gauche de la Cinca, sans s'abaisser sensiblement. Mais, peu à peu le torrent perd sa teinte bleu-sale, en déposant la poussière et la boue des moraines de sa source: il s'élargit sur des lits d'anciens lacs, qui doivent probablement se reformer à chaque printemps; des torrents clairs y mêlent bientôt le cristal de leurs eaux, et à Bielsa, où il entre en tombant tout-à-coup par cascades pittoresques et tonnantes, on ne devine plus que c'est de l'eau de glace.

Retournons-nous une dernière fois, pour voir la froide coupole du Mont-Perdu, derrière lequel le soleil disparu allume encore le ciel, et darde ses feux en éventail jusqu'au zénith. Voici la nuit: nous traversons un premier petit village, et cinq minutes après, un sentier rocailleux nous mène, en descendant, à *Bielsa* même (10 heures de Gavarnie). L'auberge (*Antonio Vidaillet*) se trouve sur la *Plaza Major*, à gauche; elle est passable: car on y trouve des truites, des œufs et deux assez bons lits.

Comme ici je retrouve mon journal, je lui laisse la parole.

Il s'agit de monter sur le pic Cotieilla, par le côté Nord-Ouest cette fois, et de coucher quelque part, ce soir, sur le versant Nord-Est. Nous partons. Passage sur la rive droite de la Cinca ; pont de bois et *péage*. Descente très-douce dans une gorge très-étroite, pleine de buis. Route de cheval, d'un rouge de brique. Direction Sud-Est. Chaleur presque tropicale. Au bout de 45 minutes, autre pont de bois : passons sur la rive gauche. La gorge, qui est toute calcaire, avec forêts de buis partout, s'infléchit graduellement vers le Sud. A un quart-d'heure du second pont de bois, en voici un troisième : reprenons la rive droite. Descente pierreuse ; poussière.

Enfin, à 7 ou 8 kilomètres Sud-Sud-Est de Bielsa, après s'être abaissé de 4 ou 500 mètres, on voit la gorge s'ouvrir soudain en un bassin triangulaire, où apparaissent des champs de blé, de pommes de terre et quelques cabanes. Elle se bifurque ici, la vallée principale continuant à descendre au Midi, et une branche latérale s'ouvrant et s'élevant à gauche, à l'E.-S.-E, où des sommets brûlés, nus et sauvages dessinent vaguement leur silhouette grise sur un azur brûlant. C'est bien le Cotieilla, mais pas la cime : elle est derrière, à une demi-journée d'ici.

Repassons le torrent sur une vieille arche en pierre, et commençons à remonter sur la rive droite de l'autre torrent, qui vient à nous de l'E.-S.-E. et de *Saravillo*.

Rude et brûlante montée, quoique le sentier soit bon. Toutes ces montagnes (très-peu connues d'ailleurs) sont calcinées. On ne voit que du buis, de la terre jaune et des cailloux, et le monstre chauve du Cotieilla paraît grandir à mesure que nous en approchons. Sont-ce vraiment là les Pyrénées ou des montagnes de l'Arabie ?

Mais la lavandre nous rappelle où nous sommes. Voici *Saravillo*, tout au fond de la gorge. Ordinairement, on continue à gravir la rive droite, pour passer le torrent sur un pont à l'entrée du village ; mais ce pont est détruit, et à 3 kilom. en aval, nous traversons au gué le torrent qui bouillonne, pour monter roide encore sur la rive gauche. La terre brûle sous nos pieds, et nous ne disons mot.

Quel est ce col si large et si caractéristique qui s'ouvre au loin dans l'Est, derrière une gorge sombre et lugubre ? C'est le col de *Saoun* (?).

A 3 heures de Bielsa, nous entrons à *Saravillo*, hameau situé à la base même et au N.-O. du Cotieilla, qui l'écrase de sa masse. Excellente source et auberge supportable : œufs et truites, dont nous faisons une immense provision. (Les truites froides sont exquises. — *Casa de Baïla*.)

Noyers, pommiers, cerisiers et sapins donnent un peu d'ombre. Mais ce n'est qu'un instant. Nous commençons maintenant au Sud une ascension tellement torride, qu'une salamandre y renoncerait. Plus d'ombre... car de buis ne compte pas : les roches calcaires ont un air misérable, comme si la terre elle-même mourait de soif. Il est midi, et jusqu'à demain soir, nous ne trouverons littéralement pas une goutte d'eau. Il n'y a qu'une ou deux sources qui coulent toujours, dans cette immense région du Cotieilla, une des plus vastes montagnes des Pyrénées, puisqu'elle couvre sept communes : il faut y emporter de l'eau.

Au bout d'une heure un quart, nous arrivons à un col singulier, haut d'environ 1900 mètres, excessivement ouvert et exposé, espèce de *selle* dont le massif du Cotieilla à l'Est, et des sommets aussi brûlés, à l'Ouest, formeraient le pommeau et l'arrière. Buis partout; quelques sapins à l'Est, sous lesquels coule parfois une source précieuse comme l'or; nous croyons même l'entendre... mais non, c'est le simoun qui passe en soupirant dans les feuilles de sapins : la source n'est plus... elle a brûlé.

Nous montons au Sud-Est, sur la gauche, en traversant ce petit bois de pins, derrière lesquels s'en élèvent d'autres, mais clair-semés, et d'une toute autre espèce; ils sont énormes, brisés, caduques, vieux comme Mathusalem. Au-dessus d'eux et autour d'eux, le calcaire nu forme un désert qui monte à un grand col aride, espèce de porte aux côtés verticaux; c'est là notre route. Nous grimpons au Sud-Est, la bouche en feu, voyant le Mont-Perdu à l'O N O, et plus à droite, l'Arbizon.

Le pic *Suelsa* et le *Posets* se dressent dans le N E en masses énormes. Mais au-delà du col ou brèche calcaire (S E), le monde se ferme pour nous. Nous enfilons un ravin large et à pentes douces, qui s'évase graduellement à un quart-d'heure plus haut, et fait place au désert, désert dans l'acceptation la plus réelle et littérale du mot. Nous sommes sur la limite Nord-Ouest d'un plateau où tiendrait tout Paris, et dont l'ensemble s'élève doucement de l'O N O à l'E S E, où, à 4 kilomètres en droite ligne, s'élève lugubrement un cône un peu tronqué, couleur de cendre, avec une plaque de neige à droite. C'est le sommet du *Cotieilla*, pic sans pareil dans toute la chaîne des Pyrénées, et entouré de Saharas. Cet horizon de pierres, où l'on chercherait en vain un gros rocher ou l'arbrisseau le plus microscopique, a l'air uni; mais, en réalité, il est tout découpé par des ravins plus ou moins parallèles, comme l'Océan dans une tempête; et comme la profondeur de ces ravins va quelquefois jusqu'à 40 ou 50 mètres, on triple au moins la route directe pour arriver. C'est un pays vraiment maudit. La voix du vent lui-même a quelque chose de sombre, sur ces plateaux inhabitables et monotones où un chameau pourrait mourir de soif, et qui doivent ressembler aux déserts tourmentés de la lune. L'effroi y règne partout.

Enfin, pour achever de nous décourager, le jour baissait, et il était maintenant parfaitement sûr que nous serions forcés de passer toute la nuit sur le sommet du Cotieilla, à 3,000 mètres.

Toutefois, la grande chaleur était finie ; il faisait presque frais, et nous pûmes arriver, avant la fin du jour, au solitaire amas de neige qui, une semaine plus tard, n'existerait sans doute plus. Nous en fîmes fondre dans le vin de nos outres : nous prîmes courage, et juste avant la nuit, c'est-à-dire à huit heures, nous mîmes le pied sur le sommet, où je trouvai intacte la solide pyramide où j'avais ajouté quelques pierres à mon premier passage.

M. Lequeutre était sans sac ; les deux Passet n'avaient guère que leur veste : on devinera par quelles souffrances ils durent passer pendant cette nuit glaciale, sans feu et sans le moindre abri. Moi-même, enterré vif au fond de mon sac en peaux de mouton, je ne pus fermer l'œil : mais mes trois compagnons ayant le caractère, sinon le corps, à toute épreuve, ne firent que rire de leurs misères, et nous oubliâmes presque la hauteur du bivouac (3000 mètres ou même plus). Qui nous eût dit alors que, vingt-quatre heures après, nos trouble-fêtes seraient des assassins ?

Le lever du soleil fut quelque chose de merveilleux. Cette fois, je vis tout le panorama du Cotieilla sans un seul nuage, depuis les humbles pics du Pays Basque, jusqu'aux cimes de l'Andorre ; et au midi, on découvrait, comme sur une carte d'Espagne, assez de plaines pour en faire un royaume. Les jeux de la lumière sur cet ensemble presqu'infini de pics, de glaces, de collines, de rivières argentées, de plaines encore dans l'ombre, pendant que le Néthou et mille autres cimes rougissaient au soleil ; tout cela, je le crois sincèrement, ne peut pas plus se décrire que se peindre, et j'y renonce.

Lequeutre et moi, dès qu'un rayon vint dorer et chauffer le cône aride et dur qui nous avait servi de lit, nous nous tournâmes à l'Est, comme des Mahométans faisant face à La Mecque, et nous dormîmes assis pendant une heure : on aurait dit deux naufragés ou deux momies. De leur côté, Henri et Célestin ronflèrent bienheureusement jusqu'à huit heures.

Mais, abrégeons notre narration. Ayant déjà décrit mon ascension au Cotieilla par le Nord-Est et les grandes vagues de pierre du cirque étrange de l'Armenia, j'en épargne au lecteur la relation en sens inverse. Disons seulement un mot du *Papaver pyrenaïcum*, que je suis sûr d'avoir trouvé en abondance, la première fois, près de la cime (côté N. O.), et dont je ne trouvai plus trace à mon retour. C'était sans doute trop tard (juillet). Mais il y avait quelques touffes de jolies fleurs au même endroit, dont M. Lequeutre, mieux que moi, saura fixer le nom ; et dans les creux calcaires de l'*Armenia* (N. E. du pic), c'était un vrai jardin de plantes alpines, surtout de *gnaphallium leontopodium*. On ne saurait imaginer combien ces fleurs aux mille couleurs, si jeunes et si variées, j'allais dire si heureuses, faisaient d'effet dans une région aussi atroce, et où, pendant six mois au moins, jamais la moindre petite goutte d'eau ne vient perler la terre.

Nous avions tellement soif en arrivant à l'*abri* d'Armenia, que nous pouvions à peine parler. Mais il y a là, dans un ravin tout vert, à l'Est, une source mille fois meilleure que tous les vins du monde, et dont nous bûmes litre sur litre, sans nous faire aucun mal : la bonne eau est toujours innocente.

N'oublions pas de signaler les points que je relevai du haut du Cotieilla. Saravillo (N. O.) et Bielsa (N. N. O.) ne peuvent se voir, mais c'est là qu'ils se trouvent. A l'O. N. O., c'est le *Taillon*, le versant Sud du *Cirque de Gavarnie* et la *Munia*; au Nord, c'est l'*Arbizon*, et un peu plus à gauche les deux pics espagnols de *Suelsa* et *Fulsa*, presque jumeaux (3,000 mètres?).

Le colosse tout entier du *Posets* est au N. E. 15° N. C'est magnifique.

Le *Néthou*, *Malibierne*, etc., forment presqu'une chaîne à l'E. 15° N., et le *Perdighero* apparaît au N. E. Enfin, le *Montarto* se dresse au loin à l'Est, comme une scie de granit, et le *Turbon*, aride et solitaire, est au S E. Toute l'autre moitié de l'horizon ressemble à l'Océan : c'est une plaine infinie, que l'on domine de 2,500 mètres environ. Quelle descente !

Harassés par le manque de sommeil, nous nous hâtâmes de quitter l'Armenia, pour arriver, avant la nuit, dans une forêt de sapins, située beaucoup plus bas, près du col *Coronas* (N. E. du Cotieilla, et à l'Est des villages de *Gistain*. — Voir mon *Guide*.)

En descendant au col, deux Espagnols de mauvaise mine nous accostèrent et nous demandèrent qui nous étions. Je ne répondis pas ; mais il paraît qu'ils nous suivirent de loin, bien que je ne les vis plus. Au col, il ne nous restait plus assez de jour pour descendre sur la gauche jusqu'à *Plan de Gisiain*, situé à une bonne lieue plus bas ; et comme, d'ailleurs, c'était nous détourner beaucoup, pour la journée du lendemain, de la route de Vénasque, je proposai d'aller passer la nuit dans une cabane abandonnée, sur une clairière en pleine forêt, où, avec Francisco, j'avais déjà dormi une fois. L'avis fut trouvé bon et adopté : je pris donc les devants, pour retrouver ma chère cabane, dont je ne cessais pas de chanter les merveilles, de célébrer le site et le confort, avec son entourage grandiose de vieux sapins, le Mont-Perdu à l'horizon, et la pleine lune qui viendrait, vers dix heures, verser sur nous ses poétiques rayons.

Après bien des détours, je reconnus un grand ravin pierreux, qui descendait à l'ouest de la clairière, et un instant après, apparut la cabane. « La voilà ! » m'écriai-je, et, je l'avoue, j'étais bien fier. Mais là aussi, comme sur le Cotieilla, l'eau manque, et notre vin était bu. Comment faire pour dîner ? Il n'y avait rien pour se mouiller la bouche, qu'un trou bourbeux, une espèce de cuvette naturelle où croupissait un dégoûtant mélange de boue et d'eau tout-à-fait impotable.

Nous y faisions des expériences, quand un de nous eut l'idée d'appeler à notre secours un berger espagnol avec lequel nous venions, en passant, d'échanger un bonsoir. Il arriva bientôt, et consentit à s'en aller à marches forcées à Plan, nous acheter cinq litres de vin, moyennant un pourboire de 2 fr. Mais, comme c'était en tout, aller et retour, une course d'au moins dix kilomètres, la nuit, et par des chemins abominables, nous prîmes patience, nous résignant à ne pas dîner jusqu'à dix heures au moins. Alors nous allumâmes un feu superbe, dont les reflets se promenaient capricieusement sur l'ombre impénétrable des pins qui formaient une ceinture mystérieuse autour de la clairière. Bientôt la lune parut comme un globe d'or derrière ces vieux sapins et dora la pelouse. C'était magique, et habitué comme je le suis à ces belles scènes nocturnes dans la montagne, jamais la poésie ne m'en avait semblé si grande. Tous les quatre, nous étions dans l'extase.

Mais tout-à-coup, comme nous causions, le grand silence des bois fut violemment rompu par des craquements dans les branches mortes gisant à terre : je tressaillis... j'étais sûr de reconnaître le bruit de pas d'hommes cherchant à se glisser dans l'ombre. Cependant, nos deux guides m'affirmant que ce n'était qu'un ours ou même un loup, je tâchai de ne plus y penser.

En attendant, pas de berger. Voici dix heures, onze heures .. personne. Enfin, un peu avant minuit, il arriva tout essoufflé, avec cinq litres de vin ; et comme je lui donnai deux francs, il me rendit cinq sous, disant que c'était trop. Evidemment, c'était l'honnêteté même que ce berger ; son voisinage n'avait certainement rien de périlleux.

Nous dînâmes donc, à la lueur de notre feu, et j'eus même un instant l'idée de m'établir dehors, sur la pelouse ; pour le reste de la nuit, tant elle était tranquille et douce (hauteur 1,800 mètres?) Mais un petit zéphyr s'étant levé, je me décidai, ainsi que mon ami Lequeutre, à m'abriter dans la cabane, où nous nous endormîmes à minuit et demi, du pacifique sommeil des montagnards, Henri et Célestin Passet couchant dehors, près d'un feu gigantesque.

Une demi-heure après, je me sentis saisir violemment par le bras : Célestin était là, tout bouleversé, et à ses gestes, je devinai à l'instant quelque chose de terrible. « Monsieur Russell, sortez, » dit-il d'une voix dont l'émotion ne sortira jamais de ma mémoire. « Il y a quatre Espagnols devant la porte, avec de « grands poignards, une hache et un fusil, et ils « veulent vous parler..... »

Je l'avoue, tout mon sang s'arrêta ; mais je cherchai à paraître calme, et en recommandant mon âme à Dieu, je sortis à l'instant.

Lequeutre était déjà dehors, debout et adossé à la cabane, devant laquelle se tenaient, en effet, à une dizaine de mètres de nous, quatre hommes ayant l'air de sauvages, l'un derrière l'autre, ne disant mot, ne bougeant pas, et attendant ce que nous allions faire. Hélas ! la position était critique. Que faire sans armes, contre quatre bandits, hérissés de couteaux, avec la perspective d'en voir dix ou vingt autres sortir du bois au moindre appel ? Ils en parlent à leur aise, ceux qui suggèrent en pareil cas une charge, non à la baïonnette, mais au bâton ferré ! Je voudrais les y voir.

Je fis de la diplomatie. Préparant tous mes muscles à une fuite vertigineuse et instantanée, s'il le fallait absolument, je n'en laissai rien paraître, et m'adressant aux quatre brigands, en les traitant comme d'honnêtes gens sur la défensive, je leur offris des provisions, et leur promis de les indemniser le lendemain pour la cabane si elle était à eux, leur assurant que nous n'avions pas cru violer leur domicile. Je ne sais s'ils comprirent mon mauvais espagnol : mais, au lieu de répondre, l'un d'eux nous coucha en joue, fit feu sur nous à quelques pas, et j'entendis siffler la balle entre Lequeutre et son guide.

A l'instant même, on le devine, nous disparûmes

comme par miracle ; en une seconde, je me lançai au fond de la cabane pour sauver mon petit havre-sac : je le saisis convulsivement, et laissant là souliers, bâton ferré, sac à dormir et gourde, je traversai toute la clairière dans sa longueur, comme une flèche ou une bombe, avec la lune en son plein sur mon dos et entendant recharger le fusil derrière moi.

Tout cela se fit si vîte, qu'aucun de nous ne vit où allait l'autre : quant à moi, je fis un kilomètre au moins en deux ou trois minutes; je me précipitai, à l'ouest, sous les sapins qui descendent vers *Gistain;* mais à chaque bond, sur ces pentes plus que roides, je détachais des cascades de cailloux, dont le bruit réveillait à une lieue à la ronde les mille échos de ces sauvages montagnes. D'ailleurs, le bruit de mes poumons aurait suffi pour me trahir bien loin. Aussi, je me couchai à l'ombre d'un noir sapin, où les ténèbres étaient d'autant plus grandes que les rayons de la pleine lune éclairaient mieux les environs; mais craignant de n'être pas assez loin, je me glissai comme un serpent pendant une heure, de sapin en sapin; enfin, j'en trouvai un si sombre, que je m'y installai pour tout de bon, avec mes pieds appuyés contre un autre, pour éviter de rouler dans l'abîme.

Là, je me crus en sûreté ; mais, rassuré un peu moi-même, mon cœur saignait et frissonnait pour les trois autres, peut-être pris dans leur fuite, et sans doute massacrés. Quelle nuit et quelles angoisses! Un siècle entier ne m'en ferait pas oublier une seconde. Accablé cependant de sommeil après la nuit du Cotieilla, je faillis m'endormir, et déjà, malgré moi, ma tête tombait sur ma poitrine, quand soudain j'entendis la forêt résonner de toutes parts de hurlements sauvages et de plus en plus proches. C'en était fait. Je ne pouvais conclure qu'une chose : c'est que mes camarades avaient été assassinés, et que maintenant c'était mon tour. Fallait-il fuir encore, et me fier uniquement à mes jambes, ou rester là comme une statue ? Je restai. En moins de cinq minutes, je fus cerné par une troupe de bandits, dont je ne puis dire le nombre ; mais si j'en juge par le concert de vociférations et de jurons qui m'entourait, ils devaient bien être une douzaine. Ils s'avançaient évidemment avec colère, frappant par terre avec de gros bâtons, et hurlant à tue-tête ; et quelquefois ils approchèrent si près, que si j'avais toussé, j'étais perdu. Enfin, les premières lueurs du jour me délivrèrent : toute la forêt rentra dans le silence, et sortant à grand'peine de ces ravins pierreux et presqu'à pic, je m'élançai hors de mon bois à toutes jambes, descendant vers El Plan de Gistain, la fièvre au cœur et au cerveau, croyant mes pauvres amis ou égorgés, ou dispersés dans ce dédale de pics, les plus déserts des Pyrénées, où ils pourraient errer pendant huit jours, sans rencontrer un seul visage ami ou même humain.

Entrant à Plan, à six heures du matin, absolument brisé par l'émotion et la fatigue, je fis lever l'alcalde et les « carabiniers » (douaniers), qui m'envoyèrent le plus solide marcheur du lieu ; et quelques minutes après, cet homme partait pour la fatale cabane, pendant que moi, ne pouvant plus me tenir debout, après quarante-huit heures presque sans sommeil, j'entrais, non pour dormir mais pour ne pas tomber, à la *Casa del Sol*. On devinera combien ces heures d'attente furent douloureuses.

Passant à chaque instant, de mon lit à la fenêtre,

où le soleil et les oiseaux cherchaient à m'égayer, je parcourais d'un œil inquiet le lit à sec du ravin désolé, qui s'élevait à l'est vers la forêt maintenant tragique de *Coronas*, m'attendant à toute heure à en voir déboucher une procession funèbre et les dépouilles sans vie de mes trois compagnons.

Mais Dieu nous sauva tous. A huit heures, j'aperçus quatre points noirs qui remuaient : c'étaient bien eux, avec l'Aragonais en tête, et un quart d'heure après, nous étions réunis sains et saufs dans la cour de l'auberge.

Hélas ! le pauvre Lequeutre, bien que vivant encore, n'avait pas eu le même sort que nous. Saisi sur la clairière, après le coup de fusil qu'on avait tiré sur nous, on l'avait terrassé, couché encore en joue, et lui plantant deux grandes lames de poignard sur le cœur, on lui avait volé sa bourse, sa montre, ses bagues, enfin toutes ses valeurs. Une fois bien dépouillé, et conservant le plus imperturbable sang-froid, il demanda qu'on lui rendît différentes choses, et il obtint une chemise de flanelle, ainsi que du tabac pour faire une cigarette, qu'il alluma ! Bien plus, vaincu par le sommeil, il retourna dans la cabane et s'endormit !

Pendant ce temps, les brigands, qui étaient sept maintenant, et affirmaient qu'il y en avait une trentaine d'autres dans la forêt (c'étaient peut-être ceux-là qui m'avaient poursuivi et cerné), se mirent à la recherche des deux guides disparus. Ils en voulaient surtout à ma sacoche, la *maletta*, comme ils l'appelaient, s'imaginant sans doute que j'étais un carliste, cherchant à faire passer un vaste trésor en France. Aussi, quand ils trouvèrent Henri Passet, qui, caché pendant près de deux heures dans les branches d'un sapin, eut la fatale idée d'en descendre trop tôt, ils se précipitèrent sur lui avec fureur, lui demandant ma *maletta* sous peine de mort, et pour l'épouvanter, un homme de grande stature et noir lui prit la tête, et lui mit sur la nuque le tranchant de sa hache. Le pauvre Henri, malgré sa force et son courage, dut se rendre. On lui vola sa montre; mais un autre, plus humain, la lui fit restituer. Alors, Lequeutre évacuant la cabane, tous ces sauvages s'armèrent de pierres énormes, et en brisèrent le toit sous un déluge de projectiles, pour être bien sûrs que si j'étais caché dessous, je n'en sortirais pas vivant. Le jour seul les fit fuir, et c'est dans ce moment qu'arriva sur les lieux l'Aragonais que j'avais fait monter de Plan. Alors aussi reparut Célestin, qui avait, comme moi, passé la nuit dans la forêt sans y être pris; mais, perdu dans ces gorges qu'il ne connaissait pas, il était revenu, avec le jour, à la cabane.

Telle fut notre aventure, que je m'excuse d'avoir tant détaillée.

Au Plan, nous dûmes rester deux jours, presque constamment à la mairie, où nos dépositions furent écoutées avec le plus grand soin, écrites et recopiées. On arrêta une vingtaine d'hommes suspects; mais comme nous n'en reconnûmes aucun, on les relâcha tous. Il faut admettre que Don Pedro, le respectable alcalde de Gistain, et son gendre, maire de Plan, firent leur devoir et plus, pour nous servir et nous venger. Mais la justice, comme tout le reste, est bien lente en Espagne. Chez les gens du pays, l'indignation était universelle, et jamais je n'ai vu de sympathie plus vraie. Nous fûmes aussi profondément touchés de voir le soir, à la *Casa del Sol*, une foule émue de paysans français employés là aux mines, qui vinrent nous supplier de disposer de tout ce qu'ils avaient, même de leur bourse, et M. Cordurier, ingénieur de ces mines, me donna son chapeau à mon arrivée nu-tête à Plan. (*)

Enfin, c'est encore mon devoir de dire du bien de la *Casa del Sol*, dont le propriétaire, ex-cuirassier, et sa jeune femme, surent nous prouver ce dont je ne me serais jamais douté : c'est que dans un petit hameau d'Espagne, au cœur des Pyrénées, on peut vraiment faire d'excellents dîners, boire du thé (indigène), coucher dans des lits propres, payer très peu en s'en allant et laisser un regret.

Assez, maintenant, de détails personnels, et revenons à la nature. Nous allions à Luchon par Vénasque, course énorme en un jour, mais très facile en deux. On nous fit prendre à Plan quelques carabiniers armés, et avec deux mulets, nous partîmes pour Vénasque, par le *Port de Saoun*.

Ce col est très-facile pour les mulets, mais difficile à cheval.

La vue est très grandiose : le Cotieilla, le Mont-Perdu et le Néthou y font trois admirables figures, sans compter le *Posets* qui est là tout près au Nord.

Déjeunant chez *Juan*, à Vénasque (cinq heures de Plan), nous couchâmes à l'auberge du port même, à cinq minutes de la frontière, et le lendemain matin, nous étions à Luchon, où je ne suis jamais entré avec tant de plaisir.

(*) Tous nos bandits furent bientôt pris et sévèrement châtiés.

BIARRITZ, ET ASCENSION DU GRAND-VIGNEMALE
PAR LE CERBILLONAS.

Bien qu'il soit au niveau de la mer, j'ai un faible pour Biarritz, surtout pendant l'hiver, lorsqu'il devient modeste, et que les vanités et les grandeurs humaines ne le défigurent plus. Que fait à la nature le nom des hommes ou leur costume ? Aucun astre ne s'éclipse à la chûte d'un empire, et sur les plages où s'agitaient naguère les destinées des peuples, la lame enlève en quelques heures la trace des potentats.

Le véritable hiver du Nord, brumeux et sombre, est inconnu dans ces heureux parages, où le soleil, dardant ses rayons d'or sur des plages vaporeuses, donne à toute la nature, même au mois de janvier, des reflets africains. On se croirait souvent en plein été, si on ne voyait pas ces vagues énormes qui, nées sans doute dans les fureurs lointaines de l'Atlantique, à des centaines de lieues des côtes, roulent sans cause apparente du Sud-Ouest, sous le plus beau soleil, sans aucun vent, et s'écroulent pesamment sur le sable du rivage avec une majesté incomparable. Ces lames phénoménales, hautes de douze à quinze mètres, et séparées les unes des autres par de larges vallons d'eau où règne le plus grand calme, ressemblent vraiment à des collines. Quand elles se brisent, elles font trembler la côte, qui disparaît sous un enfer d'écume.

Mais le plus beau moment, c'est celui où elles vont déferler. Elles ont l'air d'hésiter, elles chancellent un instant, puis se hérissent verticalement, comme des précipices d'eau : enfin leur sommet crève avec d'épouvantables détonations. Souvent alors une petite brise de l'Est en saisissant l'écume, la rejette en arrière comme une crinière de neige où se joue un instant l'arc-en-ciel : et bientôt sur la plage, on ne voit plus pendant plusieurs secondes qu'une plaine furieuse, bouillante, glissant vers les falaises avec une force incalculable, et la blancheur des Alpes. Et quel fracas ! Les chûtes de Niagara ne font pas plus de bruit.

C'est près du phare qu'on voit le mieux cet effrayant spectacle. Il est si bien placé pour cela ! Dressé au bout d'un promontoire en face de l'Infini, dominant seul l'immensité des flots, il se profile en blanc, comme une colonne de neige, sur l'azur sans limites de la mer et du ciel. La vue est magnifique, car elle s'étend, sur une longueur de 200 kilomètres, depuis les humbles collines de *Bilbao*, qui meurent à l'horizon dans l'Océan, jusqu'au *Pic du Midi de Bigorre !* A droite, au nord, un Sahara de sables bordé d'écume et de sapins, va en ligne droite à Arcachon. A l'Est, à une centaine de kilomètres, les Pyrénées ondulent comme des vagues blanches ; enfin à l'Ouest, le regard et l'imagination se perdent vers l'Amérique, dans l'infini des eaux.

Mais ce qui frappe le plus, c'est la hauteur inouïe des lames, et leur puissance. C'est au phare de Biarritz qu'on voit la plus grande houle du monde. N'importe où l'on se place, fût-ce à trente mètres au-dessus du niveau de la mer, quand on voit venir à soi ces formidables et silencieuses murailles liquides, quand elles se dressent à pic sur une longueur d'un kilomètre, oscillent, et puis éclatent soudain par le sommet, trois ou quatre à la fois, avec le bruit d'une canonnade, pour foudroyer enfin le promontoire et l'engloutir, il y a de quoi frémir, et on ne comprend pas que la colline entière ne soit pas emportée.

Pendant l'automne de 1870, j'allais souvent au phare, pour voir rouler toute la journée ces majestueuses masses d'eau. Elles me magnétisaient. Et cependant, je descendais des Pyrénées! J'étais ingrat!..... Trois mois auparavant, j'étais sur le *Vignemale*, l'ayant escaladé cette fois par le *Cerbillonas*. Comme l'ascension se fait rarement par ce côté, racontons-la. Nous reviendrons ensuite à l'Océan.

Cette course consiste, en somme, à prendre le Vignemale en écharpe, et à en contourner (en s'élevant graduellement des *Oulettes* de *Splumousse*) toute la partie Sud-Ouest, pour déboucher enfin par le midi, sur le glacier de Montferrand, à son origine même, là où il forme en s'évasant ce vaste et magnifique plateau de neiges, autour duquel se dressent, comme des écueils polaires, toutes les cîmes du Vignemale.

Je pris le guide Sarettes, et nous allâmes coucher dans la seconde moitié de Juin, non pas au lac de Gaube, où l'on a l'air de croire que la hauteur (1789 mètres) au-dessus de la mer justifie celle des prix *ad libitum*, mais dans une des cabanes de *Splumouse*, à 2,200 mètres environ. La nuit fut belle, calme et peu froide. Jamais je n'avais vu de vers luisants à ces hauteurs ; mais ils brillaient sur les rochers comme des étoiles ou des diamants. Une brume légère nous séparait des régions subalpines endormies sous nos pieds, où tonnait sourdement la cascade de Splumouse : mais en levant la tête, on voyait l'azur sombre et limpide du ciel pyrénéen, illuminé par mille constellations. Il n'y avait rien à craindre pour le lendemain, et nous dormines tranquilles. L'aurore trouva notre cabane vide, car c'est à peine si le soleil nous devança sur le *Col des Mulets*, où l'on entre en Espagne, laissant à droite les flancs arides de l'*Aratille*, et à gauche, la crête épouvantable qui monte, en se rétrécissant toujours, au sommet du Vignemale. Au-delà du col, il ne faut ni descendre ni monter, mais obliquer à gauche et horizontalement, sur des talus faciles de pierres, où paraissent çà et là des îlots de verdure (2,500 mètres). En moins de vingt minutes, on se trouve en face d'un large ravin qui, d'un seul jet, s'élève à gauche jusqu'à la cîme du Grand-Vignemale, mais en disparaissant sous un glacier uni comme une cuirasse, et dont l'inclinaison est si terrible, que chaque pierre détachée qui glisse à sa surface, y fait en quelques secondes une ride de huit cents mètres. C'est le *Clot de la Hount*, où mon ami Frossard s'est mis un jour en perdition.

Comme je tiens à la vie et à ne la risquer que quand c'est nécessaire, je continuai ma route avec Sarrettes, vers le *Cerbillonas*, dont la bizarre et colossale muraille semblait tellement à pic, que, malgré l'assurance de mon guide, qui m'affirmait l'avoir escaladée souvent, j'aurais tremblé pour un isard en l'y voyant passer. Pour un bipède, l'idée de monter là paraît absurde, tant qu'on ne voit que d'un peu loin ces précipices de stratifications schisteuses, sans pouvoir distinguer les ravins qui les coupent, et les corniches ou les saillies de toute espèce qui dessinent sur ces pentes, en apparence inabordables, leurs capricieuses petites terrasses. Il faut si peu de chose pour porter l'homme ou le laisser passer, que l'œil, même de très-près, s'y trompe toujours.

J'invite les géologues à venir étudier les couches schisteuses de cette falaise *Cerbillonas*, qui a un millier de mètres de haut. Eux seuls pourront peut-être nous expliquer quel cataclysme a jamais pu tourner et retourner ces longues assises de pierre en forme de cercles, ou de serpents boas morts dans des convulsions atroces.

Ne pouvant le comprendre, je descendis au fond du grand ravin cité plus haut (*Clot de la Hount*), pour me désaltérer dans un semblant de source, qui n'est, comme tant d'autres sources, qu'un suintement de glacier, et là, nous attaquâmes immédiatement les pentes Cerbillonas.

Elles sont très-roides, mais ne deviennent jamais dangereuses. Ce qui rend cette montée accablante, c'est qu'on enfonce jusqu'à la cheville dans des cailloux roulants, qui à chaque pas se détachent par milliers, vous entraînent, et dans leur chûte désagrègent des ravins tout entiers, où il se forme de vraies cascades de pierres. Toutefois, c'est là un très-petit inconvénient, et pourvu qu'on ait soin de bien laisser à gauche les roches perfides et presque à pic du *Clot de la Hount*, on arrivera sans trop de peine au rebord supérieur de cette immense paroi, qu'il faut près de deux heures pour gravir. Là, je croyais trouver certain petit glacier en forme de réservoir, décrit je ne sais plus dans quel *Guide* (et hélas! d'après lui, dans le mien!); mais il n'existe pas. On voit à gauche, à 300 mètres au-dessus de soi, une ou deux échancrures par où déborde un coin du glacier Montferrand, autrement tout-à-fait invisible. Et de là haut descend, de gauche à droite (le long d'un précipice qui est peut-être le plus immense des Pyrénées), un périlleux ravin de neige. A la fin de l'été cette neige s'en va, et il devient facile; mais autrement, il faut absolument une hache pour y tailler des marches, bien qu'il n'ait pas vingt mètres de large. D'ici, une demi-heure de rude montée à gauche vous place sur le glacier connu du Montferrand.

On se trouve là, à 3,200 mètres, sur une espèce de lac de neige houleuse, où la lumière et la chaleur s'engouffrent comme au fond d'un cratère. Il n'y a pas de crevasses ; on peut courir sans s'effondrer nulle part : le calme de ces régions, où l'homme, y revînt-il vingt fois, ne passe en somme que quelques heures par an, a quelque chose de menaçant, par ce qu'on sait qu'il n'est pas naturel. Aussi, quand une pierre tombe sur le glacier des pics sinistres qui l'entourent aux trois-quarts, on tressaille un instant, comme si un mort avait parlé. Le mot « silence » n'a pas de sens pour l'habitant des plaines.

Nous fûmes presque calcinés en traversant du sud au nord ce cirque horizontal de neiges, ce réservoir merveilleusement et toujours blanc, d'où tombe à l'est, en formant des chaos de crevasses et d'aiguilles, le vaste glacier de Montferrand. Jamais je n'avais eu si chaud à une pareille hauteur. Mon thermomètre, enseveli au Nord sous les rochers, ne voulut pas descendre au-dessous de 22° centigrades !

Je ne quittai la cime qu'après avoir remis dans la bouteille tous les billets volés, que j'avais remontés de Cauterets. Il y en avait au moins une quarantaine, entr'autres ceux du Duc de Nemours et du Prince de la Moskowa, qui s'y trouvaient, le premier depuis 1846, et le second depuis le mois d'Août 1838 ! On avait tout volé.

Rien qui mérite d'être signalé dans notre retour, sauf la descente du grand glacier d'Ossouë, que nous avions tout lieu de croire encore couvert de neige et sans danger, car nous n'étions qu'au mois de Juin. Aussi, nous n'avions pas de corde. Mais il avait si peu neigé pendant l'hiver de 1870, qu'à notre stupeur, nous trouvâmes le glacier entièrement dénudé, et déchiré dans tous les sens par d'effrayantes crevasses, comme au mois de septembre. Jamais la corde n'aurait été plus nécessaire, et je n'exagère pas, en disant que Dieu seul nous sauva d'un désastre au milieu de ces gouffres, où nous errâmes pendant une heure au moins, croyant sombrer et disparaître ensemble à tout moment, dans les crevasses étroites que recouvrait encore une légère couche de neige. Les grandes se voyaient bien, et pouvaient s'éviter.

Enfin, nous « débarquâmes » sans accident.

C'était ma quatrième ascension au Vignemale, d'où je revins cette fois à Cauterets par le val de *Lutour*, en traversant du Sud au Nord un col très-haut et très-neigeux (col d'*Estoum-Soubiron*). De là, une immense nappe de glace (visible de Lourdes) nous fit descendre aux bords stériles des deux lacs de ce nom.

Au mois d'octobre, je revins, comme toujours, à Biarritz et au phare.

Que d'heures j'ai passées là dans la contemplation! J'aimais déjà cet aride promontoire, à l'âge trois fois heureux où les yeux sont plus clairs que l'aurore...... Combien de fois j'y suis revenu depuis, à l'âge où l'on voudrait pleurer, sans le pouvoir ou sans l'oser! Oh! que de larmes il y a dans l'homme! Mais un étrange attrait nous enchaîne malgré nous aux lieux où nous avons souffert. Nous les aimons, nous y restons, nous y revenons sans cesse, et plus un site est désolé, plus il nous charme quand nous le sommes nous-mêmes. Quand nous souffrons, le matin nous plaît moins que le soir, et le printemps moins que l'automne. Nous revoyons avec amour le berceau de nos songes évanouis : et dans la paix qui nous inonde alors, il y a comme une leçon divine ; car elle nous avertit que la douleur est naturelle à l'homme, et le bonheur un accident.

PIC DU MIDI D'OSSAU (2885 MÈTRES).

Je n'ai fait que trois fois l'ascension de ce pic. La vue en est assez bornée, bien qu'on puisse voir parfois la mer, éloignée de 120 kilomètres au nord-ouest. Il est d'ailleurs bien plus facile qu'il n'en a l'air, et plusieurs dames y sont montées. Mais il est fantastique, solitaire, menaçant, et son profil est plein de majesté : il a sans contredit quelque chose qui attire. Pour ces diverses raisons, j'en dirai quelques mots. Mon éminent, mais trop modeste ami, le comte de Bouillé (*Jam*) a si bien étudié, analysé, décrit et dessiné cette montagne excentrique, qu'il est devenu tout-à-fait inutile, pour ne pas dire impertinent, d'en parler après lui. Aussi j'espère qu'il ne lira jamais ces lignes. M. Baysselance, géologue émérite et ingénieur de la marine, a aussi fait l'étude la plus approfondie du groupe gracieux et imposant des monts d'Ossau, où le Pic du Midi domine tout, avec une dignité mélancolique et des contours sauvages. Mais quiconque a la moindre expérience des montagnes y montera seul et sans se perdre, ne l'eût-il jamais vu.

La troisième fois que j'en fis l'ascension (en 1870), j'étais avec Loustau, l'immortel chasseur d'ours. Mais au col de Suzou, comme il soufflait une vraie tempête, le bon vieillard ne put aller plus loin. Partant donc seul pour attaquer la pyramide par l'Est, je ne trouvai ni les *cheminées*, ni les barreaux de fer de M. d'Auribeau. J'arrivai au sommet sur une ligne très au nord de la ligne habituelle, en me hissant dans des couloirs presque verticaux, et pourtant sans danger, car les rochers étaient partout durs comme du fer, et on pouvait s'y pendre en toute sécurité. Ce n'est qu'en descendant, que je trouvai les classiques *cheminées*.

Chose étrange! sur la cime, (où je trouvai deux isards endormis), j'entendis parfaitement les clochettes des moutons paissant au bord des lacs d'*Ayous*, à un millier de mètres au-dessous de mon niveau! Qu'ils sont touchants, ces bruits lointains qui nous arrivent d'en bas, surtout si c'est le soir, surtout si nous sommes seuls, dans des régions mortes ou glacées! Ce doux symbole de vie monte de la terre à nous comme un souvenir, avec la sainte mission de nous guérir de la misanthropie, et de nous attrister quand nous croyons que la nature peut nous suffire!........

S'il est utile de s'isoler parfois, il est bien doux d'entendre encore l'écho des bruits du monde, et je ne connais pas de plus grande poésie que celle-là. Au sommet du Mont-Blanc, sur le faîte solitaire et glacé de l'Europe, je me souviens des puissantes émotions que faisait naître en moi le vague murmure des eaux de l'Arve, écumant au milieu des prairies, des chaumières et des hommes, à 4000 mètres plus bas. En mer, quand un navire est seul, loin du rivage, tous les marins connaissent le charme du moindre soupir, de la moindre mélodie qui leur arrive de terre. Enfin, dans les montagnes, combien de fois me suis-je ému et recueilli jusqu'à l'extase, en entendant, sur les gracieuses collines de Bagnères-de-Bigorre, l'écho lointain des harpes, des chants d'église ou de l'Adour, à l'heure où le soleil répand sur la nature les gloires et les tristesses du soir, à l'heure où tout s'endort, excepté Dieu, la brise et les torrents!

COURSES DIVERSES.

LE MONTARTO. COL DE MOULIÈRES. PIC PÉTERNEILLE. BRAMATUERO. LE COL DE CULAOUS. LE PIC DE LA MUNIA (3,150 MÈTRES), ETC., ETC.

Le *Montarto* est une gracieuse et singulière montagne, située en Catalogne, à l'Est des Monts-Maudits. Je n'ose l'appeler un *pic*, car c'est plutôt une colossale muraille, au sommet de laquelle se dressent cinq ou six cônes d'altitudes presqu'égales. Quelle est vraiment la plus élevée de toutes ces pointes? On n'en est pas encore bien sûr. La masse totale a une hauteur moyenne de 3,000 mètres, et elle est orientée du N.-N.-O. au S.-S.-E. C'est une espèce de *scie*, ayant au moins cinq dents, toutes granitiques, et plantées dans des neiges éternelles. Rien n'est plus imposant.

Les ascensions du Montarto ont été rares. M. Charles Packe fit la première en 1867, escaladant un des pitons du côté Nord de la Sierra. Deux ans après (1869), j'en gravis une autre pointe, la plus à l'Ouest de toutes.

En 1876, M. Maurice Gourdon en conquit une troisième, voisine de celle de M. Packe, et dominant la belle vallée d'Aran. Enfin en 1877, M. Lequeutre attaqua et vainquit brillamment, avec Henri Passet, le *Como la Forno*, qui semble être au milieu du système, avec une altitude de 3,050 mètres (?).

Voici comment j'escaladai, en 1869, la pyramide la plus occidentale du Montarto.

Parti à pied de Bagnères-de-Luchon avec M. C. Carenne, je couchai avec lui chez Callebud (Port de Vénasque). Le lendemain, après un bain glacial dans la Garonne naissante (1900 mètres...) nous remontâmes, à la base orientale du Néthou, la gorge stérile de la Salenques. A droite, blanc comme l'Himalaya, et narguant le monde, le roi des Pyrénées nous dominait théâtralement de 1200 mètres.

C'est un tombeau de glace et de granit, que la vallée de la Salenques. Il n'y a que quelques pins tordus, qui meurent de froid. Après le petit col et le lac *des Baruns*, aux eaux toujours opaques, on n'a plus devant soi qu'un cirque de glaces et de moraines, où murmure tristement une eau grise et laiteuse, traînant sa pourriture sur les graviers qu'elle fait grincer en les roulant. Pas une vraie source, pas un brin d'herbe : la glace a tout gelé, broyé, couvert ou dévoré : bientôt, on ne voit qu'elle. Rien ne vit là, que les isards. La pente moyenne est douce (10 p. 100 environ).

Enfin nous arrivâmes au *Col de la Salenques* (2825 mètres). Je ne dis rien de notre descente désespérante de ce col à l'*Hospice de Viella*; car elle est tellement longue, que je pourrais décourager les amateurs, hélas! trop rares des Pyrénées.

Le lendemain, Carenne étant reparti pour Luchon

par le Port de Viella, je passai sur la rive gauche de la *Riva-Gorzana* à 30 m. en aval de l'hospice (il y a un pont); puis nous montâmes à l'Est dans une forêt de sapins vraiment superbes, sur la rive droite du torrent qui tombe en bouillonnant du *lac de Bécibère*, situé à l'O.-N.-O. du cirque de Montarto. A quelques minutes en deçà du lac. une cascade digne du *Pont d'Espagne* se précipite à pic de près de 100 mètres, dans un gouffre plein de vent, de vapeur et d'écume, en arrosant de perles humides les sapins d'alentour.

En deux heures de l'hospice, nous arrivâmes au lac (2,120 mètres), où paissaient des chevaux, des moutons, des cochons et des chèvres. C'est un beau réservoir, quoique petit. Un promontoire horizontal, velouté comme les gazons du bois de Boulogne, et parsemé de jeunes sapins, s'avance sur l'eau du côté de l'est, tandis que du midi arrive sans bruit un ruisseau dont l'eau verte traverse d'un bord à l'autre l'onde azurée du lac, en y laissant comme un sillage d'émeraude liquide. Au nord s'étend un de ces chaos de granit, si communs dans les Pyrénées. Enfin plus loin, à l'Est, se dressent, en un demi-cercle plein de grandeur, les noirs pitons du Montarto, sortant des neiges.

Le lac est plein de truites : on les dit même énormes (12 livres!....)

Comme il n'était que cinq heures, j'essayai de lier conversation avec quelques bergers Aragonais, près du rocher qui leur servait de cabane, et qui, cette nuit, devait être la mienne; mais ils étaient si mornes et si pensifs, que je le devins moi-même, et je ne pus me défendre d'une vague et triste méditation sur la petitesse et la fragilité des créations de l'homme, comparées à ce que fait la nature. Quel parc artificiel pourrait donc égaler ce que je voyais là ! Que de bras, me disais-je, que d'or et de talent ne faudrait-il pas, pour creuser et remplir ce petit lac inconnu, ou pour transporter sur ses bords un seul de ces rochers, jetés là par Dieu, peut-être en moins de cinq minutes, par milliers et millions ? Ce serait plus long et plus coûteux que de percer tous les isthmes de la terre, ou de construire vingt pyramides.

Je ne sais si mes bergers était poètes : mais ils ne disaient rien, et me laissèrent le rocher libre. Il est vrai qu'un gros ours venait de manger un de leurs chevaux. Du reste, le surlendemain matin, un mouton, dont je vis rapporter les lambeaux, fut aussi dévoré par un ours à 200 pas de l'hospice de Viella.

Après une nuit électrique et menaçante, j'escaladai la pointe la plus occidentale de la Sierra de Montarto. Elle est à l'Ouest du pic central, et séparé de lui par un col très-facile de 2800 mètres, d'où l'on voit au midi les prés et les premières maisons de *Caldas de Bohi.*

Nous mîmes du lac trois heures, dont la dernière fut passée sur la neige : mais je ne vis pas de glacier véritable ; il n'y en a pas un seul à l'Est des Monts-Maudits, pas même au pic d'*Estats* (3,150 mètres). Du Montarto, on voit partout des lacs, cinq au midi, dont un gelé (juillet), et un étang, gelé aussi, que l'on passe en montant (N.-O.). Quant au panorama, je ne puis guère en parler, car le brouillard de France, noir et chargé d'orages, avait tout envahi avant dix heures, comme nous l'avaient prédit les truites du lac de Bécibère, en sautillant à la surface, signe infaillible (dit-on) de mauvais temps. Cette fois du moins elles eurent raison, ainsi que les moustiques, qui me piquèrent autant que dans les bois du Canada : car vers trois heures, la grêle et le tonnerre nous assaillirent avec fureur, et le lendemain matin, quand je me levai à l'hospice de Viella, c'était comme la mousson des Indes. Impossible de sortir. Chaque coup de tonnerre faisait trembler le sol, un brouillard fauve et plein de zig-zags de feu, courait partout dans une espèce de fièvre, et pas un pic ne paraissait : on aurait pu se croire en plaine et presque en mer. Les nuages tombaient : ils formaient des cascades de vapeur, volaient au nord, puis au midi, se culbutant les uns les autres : car ces orages semblent un combat de tous les éléments, l'air, l'eau, la terre et le feu. Ils viennent et passent avec une effrayante rapidité, et même pendant qu'ils durent, l'aspect du ciel varie à chaque instant ; un nuage crève, et l'on voit des cimes rouges qui deviennent en une seconde blêmes comme des morts, et disparaissent. Ajoutez à tout cela le bruit de la pluie, dont les déluges se croisent, celui de cent torrents qui se salissent, deviennent des fleuves et arrachent tout : c'est un concert qui fait trembler. Ce matin-là, trois ouragans grondaient ensemble, deux sur Moulières, à l'ouest, et un au sud, remontant droit à nous, en sorte que les Monts-Maudits étaient presque entourés d'un cercle de foudre, de colère et de feu. C'était sublime.

Tout cela s'étant cependant calmé le soir, je montai à l'E.-N.-E. de l'hospice, arrivant en 2 heures, par des lacets praticables aux mulets, au *lac du Port de Rieus*. Il a au moins 60 hectares, 2 kilomètres de long, et couvre d'un bout à l'autre tout le port de Rieus (2,500 mètres), d'où trois petites heures mènent à Artias. Mon guide, en regardant le dessin de ce lac ajouté par M. Packe à sa belle carte des Monts-Maudits,

me demanda naïvement si ce n'était pas « une truite » ?..!!
Cher homme ! Je fus tenté de le remercier, car on ne rit pas toujours à 2,500 mètres.

Je recommande cette course, surtout pour voir le Montarto, dont les arêtes alpestres et blanches forment au midi un fond de tableau superbe. D'ailleurs, personne ne regrettera deux ou trois jours passés à l'hospice de Viella (1,658 mètres), qu'il soit chasseur, pêcheur, touriste ou botaniste. Les sapins qu'on voit là sont uniques dans les Pyrénées. J'en ai mesuré un qui avait vingt pieds de tour, et il y en a des multitudes de ce calibre. Rien, dans les Pyrénées, ne ressemble plus aux Alpes.

Quittant enfin ces régions presque perdues, pour revenir à Luchon, nous fîmes, par une « grande brise », et par un temps assez clair vers le soir, une de ces courses dignes de Zermatt ou de Chamonix, bien qu'on ne la fasse jamais : montant à l'ouest pendant trois heures et demie, nous arrivâmes au *col Moulières* (immédiatement à l'Est du pic de ce nom); et un quart d'heure après, sur une neige magnifique, au *col Alfred* (2,849 mètres), après avoir passé, sur le versant de l'hospice, à l'Est de plusieurs lacs sans nom connu, et tellement gelés (juillet), que des collines de glace, chargées de boues et de rochers, se boursoufflaient dessus. Je pense qu'ils ne dégèlent jamais.

Je revins en un jour, par cette voie, de l'Hospice de Viella à Luchon.

Mais il faisait trop beau pour rester au repos : reprenant donc mon sac et mon fidèle bâton ferré, je fis quelques courses dont je ne dois rien dire (car tout le monde les connaît) : le *Cambiel*, le *col d'Ossouë*, où deux bergers Aragonais, qui mériteraient le nom de bandits, firent leur possible pour m'écraser sous une mitraille de pierres, etc. Je ne puis cependant omettre la nuit du 15 août, que je passai à la Brèche de Roland, en compagnie de sir Henry Halford, chasseur hors ligne, et des deux braves Passet (Hippolyte et Pierre) : car il fit tellement froid (3° au-dessous de zéro), que nos deux thermomètres furent soudés l'un à l'autre par la glace, comme les frères Siamois : il neigea même pendant une heure ; impossible cependant de ne pas éclater de rire, quand mon ami Halford, voulant sortir de son cercueil de pierres un peu trop bien fermé, ne put y parvenir, et ne réussit qu'à onduler convulsivement comme un serpent aux prises avec sa couverture. Mais nous étions bien graves et bien sérieux le lendemain matin, quand il fallut franchir la Brèche pour redescendre : car le vent de France soufflait avec une telle férocité, que les cailloux volaient, et nous faillîmes en faire autant. En 55 minutes nous arrivâmes au bas du cirque (1,000 mètres à l'heure). Rien ne réchauffe plus vite.

J'arrive maintenant à une longue course, où j'eus la maladresse de laisser rouler au fond d'un précipice mon précieux sac, contenant mes cartes d'Etat-Major, mille choses indispensables et tous mes vivres, sauf un peu de sucre et quelques onces de pain. J'étais seul. Parti du lac de Gaube, je passai en Espagne par le *col des Mulets* (au N.-O. du Vignemale), pour descendre dans la gorge de *Cerbillonas*, et là, laissant à droite (nord) le *col de l'Aratille*, je contournai, à une hauteur moyenne de 2,200 mètres, le flanc méridional du *pic de Péterneille*. C'est là que tomba le sac. Juste à l'ouest du Vignemale, dont la noire pyramide s'élevait d'un seul jet de 1,000 mètres avec une grâce et une fierté qui me rappelaient l'aiguille du Dru, au Montanvert, je trouvai deux petits lacs endormis dans un lit de granit, au midi de l'aride Péterneille : puis, harassé déjà par mon jeûne prolongé, je continuai de grimper à l'ouest sur les rochers, laissant à droite une flaque de neige trop roide pour s'y aventurer sans hache. Enfin je me trouvai sur un col plein de neige (2,700 mètres ?). A droite, par pentes très-douces, s'élevait le point culminant du *Péterneille* (2,904 mètres) dont je fis l'ascension jusqu'à quelques minutes de son sommet, seulement pour me convaincre qu'elle pouvait se faire, car je n'avais pas de forces à perdre. (Je pris par le S.-O.).

A gauche, la vue était affreuse : c'était un râtelier de pics tout noirs, à l'ouest desquels la neige s'étendait comme une mer. Tout cela s'appelle *Bramatuero*. Mais je me croyais bien loin de là. N'ayant plus de cartes, et beaucoup de pics s'étant cachés dans le brouillard, je me croyais sur le versant français, dans le vallon de l'Aratille! Déjà mes forces devenaient douteuses, et un certain instinct, aussi réel qu'inexplicable, m'avertissait que j'allais me perdre, quand par bonheur, juste avant qu'il ne fût trop tard, les nuages montèrent, tous les feux du soleil éclatèrent à la fois sur ces dangereux déserts, et je pus à peine en croire mes yeux, lorsque j'aperçus au loin, à l'ouest... le col d'Enfer ! J'étais donc en Espagne, à quelques heures des bains de Panticosa ! Enfin, j'étais sauvé ; je ne dépendais plus que de mes muscles. Me dirigeant à l'ouest, presque horizontalement, je vis d'abord à droite un petit lac triangulaire et gelé. Un peu plus bas, et sur des neiges immenses, où surgissaient de sombres archipels de granit, je me trouvai tout à coup arrêté par un lac tellement long, qu'il me fallut une demi-heure pour contourner sa rive méridionale, où d'éblouissants talus de neige plongeaient dans l'eau partout où le rocher n'y tombait pas à pic. En tout, je vis en moins d'une heure cinq ou six lacs, dont deux très-grands : les espagnols les confondent tous sous le nom de *Bramatuero* : il nous sera donc peut-être permis d'étendre aussi ce nom au col (S.-O. du Péterneille) par où j'étais venu de Cerbillonas.

Les yeux éblouis par tant de neiges ensoleillées, je *repris terre* avec plaisir, et descendant toujours à l'ouest, par pentes plus roides, dans un ravin de graviers, puis sur de l'herbe, je rejoignis bientôt le petit sentier des bains de Panticosa, à 30 minutes au sud du port de Marcadaou, d'où j'arrivai aux Bains à l'entrée de la nuit, après 13 heures de marche, presque sans avoir mangé.

Revenu le lendemain à Cauterets, par le port de Marcadaou, j'en repartis par une de ces brûlantes et pures journées pyrénéennes, où il n'est pas possible de rester dans une ville, quand on voit autour d'elle des profils vaporeux de sapins et de pics. Magnétisé par la montagne et fortifié par ces courses incessantes, je remontai avec un guide la belle vallée de Lutour, où non seulement les neiges lointaines et les pelouses, mais le roc lui-même et ses aiguilles les plus perfides, semblaient se velouter et s'amollir en buvant du soleil. A 2 heures de Cauterets (1 heure avant le lac d'Estoum), nous commençâmes à l'Est une rude montée sous les sapins, pour émerger au bout d'une heure dans une gorge nue comme le Soudan, presque sans eau et pleine de blocs immenses. A gauche, le *Barbe de Bouc* attristait le ciel de sa flèche grise et rouge : à droite, le *pic de Culaous* (2,812 mètres), qui se voit de partout à Cauterets, au fond de la vallée de Lutour, montrait avec orgueil les lambeaux de neige qui cachaient ou rachetaient sa laideur. Nous passâmes deux cabanes abandonnées déjà ; un peu plus loin, à gauche, une source avare ; puis j'insistai (comme je voulais coucher à Gèdre) pour aller droit à un grand col très-caractéristique, qui s'évasait devant nous à l'Est, et au sujet duquel, aidé par ma boussole, je n'avais pas le moindre doute : c'était certainement là le col de Culaous, et mon plus court chemin pour arriver à Gèdre. Je n'en démordis pas, bien que mon guide voulût me faire passer bien plus à gauche (N.-E.), presque sur la cime du Barbe de Bouc, d'où, disait-il, j'irais descendre à Gèdre. Heureusement je n'en fis rien ; car c'est à St-Sauveur que je serais descendu, avec la nuit, et peut-être une jambe cassée.

N'ayant plus besoin du guide (dont je fus content d'ailleurs), je le congédiai : une demi-heure après, je me trouvais sur le sommet du *col de Culaous* (2,600 mètres). Comme je me félicitai alors de mon obstination ! le bassin de Gèdre était même plus à droite que je ne l'avais pensé ! quant à la vue, c'était assez insignifiant : on ne voyait que trois grands pics, le Néouvielle, le pic Long et le pic de la Munia ; les hautes cimes de *Cestrède* cachant à droite le cirque de Gavarnie. C'est du col même du Culaous que s'élève d'un seul jet la flèche aride de Barbe de Bouc, si difficile par St-Sauveur, mais accessible en moins d'une heure d'ici (du côté sud), par un ravin de *rocaille* qui conduit à la cime. A droite du col, au sud, une demi-heure de marche facile vous placerait au sommet du pic de Culaous, d'où l'on verrait Cauterets.

Mais abrégeons, car la patience de mon lecteur doit commencer à l'exiger. Voici donc en quatre mots comment je descendis à Gèdre. Et remarquons d'abord la grande hauteur du col (2,600 mètres); en courant comme un lièvre, je mis trois heures et demie. En sortant de la neige, je trouvai un petit lac *(Nègre?)*, à 30 minutes du col; puis des *chaos* de blocs, vrais monstres de pierre; mais les pentes étaient douces. Un peu plus bas (1 heure du col), lac d'*Annarouye*, d'une transparence extraordinaire : on dirait de l'aigue-marine; même à dix mètres de profondeur on voit chaque pierre. Au sud du lac, promontoire gazonné d'où j'aperçois soudain les hauts sommets de Gavarnie, rougis par le soleil couchant, et à droite, comme un gouffre, le vallon ténébreux de *Cestrède*, avec son lac, aussi tranquille que la Mer Morte. Le pic de la Munia s'empourpre du haut en bas : je me décide à y monter le lendemain. Je descends au midi, sur la rive gauche du torrent d'Annarouye (assez roide) : région perfide dans le brouillard. A une heure et demie du col de Culaous, deux cabanes, d'où à Gèdre, 2 heures. Je débouche, en passant le Gave sur un petit pont, à 1,500 mètres en aval de Gèdre, sur la grande route de Gavarnie, moins de huit heures après mon départ de Cauterets : mais c'est une forte journée. Si l'on s'arrête, il faut compter dix heures au moins.

Disons maintenant, pour terminer, quelques mots de ce pic peu populaire, malgré tous ses attraits, de la *Munia*, dont le vrai sommet n'avait encore été gravi qu'une fois par un touriste : c'était mon ami Packe. Parti le matin de Gèdre, je ne m'arrêtai à Héas que pour m'emparer de Chapelle, car il était onze heures. Au lieu de suivre, à l'Est, la crête interminable de la *Serra-Mourenne* (1), nous attaquâmes le pic de front,

---

(1) C'est en coupant cette crête de l'Ouest à l'Est, pour traverser ensuite le fond du val des Aiguillous, que cet excellent guide, mort tragiquement depuis, me fit monter au pic de la *Gela* en 1865 (2849 mètres). La vue est admirable, et l'ascension facile.

c'est-à-dire par le nord, en décrivant sur lui un long zig-zag, dont l'angle était à l'ouest. A quelques centaines de mètres à droite des deux *Sœurs de Trumouse*, nous nous hissâmes avec les mains dans une *cheminée* très-roide et froide, au haut de laquelle nous trouvâmes un isard endormi à portée de pistolet. Inutile d'ajouter qu'il s'éveilla bien vite et partit lestement. Après cela, nous entrâmes dans la neige, et là, tournant à l'Est, nous traversâmes la partie supérieure du glacier, sans corde, et très peu rassurés au sujet des crevasses. Mais le vrai *mauvais pas* n'était pas encore là ; car un quart d'heure après, c'est *à califourchon* qu'on aurait pu nous voir, sur une arête de glace heureusement très-solide, ayant sous la jambe gauche un talus de neige qui fuyait aux abîmes à un angle impossible, et rien du tout sous la jambe droite, qui pendait dans le vide, entre le glacier et des parois à pic. Nous fîmes ainsi une cinquantaine de mètres, en équilibre : puis, une fois sur le roc, nous montâmes en rampant dans des lits de cascades, avec les genoux, avec les mains et le menton. « Jamais, me dit Chapelle, qui était depuis un demi-siècle à Héas, mortel n'avait passé par là ». J'en fus ravi, mais je l'aurais deviné. Que d'heures nous économisions ! Aussi, moins de quatre heures après avoir quitté Héas, nous étions sur la brèche, (élevée de 3,000 mètres) qui s'ouvre entre la Munia à l'Ouest, et le *pic de Trumousse* à l'Est. Pourquoi donc celui-ci a-t-il l'honneur de porter une tourelle, et pas l'autre, qui le domine d'au moins vingt mètres ? Une distinction devrait toujours être méritée.

Suivant à l'ouest une crête étroite et fendillée, mais pas dangereuse, nous mîmes enfin le pied (4 heures d'Héas) sur le point culminant du *pic de la Munia* (3,150 mètres). C'est une arête d'ardoises debout.

Quelle vue! Un lac glacé paraît au sud, mais des moutons broutent sur ses bords. Quels précipices à l'Est et au midi! Et le Mont-Perdu! Jamais il ne m'a tant frappé. Oh! Ramond, vous seriez venu vingt fois au pic de la Munia, si vous l'aviez connu!

Je m'arrête; mais j'ai peine à finir, tant il y a de charmes, en descendant des monts, à en parler, même trop longtemps : alors surtout que dans le prosaïque exil des plaines, l'on n'entend plus ni le vent ni les cascades, et que le regard s'attriste en ne voyant plus que des champs, des villes et des grandes routes.

LE PIC D'ENFER (3117 MÈTRES).

Le pic d'Enfer est le point culminant de ce groupe de montagnes très-élevées, pleines de lacs et de glaces, et qui, sous les noms vagues et élastiques de *Bondellos* et de *Baccimaña*, se hérissent au Nord-Ouest des Bains de Panticosa. Mais on ne le voit pas des Bains. Le Bondellos (3067 mètres) le masque. Du port de Marcadau, on le voit à merveille au Sud-Ouest.

Avant l'année 1867, j'avais bien souvent vu le pic d'Enfer et entendu parler de lui : sa hauteur lui donnait une certaine renommée : mais nos rapports avaient été très-platoniques : je ne savais même pas s'il était accessible. Qui pouvait me le dire? Personne n'avait encore attaqué ce géant. Comme cela augmentait ses attraits, je partis de Cauterets le 19 juin 1867, avec l'excellent guide Sarettes, des vivres pour plusieurs jours, et mon *sac* à dormir. J'avais en outre la ferme résolution de ne pas revenir sans avoir fait capituler le pic d'Enfer. Ce fut un grand regret pour moi d'entreprendre ce voyage sans mon solide ami E. S. Frossard, retenu par force majeure à Bagnères-de-Bigorre.

Le jour où je quittai Cauterets, le temps n'était pas sûr. Dès quatre heures du matin, de chaudes et lourdes bouffées de vent d'Espagne fesaient fuir vers le Nord des chaos de vapeurs, qui menaçaient de se résoudre en pluie. Il y a de la désolation dans ces brises du Midi : on dirait qu'elles regrettent les déserts de l'Afrique. D'autres vents rugissent, d'autres sifflent.... Le vent du Sud soupire, il pleure, et fait gémir tout ce qu'il touche, surtout les arbres.

Nous hésitâmes, mais nous partîmes, et jusqu'au port de Marcadau, que je trouvai déjà tout tapissé de renoncules, nous n'eûmes pas à nous plaindre. Mais au port (2675 mètres) il soufflait une tempête, et on voyait rouler à l'horizon des nuages opaques et bleus, pleins de neige et de grêle. Evidemment, l'hiver régnait encore sur les montagnes, et cependant, nous touchions au solstice de l'été! Mais malgré tout, le pic d'Enfer serait vaincu, quand il faudrait s'y acharner pendant huit jours !

Comme il fesait très-froid au port de Marcadau, je ne m'y arrêtai que juste assez pour bien examiner le pic, et chercher son côté vulnérable.

A près de 500 mètres au-dessous de nous, je voyais au Sud-Ouest deux petits lacs glacés : et derrière eux, bombardée par la grêle et le vent, apparaissait la pyramide immense et blanche du pic d'Enfer, qui, par le Nord, était inaccessible en cette saison. Car ce n'était, du haut en bas, qu'un précipice de neige.

Nous descendîmes, transis et silencieux, au Sud-Ouest, sur la neige, de manière à passer entre les deux petits lacs, puis remontant pendant une demi-heure sur des pentes assez roides, nous arrivâmes au sommet d'une colline formant un bel observatoire, autour duquel se déroulaient de tous côtés de pâles et monotones déserts de neige, où on n'entendait pas d'autre bruit que les lamentations du vent, tous les ruisseaux étant encore gelés et invisibles. On aurait pu se croire en plein hiver, car le ciel était sombre et glacial, et l'horizon était tout blanc. Il y eut pourtant ici une éclaircie subite, accompagnée d'une fugitive apparition d'un soleil rouge et sans rayons. Le temps est si variable dans les montagnes ! Orageux et serein dans la même demi-heure, il a plus d'une analogie avec le cœur humain............

Quelques minutes après, on n'y voyait plus rien.

Pendant cette courte et lumineuse vision, je m'arrêtai pour étudier encore le Pic d'Enfer, qui au Sud-Ouest, avait plus l'air d'un *Ice-berg* que d'une montagne, car on n'y voyait plus de terre. Je commençais vraiment à le croire indomptable. A droite (à l'O. S. O.) un col profond et très-neigeux dessinait sa courbe blanche et gracieuse sur un reste de ciel bleu. C'était le *col d'Enfer* (2720 mètres), vers lequel je montai aussi droit que possible, sous une mitraille de grêle, et sur des neiges compactes, à pentes fort douces, couvertes de petites vagues, comme celles d'un lac que de molles brises font clapoter.

Rien n'est plus gai que ces étendues blanches, quand un brillant soleil les fait étinceler : mais par le mauvais temps, elles sont plus tristes que les déserts les plus arides, car elles rappellent la mort, par leur blancheur mate et funèbre : et derrière nous, à l'Est-Sud-Est, le grand Vignemale, aux prises avec l'orage, semblait plus morne encore. Nous avancions, mais sans mot dire, et sans savoir où nous pourrions passer la nuit, préoccupés de la nécessité d'escalader le pic à tout prix ce jour-là, quittes à coucher dessus ou n'importe où, car il ne fallait pas compter sur un beau lendemain.

A cinq heures justes, nous atteignîmes le *col d'Enfer*, où le vent du Sud-Ouest soufflait avec férocité, chassant de la poussière de neige jusque dans les nuages, mais nous laissant pourtant entrevoir le soleil, et la première moitié de la crête disloquée qui, au Sud-Est, montait au pic d'Enfer. Tout cela était bien sombre et bien décourageant.

Sans perdre une seule minute à regarder le lac encore glacé d'Enfer, situé à l'Ouest du col, dans la gorge de *Piedra-Fitta*, nous attaquâmes à gauche (S.-E.) la branche la plus occidentale de la neigeuse arête qui se bifurque en descendant au Nord-Ouest du sommet.

Pendant une demi-heure ce fut si simple, malgré le froid et les rafales, que la victoire semblait à nous, et nous laissâmes tous les bagages sous un rocher pour arriver plus vite, n'emportant que la hache. Mais la perfide arête allait en se rétrécissant toujours à mesure qu'elle montait : sa pente allait en augmentant, elle se couvrait de neige et de verglas, et elle finit par ne plus être qu'un toit de glace. M. E.-S. Frossard est descendu depuis par là au mois d'août, alors qu'il n'y avait plus de neige : mais au milieu de juin, la glace du versant Nord empiète encore tellement sur le rocher, qu'on ne pourrait passer qu'en y fesant un escalier : or, la nuit approchait, le vent soufflait avec fureur, et dans ces circonstances, je crus prudent de sonner la retraite, quitte à tenter le lendemain un autre itinéraire. La moindre glissade à gauche nous aurait tués : après avoir roulé de 2 ou 300 mètres, nous nous serions anéantis en arrivant au lac d'Enfer, dont la glace ténébreuse ressemblait à du bronze. Nous nous arrêtâmes donc à 200 mètres environ de la cime, et je promenai partout mes regards à la recherche d'un abri pour la nuit. Où la passer? C'était la première fois que j'y pensais, et il était six heures! C'est ici que les yeux et l'instinct de Sarettes me furent d'un bien puissant secours. Il avait aperçu un point gris au fond d'un précipice à l'Ouest, à plus de 600 mètres au-dessous de l'arête : il m'affirma que c'était une cabane, et à l'instant nous décidâmes que cet objet microscopique, cabane ou non, nous servirait de gîte jusqu'au lendemain. Redescendant à toute vitesse au col d'Enfer, et de là, en fesant des glissades sur la neige, le long du versant gauche de la gorge de *Piedra-Fitta*, nous arrivâmes au bout d'une heure à un petit enclos de pierres, dernier reste d'une cabane effondrée et en ruines. Il n'y avait plus de toit : quelques pierres plates pourtant surplombaient juste assez d'un côté, pour nous couvrir la tête. Que n'aurais-je pas donné pour trouver un rocher! Mais il n'y en avait pas, ou ils étaient encore couverts de neige, dont nous étions si près que tout était mouillé. Le sol était saturé d'eau : c'était une véritable éponge. Un torrent, pas de bois, et un mur, telles étaient nos ressources pour coucher en plein air, à une hauteur de 2,300 mètres, par une nuit orageuse. Heureusement, c'était presque la plus courte de l'année.

Pendant que je dînais aux dernières lueurs du crépuscule, le brave Sarettes allait chercher, à quelques centaines de mètres plus bas, trois ou quatre bûches mouillées : puis quand l'obscurité devint complète, nous tâchâmes de dormir.

Ce ne fut pas facile...... Vers neuf heures, il se mit à pleuvoir, puis à grêler. Enfin vint le tonnerre, accompagné d'éclairs et de bourrasques, où les montagnes, ensevelies sous la neige, apparaissaient à tout moment comme des spectres rouges. La beauté du spectacle aurait suffi pour m'empêcher de fermer l'œil : mais bien d'autres choses s'y opposaient ! A part le froid, j'avais un vague pressentiment que l'eau de quelque ruisseau improvisé allait bientôt nous inonder ; comme nous étions sur un plan incliné, c'était à craindre, et des idées de submersion me passaient par la tête..... En effet, à onze heures, j'entendis un *glou-glou* derrière moi, et une seconde après, mon sac était plein d'eau ! une petite vague était entrée par l'orifice du cou : puis il en vint une autre, enfin tout un ruisseau vint m'arroser, en sorte que je passai la nuit dans une baignoire. Inutile de sortir de mon sac, car il pleuvait à verse et il grêlait. On devinera quelle nuit affreuse nous dûmes passer. Elle me sembla bien longue, quoiqu'il fît jour avant quatre heures. Nous ne dormîmes pas un instant, et quand nous nous levâmes, je me sentis tout démoralisé. Le temps, sans être pluvieux, était très-froid et très-brumeux. Il laissait peu d'espoir, car comment explorer, comment s'aventurer sur un pic inconnu dans un brouillard impénétrable ? Le pic d'Enfer se trouvant en Espagne, mes cartes ne me servaient de rien pour le trouver, et la brume cachait tout.

J'essayai cependant, car j'avais une boussole, et j'étais convaincu que la cîme se trouvait plus ou moins à l'Est de notre petit abri.

« *Audaces fortuna juvat* »... Nous fûmes récompensés de notre persévérance. Bientôt les nuages crevèrent, et j'aperçus fort loin, à l'Ouest, la corne aigüe et sombre de l'*Anayette*, que je gravis quelques années après.

Montant d'abord au Sud, et rentrant sur la neige,

nous passâmes à côté d'un rocher gigantesque, qui, si nous l'avions vu la veille, nous aurait aussi bien abrité qu'une maison. Puis nous allâmes regarder un instant de l'autre côté d'un petit col qui nous cachait la vue au Sud. Un lac gelé dormait derrière, presqu'entouré par des pitons sauvages et escarpés.

Mais pour aller le plus directement possible au pic d'Enfer, il faut monter à gauche (à l'Est) à un autre col très-large, qui n'est qu'une dépression d'une longue arête méridionale aboutissant juste à la cime. Ainsi c'est par le Sud que cette montagne, comme la plupart des grands sommets des Pyrénées, est le plus facilement accessible. Il y a peu d'exceptions.

Ici les nuages fondirent, le ciel devint tout bleu, et les merveilles du monde arctique semblèrent se dérouler tout-à-coup devant nous.

A nos pieds s'étendaient trois ou quatre petits lacs qui ne dégèlent qu'au mois d'août : l'horizontalité des neiges resplendissantes qui les couvraient me fit seule deviner leur présence, car il n'y paraissait ni eau ni glace. Ce sont les lacs de *Bondellos*, dont j'estime la hauteur à 2,600 mètres. Mais comme ils semblaient bas, quand je les comparais aux monts puissants qui les dominent, surtout à l'*Arualas* (3073 mètres), dont la coupole étincelante et plus blanche que du sucre, illuminait toute la région ! En présence de telles masses, tous ces lacs avaient l'air de cuvettes.

Le vallon blanc et muet qui leur servait comme de linceul et de tombeau, se terminait à l'Est par deux cols très-élevés, au Sud-Sud-Est et au Sud-Est desquels, mais à mille mètres plus bas, se trouve *Panticosa* (les Bains). J'ai pris la liberté d'appeler *col Sarettes* la plus à gauche de ces deux ouvertures, en l'honneur de mon guide. L'autre, plus au Sud, est le *col Boudellos*, et le pic de ce nom les sépare.

Du point où nous étions, nous vîmes à l'ouest le pic d'Ossau. Montant maintenant au Nord, nous attaquâmes le pic d'Enfer lui-même, en suivant une arête très-facile, où, chose étrange! nous trouvâmes moins de neige que plus bas, en sorte que çà et là, le sol était couvert de fleurs!

Cette arête nous mena au sommet (3,117 mètres), que n'avait pas encore foulé le pied de l'homme, mais où M. E.-S. Frossard vint quelques semaines après laisser aussi son nom dans notre bouteille, et sans doute ajouter quelques pierres à la fragile tourelle que nous avions construite sur la pointe Ouest de l'immense crête d'Enfer. Car c'est une *crête*, et non un *pic*. Comme toutes les crêtes, celle-ci moutonne, et il serait bien difficile de dire laquelle de ses ondulations est vraiment la plus haute, jusqu'à ce qu'on les ait toutes mesurées avec des instruments de précision. Dans tous les cas, elles ne diffèrent entr'elles que d'une hauteur insignifiante.

L'horizon était vaste et sublime, surtout au sud: mais ce qui attirait le plus mon attention, c'étaient deux beaux glaciers qui descendaient, l'un au Nord, l'autre à l'Ouest du sommet. Les pentes de celui-ci donnaient presque le vertige: il avait l'air d'un fleuve qui tombe : il en résulte que ses crevasses étaient énormes : c'était un déchirement universel. Je me trouvais un mois après, jour pour jour, sur la cime du Mont-Blanc. Eh bien! je suis encore d'avis qu'il n'y a qu'une différence réelle entre les glaciers des Alpes et ceux des Pyrénées, c'est l'étendue que recouvrent les premiers. Ils sont beaucoup plus grands, mais voilà tout.

Je ne décrirai pas la vue du pic d'Enfer, d'abord parce que j'étais si assoupi, que je pouvais à peine ouvrir les yeux. Ensuite le temps recommençait à menacer. Il se mit à neiger violemment, puis le tonnerre gronda, et il fallut fuir au plus vite. Traversant au Sud-Est le plus au Nord des cols dont j'ai parlé (le *col Sarettes*), nous descendîmes presque en dormant, et exténués, aux bains de *Panticosa*, au milieu des éclairs, et après quarante heures d'insomnie.

Le lendemain, reprenant vers le Nord, par un temps magnifique, le chemin de la France, j'étonnai les glaçons des lacs de Baccimaille en me jetant au milieu d'eux pour assouplir mes membres; et repassant le port du Marcadau sous les rayons vermeils du beau soleil d'Espagne, nous rentrâmes en sept heures à Cauterets, aussi frais qu'en partant.

LE PIMÉNÉ (2803 MÈTRES) (1).

On ne saurait imaginer une plus belle vue que celle du Piméné, surtout au Sud, où mille hectares de neiges et de glaces éternelles resplendissent en fumant dans les nues aux rayons du soleil.

Aussi l'illustre Ramond a-t-il chanté le Piméné dans une page immortelle.

Mon vénérable ami, M. Frossard, pasteur à Bagnères-de-Bigorre, et Président d'une Société dont je m'honore d'être un des fondateurs, la Société Ramond, a aussi consacré quelques pages émouvantes, (dans le Bulletin d'avril

---

(1) Voir l'admirable panorama de M. Franz Schrader.

1878) au poétique récit de sa première ascension à ce pic, il y a 57 ans !

Si, à propos de cette montagne, j'ose après eux parler un peu de moi, c'est parce que la première fois que j'y montai, il y a déjà plus de vingt ans, je ne pris pas la voie exclusivement suivie depuis. Parti de Gèdre avec Rondo, dont le grand-père fut le guide de Ramond, c'est par le Nord que je gravis alors le Piméné, en traversant du Nord au Sud les pâturages du Coumélie, et en escaladant, à gauche du pic, une *raillère* accablante. Ce couloir de cailloux nous mena à une brèche au N.E. du sommet, qu'une dernière demi heure de montée au S.O. nous suffit pour atteindre.

C'est aujourd'hui par l'Ouest, et en partant de Gavarnie, que tout le monde fait l'ascension du Piméné. On a raison : c'est plus court, plus facile, et un cheval peut arriver par là à une heure du sommet. Mais pourquoi pas descendre au Nord par Gèdre, ne fût-ce que pour y voir M. Bordères, que tous les botanistes du monde connaissent au moins de nom, et désireraient connaître personnellement? Il est glorieux d'être le fils de ses œuvres !

On peut aussi descendre du Piméné par l'E.N.E., et le bas du vallon d'*Estaubé*, d'où en tournant à l'Est, on arrive à *Héas* (1547 mètres), riant hameau célèbre par son église, qui a l'air d'un oasis au milieu d'un désert, et associé plus que jamais au nom du Bayard des montagnes, le brave, honnête et malheureux Chapelle, tué à la chasse il y a quelques années, près des glaciers de la *Munia*, après avoir passé un demi-siècle à y braver impunément la mort par tous les temps et seul, à la poursuite des isards et des aigles. Jamais je n'oublierai cet homme si sympathique, ni les courses folles qu'il m'a fait faire. Il était d'une bravoure téméraire, et il avait autant de cœur que de courage et de virilité. Toujours heureux, et innocent comme un enfant, il était l'idéal de l'homme de la montagne. Son fils tient aujourd'hui un bon hôtel (*de la Munia*) tout près de la chapelle, à côté de laquelle il ne faut pas manquer d'aller serrer la main au Père de Cassagnère et aux autres missionnaires qui font si gracieusement pendant l'été les honneurs des montagnes et de leur presbytère. Ils semblent avoir trouvé au fond des solitudes pyrénéennes le secret du bonheur... N'auraient-ils pas raison ?.....

PIC D'ARUALAS (3073 MÈTRES ?)

En Aragon, entre l'O. et le N. O. des Bains de Panticosa, se dressent abruptement trois monts neigeux de premier ordre, dont deux au moins se voient de Saragosse. Le plus à gauche se nomme *Algas* (3062 mètres). Le pic central, le plus élevé des trois, a l'air d'un dôme ou d'un aérostat : c'est l'*Arualas*. Enfin, celui de droite, moins défini, plus disloqué et plus complexe que les deux autres, et le moins haut des trois, est le vrai *Bondellos*. Il masque le pic d'Enfer, qu'on ne voit pas du tout des Bains de Panticosa.

Je gravis l'*Arualas* le 23 juin 1876, avec Sarettes, et un infatigable chasseur d'isards nommé Pablo Belio, dont je fus enchanté.

Après avoir perdu trois heures en vains efforts pour arriver au pic par le Nord-Ouest et l'Ouest, nous y montâmes très-facilement par le Sud-Ouest, en franchissant le col toujours neigeux et très-élevé de l'Arualas, au

Sud duquel se dresse l'Algas. Ce col tout blanc se voit des Bains, à l'Ouest.

Pendant cinq ou six heures, nous restâmes dans la neige. C'était une vraie navigation. On croyait voir les Alpes, tant ces neiges étaient vastes et profondes, débordant sur les cols, cernant et couvrant tout, comme une marée terrible et majestueuse. Les petits lacs de Bondellos, nichés dans un vallon à l'Ouest du pic, étaient tellement cachés, qu'on aurait pu les traverser sans soupçonner leur existence. Je regrettais leurs eaux charmantes et bleues, que si souvent j'avais vu scintiller au soleil. Pétrifiées aujourd'hui, et plus blanches que la mort, elles dormaient en silence sous des rayons arctiques et inutiles. On ne voyait que de la neige. Le temps était superbe, bien que la veille il fût affreux. Heureusement que partout, en été, le temps a une tendance au beau, quelque troublé qu'il soit. C'est un peu comme notre âme, qui penche naturellement vers le bonheur au milieu de la vie.

La cime de l'Arualas était encore tellement couverte de neige le 23 juin, qu'il nous fut impossible d'y bâtir une tourelle, ou même de nous asseoir. Il n'y avait pas le moindre lambeau de terre sur cette étroite arête de neige, où nous n'osâmes rester longtemps : car à gauche (au nord-ouest) elle surplombait sur un abîme épouvantable, et à droite (au sud-est), elle fuyait sous nos pieds à un angle d'environ 55°. Elle aurait pu se détacher à tout moment, et nous jeter dans l'autre monde. C'était presque comme une lame de couteau. Mais, en été, quand l'avalanche ou le soleil ont emporté ce perfide toit de neige, où nous osions à peine bouger, le pic devient sans doute excessivement facile.

Étant en vue des Bains, qui nous souriaient en bas,

à une profondeur de 1500 mètres, je tirai trois coups de pistolet, pour qu'on pût nous entendre et nous voir. Mais dans un air si raréfié, nous n'entendîmes nous-même qu'un petit coup sec et sourd. Même le tonnerre est moins sonore à ces hauteurs. Une fois le coup parti, tout est fini.

A notre retour, nous étonnâmes, par la rapidité de notre descente sur les grandes neiges, les Espagnols aux allures dignes et fières, qui, à Panticosa, passent la journée entière à faire une cinquantaine de fois, devant l'hôtel, la même moitié de kilomètre ! Il est vrai qu'ils ont l'air bien malades, excepté à dîner. Là, la rapidité de leurs mouvements est quelque chose de prodigieux. Leurs mâchoires semblent se disputer, et fonctionner spasmodiquement. C'est comme une vibration. Malgré son indolence, l'Espagnol est toujours agité.

Que de grands mots pompeux sont inscrits sur les Bains ! *Inhalacion*, *Pulverisacion*, *Administracion !!!* Hélas, me disai-je, en regardant tout cela et les malades, comme il est triste qu'une grande partie du genre humain soit si intéressée à ce que l'autre soit malade !

Du haut de l'Arualas, la vue s'étend depuis le fond du Pays Basque, jusqu'au Posets. C'est presque la même que celle du Pic d'Enfer, qui n'a que quelques mètres de plus que l'Arualas.

En repassant au col des Arualas (S. O. du pic), je constatai que la descente à l'O., bien qu'assez difficile, ne serait pas impraticable. On pourrait donc passer par là pour aller à *Sallent*. Mais ce serait scabreux et inutile, puisque le col de Bondellos (au nord du pic) est aussi court et beaucoup plus facile. (Température 13°, ombre.)

Rentré aux bains, j'y vis monter, attelée de *dix*

chevaux, la diligence d'Huesca. Bizarre spectacle, surtout à une pareille hauteur ! (1610 mètres).

Il y a 160 kilomètres des Bains de Panticosa à *Huesca*, d'où deux heures de chemin de fer mènent à *Saragosse*. En tout, il faut 20 heures pour descendre à Saragosse et 24 heures pour remonter aux Bains. Le prix d'une place de coupé est de 57 francs, jusqu'à Huesca. On passe *Biescas* (24 kilomètres), et par *Jaca* (50 kilomètres), où l'on s'arrête pour dîner.

Derrière la diligence, je vis aussi monter solennellement une poudreuse procession de mulets, chargés de toute espèces de choses, entr'autres de chaises ! Je pensais aux longues files de chameaux sur les sables de l'Asie : et en voyant autour des bains des groupes de mâles et pittoresques Aragonais, fièrement posés, sans s'en douter, comme des statues antiques, et gracieusement drapés dans de vastes couvertures, il me semblait voir poindre à l'horizon lointain de mes souvenirs, de vagues images des poétiques aborigènes de la Nouvelle-Zélande. La ressemblance était frappante. C'est presque toujours sans le savoir, qu'on est artiste, et de pauvres paysans, en Italie et en Espagne, sont souvent plus gracieux qu'un sculpteur dont la vie s'est passée à la recherche de l'harmonie des lignes.

J'aurais voulu descendre à Saragosse. Mais le samedi 24, le temps devint horrible. Mon but étant atteint, je repris donc avec Sarrettes le chemin de Cauterets, par un temps désastreux. Il pleuvait à torrents. Au sud du port de Marcadeau, dans le couloir appelé *Barranco*, la neige avait encore une épaisseur phénoménale : il y en avait au moins *vingt mètres*, et tous les lacs de la région étaient aussi gelés, le 24 juin, qu'en plein hiver ! Tout était triste et boréal, et il fallait le souvenir de notre succès ; pour me faire oublier les ruisseaux qui coulaient sur mon dos. Mais avec quelles délices je revis serpenter et bondir au milieu des pelouses, des sapins et des fleurs, les écumeux torrents du Marcadau ! Je redevins heureux en un instant, quand la nature se réveilla.

ASCENSION DU PIC DES GOURS-BLANCS (3,202 MÈTRES) ET NUIT PASSÉE AUX FLANCS D'UN PRÉCIPICE.

On ne saurait assez recommander l'ascension du pic des *Gours-Blancs* aux touristes de la Suisse, qui ont un certain dédain pour les glaciers des Pyrénées, car les régions où il s'élève ressemblent au Groënland. Il est tout entouré de neiges et des aspects les plus alpestres.

C'est avec Haurillon (de Luchon) que j'en ai fait la première ascension, en 1864, et, depuis lors, il n'a été gravi qu'une ou deux fois. Le regretté M. Lacotte-Minard a réussi en 1876. La hauteur de ce pic est de 3,202 mètres. C'est donc un des plus fiers des Pyrénées.

Le moyen le plus simple d'y monter, c'est de coucher à l'auberge du lac d'Oo, à 17 kilomètres de Luchon. Le lendemain, montant très-raide au sud pendant trois heures, on laisse à gauche le glacier du *Port-d'Oo* (3,001 mètres) ; puis, obliquant à droite (sud-ouest), on arrive en une heure, sur des neiges éternelles, au pied des sombres murailles qui portent les trois orgueilleuses pointes du pic ; une escalade d'une heure mène au sommet.

Mais ce n'est pas par là que j'en fis l'ascension. Mon ami M. Packe voulant herboriser pendant deux ou trois jours aux environs du *lac de Caillaouas*, où se jettent, du sud-est au nord-ouest, toutes les eaux des glaciers des Gours-Blancs, je me joignis à lui, et nous partîmes à pied de Bagnères-de-Luchon, envoyant nos deux guides (Haurillon et Barrau), par une autre voie, au lac, où, le soir même, nous comptions les rejoindre. Nous en étions si sûrs, que nous ne prîmes ni vivres ni couvertures, oubli ou imprudence que nous faillîmes payer bien cher........

Jamais on ne devrait s'aventurer dans d'aussi hautes montagnes sans provisions. Il faut toujours partir de la supposition qu'on peut se perdre, même par le plus beau temps du monde, et à plus forte raison dans le brouillard, où la moindre déviation de la ligne qu'il doit suivre expose le montagnard le plus habile à tomber dans le vide, à se geler et à mourir de faim, à quelques pas souvent du lieu où il s'est dévoyé. Aucune boussole, aucun instinct ne le sauveront en pareil cas, si ses forces le trahissent. S'il a des vivres, il peut du moins chercher, se soutenir et attendre le retour du soleil.

Ceci est un axiome ; mais le beau temps, comme la jeunesse, nous rend imprévoyants ; nous agissons comme s'il devait durer éternellement, et il nous faut des accidents pour nous rendre sages. Ils ne suffisent même pas toujours. L'aventure qu'on va lire m'a cependant été utile.

Aux granges d'*Astau* (où s'arrêtent les voitures sur la route du lac d'Oo), nous remontâmes d'abord à l'ouest le vallon d'*Esquierry*, le « paradis des botanistes », jusqu'au *col de Couret* (2,131 mètres), d'où descendant, toujours à l'ouest, sur les cabanes de *Lourtiga*, nous commençâmes, au sud, à gravir les longues pentes, de plus en plus stériles, qui aboutissent à l'étroite *Porte-d'Enfer*. Le brouillard vint, nous nous perdîmes, malgré nos cartes et nos boussoles, et, nous trompant de brèche, nous en prîmes une semblable, mais trop à droite, derrière laquelle nous ne trouvâmes qu'un précipice, obscurci par la brume.

Déjà il était tard. Fatigués, affamés, mouillés et démoralisés par un brouillard glacé, mais ne pouvant nous résigner à ne rien faire, nous descendîmes dans un ravin vertigineux, espérant que ses pentes s'adouciraient plus bas et qu'il nous conduirait du moins à un abri quelconque, où nous pourrions attendre le jour sans nous geler et sans rouler dans un abîme. Mais ce fut le contraire. Plus nous allions, plus le couloir devenait lisse et vertical : enfin nous fûmes arrêtés net au haut d'un long talus calcaire qui, poli comme du marbre et fuyant presque à pic sous les nuages, aurait fait peur à un isard.

Voici la nuit qui arrivait. Tristes, pâles et silencieux, nous nous couchâmes à quelques pas d'une masse de neige, dans une sorte de cuvette naturelle, pour y passer la nuit à une hauteur de 2,500 mètres, sans un morceau de pain, sans vin, sans couvertures, sans même savoir où nous étions, et non-seulement à la merci du temps, qui menaçait beaucoup, mais exposés aux chutes de pierres, qui ont une préférence marquée pour ces ravins. Impossible de bouger, car nous étions collés aux flancs d'un précipice.

Vaincu pourtant par la fatigue, je dormis quelques heures ; mais, bien avant le jour, une petite pluie glaciale me réveilla, et l'inquiétude vint avec l'insomnie. Que faire ? et qu'allions-nous devenir, si une tempête de plusieurs jours venait se déchaîner sur nous ? Cela arrive souvent à ces hauteurs. Je me rappelais avec un douloureux effroi les trois journées fatales où je restai une fois perdu, tout seul et sans manger, sur les montagnes de la Nouvelle-Zélande, obligé de lutter, nuit et jour, avec toutes les fureurs de la nature. Ce souvenir me hantait comme un spectre..... Mais, ô bonheur! une aurore magnifique nous ramena le soleil, auquel tant d'hommes doivent leur salut, et, remontant avec toute la vigueur qui nous restait le ravin de la veille, nous passâmes la vraie *Porte-d'Enfer* (2,600 et quelques mètres), brèche très-facile une fois qu'on l'a trouvée, mais à cent pas de laquelle il y en a plusieurs autres absolument pareilles, qui toutes mènent à la perdition. On ne m'y prendra plus dans le brouillard, car je m'y suis encore perdu depuis, malgré la triste leçon que j'y avais reçue.

Le lendemain, laissant herboriser mon ami Packe au lac de Caillaouas, je partis, escorté d'Haurillon, pour faire capituler la cime alors vierge, des Gours-Blancs. Après avoir passé les petits lacs presque toujours gelés qui portent ce nom, nous entrâmes, en montant au sud-est, dans une espèce de Sahara de neiges et de glaces fortement crevassées, où l'éclat du soleil était insupportable. Devant nous se dressait notre ennemi, comme un écueil néfaste au milieu de la mer. Après l'avoir longtemps dévisagé, nous attaquâmes un des couloirs qui le déchirent du haut en bas, à de tels angles que la neige ne saurait y rester. Nous prîmes le plus à droite, passant ainsi entre le piton le plus à l'ouest et celui du milieu, car ce pic a trois pointes. Mais ce n'est pas sans peine que nous franchîmes le gouffre noir et sans fond qui séparait les rochers de la glace. On sait que ces « débarquements » à travers les *bergschrunds* sont une des grandes difficultés des courses alpestres, vers la fin de l'été, alors que les rochers brûlants ont tant fait fondre et reculer la glace, qu'il s'ouvre entre eux et elle des abîmes assez larges pour devenir infranchissables. Il faut absolument trouver un pont de neige.

Combien de fois les *bergschrunds* ont fait lever le siége d'un pic !

Quant au couloir, nous le trouvâmes extrêmement raide : il vaut mieux y monter qu'y descendre, surtout avec un gouffre qui bâille en bas, car les petits cailloux schisteux dont il est plein sont si mobiles, qu'il est presque impossible de s'y tenir debout; ils fuient comme une cascade dès qu'on y touche; c'est la timidité, sans doute, car ils n'avaient jamais encore vu l'homme.

Nous arrivâmes pourtant, en nous servant des mains beaucoup plus que des pieds, à gauche de la pointe ouest du pic, d'où, passant par le sud, nous gravîmes les deux autres, sur la plus haute desquelles nous élevâmes une tourelle qui fait honneur à notre architecture, puisqu'elle y est encore, malgré les ouragans que treize hivers ont fait siffler sur elle.

Comment décrire la vue ? Il faudrait un volume. On ne voit guère de plaines; tout l'horizon est un pêle-mêle d'immenses montagnes. Quant à la neige, elle ne se décrit pas, et je la laisse en blanc.... A l'est-nord-est, on n'en voit pas la fin.

Nous descendîmes à l'est et ensuite au nord-est, sur d'éblouissants névés à pentes très-douces, y déjeunant sur un îlot où frissonnaient des renoncules glaciales, tandis qu'à gauche un des plus beaux glaciers des Pyrénées tombait majestueusement en cataractes, formant un vrai chaos d'aiguilles de glace, inondées d'une lumière que l'habitant des plaines n'a jamais vue. Mais il gelait à l'ombre, et le tableau était extra-polaire.

C'était triste et pourtant magnifique.

L'empire et la fascination qu'exerce sur nous l'aspect sinistre et boréal des hautes montagnes est un étrange mystère, car on ne comprend pas que la nature, privée d'eau, de forêts, de verdure, veuve de toutes ses couleurs et réduite au silence, puisse encore nous éblouir et même nous passionner jusque dans « l'abomination de la désolation ».

Le plus grand peintre du monde serait assez embarrassé, si on lui commandait un paysage, avec défense d'y mettre autre chose que de la neige et des rochers ! Cela suffit pourtant à la nature pour arriver à des effets sublimes. Elle fait le beau avec l'horrible.

Pour moi, je vois dans ce mystère une preuve nouvelle de l'existence de Dieu. Il prouve qu'il y a autre chose dans la nature que ce qu'on y voit : il y a ce qu'on y sent et ce qu'on y devine. Même quand elle porte la livrée des cadavres, on sent qu'il y a une âme derrière, et que cette âme, c'est Dieu lui-même. J'ai cependant une grande prédilection pour les tropiques, et je ne m'en cache pas. J'aime jusqu'à leurs tempêtes, qui défigurent la terre, allument les cieux, bouleversent les fleuves et l'Océan, et font tomber des fragments de montagnes. J'aime encore mieux leurs calmes sublimes. Je trouve que rien au monde n'égale la majesté des soirées embrasées du Brésil ou de l'Inde. Rien n'impressionne autant que ces nuages formidables et cuivrés qui s'amoncellent alors autour de l'horizon et qui restent là pendant des heures entières, sans changer de contours ou de place, comme si les rouages du monde s'arrêtaient un instant, pour voir mourir le jour. Combien de fois, dans nos froides latitudes, aux heures neigeuses des nuits d'hiver, je pense avec regret à l'horizon rougi des mers et des savanes, et aux longues colonnades de palmiers agitant leurs panaches sur des rivages ensoleillés, derrière l'écume qui tonne, monte et retombe éternellement ! Nos plus ardentes soirées ne donnent aucune idée de ces lueurs d'incendie que jette, en se couchant, le soleil écarlate des tropiques, sur les eaux, les forêts, les maisons et les hommes, pendant que, sous des masses impénétrables de feuilles et de verdure, les oiseaux mêlent leurs chants aux airs de *Guillaume Tell* ou d'*Hernani*, joués par des mains émues, dans des villas enveloppées de fleurs, de mélodie et de mystère. Quel paradis que les tropiques ! Quand on revient de leurs plaines enchantées, comment se fait-il donc qu'on aime encore la neige et les montagnes ? Comment la glace et la stérilité ont-elles encore le don de charmer l'âme la plus éprise de la couleur et de la vie ? Ah ! c'est que la nature est toujours belle, et que le cœur humain ne connaît pas de latitudes.

Penzance, Nov. 1877.

(Gazette des Eaux).

PIC D'ARIEL (2823 MÈTRES).

J'escaladai l'Ariel en 1874. Ce pic, appelé aussi *Soum de Seoube*, se dresse au sud du lac d'Artouste et au S.-O. du pic Pallas, dont le sépare le port d'Arrémoulit (2455 m.). En traversant Gabas, je pris Camy, et suivant au midi, pendant neuf kilomètres, le chemin plus ou moins carrossable qui parviendra sans doute un jour à la frontière d'Espagne, nous le quittâmes à quinze minutes en aval de la case à Broussette, pour nous élever à gauche (Est) vers le col d'Arrious. Nous traversâmes d'abord un bois de beaux sapins, nous retournant souvent pour contempler à l'Ouest la pyramide rougeâtre du pic d'Ossau. Bientôt nous émergeâmes des bois sur d'immenses pâturages pleins de fleurs, de vipères et de sources excellentes. Puis à 1900 mètres (ou à peu près), arrivés à un bloc colossal formant un bon abri, à une heure en aval du col encore trop éloigné d'Arrius, nous y passâmes une fort bonne nuit, avant que les bergers en eussent pris possession : c'est souvent désirable...

Le lendemain une bonne heure de montée (Est) nous plaça sur le col d'Arrius (2254 m.), crête mamelonnée, herbeuse, d'où la vue est fort belle sur le Balaïtous, le pic Pallas, le lac d'Artouste, etc. D'ici on voit aussi au S.-S.-E. deux pics pointant parallèlement vers l'Est, l'un derrière l'autre, comme les oreilles d'un cheval effrayé : la plus au Sud de ces deux pointes est la vraie cîme du pic d'Ariel.

Montons au Sud pendant quelques minutes : voici le lac d'Arrius, long et très-mince : glaces flottantes (3 juillet); une petite brise du Sud les fait voguer sans bruit vers nous; mais elles se rompent enfin avec éclat sur le rivage. L'eau et l'air sont d'un bleu magnifique, tout à fait inconnu dans les plaines... Abri passable sous un rocher au Nord du lac, sur la rive droite du ruisseau qui en sort.

Montant à l'O.-S.-O. sur une croupe arrondie et herbeuse, nous descendons sur son revers occidental, dans le vallon qui monte du Nord au Sud au col de Sobe, ouvert à l'Ouest du pic d'Ariel. Pentes molles, beaucoup de neige. Une heure du col d'Arrius nous mène au col de *Sobe* (2445 m.), d'où la cîme véritable de l'Ariel paraît soudain à l'Est; son flanc Ouest est tout rouge, et l'ensemble a un air de menace, que l'ascension est loin de justifier, car c'est un pic qui n'offre aucune difficulté par le Nord et par l'Ouest : le Sud et l'Est sont formidables. La vue au Sud du col de Sobe est très aride : du haut des Pyrénées, l'Espagne a toujours l'air d'un Sahara.

Nous montons roide à l'Est, vers un large col ouvert à gauche du pic d'Ariel, entre lui et le sommet plus humble situé au Nord. En trente minutes, nous atteignons ce col, d'où une autre demi-heure d'escalade au Midi, parfois très roide, mais sans aucun danger, nous place sur le sommet du Pic d'Ariel (2823 m.) Grand total, de Gabas à la cime (sans compter les arrêts) — 6 bonnes heures. Mais on raccourcirait d'une heure, en n'allant pas au col d'Arrius, et en montant, du Nord au Sud, tout le vallon de Sobe, qui débouche loin à l'Ouest de la crête d'Arrius.

A l'Est du pic d'Ariel, s'ouvrent d'effrayants abîmes, profonds de 8 à 900 mètres, au bas desquels scintillent les petits lacs espagnols de ce nom, et au-delà desquels se dressent avec une majesté superbe les arêtes diaboliques Ouest du Balaïtous. Dans le brouillard, toute cette région est très dangereuse.

En somme, le pic d'Ariel est un beau pic, et accessible à presque tous les marcheurs ; mais il faut craindre et éviter sa région orientale.

GRANDE FACHE (3020 MÈTRES).

Voici comment j'accomplis la première ascension de ce pic, en juillet 1874, avec Latour, guide de Cauterets. Il a été gravi depuis par mon vaillant collègue, M. Wallon.

J'allai coucher dans une des excellentes cabanes du Marcadau (1860 m.; 3 h. 30' de Cauterets), par un temps singulier, mais très-commun cette année-là ; deux courants d'air superposés soufflaient ensemble en sens contraire, l'un du Nord, l'autre du Sud, en sorte que le brouillard de France remontait dans les gorges, sans dépasser 1800 mètres ; tandis que l'autre, venant d'Espagne, volait follement du Sud au Nord, à une immense hauteur, sans descendre sur les pics. Entre les deux s'étendait une zone calme ; mais ce temps-là n'est jamais sûr : c'est l'anarchie. Aussi tout allait mal, et toute la nuit l'orage et les éclairs m'empêchèrent de dormir. Le matin cependant, la pyramide violette de la Grande Fache se dressait sans brouillard (O S O) dans toutes ces brumes qui s'agitaient autour de son sommet, et je me mis en route, malgré l'avis et les alarmes du guide. Suivant pendant une demi-heure la direction du port de Marcadau (S O), nous nous élevâmes bientôt vivement à droite (Ouest), laissant à gauche une fort jolie cascade, et dépassant les cabanes de la Fache (2000 m.); gazon, pentes roides. Une heure un quart (de la cabane du Marcadau), lac de la Fache, avec glaçons flottants. (Un autre, plus petit et invisible d'ici, se trouve plus haut à droite). Grande brise, tonnerre sur le Vignemale ; le temps menace partout, et nous courons vers les rochers pour nous y abriter. Mais le ciel se dégage, et pendant cinq minutes le soleil resplendit sur les belles nappes de neige qui montent à l'Ouest sur le col de la Fache. Abri à droite, sources partout et chaos. Le pic se dresse fièrement à gauche, et le tonnerre le fait vibrer ; mais rien ne tombe encore, bien que le vent souffle à tempête.

Deux heures (de la cabane du Marcadau) nous placent haletants, inquiets et effarés, sur le col de la Fache (2400 mètres?), d'où, sans perdre un instant (car c'est une lutte à toute vitesse avec l'orage), nous gravissons au Sud, en trois quarts d'heure, l'arête fort longue, mais très facile, qui monte au pic. La cime (3020 m.), assez aiguë, paraît siffler comme un serpent, sous les rafales du Sud. Tout devient noir et bleu, le Vignemale fume comme un volcan, notre pic tremble sous nos pieds : il gèle, il grêle... il va faire nuit en plein midi... il faut partir... Je laisse nos noms dans une bouteille, et nous prenons la fuite ; arrivant en cinq heures à Cauterets, comme si un incendie nous poursuivait. La Fache était gravie, mais mes habits mirent deux jours à sécher (juillet). Vue sauvage et pas très étendue.

N. B. Marche totale, de Cauterets à la cime, 6 h. 30'. Ce pic est juste à mi-chemin entre Sallent et Cauterets (SO-NE).

DE GAVARNIE A BAGNÈRES-DE-LUCHON (LE LONG DES CRÊTES FRONTIÈRES) ET ASCENSION DU PIC DE LA BAROUDE (2791 MÈTRES), DE LA PUNTA SUELSA (3000 MÈTRES?), &c.

Voici un magnifique petit voyage alpestre, mais qu'exige un sac en peaux de moutons, pour coucher sur les pics. Prenant à Gavarnie, à la fin de juillet 1874, Céleste Passet, vrai montagnard et compagnon toujours de bonne humeur, j'allai coucher la première nuit chez Chapelle, à Héas *(hôtel de la Munia)*, me doutant peu, hélas ! qu'un mois après, je reverrais ce montagnard incomparable, aimé de tout le monde, entre la vie et la mort, après un accident de chasse (*). Après un excellent dîner dans son

(*) Le pauvre Chapelle mourut de ses blessures !

nouvel hôtel et une bonne nuit, nous partîmes le matin, avec cinq jours de vivres et par un temps irréprochable, pour la Hourquette des Aiguillous et la région fort peu connue de la Baroude : montueux désert de cailloux et de neige, dont les montagnes pelées moutonnent comme des vagues brunes, à l'Est des précipices énormes de la Gela et de Trumouse ; c'est une espèce de Mongolie. Montant Est de Héas, par un sentier très roide mais bien tracé, sur la rive gauche du ruisseau d'Aiguillous, nous arrivons en 45 minutes à un plateau herbeux, où nous passons sur la rive droite, à côté des cabanes d'*Aguila* (1850 m.)? Quelques minutes après, reprenons la rive gauche pour ne plus la quitter : pentes roides et nudité partout ; des précipices superbes nous dominent au NE.

1 h. 45' (de Héas) : voici les deux cabanes des *Aiguillous*, sur la rive droite du ruisseau du même nom, et très élevées (2400 m. ?). Grand cirque désert, herbeux et ondulé, avec quantité d'eau. Le col des Aiguillous est juste à l'Est ; mais la crête où il s'ouvre étant longue de plusieurs kilomètres, on pourrait s'y tromper et aller facilement trop à droite, auquel cas la descente au NE, dans le vallon de la Gela ou dans la vallée d'Aure, serait impraticable.

On voit à l'ESE des cabanes d'Aiguillous, le pic tordu et solitaire de la *Gela* (2849 m.); un peu à gauche, sur la longue crête des Aiguillous, s'élève un petit pic sans nom ; dans tout cet intervalle, la descente au NE est impossible : il faut passer beaucoup à gauche. La vue, à l'Est du col des Aiguillous, est presque sans bornes, mais d'une désespérante couleur de chocolat ; c'est une stérilité universelle ; à peine voit-on deux ou trois petits groupes de sapins, dans tout cet horizon confus de montagnes rouges, jaunes et brûlées. Hauteur du col des Aiguillous : 2596 m. **Voyez le grand Vignemale à l'Ouest.**

Ayant franchi le col (3 h. de Héas), nous descendîmes très roide à droite (Est), pendant une demi-heure, pour remonter ensuite et traverser de l'Ouest à l'Est un chaînon très facile qui court au Nord du pic de la Gela. C'est un très grand détour pour gagner la Baroude, qui est tout à fait au Sud; mais la région que nous laissions à droite est toute coupée à pic. Ce n'est qu'en descendant de 5 ou 600 mètres au moins, que nous parvînmes à contourner par le Nord-Est le pic de la Gela, pour remonter ensuite vivement d'une heure au Sud, vers un cirque fantastique, où nous passâmes la nuit dans une cabane située à l'Est et à la base du pic de la Gela. Il n'y a certainement pas dans toutes les Pyrénées de précipices pareils à ceux qui se dressaient à l'Ouest de nous. C'est une muraille de marbre à pic, lisse comme l'acier, haute d'au moins 500 mètres, et longue d'une demi-lieue. Derrière ce mur (à l'Ouest) est le cirque de Trumouse. Au clair de lune, ces précipices sont effrayants : ils ont l'air de s'ouvrir pour tomber. Nous vîmes là neuf isards, qui s'y trouvaient encore le lendemain matin; il y en a de sociables.

Hauteur de la cabane : 2300 m.? Il y en a deux, à dix minutes au nord du lac de la Gela, dont je vais reparler, et à une heure au Nord du port de la Baroude. D'Héas à cette cabane, il faut cinq heures et demie (bonne eau).

Le lendemain, nous montâmes au SE, par pentes très douces, mais sur un sol très-bouleversé, comme s'il y avait eu un tremblement de terre. Le sol forme d'immenses vagues solides. Le calcaire prédomine.

A dix minutes, nous passons un étang triangulaire, et cinq minutes après, nous arrivons au *lac de la Gela* (2400 m.?), perdu dans un affreux désert, sans le moindre arbrisseau. Au Sud, un glacier bleu et crevassé, monte au *pic de Trumouse* (3086 m.). A gauche du lac, qui est la seule chose gracieuse de tout le tableau, l'herbe pousse encore, mais sa verdure semble un miracle. A droite et presque partout, c'est un hideux chaos de rochers prodigieux, les uns tout blancs, les autres noirs comme la nuit, étendus sur la plage et ressemblant à des bêtes fauves. Sur le lac même, des îlots fantastiques forment un long archipel. On n'entend rien.... A gauche, les pics sont calcinés ; à droite, gelés.

A quarante-cinq minutes de la cabane, laissant à droite (au Sud) le port de la Baroude (2542 m.) et son petit sentier, nous nous élevons à gauche (SE) sur de grandes croupes terreuses, couleur de bronze et nues comme le Soudan. Le vent y aurait beau jeu ! Mais il fait calme et beau. Une heure et demie (de la cabane de la Gela) nous place sur le sommet du *pic de la Baroude* (2791 m.) à la frontière. Observatoire grandiose : Vue magnifique.

D'ici, je fis une longue et grave étude de la région à parcourir. C'était assez décourageant. Ma route était à l'Est ; mon but, Luchon ; mais je voulais toujours rester très-haut, problème évidemment difficile à résoudre, vu les immenses détours des crêtes frontières, et vu le nombre en apparence illimité de cols à traverser de l'Ouest à l'Est, de manière à couper une à une, en descendant le moins possible, les arêtes dirigées Nord et Sud sur l'Espagne, derrière la vallée d'Aure. Il faut avoir vu les montagnes du haut en bas, pour avoir une idée de leurs mille accidents, de la complication de leur structure, et des distances réelles à parcourir entre deux sommets qui, sur la carte, sont tout près l'un de l'autre ! Ce qui de loin semblait un mur ou une crête continue, devient de près un labyrinthe ; ce qui semblait horizontal devient une gorge qu'il faut des heures pour contourner... C'est là l'histoire de tous les jours, quand on explore une chaîne. Voici comment je me tirai d'affaire.

Redescendant d'abord d'une heure au Nord du pic de la Baroude, mais en Espagne, à l'Est de la frontière, nous remontâmes à l'E.-N.-E, sur l'herbe, vers le *port de Bielsa*, (2465 m.); puis le laissant à gauche, nous continuâmes à l'E.-S.-E, sans monter ni descendre, sur les pelouses interminables qui tapissent au Midi tous les ports de la vallée d'Aure. Après avoir aussi laissé à gauche le port de *Héchempy*, nous entrâmes dans un bois de sapins, où il fallut passer d'assez mauvais ravins. Enfin, cette longue promenade horizontale, à un niveau de 2300 mètres, se termina sur l'herbe à un col espagnol (de *Tringonné?*), que nous franchîmes de l'Ouest à l'Est. Vue de ce col (2300 m.) : Munia, O ; — Mont-Perdu, O.-S.-O ; — Port de Barroude, O.-N.-O (le pic des Aiguillous paraît derrière) ; — Punta Suelsa, S.-E ; — Cotieilla, S.-S.-E. D'ici, on voit à l'E.-S.-E un autre grand col herbeux, également en Espagne ; c'est là qu'il faut aller, mais par où ? Une gorge immense nous en sépare, descendant Nord et Sud du port de *Moudang*. Nous descendons à gauche (à l'Est) de 45 minutes. En moins d'une heure, nous arrivons à une cabane de bergers espagnols, située au Sud du port de Moudang, à une hauteur d'environ 2000 mètres. D'ici nous remontons au Sud, par un très-bon sentier ; une heure nous mène ainsi au second col (de *las Vaccas*? 2400 m.?). Il est déjà six heures Où coucher ? Partout de l'herbe ; pas un rocher ! La grande cime espagnole de Suelsa, maintenant très-près de nous, mais séparée encore par une grande gorge, se dresse au S.-S.-E., et le Posets, fort loin, à l'Est. On aperçoit au S.-S.-O. les plaines d'Espagne, tout empourprées par le soleil couchant.

Nous descendons encore à l'Est, mais graduellement et par un bon sentier, vers le pic d'*Ourdissette*; car nous voilà enfin dans la longue gorge qui, de Bielsa, monte au port de ce nom. Enfin, après dix heures de marche, de tâtonnements et souvent d'inquiétude, nous arrivons à une très-bonne cabane de bergers espagnols *(Pardina?)*, Ouest du col d'Ourdissette. Nous y couchons, après une harassante journée. De cette cabane (2100 m.?), on voit le Mont-Perdu à l'Ouest. On est sur la rive droite de la gorge qui descend à Bielsa (S.-S.-O.). Sur l'autre rive apparaissent avec une majesté superbe les deux colosses *Suelsa* (S.-E.) et *Fulsa* (Sud). Les ours abondent ici... Ils viennent presque tous les soirs.

Le lendemain, ascension réussie du *Suelsa* (3000 m.?), que je rêvais depuis plusieurs années. Je regrettai vivement M. Lequeutre, condamné à rester à Paris, et à qui cette montagne inconnue et si haute apparaissait aussi en rêve.

Je repars donc de la cabane de Pardina, le 2 août, de grand matin, avec Céleste Passet, montant très graduellement vers le S.-E., sur un sentier très bien tracé. En trois quarts d'heure, laissant à gauche le col et le pic d'Ourdissette, nous arrivons au col appelé, je crois, *Passo de los Caballos*. Mais je ne donne les noms espagnols que sous toutes réserves. Le Posets paraît à l'Est. (D'ici un bon sentier descend à l'Est, et va rejoindre, à 1 h. 30', celui qui monte, du Sud au Nord, au *port de Plan*. Pâturages sans limites).

La chaleur est affreuse : pas un nuage, pas un arbre. Changeant de direction, nous montons au S.-O. Herbe et granit, désolation et nudité partout ; moustiques intolérables. Voici (50 minutes de la cabane) un petit lac à gauche, au pied même et au Nord du Suelsa. Quelques minutes après, autre petit lac à droite, et cinq minutes plus loin (1 h. de la cabane), grand lac carré à gauche, au Nord de la grande brèche qui sépare les deux pics de Suelsa et Fulsa ; solitudes magnifiques par leur épouvantable aridité et les couleurs étranges de leurs rochers, où prédomine le rouge. Le contraste avec l'herbe est frappant. Au Nord du lac Carré, qui est aussi grand que le lac d'Oo, et communique avec le second (déjà cité), s'étend, sur une longueur de 7 à 800 mètres et dans une direction S.-E.-N.-O., une bande de rochers rouges, sorte de fleuve pétrifié, où se hérissent partout, comme les vagues de la mer au milieu d'un typhon, des cônes sanguinolents. Entre ces vagues, l'herbe serpente et circule, et çà et là des cailloux blancs tranchent sur le rouge : étrange contraste des trois couleurs ; beau champ pour la géologie... On dirait ces rochers arrosés par du sang ou par du vin d'Espagne, ce qui revient souvent au même.

Du lac Carré, il s'agit de monter au Midi, à cette vaste brèche béante (et bien moins difficile en réalité qu'en apparence), qui sépare les deux pics de Suelsa et Fulsa. Faisant le demi-tour du lac (peu propre), nous franchissons cette brèche en trois quarts d'heure. Derrière est le mystère... Mais à peine y avons-nous passé la tête, que nous trouvons de l'autre côté (au Sud) un précipice tombant sur un grand cirque de murailles menaçantes, au pied desquelles dort un petit lac bleu. Une gorge triste et sauvage part de ce lac à droite et descend à Bielsa. Tournant à gauche (S.-E.), nous nous hissons avec les mains sur une mauvaise arête, avec abîme à droite. Il y là quelques pas très scabreux. Mais dix minutes de gymnastique nous replacent en lieu sûr : la crête devient très large et s'arrondit comme le dos d'une baleine. Montant toujours S.-E., nous dépassons les ruines d'un cabanon, où je constate que c'est par là, c'est-à-dire sur une ligne plus à l'Est, que nous aurions dû attaquer le Suelsa. — On peut monter tout droit et facilement du Passo de los Caballos au sommet, sur une ligne Nord et Sud... Avis à ceux qui nous suivront. Nous avançons... Croupe déserte et brûlée, où le calcaire alterne avec les cailloux rouges. Grande ressemblance avec le Mont-Perdu, quand on monte par le Sud.

Deux heures et demie (de la cabane de Pardina) nous placent sans peine sur cette cime entourée jusqu'ici de mystère, une des plus fières des Pyrénées, et qui se voit de presque partout, ainsi que le *Fulsa*, son acolyte, situé à l'O.-N.-O., plus bas de quelques mètres, mais plus pointu et peut-être moins facile. A quelques mètres du sommet (côté S.-S.-O.), je vois des ruines. A quoi pouvait servir cette pauvre cabane, perchée à 3000 mètres, et certainement la plus aérienne des Pyrénées?

Je salue la montagne à coups de pistolet; mais le son sec et sourd meurt sur place. Chaleur atroce : 20° degrés à l'ombre. Le soleil nous traverse, le sommeil nous accable; mais, ma boussole en main, je fais le tour de l'horizon. Voici les points saillants (hauteur présumée : 3000 m.) : Cotieilla : S. — Turbon : S.-E. — Posets : E. — Perdighero : E.-N.-E. — Batoua : N.-N.-E. — Batchimale : N.-E. — Arbizon : N. — Pic du Midi de Bigorre : N.-N.-O. — Cambiel : N.-O. — Vignemale : O. 20° N. — Mont-Perdu : O. — Champs de Bielsa : S.-O. — Un petit lac sommeille dans le S.-O., à 500 mètres plus bas.

La descente du Suelsa sur El Plan de Gistain est fort

longue ; nous mîmes près de quatre heures, sans comprendre les arrêts. Elle consiste à couper, au S.-E., trois chaînons à peu près parallèles, dirigés Est et Ouest, et séparés par de larges gorges, dont la seconde manque d'eau.

Descendant au S.-E. de la cime, d'abord sur des pentes roides, ensuite dans un vallon herbeux où elles deviennent très douces, nous trouvons quatre izards peu timides, car ils restent à brouter sous nos yeux. En 45 minutes, nous arrivons à un ruisseau, dont nous suivons la rive droite : sentier qui nous fait remonter sur une crête, et redescend de l'autre côté, à droite, sur un col d'une verdure magnifique. D'ici, retour à gauche, à l'Est et horizontalement, le long d'une croupe calcaire, interminable et nue, où nous passons une heure sans eau. Le Posets est superbe (Est). Bientôt le port de Plan paraît au Nord, et celui de la Pez au N.-E. Entre les deux trône fièrement la cime bronzée du pic *Batoua* (3035 m.)

En deux heures du sommet du Suelsa, qui ne cesse de se voir au N.-O., et paraît colossal, nous franchissons enfin la seconde croupe, la contournant par l'Est, et là, obliquant subitement au Midi, nous voyons tout-à-coup la masse immense et grise du Cotieilla se développant au Sud comme un rideau cendré ou une grande chauve-souris... Comme ces régions sont nues ! Il n'y a rien de semblable dans toutes les Pyrénées françaises. Cependant, ô surprise ! je découvre un vrai lac dans un ravin brûlé, au N.-N.-E. du Cotieilla ! Qui l'eût cru ? Mais le *Turbon*, qui grille dans le S.-E., doit être sans eau : on ne peut pas avoir cette couleur-là et savoir ce que c'est que de l'eau. C'est bien la cime la plus ardente, la plus incandescente que j'aie vue en Europe.

Pour nous, voici des sources qui nous arrosent partout, à mesure que nous descendons au SE, sur des pelouses moelleuses, vers le dernier chaînon qui nous sépare encore du Plan. Voici des champs de blé et des moissons, puis un bois de sapins : sentiers partout. Nous continuons à descendre n'importe où au SE, et bien près de quatre heures ont passé sur nos têtes calcinées, depuis que nous avons quitté le sommet du Suelsa, quand nous entrons, pour y passer la nuit, à l'excellente *Casa del Sol*, à Plan. C'est là, qu'en 1870, M. Lequeutre, les deux cousins Passet et moi nous nous rejoignîmes après cette nuit tragique de la forêt de Coronas, où quatre brigands tirèrent sur nous; mais comme plusieurs d'entr'eux ont été libérés et sont maintenant à Plan, je crus prudent de n'explorer cette fois leurs montagnes que le jour, et le lendemain, je repassai en France avec Céleste, par le port de la Pez : comment? on va le voir. Je remercie encore les magistrats d'El Plan, du zèle et du succès avec lesquels ils ont su nous venger.

La course d'El Plan en France par le port de la Pez, ne se trouvant bien détaillée dans aucun guide, je la donne tout au long.

On monte d'abord pendant deux petites heures au Nord, sur le chemin du port de Plan, jusqu'à l'*Hospice* aujourd'hui vide, et là on tourne à droite (NE), sur la rive droite du torrent qui descend de la Pez : sapins, granit et sources nombreuses; sentier de cheval. Bientôt on trouve une belle pelouse et une seconde bifurcation de la vallée. La gorge de droite monte au port de Clarabide et au col de Gistain, en contournant le NO du Posets. Deux maisons paraissent à gauche et une plus loin, à droite. Nous nous élevons à gauche (au Nord), sur la rive droite du torrent de la Pez, par un mauvais sentier, impossible à cheval. Le pic Posets paraît soudain à l'Est, du haut en bas (facilement accessible par ici, mais ascension de 2000 mètres). 2 h. 45' (d'El Plan de Gistain), pont de bois : nous prenons la rive gauche : sapins superbes. Quelques minutes après, cabane sur la rive droite et une autre sur la gauche; cascade (rive gauche). Au Nord, paraît le pic *Batoua* (3035 m.), et plus à droite, le *Balinet* (2970 m.) Au bout de quelques minutes, nous repassons sur la rive droite : pont. 3 h. 30', deux cabanes très petites et confluent de trois ruisseaux. De l'Est descend une très gracieuse cascade. D'ici nous montons roide au N.N.E., sur la rive droite : sentier de chèvres à peine visible, mauvais pas, gorge étroite ; eau merveilleuse, verte comme l'émeraude.

3 h. 50'. " Coume " herbeuse : gros rochers, bons abris. Les pentes deviennent très douces (rive droite), mais le brouillard du Nord se précipite sur nous : il siffle et tourbillonne, il fait presque noir. Pourtant nous distinguons encore une belle cascade à gauche, et une superbe à droite, qui semble descendre du haut des nues. Sortie des lacs et du glacier de *Batchimale*, elle glisse de quatre à cinq cents mètres le long d'un précipice, que je ne connaîtrai que trop dans quelques jours... Ici (4 h. d'El Plan), très bonne cabane, derniers sapins. Les pentes se redressent (NNE), et nous perdons tout à fait le sentier, dans un brouillard intense; la boussole seule nous guide.

5 h. (d'El Plan), port de la *Pez* (2482 m.); mais nous ne voyons rien ; il est six heures : brouillard impénétrable, sentier perdu... Que faire ? En cherchant à descendre, nous ne trouvons que des ravins à pic, pleins

d'herbe mouillée, glissante, et pas même un rocher, en cas qu'il faille passer la nuit suspendus aux flancs des précipices. Impossible de trouver le sentier : il y en a un pourtant; mais quelques jours après, j'appris qu'il descendait à droite, à l'Est, et nous allâmes nous perdre à gauche, à l'entrée de la nuit et sans vivres, dans des abîmes qui feraient peur à un izard. La situation devenait très grave, quand par bonheur nous entendîmes chanter à droite un jeune berger aragonais, qui, moyennant deux francs, nous mit bien vite sur le sentier et nous sauva. En vérité, je lui aurais de bien grand cœur donné cent francs, s'il avait fait ses conditions. La morale à tirer, c'est qu'en entrant en France par le port de la Pez, il faut immédiatement tourner à droite.

Toutefois, bien que sauvés de là, nous nous perdîmes encore, mais sur des pentes faciles. Il faisait nuit, et nuit si noire, que quand Céleste me devançait d'un mètre, je ne le voyais plus. Quant au sentier et aux torrents qu'on entendait gronder dans le brouillard, il nous fallut brûler plusieurs boîtes d'allumettes, pour découvrir les ponts ou pour sortir des prés. Je tombai plusieurs fois, et à quatre kilomètres de Génos, sur un chemin de chars, il fut question de coucher dans un pré, tellement nous dérivions de tous côtés! A minuit, nous entrâmes à Génos. Mais en temps ordinaire, et le jour, on ne compte que trois heures de la crête de la Pez à Génos. (Auberge « Janneton »), où nous couchâmes.

Le lendemain, nous allâmes à Luchon, d'où Célestin revint à Gavarnie. Je ne pourrais vraiment faire trop d'éloges de ce jeune guide, aussi intelligent que brave. C'est un devoir et un plaisir de le recommander.

LA MALADETTA (3312 MÈTRES) ET CHUTE DANS UNE CREVASSE.

Au mois d'août 1874, par un temps magnifique, j'allai coucher chez Cabellud (Francisco), près du port de Vénasque, pour tenter seul, le lendemain, l'ascension, non du Néthou, mais de la Maladetta, qui n'a que quelques mètres de moins. Durci par toutes mes courses et me sentant infatigable, je partis seul, de grand matin et lestement. En 1 h. 10', j'étais à la Rencluse, où je ne restai que quelques instants, et me trouvais deux heures après à une hauteur de plus de 3000 mètres, après avoir tantôt suivi, tantôt longé à l'Ouest, la longue arête granitique et facile qui monte du Nord au Sud, jusqu'à la pointe extrême de la *Maladetta* (3312 m.) J'espérais arriver au sommet sur le roc; mais ce fut impossible : à vingt minutes du but, je fus arrêté net par un chaos de rochers verticaux, et force me fut de « m'embarquer » à droite sur le glacier, pour prendre enfin le pic par l'Ouest, ou bien de renoncer à l'ascension... Il n'y avait pas d'alternative... Tout le monde a vu, en regardant les Monts-Maudits du Nord, cette prodigieuse crevasse toujours ouverte, courant de l'Est à l'Ouest, à quelques mètres au-dessous de la Maladetta. Elle a l'air d'une cravate, et il faut la franchir pour passer du glacier sur la cîme. C'est un *bergschrund*, car ce n'est que le vaste intervalle séparant le glacier du rocher... Ici expliquons-nous. Etant sur la terre-ferme, sur la gauche du glacier, et cette crevasse se prolongeant par-là en demi-tour tout le long des rochers, j'étais forcé de la passer deux fois pour arriver au pic : d'abord pour prendre la glace, et puis pour en sortir. Mais comme elle paraissait se rétrécir ou même se fermer tout à fait au pied des blocs qui m'avaient arrêté, je fis un bond sans hésiter, sans même sonder la neige qui la couvrait... Hélas! cette neige était nouvelle, épaisse seulement de quelques centimètres et ne put me porter ; je fis un trou dedans, et ma jambe droite disparut dans le gouffre. Il avait bien quinze mètres de profondeur, et j'entendais couler de l'eau au fond. Mais mon bond me sauva : je m'effondrai au bord, et me hissai très-facilement à la surface. Mais là, un peu ému en regardant le trou d'où je sortais, je lâchai mon bâton, qui glissa sur la glace et s'en alla si loin que je n'osai aller à sa recherche, vu l'état de mes nerfs. Je le perdis ainsi, mon pauvre bâton, fidèle ami qui ne m'avait jamais manqué et qui venait de me sauver la vie ; je crus, en vérité, que je l'aimais, quand je le vis descendre sans moi ! Il me quittait juste au moment où j'en avais le plus besoin ; car, même en renonçant au pic, il me fallait traverser de nouveau la même crevasse pour reprendre terre, et avec quoi sonder ? Mais comme la réflexion, en pareil cas, ne sert qu'à démoraliser, je traversai comme une fusée les quelques mètres de neige qui s'étendaient entre moi et le rivage : qu'il y eût crevasse ou non, la neige porta, et sain et sauf sur les rochers, je remerciai la Providence. Mais j'offre un louis à quiconque me rendra mon bâton : il doit être vers le bas du glacier de la Maladetta.

Cette crevasse est fatale : c'est elle qui engloutit, il y a de longues années, l'infortuné Barrau, dont on n'a pas encore trouvé les restes. En 1876, je mis mon nom sur le sommet de la Maladetta.

PORTS D'AYGUES-TORTES, DE CLARABIDE, DE CAOUARÈRE, ET ASCENSION DU PIC BATOUA (3035 MÈTRES).

Le 15 août 1874, je partis de Luchon pour Arreau, avec Firmin Barrau. Nous couchâmes là, et remontant au Sud, le lendemain, la vallée de Louron, j'engageai, en passant à Génos, un brave et tout à fait infatigable chasseur d'izards, Exuper Tardos, pour qui toute la région de Clarabide n'a plus un seul mystère. Il en connaît chaque pierre.

Nous partons tous les trois de Génos, à midi, faisant face à ce groupe peu connu de pics abruptes et formidables dans le brouillard, qui bornent au Sud la vallée de Louron. En somme, la carte d'Etat-Major est ici très-exacte.

En une heure de Génos, nous dépassons les derniers prés. 1 h. 30' *(je vais toujours compter les heures depuis Génos)*, bifurcation de la vallée, au pont de Tramesaïgues (1375 m.); confluent des deux « Nestes » de Clarabide et de la Pez : eaux magnifiques, d'un vert extraordinaire; cabane sur la rive gauche de la Neste de la Pez; il y en a d'autres plus grandes, à trois quarts d'heure plus haut (gorge de la Pez, S.O.).

Passant entre les deux Nestes, et suivant un instant le torrent de la Pez, nous obliquons à gauche, en montant roide sur l'herbe, au Sud, pour suivre plus haut, sous les sapins, la rive gauche du torrent de Clarabide, que le sentier domine bientôt de trois cents mètres.

Voyez à gauche (Est) la pointe hardie de *Belle-Sayette* (2966 m.); cabane de Puy-Mouillas, à trente minutes d'ici, sur la rive droite.

2 h. 30'. *Chapelle* microscopique, carrée, haute de deux mètres, fièrement et tristement perchée sur un austère et sauvage promontoire de granit, qui domine de trois ou quatre cents mètres le torrent furieux de Clarabide (rive gauche). Quatre ardoises forment le toit. Effet étrange et consolant de cet emblème de la religion, à pic sur ces dangereux et noirs abîmes. (Hauteur : 1800 m.)?

D'ici, la gorge de Clarabide devient scabreuse, et il ne faut cesser de répéter sur tous les tons qu'un montagnard de première force pourrait seul s'en tirer sans un excellent guide, même avec carte et boussole. Dans le brouillard, tout le monde pourrait s'y perdre. Elle monte au S.S.E., étroite et formidable, presque étranglée entre des pics dont les flancs se redressent çà et là presque jusqu'à la verticale, bien qu'ailleurs les pentes se radoucissent.

Deux sentiers qui s'effacent très souvent, remontent sur la rive gauche : l'un très bas, presqu'au bord du torrent, avec un très mauvais pas *(Espardou)*; l'autre passe plus haut, à un niveau moyen de quatre cents mètres au-dessus du torrent ; enfin, un troisième sentier suit la rive droite et mène au débouché de la gorge qui, courant Est et Ouest, jette dans les eaux de Clarabide celles du lac *Caillaouas*. Pour le rejoindre, il faut, de la chapelle, descendre de trois cents mètres au Sud et franchir le torrent.

Voyez encore, de cet observatoire de la chapelle, l'aride et périlleux ravin qui monte au S.-E. à la Hourquette de Pourtet d'Hières (2600 m.?), qui mène aussi au lac de Caillaouas.

Mais continuons vers Clarabide, dont le port ne se voit pas encore. De la petite chapelle, nous suivons à droite un sentier encore bon, mais qui, un peu plus loin, devient à peine visible et ne fait que monter et descendre sur le flanc oriental du *Pic du Midi* de Génos (2480 m.), où nous passons de très mauvais escarpements (toujours rive gauche). La nuit ou dans la brume, on ne s'en tirerait pas sans un guide émérite. La moindre glissade sur ces rochers vous précipiterait à gauche de quatre à cinq cents mètres dans le torrent de Clarabide.

2 h. 45'. Le port de Clarabide paraît enfin au S.-S.-E. : vaste échancrure rocailleuse et toute grise. Des glaciers resplendissent au S.-E.

3 h, 30'. Amphithéâtre ou « coume » considérable, où quatre à cinq cabanes sont dispersées *(La Gourguette* : 1825 m.); restez haut, et n'y descendez pas. Passez un énorme ravin plein de cailloux. Ici les pentes deviennent faciles et nulles, et vous passez une vaste pelouse (3 h. 45'), où vous rejoignez le niveau du torrent; tout danger disparaît. Au S.-E. et très-près, s'élève la crête grandiose de Clarabide, entre la neige et le ciel, et plus bas, tombe et tonne une cascade sortie du lac *Pouchergues* (2165 m.)

Nous montons à peine (rive gauche) : herbe moelleuse, eaux superbes (4 h. 15'). Mauvaise cabane de *Courtaou*, sur la rive droite (2000 m.)

Un grand pic (de Légné ?) se dresse droit devant nous.

4 h. 30'. Petit étang. Nous sommes ici entre le pic *Pétard* à droite (2548 m.) et le pic *Courtaou* à gauche (même hauteur à peu près), tous deux en France et parfaitement placés sur la carte d'État-Major.

Un pic fendu (très haut) paraît au Sud, entre les deux ports de Clarabide et d'Aygues-Tortes. Nous voici à un lieu important, à la bifurcation des deux vallons de Clarabide et d'Aygues-Tortes (4 h. 30' de Génos).

Abandonnant la gorge de Clarabide, que nous laissons à gauche (S.-E.), ainsi que la cascade de Pouchergues et une mauvaise cabane, nous prenons ici une direction S.-S.-O., montant à droite sur l'herbe, laissant à droite une autre jolie cascade, dont les eaux viennent d'Aygues-Tortes. Beau cirque de pics pyramidaux, du S. au S.-O. Ascension très-facile; sentier.

5 h. Pelouses et première vue du port d'*Aygues-Tortes* (O.-S.-O.), à droite duquel se dressent les pointes toutes rouges du *Batchimale* (2980 m.)

5 h. 30'. Bonne cabane située sur la rive gauche du torrent, mais à trois cents mètres de lui; hauteur estimée 2250 m. Nous y couchons; mais mes deux hommes n'ayant pas même une couverture, et deux bergers couchant aussi dans la cabane qui n'est faite que pour trois, je la leur livre de bon cœur; et pour plus d'une raison, je couche seul et dehors, sans feu, mais dans mon sac, où je ne m'aperçois du froid qu'en dégageant ma figure pour contempler le ciel et les étoiles. Les ours me laissent tranquille, bien qu'il y en ait, dit-on, beaucoup dans cette région. La nuit est magnifique : un grand brouillard dort à mes pieds et me sépare du monde; parfois il se déchire et remonte en flocons qui s'attachent aux flancs noirs des pics énormes qui me dominent et me regardent au Sud. C'est d'une splendeur presqu'effrayante... Ils semblent lever la tête et doubler de hauteur. Puis, tout se cache dans un brouillard impénétrable, pour reparaître soudain et se cacher encore. Ce qui me frappe le plus, c'est l'étonnant silence avec lequel tout cela se passe. Toute la nature semble en mouvement; elle change d'aspect à chaque instant, et cependant on n'entend rien, ni près ni

loin : le sommeil ou la mort sont partout. Aussi je passe bientôt moi-même dans le royaume des songes, et je m'endors au haut des Pyrénées, en l'oubliant.

Le lendemain, ciel pur et haut ; tous les nuages sont en bas. Nous partons à 5 h. Le port de Clarabide, qui a l'air gelé, s'ouvre au SE, et celui d'Aygues-Tortes au SO.

Nous montons Ouest de la cabane, à un tout petit col, derrière lequel se trouvent deux lacs très-sales. A l'Est, surgissent comme des Titans de glace, gelés pendant la nuit, le pic des *Hermittans* et le *Néthou* : tout autour d'eux, l'air lui-même, sec et bleu, semble gelé. Mais à l'Ouest, devant nous, l'aurore embrase le Batchimale d'un rouge sanglant. Vent froid.

De la cabane d'Aygues-Tortes, une heure de très-facile montée nous place sur le port de ce nom (2619 m.), longue crête très-exposée au vent, mais sans l'ombre de danger, ni d'un côté ni de l'autre. Nous entendons très-bien tonner le canon de Lannemezan, à 50 kilomètres. Izards à droite ; ils sont tout rouges. Le vent du Nord souffle à tempête. Le Posets apparaît au S.S.E., et plus à droite, le neigeux *Eristé*. Un vaste col s'ouvre entre les deux. Je vois aussi d'ici, dans les grandes solitudes de granit O.S.O. du Posets, briller deux petits lacs (à 2500 m.)?

Le Cotieilla s'élève au S 20° O. et le port de Gistain s'ouvre sous nos pieds, à l'E.S.E. Mais le Posets fait tout pâlir : il est superbe d'ici.

Nous descendons d'abord au Sud du port d'Aygues-Tortes : sentier. Mais au bout de quelques minutes, nous obliquons beaucoup à droite, sur le flanc du *Batchimale* (2980 m.), pour passer entre ce pic et un autre plus petit (2600 m.) situé plus au Midi, avec un beau " signal " sur son sommet, c'est-à-dire une tourelle de triangulation, qui, bien qu'en Espagne, est indiquée sur les cartes françaises de l'État-Major. Voici au loin le pic Suelsa (S.-O.), et bien plus loin encore, celui de la Munia (O.) Le Mont-Perdu est un peu sur sa gauche : vue grandiose sur l'Espagne. Nous allons au N.-O., restant à un niveau moyen de 2,600 mètres, et décrivant un demi-cercle sur le revers occidental du pic de Batchimale, que nous avons toujours à droite. C'est un pic très-facile, tout fourmillant d'izards ; à chaque instant, nous les voyons bondir sur ces déserts de cailloux rouges.

A 2 heures de la cabane d'Aygues-Tortes (1 h. du port), nous descendons au Nord sur deux petits lacs alimentés par le glacier du Batchimale, accroché au flanc Ouest du pic. Désert partout, pas le moindre arbrisseau ; l'herbe reparaît pourtant au bord des petits lacs bleus (2500^m?), d'où, au lieu de continuer au Nord et de descendre une heure après sur le port de la Pez, je me décide à m'en aller descendre à gauche (N.-O.), pour remonter ensuite au port de *Caouarère* (2530^m), et repasser ainsi en France avant la nuit. Le programme fut exécuté à la lettre ; mais il fallut toute la sagacité et le sang-froid du brave chasseur Tardos pour nous tirer du précipice qui tombe à l'Ouest des lacs de Batchimale, sur la gorge (espagnole) de la Pez : c'était vertigineux. Il faut rester à gauche, tout près de cette interminable cascade dont j'ai parlé dans la course précédente. Deux cabanes pendent aux flancs de l'abîme ! Dans le brouillard, nous n'en serions jamais sortis. C'est un pas détestable, une descente presqu'à pic d'environ quatre cents mètres, mais très-facile à éviter en sacrifiant deux heures. On descendrait alors des deux étangs de Batchimale au Nord, sur le port de la Pez (1 h.), pour redescendre ensuite au S.-S.-O. du port, par le sentier que suit tout le monde.

Mais nous gagnâmes au moins deux heures sans nous briser les membres, et franchissant de l'Est à l'Ouest le torrent de la Pez, nous commençâmes, vers 4 h. du soir, l'interminable montée du port de *Caouarère* : stérilité à perte de vue, sauf en bas. Toute cette région, à l'Ouest et au N.-O. de nous, vers le Batoua, est l'image du désert : pentes presque nulles, mais fort longues, ce qui explique la hauteur du port (2530^m). Enfin, nous le passons : il est six heures. Les chevaux peuvent monter jusqu'ici par l'Espagne, mais la descente en France leur serait extrêmement difficile. Ce port s'appelle aussi de la *Madère*.

Après une longue mais très-rapide descente à l'O.-N.-O., nous arrivons avec la nuit à l'exécrable auberge appelée par dérision " *Hospice* " de *Riou-Mayou* (1560^m), où je dîne avec une soupe au lait et un reste de poisson conservé, dont j'ai toujours une provision dans les montagnes. Nous dormons dans du foin, comme il n'y a pas de lit ! Et cependant quel merveilleux endroit pour passer une semaine, s'il y avait une auberge ! C'est un des sites les plus alpestres, les plus boisés et les plus séduisants de toute la chaîne des Pyrénées.

Le lendemain, 18 août, renvoyant le chasseur Exuper à Génos, j'accomplis heureusement, avec Firmin Barrau, l'ascension du *Batoua* par la France, c'est-à-dire le N.-O. Course facile et très belle, mais longue et fatigante : beaucoup plus longue qu'elle n'en a l'air.

A cinq kilomètres au Nord de l'Hospice de Riou-Majou, en arrivant aux cabanes et au pont de *Péguère* (1388 m.), on voit s'ouvrir à droite (S.-E.) un vallon très boisé, borné et dominé par une montagne d'une hauteur et d'une masse écrasante, sur la cime de laquelle on aperçoit, même à l'œil nu, une petite tour : c'est le *Batoua*; il est tout noir, et on dirait une muraille monstrueuse de métal, qui semble épouvanter le ciel. Il a la forme d'un lion couché, mais menaçant, dont la tête est à gauche (au N.-E.), et la queue au S.-O.; entr'elles, la crête se cambre de la manière la plus gracieuse, et tout le long du précipice qui tombe sur le val de Péguère, se dessinent de grandes rides qui simulent parfaitement la crinière.

Nous nous perdîmes trois ou quatre fois dans les épaisses forêts qui tapissent tout le bas du vallon de Péguère, où, remontant sur la rive gauche, nous nous approchâmes trop du torrent de Batoua. Il faut le prendre pour guide, mais en restant très-haut sur sa rive gauche, où serpente, au milieu des des sapins, un assez bon sentier, difficile à trouver. Montez S.-E. (fraises partout). — Une fois sorti des bois (2 h. du pont de Péguère), le pays devient libre et ouvert. On se trouve à l'entrée d'une espèce d'entonnoir ou de cirque, sans un arbre, tout couvert de pelouses, avec trois ou quatre sources exquises, une bonne cabane à droite, et la muraille du pic Batoua juste en face. D'ici on voit monter au Sud un ravin large et roide, cette année tout rempli de cailloux poudreux et mobiles, mais probablement couvert de neige les autres années; c'est par là que nous fîmes l'ascension. Après avoir escaladé un escarpement de rochers blancs, où tombent plusieurs cascades, nous attaquâmes ce long ravin de pierres roulantes, qui nous prit près d'une heure; ascension accablante : à chaque pas, nous détachons un torrent de cailloux et d'ardoises, qui nous font reculer. Il faut grimper avec les mains. Sur de la neige, vingt

minutes suffiraient, et cinq minutes à la descente...
Mais cette année, elle manque partout.

En 1 h. 15' (de la sortie des bois), nous arrivons à un large col (2800 m.?) ouvert à droite du pic : c'est la frontière. Tournons à gauche (N.-E.), pour suivre la crête interminable dont le point culminant forme la cime de Batoua. Aucun danger ; elle a presque toujours deux mètres de large, et à droite le pays est facile, bien qu'à gauche, sur la France, il y ait un précipice superbe, où j'aperçois un tout petit glacier, avec quelques crevasses. A l'horizon de l'Est, le *Néthou* se laisse voir un instant, puis il se cache derrière le *Batchimale*. Il est déjà six heures... Arriverons-nous jamais au bout de cette arête sans fin, et qui ondule comme les vagues de la mer? Où coucherons-nous? N'y pensons pas. Je coucherais ici même, plutôt que de renoncer à ce beau pic. Enfin, voici la tour et le sommet (3035 m.) Il y a cinq heures que nous avons quitté Riou-Majou, et nous avons marché à toute vapeur. Il est six heures et demie! Le soleil, tout sanglant, tombe à l'Ouest dans une mer de montagnes : l'éclat intolérable de sa lumière, qui nous aveugle, fait paraître l'ombre noire comme la nuit. Les gorges de France sont entièrement comblées par un brouillard horizontal, dont la surface devient d'un bleu livide ; mais en Espagne, tout est encore lumineux et brûlant... Silence étrange et absolu... Je jouis de me trouver là-haut à pareille heure, par une soirée si belle : il me semble un instant que c'est là la place naturelle de l'homme, tant l'âme s'y calme et s'y épure. Aucune passion qui ne s'endorme à ces hauteurs, sauf l'enthousiasme !

Au SE, en Espagne, je vois descendre à perte de

vue des solitudes mélancoliques et embrasées, sans arbres, sans une maison, sans trace humaine... Elles n'appartiennent qu'à Dieu, au vent et aux izards. Mais le soleil a disparu ; elles s'assombrissent et il va y geler. Il faut descendre, mais quel dommage !

C'est par ces pentes si nues qu'on ferait facilement par l'Espagne l'ascension du Batoua. En quittant le torrent et la gorge espagnole de la Pez, à mi-chemin entre l'hospice de Plan et le port de la Pez, et en montant à gauche (NO), on arriverait en 2 h. 30' sur le sommet, sans la moindre peine.

J'ai constaté aussi qu'on peut passer très facilement de la cime du Batoua sur celle de *Lustou* (3025m.), en suivant au NE, puis au Nord, la longue crête de *Guerreys*. Elle moutonne et la course serait longue (plusieurs heures); mais c'est la même arête d'un bout à l'autre, et l'on pourrait ainsi " faire " les deux pics dans la même course. Ce sont les deux plus hauts sommets de toute la vallée d'Aure, le Batoua dominant le Lustou de dix mètres.

C'est un merveilleux observatoire pour étudier les grands pics espagnols du pays de Gistain, et je le recommande à M. Wallon. Ils sont tous là, tout près : le Posets, le Suelsa, le Cotieilla, etc. En France aussi la vue est magnifique : Vignemale, Anie, Aiguillous, Cambiel, Arbizon, etc., etc. Le précipice du N.-O. est formidable ; il tombe de six cents mètres et presqu'à pic. La pointe assez caractéristique qui paraît au N.-E., est le *Balinet* (2970 m.).

Il faisait presque nuit, quand nous partîmes pour la descente, qui, sur les rochers blancs au bas du grand ravin, devint assez scabreuse dans l'ombre ; mais leur blancheur nous rendit grand service, et fatigués par le manque de nourriture, nous passâmes la nuit dans la cabane dont j'ai parlé plus haut, dans la partie occidentale de la "coume" de Batoua, à une hauteur probable de 2200 mètres. Elle est très-bonne, bien abritée, à cinq minutes de trois sources délicieuses; bois tout près.

Avec quelle volupté je savourai, le lendemain, le succulent mouton de l'hôtel d'Angleterre, à Arreau!

PIC D'ANAYETTE.

Pic très-aigu, que quatre hommes couvriraient... C'est le paratonnerre de la contrée. Il est pourtant moins difficile qu'il n'en a l'air. C'est cette espèce de flèche de cathédrale qu'on voit si bien du port de Peyrelue (S.-O.). C'est de Sallent, en Espagne, que j'en fis l'ascension; mais j'allongeai ainsi inutilement la course, car de Gabas, un bon marcheur la ferait parfaitement en un jour, sans coucher en Espagne. Il faudrait, dans ce cas, traverser la frontière par le port d'*Anéou*, derrière le pic d'Ossau; descendre ensuite en Espagne pendant une demi-heure; remonter au Midi au col de *Canaou-Roya*, et contourner par l'Est la base du pic, pour y monter enfin par le S.-O. Six heures suffisent de Gabas à la cîme.

Je pris encore Camy; mais comme je le menais en pays inconnu, je m'adjoignis à Sallent un élégant et brave chasseur aragonais, du nom de Santiago : il a des jambes d'acier et un sang-froid imperturbable. Je le recommande en toute confiance.

De Sallent, reprenant au N.-O. la route du port de Peyrelue, nous tournâmes brusquement au S.-O., au bout d'une heure un quart, près de cinq arbres qui sont les seuls de la région; et nous montâmes à gauche sur des pentes de gazon presque sans fin. Ce n'est qu'à près de deux heures plus haut qu'elles s'arrêtent au S.-O., au pied d'un cirque de rochers rouges *(Corral de las Arroyetas)*, où s'ouvre un col assez élevé (2350 m.), qui mène à Canfranc. Mais ce n'est pas le col d'Izas, qui est encore plus à gauche et qui va également à Canfranc.

Pas un seul arbre ne rompt par sa verdure ou par son ombre la triste monotonie de ces régions, qui graduellement arrivent très-haut. Cabane à droite. Le Balaïr tous domine tout au N.E.

3 h. (de Sallent), joli *lac d'Anayette*. Le Pic du Midi d'Ossau paraît ici au N. 10° O., montrant son dos ; et l'Anayette est là tout près, à l'O. N. O., en apparence inaccessible. C'est une aiguille de cinq cents mètres. Charmant contraste entre la surface horizontale et calme du lac et les lignes disloquées, menaçantes de ces deux pics pyramidaux. Il y a un autre petit lac plus au Nord.

Ici nous rencontrons quelques bergers à mine sombre et sournoise, armés de carabines. Ils rôdent autour de nous, sans nous rien dire. Je pends mon revolver à ma ceinture, et ils s'en vont pour ne plus reparaître.

Voyez cette grande fissure à l'angle S. E. de l'Anayette : on dirait une blessure ; c'était une mine de cuivre, maintenant abandonnée. La pauvre maison où travaillaient les ouvriers tombe en morceaux, et elle a l'air hanté. Une brise lugubre siffle dans son toit brisé : effet sinistre d'une ruine à ces hauteurs (2,300 m.), au milieu de celles de la nature, dans des montagnes rouges comme le sang.

Laissant maintenant au Nord (à droite) le col et le vallon de *Canaou-Roya*, qui descend à Canfranc par l'Ouest de l'Anayette, nous nous élevons à l'Ouest, dans des conglomérats sanguinolents.

3 h. 30' (de Sallent). Col ouvert au S. O. de l'aiguille à gravir. Tournant ici à droite (N. E.), nous franchissons encore des blocs d'une rougeur fantastique, mais qui cessent tout à coup. Le pic lui-même est gris comme tous les pics (calcaire?). A sa base, nous trouvons un talus de rochers lisses et blancs, avec abîme en bas, et à un angle assez désagréable... C'est le seul mauvais pas, et encore il n'y a rien de bien grave. Nous ôtons nos souliers, et à vingt mètres plus loin, nous trouvons une étroite cheminée, roide il est vrai, mais pleine d'herbe qu'aucun poids n'arracherait ; on peut s'y pendre sans crainte. Cette cheminée, qui est la seule praticable, débouche en cinq minutes sur le sommet (2,700 m. ?), que nous foulons quatre heures et demie après avoir quitté Sallent.

Vue magnifique ; devant nous, au Midi, se déroule la longue chaîne des monts de *Bouquesa*, rideau de précipices calcaires sans un seul arbre, auquel pourtant son effrayante aridité, jointe à son altitude, donne beaucoup de grandeur. Il y a là des sommets de près de 3,000 mètres. Cette chaîne va droit de Canfranc à Sallent. Canfranc lui-même ne se voit pas d'ici, mais il est au S. O. Le *Bisouri* (?) monte dans les nues à l'Ouest (10 kilom. environ). L'*Anie* est au N. O ; le *Pic du Midi d'Ossau* juste au Nord. Le *Balaïtous*, E. N. E. ; *Tendenera*, E. S. E., et à sa droite, sur la même chaîne, se dresse un cône bien haut, la *Peña d'Oos*. Le *Vignemale* se laisse voir à l'E., entre le pic d'Enfer et le *Bondellos*, avec la crête aérienne et sauvage de l'*Arualas* plus à droite. Un bout du cirque de Gavarnie paraît à l'E. S. E. Plaines d'Espagne au S. O., etc.,

N. B. L'Anayette peut aussi se gravir en écharpe, par l'Est et le N. E. ; mais très difficilement. C'est une des rares montagnes qu'on ne voit pas du Pic du Midi de Bigorre.

LE GABIÉTOU (3,033 M.) ET LE TAILLON (3,146 M.)

Le Gabiétou est cette cime double, fendue, qui domine au Midi le port de Gavarnie. Mais on ne peut y arriver directement du port. J'y suis monté très-facilement avec Céleste Passet, par le N. E., en traversant le beau glacier si déchiré, qui le sépare de la cime du Taillon. Le bas de ce glacier, qui n'est pourtant pas étendu, est certainement une des plus grandes curiosités des Pyrénées, et n'est qu'à 2 h. 30' de Gavarnie. Il y a là des crevasses, des séracs et des aiguilles de glace, dont les Alpes seraient fières, et qu'on ne retrouve dans les Pyrénées qu'aux Gours-Blancs. Quelques-unes de ces grandes pyramides ont de douze à treize mètres de hauteur : il y a des vagues de glace plus hautes que celles de l'Océan ; et la couleur est d'un bleu fantastique. Je recommande ce lieu aux photographes.

Montant d'abord sur les rochers, à gauche de ce chaos (dont il s'échappe souvent des blocs de glace de plusieurs tonnes), nous coupâmes le glacier à une certaine hauteur, où il devient uni, et débarquant sans peine sur les rochers très-effrités qui le bornent au Midi, nous arrivâmes par l'Est sur le sommet du Gabiétou (3033 m.). Voici la vue :

Bisouri (?), O. — Collarada, O. 20° S. — Anayette, O, 10° N. — Pic d'Enfer, O.N.O. — Tendenera, O.S.O. — Salarous, S. On ne voit pas le pic du Midi d'Ossau, bien qu'il soit visible du Taillon.

Pour finir la journée, je refis l'ascension du *Taillon* (3146 m.), d'où je relevai le Cotieilla au S.E. Le sommet du Taillon a une teinte bleue très-prononcée et très-étrange. Il porte à l'E.S.E. un vrai glacier, avec crevasses, que le torride soleil d'Espagne ne fond jamais. Redescendant par la Brêche de Roland, j'aperçus, au S.O. de la Brêche, trois étangs; je n'en connaissais encore qu'un seul; peut-être s'évaporent-ils souvent. Et ici, je me fais un devoir et un plaisir de signaler la carte de cette région, que vient de publier M. Schrader : elle est très-détaillée et très-exacte. Elle sera très-utile.

Ainsi se terminèrent mes courses de 1874, car je ne puis appeler qu'une ravissante flânerie l'ascension du pic du Midi de Bigorre, dont le général de Nansouty, volontairement exilé dans les nuages par amour de la science, me fit tous les honneurs de la manière la plus gracieuse. Il aura beau rester là-haut, il ne parviendra pas à se faire oublier par ses amis des plaines. Epris surtout du côté pittoresque des montagnes, je n'en admire que plus ceux qui sondent leurs mystères, et qui faisant passer la science avant la poésie, déchiffrent pour nous le livre sublime de la nature. Je voudrais faire comme eux. Mais à chacun sa vocation : les ascensions les moins pratiques ont une philosophie, et l'homme se régénère toujours, en respirant ces vents sonores et purs qui font aimer la vie.

(*Extrait du Bulletin de la Société Ramond*).

PYRÉNÉES-ORIENTALES, ARIÉGE, ANDORRE.

LE CANIGOU (2,785 MÈTRES), LE PIC CARLITTE (2,921 MÈTRES), LE PUIGMAL (2,909 MÈTRES), LE RIALP (2,903 MÈTRES) ET LE COLLAT (2,800 MÈTRES?).

A partir de Luchon, les Pyrénées s'abaissent à l'Est. L'ensemble de cette région, malgré l'incontestable beauté de ses détails et le luxe de sa flore, offre une certaine monotonie, et il a moins de majesté que le reste de la chaîne. Les pics y perdent un peu le caractère Alpestre : ils sont moins hauts, moins hardis, moins neigeux, et bien que quelques cimes y dépassent 3,000 mètres, on ne trouve plus, à l'Est des Monts-Maudits, un seul glacier réel : c'est du Névé, ou de la neige.

Je regrette d'ajouter qu'à quelques exceptions près, les hôtels laissent à désirer ; s'ils étaient tous comme au Vernet, ce serait un progrès prodigieux.

Mais ce qui fait le plus grand charme des Pyrénées Méditerranéennes, c'est leur soleil, qui est le meilleur ami du montagnard : ce sont leurs eaux superbes, leurs lacs sans nombre et leurs énormes cascades, leurs fleurs, et l'élégance de leurs contours. Ces montagnes ont une grâce féminine, une poésie à elles, qui manque aux sommités glaciales, abruptes et orageuses du centre et de l'Ouest de la chaîne. Si elles inspirent moins d'épouvante, elles attendrissent, et elles se font aimer je ne sais comment. Si on en a envie, on peut aussi très-facilement s'y casser le cou : il n'y manque pas de précipices.

Les ascensions sont longues et fatigantes, à cause du peu d'élévation du point de départ. Ainsi le Canigou ayant 2,785 mètres de hauteur absolue, si l'on y monte de Prades (345 mètres), on s'élève d'un seul jet de 2,440 mètres, ce qui est assez sérieux : et c'est sans doute ce qui a fait considérer longtemps cette cime comme la plus haute des Pyrénées. A l'œil, et vue des plaines de Perpignan, elle en a l'air.

Entre le niveau de Viedessos et celui du sommet de l'*Estats*, il y a aussi une différence de 2,400 mètres environ, l'Estats ayant 3,140 mètres.

Deux fois je suis monté au Canigou, et chaque fois je me suis fatigué, en partant du Vernet, qui est à 2,165 mètres au-dessous du sommet. Mais ce qui est ridicule, c'est de parler des dangers de l'inoffensif Canigou, et de prétendre, comme quelques gens le font encore dans le pays, que l'ascension exige deux jours!

La première fois (1862) je montai seul, par le Sud-Ouest, et le val de *Cadi*, après avoir tranquillement déjeûné au Vernet, ce qui ne m'empêcha nullement de revenir avant la nuit. En comptant les arrêts, c'est une course de dix heures.

Quelques années après, je refis l'ascension, mais par une tout autre voie, avec mon ami Packe. Suivant presque toujours une ligne S.E. après avoir passé le hameau de *Casteill*, et coupant tour-à-tour une longue série d'arêtes massives et granitiques qui rayonnaient à l'Ouest en éventail, nous arrivâmes, sur des tapis de fleurs, et au bruit de mille sources, çà et là ombragées de sapins, au plateau de Cadi, d'où nous montâmes encore une heure au nord pour atteindre le sommet. N'ayant pour nous guider qu'une carte et notre instinct, nous descendîmes parallèlement à cet itinéraire, mais un peu plus au Nord. Le Canigou est attaquable sur toutes ses faces.

Ma conscience m'interdit de parler de la vue, car chaque fois, je montai dans les nuages. On aurait pu se croire à Manchester. Mais elle doit être tout-à-fait merveilleuse, puisqu'on domine à l'Est un horizon de mer dont le rayon approche de 300 kilomètres ! Le 8 février 1808, ayant choisi une des époques où le soleil se couche exactement derrière le Canigou, l'astronome M. de Zach, l'aperçut de Marseille !

Comme la mer devient belle, quand on la voit d'en haut !

Si je reviens jamais dans ces parages, je coucherai au sommet, où se trouve une cabane. Le Canigou étant tout habillé de magnifiques rhododendrons, on ferait facilement un bon feu. Il y a même, pas bien loin du sommet, quelques petits sapins. Ils montent si haut, dans cette partie des Pyrénées ! Il me semble qu'un lever de soleil sur une pareille immensité de mer, doit être un des plus beaux spectacles de la nature. M. Lequeutre l'a vu en 1877.

Passons maintenant à une autre cime, celle du *Puigmal* (2,909 mètres), plus haute que celle du Canigou, mais bien moins imposante. Elle est trop arrondie et trop massive pour plaire aux yeux : les miens du moins ont le culte des formes sveltes, pour les montagnes comme pour les femmes. L'ascension du Puigmal est d'ailleurs longue et monotone.

Quittant de très bonne heure (1864) *La Cabanasse*, petit village situé près de Montlouis (1,600 mètres) et remontant la route d'Espagne jusqu'au col *de la Perche* (1,622 mètres), je promenai un regard découragé sur l'horizon stérile de la Cerdagne, qui au Sud-Ouest, se déroulait au loin comme un désert. La Mongolie et ses horreurs revinrent à ma mémoire. Mais traversant alors le village d'*Eyne*, dont la vallée est un Eden de fleurs, et montant au Sud-Est, je trouvai une nature plus riante, bien qu'à mes pieds, à droite, et à une profondeur immense, il y eût une gorge rien moins que gaie. Ayant enfin atteint, après une ascension brûlante à l'E.-S.-E. une crête encore fleurie (*ranuculus parnassifolius*), qui séparait la vallée d'Eyne à gauche de celle de Sègre à droite, j'allai au S.-S.-E. et sans monter, au col de *Llo* (2,558 mètres), d'où je vis au S.-E. au fond d'un triste et silencieux vallon, l'Ermitage espagnol de *Nuria*, et au loin, la torride Catalogne. Ici je me croyais presqu'arrivé : mais pas du tout. Je mis encore une heure et demie pour atteindre le Puigmal, montant et descendant comme un navire qui tangue, sur une interminable série de bosses neigeuses, qui ondulaient au Sud à perte de vue, et sans jamais mener à rien.

Le pic encore neigeux de *Sègre* (2,795 mètres) passa sous moi comme une grande vague, mais d'autres lui succédèrent ensuite. Ça devenait ridicule. J'étais presque en colère, et ce ne fut qu'après six heures de marche forcée (depuis Montlouis) que j'arrivai sur la dernière et la plus haute de ces absurdes et irritantes collines. J'étais enfin sur le Puigmal, et à 2,909 mètres de hauteur absolue.

Quelle vue bizarre ! Placé sur une « calotte » de neige aussi resplendissante, aussi immaculée que celle du «Roi des Alpes» (c'était au mois de Juin...), je ne voyais, dans le Nord-Ouest, que les déserts lacustres du Pic Carlitte, dont les lacs même avaient l'air de brûler. Ils flamboyaient. A l'Est-Nord-Est, des montagnes nues et très élevées, aboutissant au Canigou, semblaient se bousculer dans un amas sauvage, et au Sud-Est, fumait la Catalogne. C'était l'Afrique et la Russie sous le même ciel. C'était beau, mais très triste, et pas assez « Pyrénéen » pour me séduire, et ce fut sans regrets que je quittai cette cime sans caractère, descendant (N.-N.-O) par « glissades » sur de belles nappes de neige au pied desquelles je trouvai un sentier, puis des sapins et des rhododendrons, en sorte que mon retour me consola un peu de l'insipidité de la montée. Je traversai la Sègre deux ou trois fois : puis j'entrai dans un sombre défilé, où je laissai à gauche un roc pyramidal, inaccessible et fantastique, haut d'une centaine de mètres. On aime toujours à voir quelque chose d'inaccessible, surtout au bord d'une route ! Passant par le village de *Llo* (sources sulfureuses), je retrouvai plus loin le hameau d'*Eyne*, cité plus haut, d'où à la Cabanasse, je mis encore une heure, y arrivant par une soirée superbe, (4 heures en tout, du sommet du Puigmal). Arrêts compris, cette course me prit plus de douze heures.

Je préfère le *Carlitte* (2,921 mètres), où je montai deux fois en une semaine. M'établissant à Ax-les-Bains, à l'hôtel Sicre (en 1864), je montai à *Mérens* (1 h. 30), où plus ou moins lesté par une massive omelette et du chevreau, j'engageai un jeune homme, non pas pour me guider, mais pour m'accompagner, car il n'était jamais monté au pic Carlitte. Continuant au midi, sur la magnifique route d'Espagne et de l'Hospitalet, je la quittai au bout d'une heure, près d'une charmante cascade, pour m'engager à gauche, dans la gorge de *Bézines*, au milieu des sapins, du granit et des rhododendrons, trois choses qui, dans les Pyrénées, se trouvent presque toujours ensemble. Il y a des sympathies entr'elles.

Après avoir laissé à gauche un petit lac triangulaire du plus beau bleu, montant à l'E.-N.-E., je me trouvai (à 4 h. 45' d'Ax-les-Bains) sur une pelouse déserte, où la cabane inhabitée de *Jasse de Pla* (2,017 mètres) et celle de *Besineilles* un peu plus haut, attristent les yeux par leur laideur et leur exiguité, au lieu de les réjouir.

J'aimerais mieux vivre avec des aigles sous un rocher, que dans ces antres infects et enfumés dont s'accomodent les paresseux bergers des Pyrénées. Au Sud s'élevait le fameux pic *Pédrous* (2,831 mètres), et au N.-O. celui d'*Auriol* : vers le Nord-Est une gorge neigeuse et nue montait au pic Lanoux.

Déjà il faisait froid. Emprisonné entre tous ces pics austères, je m'attristais, en grelottant, dans leurs mornes solitudes, où ne passaient ni un isard ni un oiseau. Mais au *col de Bésines* (6 h. d'Ax : 2,350 mètres), je vis, à l'Est, un horizon inattendu, dont le silence et la stérilité m'électrisèrent. C'était un véritable désert, sans arbres et sans ruisseaux, mais au milieu duquel le plus grand lac des Pyrénées, le lac *Lanoux*, déroulait sous mes pieds, à 200 mètres plus bas, sa vaste et sombre nappe d'eau, longue de 3 kilomètres. Au-delà, au Sud-Est, l'âpre pyramide du pic Carlitte, drapée de neige, se dressait seule dans une sorte de stupeur. J'étais ravi, car j'aime l'horrible dans la nature.

Le lendemain, après avoir couché dans une très belle cabane au sud du lac, mais sans goûter de ses excellentes truites, je traversai son déversoir, le torrent de *Fonvive*, qui, né en France, coule et meurt en Espagne. Mais aussi, à l'autre bout de la chaîne, la *Nive*, qui tombe de la Navarre, porte à Bayonne les plus belles eaux des Pyrénées. Il y a compensation.

En quittant le Lanoux, je m'élevai lestement au Sud-Est dans l'air vif et glacial du matin, vers un cirque d'éboulis encore tout bariolé de neige (mi-juin) : mais arrivé à un étang glacé, je montai juste à l'Est, où je voyais s'ouvrir une petite brèche, élevée de 2,600 mètres environ, et que j'ai pris la liberté de nommer *col Carlitte*; nous n'eûmes plus qu'à grimper droit au Nord sur une arête facile et même fleurie, qui en une demi-heure nous mena au sommet du Carlitte (2,921 mètres).

Croyant qu'il n'avait pas été encore gravi, notre premier soin fut d'y construire un *cairn* monumental que mon ami, M. Lequeutre, un des marcheurs les plus terribles que je connaisse, a retrouvé intact en 1876, douze ans après!

La vue s'étend un peu partout, et c'est pour cela que j'en ai fait l'éloge. Mais je ne sais si on trouverait dans toute la France un horizon plus brun, plus désolé que celui qui s'allonge au Sud-Est et à l'Est, malgré les lacs sans nombre qui rutilent au soleil dans ces savanes à perte de vue. Le pic Carlitte n'en est pas moins, grâce à son isolement et à son altitude, un des plus beaux observatoires de Pyrénées.

En descendant par l'Ouest et le Sud-Ouest vers le *col Rouge*, je fis une chute assez sérieuse. Au milieu d'une *glissade* furibonde sur la neige, je passai tout-à-coup sur de la glace dure et polie comme de l'acier. Mon détestable bâton se brisa à l'instant, et, perdant l'équilibre, je descendis d'une cinquantaine de mètres par soubresauts et par culbutes, qui me lancèrent en bas sur un tas de cailloux. Changé en projectile, j'arrivai là comme un obus, remerciant Dieu de n'y trouver que des cailloux; car si ce grand talus de neige très incliné avait fini sur des rochers ou au bord d'un abîme, j'aurais été pulvérisé. Ce fut exclusivement la faute de mon bâton, qui n'aurait jamais dû se casser. Il y a d'autres cas, beaucoup plus graves, où la solidité de l'*Alpenstock* est pour le montagnard une question de vie ou de mort.

Revenu à Ax-les-Bains par *Porté,* le col de *Puymorens* (1,931 mètres) et le vilain hameau appelé par dérision *Hospitalet,* je remontai trois jours après au pic Carlitte avec mon ami Packe, qui s'en allait herboriser dans la Cerdagne. Cette fois, nous descendîmes à l'Est, sur des plateaux élevés d'environ 2,000 mètres, et très-arides, mais finissant, près de Montlouis et de *La Cabanasse* (où nous nous installâmes dans le très-bon hôtel Vaillant), par des terrasses couvertes de magnifiques sapins d'un vert intense.

N. B. — Sur les bords sablonneux des étangs de Carlitte, on trouve une plante rare en Europe, bien que commune en Sibérie ; c'est la *Subularia aquatica.*

Un peu plus tard, nous allâmes à *Andorre* par les sources de l'Ariége et le Port de *Saldeu* (2,500 mètres), trouvant à la frontière des pics très-décharnés, que je ne m'attendais pas à trouver là, et dont la fière tournure rappelait les Pyrénées centrales. Nous voulions faire quelques courses au Sud et au Sud-Est d'Andorre, la seule partie des Pyrénées où il reste de grands pics à gravir, dont le nom même est encore inconnu, en France du moins. Mais ne trouvant pour nous ravitailler que de la chèvre qui rappelait le caoutchouc, et quelques œufs, nous prîmes la fuite le lendemain matin, et remontant au Nord, par *Ordino* (auberge passable) et *Llors,* le cours fougueux du *Rialp*, nous repartîmes pour Foix, espérant naïvement y arriver le soir.

Quelle illusion !

Affaiblis par la faim et calcinés par le soleil, nous arrivâmes, déjà très fatigués, au hameau de *Sarrat*, où la gorge se bifurque. Montant alors à droite (au N.-N.-E.), et revenant ensuite au Nord, nous arrivâmes, en décrivant une courbe gracieuse, à un amphithéâtre des plus sauvages, mais tout blanchi à gauche et embaumé par une fleur d'un parfum enivrant et exquis, le *Narcissus*, si justement appelé *poeticus*. A l'O.-N.-O. parut soudain l'imposant pic de *Rialp* (2,903 mètres), dont nous fîmes la facile ascension le lendemain, par le Sud.

Mais surpris par la nuit en passant la frontière, sur le *Port de Siguier* (2,594 mètres), il fallut y coucher. Charles Packe n'ayant ni sac ni couverture, profita d'une cabane de bergers que je crois être la plus élevée des Pyrénées : elle est un peu au Nord du Port, et à près de 2,500 mètres d'altitude.

C'est la hauteur de l'Hospice du *Grand Saint-Bernard*. Quand à moi, je couchai en plein air dans mon sac, entre deux grandes flaques de neige, et sous un ciel qui me semblait arctique, tant il était glacial et noir. J'étais presque entouré de petits lacs gelés, parmi lesquels brillait à l'Est le beau *Lac Blanc*, glacé aussi en plein été.

Je dormis peu. Malgré une nuit presque sans sommeil, nous commençâmes pourtant la journée du lendemain par l'ascension du *Rialp* (2903 mètres), pic élégant situé sur la frontière, et à 2 kilomètres Ouest du port de Siguier, dont on lui donne parfois le nom. Ses pentes méridionales sont d'une douceur extrême : aussi notre ascension fut une promenade sentimentale, bien qu'il soufflât un vent furieux. Mais nous étions très-fatigués tous deux, et quand le soir nous arrivâmes à *Tarascon*, après une des descentes les plus interminables des Pyrénées, nous dormions en marchant. Outre qu'on s'abaisse de plus de 2000 mètres, la distance est très-grande, (surtout quand on n'a pas dormi !. .) et le sentier abominable, bien pire que dans l'Andorre. C'est une sorte d'escalier sans fin, et très-glissant. Toutefois, on longe de jolis lacs, et des « aiguilles » assez hardies, qui consolent du moins l'œil.

Je termine le récit de mes courses dans ces régions trop délaissées, par l'ascension du pic *Collat*, et en rappelant que dans l'Ariège, il est prudent de ne pas voyager sans passeport. Je le dis sans méchanceté et sans ingratitude, car j'ai été reçu par les gendarmes de *Vicdessos*, la dernière fois que je montai au pic d'*Estats* (3140 mètres), avec une politesse extrême, comme le plus honnête homme de la terre. Aussi leur bienveillance et leur urbanité m'ont-elles fait oublier l'aventure qu'on va lire.

C'était quelques semaines après l'épouvantable forfait de Jacques Latour, qui fut enfin décapité. J'arrivai seul d'Espagne, au village Ariégeois de *Couflens*. Parti d'Urdos et même de Pau, toujours à pied, il y avait 17 jours que j'errais en zig zag dans la partie centrale des Pyrénées, comme un homme, en effet, qui cherche à se soustraire à la justice. Il est certain aussi qu'après avoir passé *Viella*, *Salardu*, *Montgarry*, et le village ignoble d'*Alos*, où je couchai par force, j'avais cessé d'être présentable. Car dix-sept jours de courses et surtout d'ascensions, sans changer de costume, délabrent et enlaidissent tellement un homme, qu'il a beau faire, il n'a plus l'air d'un *gentleman*. Il est curieux que je ne pensais pas du tout à cela. Rentrant enfin un beau matin en France par le *Port de Salau* (2052 mètres) je ne rêvais que succulentes côtelettes et lits de plumes. Comme je me doutais peu qu'à Couflens, où j'entrai naïvement sans passe-port, j'allais devenir la terreur du pays! Dans deux auberges, on refusa nettement de me laisser entrer. Dans une troisième, je finissais à peine un délicieux gigot d'agneau, lorsque des douaniers armés entrèrent comme si j'étais un loup, m'accablèrent de questions, me firent perdre toute espèce de sang-froid et finalement m'emmenèrent captif à *St-Lizier-d'Ustou* (10 kilomètres). J'eus beau leur dire que j'avais faim et que je n'avais tué personne, ils furent impitoyables. Que pouvais-je espérer, puis que l'honnête M. de Chausenque lui-même avait été victime des mêmes brusqueries jadis au même endroit? Je ne sais où j'ai lu que dans certains villages de cette partie des Pyrénées on apprivoise des ours, qu'on les couvre de caresses. « Ceci n'est pas flatteur pour « moi, me dis-je ; car j'ai certainement droit aux mêmes « tendresses qu'un ours. — Il faudrait être logique »......

Enfin, je le répète, on m'a trop bien reçu depuis dans ces parages pour me laisser la moindre rancune. (Mais il faut un passe-port.)

Arrivons donc au pic *Collat*. C'est un mont granitique, dont les aspects, les formes et l'entourage rappellent beaucoup le Néouvielle, près de Barèges.

Il est aussi connu sous le nom de *pic d'Armes*. C'est d'*Aulus* que je fis l'ascension, en 1866.

Montant d'abord au S.-S.-E., sur la rive gauche du torrent d'Arse, par un sentier pierreux et raide, j'arrivai en une heure au pied de la plus belle chûte d'eau des Pyrénées. La *cascade d'Arse*, dont le fracas s'entend à huit kilomètres, est une vraie cataracte, composée de trois chûtes superposées, qui, d'un peu loin, paraissent n'en former qu'une. La hauteur totale doit approcher de 200 mètres, et la chûte du milieu a une cinquantaine de mètres de largeur. N'ayant jamais entendu parler de cette cascade, et ne l'ayant vue décrite nulle part, j'en fus émerveillé. La seule chose qui lui manque, c'est un bel entourage de sapins. Les bords sont un peu nus.

A deux heures plus haut, après avoir passé successivement trois lacs (dont le troisième était assez considérable) j'arrivai, allant Sud, à un amphithéâtre désert de granit et de pics déchiquetés. Il n'y avait pas un arbre en vue, mais l'eau coulait partout en murmurant sur l'herbe, où se croisaient dans tous les sens des ruisseaux innombrables.

Ici, tournant à droite, je commençai à l'O.-S.-O. une rude montée sur des pelouses sans ombre, qui me menèrent à un col granitique, au Sud et à la base du pic inaccessible de *Mède* (2,498 mètres). C'est une « aiguille » très-fière.

Ce col est à quatre heures d'Aulus.

Laissant alors à droite, et dans une ombre presque éternelle, le grand lac d'*Aoubé* (*albus*) qui croupissait sous des glaçons brisés et avait l'air d'une peau de léopard, je montai au Sud-Ouest. Une heure après (cinq heures d'Aulus), j'étais sur le sommet atrocement disloqué du *Collat*, dont j'ignore la hauteur, mais je l'estime à 2,800 mètres. C'est une ruine gigantesque, un vaste amas de blocs en équilibre. Granit partout.

La vue s'étend depuis les Monts-Maudits inclusivement, jusqu'à la Méditerranée exclusivement. Mais ce qui frappe le plus, ce sont, dans le Sud-Est, les deux têtes blanches du *pic d'Estats* (3,140 mètres) et du *Montcalm* (3,080 mètres), grands patriarches de neige devant qui sont couchées cinquante lieues de montagnes.

(*Gazette des Pyrénées.*)

Peña Collarada (2,883 mètres).

Depuis bien des années, je regardais ce pic avec envie, sans même savoir son nom. Il est si loin des routes battues ! Une fois, du haut de l'*Anayet*, je l'avais contemplé de bien près, et je l'avais appelé, mais par erreur, le *Castillo*. C'est qu'en effet, il est au N.-N.-E. du village espagnol de ce nom, et semble le dieu de ce pays. Mais son vrai nom est incontestablement *Collarada*, probablement de *Collar* (« collier »), parce qu'un collier de rochers blancs entoure son cou, un peu au-dessous de sa cime chauve, qui a l'air d'un crâne conique, comme ceux des Toulousains. Il me semblait aussi que le Pic du Midi d'Ossau, l'aiguille de l'Anayet et la Collarada se trouvaient tous sur le même méridien, c'est-à-dire Nord et Sud l'un de l'autre, et plus ou moins équidistants. En cela, je ne me trompais guère. Seulement l'Anayet n'occupe pas tout à fait le milieu : elle est un peu plus près du Pic d'Ossau. Mais l'Anayet a-t-elle 2,817 m.? J'en doute...

Dans tous les cas, le mystère entourait complètement la cime de la *Collarada*. L'année dernière (1875), mon honorable confrère, M. Wallon, fit une reconnaissance vers cette montagne, dont il fixe la hauteur, par calcul, à 2,883 m. Il partit de Sallent, et arriva par là, après beaucoup d'efforts et de persévérance, jusqu'à une crête qu'il appelle *Aleras*, mais qu'à Canfranc on nomme *Cantaleras*. Malheureusement, il y a presque toujours des confusions de noms pour les chaînes Espagnoles. Cette crête calcaire, massive et nue, orientée est et ouest, forme une sorte de rideau au nord de la Collarada, dont le sépare, au sud, un des vallons les plus sauvages des Pyrénées, le vallon d'*Yp*, contenant un lac dont je vais reparler. Il se termine à l'est par un vrai *Cirque*, dont la vue seule donne le cauchemar, tant il est sombre, sévère et désolé. Il résulte de tout cela que la pointe seule de la Collarada est visible par le nord. Tout le reste est masqué. Mais du midi, des plaines d'Espagne, son aspect est grandiose, car pas un mètre n'en est caché. De Saragosse, elle a l'air colossal. Mon intrépide et trop modeste ami, M. Lequeutre, qui l'a vue de *Viescas*, m'a dit que de toute cette région elle faisait un effet magnifique.

Voici comment j'ai réussi à vaincre ce pic. Parti de Pau, à pied, le 13 juillet, par une chaleur torride, j'arrivai pour dîner aux Eaux-Bonnes. Le lendemain une courte promenade me mena à Gabas, où je couchai chez Baylou (très bon hôtel). Là, pour porter mes vivres, je pris un jeune pêcheur (Ponsolle) : et franchissant le *col des Moines* (2,204 m.), nous descendîmes, une heure après, sur celui de *Somport*, rejoignant là la raboteuse grande route d'Urdos à Saragosse. De ce col à Canfranc, il y a onze kilomètres. Direction, sud. Laissant à droite la chaîne aride et disloquée qui monte par soubresauts, au *Bisouri*, nous descendîmes très vite la triste gorge de Canfranc, où à chaque pas on voit des ruines et des maisons brûlées. Les rochers mêmes ont l'air brûlé, tant ils sont secs et blancs.

Nous couchâmes à *Canfranc* (hauteur moyenne 1,000 m.), chez *Izuel*, où je trouvai non seulement de la propreté, mais presque du luxe, et beaucoup d'obligeance. Dans les montagnes, il faut faire vite, et ne rien renvoyer au lendemain. Aussi je fis venir, séance tenante, un brave chasseur français, du nom de Jean *Labarthe*, qui connait chaque rocher du pays. Tout fut réglé en cinq minutes, et le lendemain matin (le 16 juillet) nous partîmes à 7 heures, pour monter à l'assaut de la Collarada, tout-à-fait invisible de Canfranc. Elle est à l'est, mais assez loin, et derrière un énorme précipice, qui monte à l'est par grandes terrasses calcaires superposées. Entre chacune de ces marches, les pentes, moins roides, sont toutes couvertes de buis. C'est cette falaise, haute d'au moins 800 m., qui de Canfranc, masque la Collarada. Mais comme tous les escarpements, elle est infiniment moins redoutable qu'elle n'en a l'air. Il n'y a que deux ou trois endroits où il faille se servir de ses mains. Et d'ailleurs, les timides peuvent passer plus au sud, où du village de *Villanueva*, (situé à quelques kilomètres en aval de Canfranc), *on peut monter à cheval jusqu'à une demi-heure du sommet de la Collarada.* Sauf le Pic du Midi de Bigorre, je ne me souviens d'aucune montagne des Pyrénées, où les chevaux peuvent arriver si haut. Mais en montant directement à l'est, et de Canfranc, nous abrégeâmes d'au moins une heure, sans compter l'avantage d'être à l'ombre. Car il faisait, même à 7 heures, une chaleur effroyable, et il était près de neuf heures, quand nous nous trouvâmes face à face avec le soleil.

Au bout d'une heure un quart de rapide et très roide escalade, nous vîmes à gauche une immense grotte, aimée des ours assez communs dans ces régions. Aridité complète et silence absolu. Pas une goutte d'eau : déjà la soif nous prend. A une heure et demie de Canfranc, nous franchissions une brèche étroite et morne, où nous dévions de l'est vers le sud-est. La vue change. Peu à peu les sapins clairsemés disparaissent, le pays se dénude, l'horizon s'agrandit, et nous voilà dans un désert incandescent et silencieux, qui monte d'ici en une seule pente immense, presqu'infinie, jusqu'à la cime de la Collarada, que nous voyons enfin juste au nord-est, nous dominant encore d'au moins mille mètres.

Comment décrire une telle stérilité? La nudité du *Cotieilla* est tout-à-fait Nubienne : le *Bisouri* a l'air d'un cône de cendres, marbré de neige (le voyez-vous d'ici, à l'O.N.O?) mais la Collarada est encore pire ; c'est un pic Africain, dans toute la force du terme. C'est comme si nous avions changé de continent. Voici pourtant 5,000 moutons, une cabane, huit bergers, et huit chiens. Que boivent-ils? Il n'y a pas une goutte d'eau à plusieurs kilom. à la ronde. Nous approchons de cette oasis, d'où la vue est superbe. Nous devons être à près de 2,000 m., et entre nous et Madrid, rien n'atteint cette hauteur. Que sera-ce au sommet? Les bergers sont des hommes magnifiques, de vrais stentors, hurlant quand ils répondent, comme tous les hommes accoutumés à la tempête et à l'espace. Ils sont causeurs, honnêtes et obligeants. Ils me donnent du lait de chèvre à la glace, dont j'engloutis deux litres en autant de minutes : puis ils m'expliquent comment ils se procurent de l'eau. Il y a tout près de leur cabane un gouffre où le soleil pénètre à peine, et où la neige ne fond jamais. Comme il est très-facile d'y descendre, ils y découpent des blocs de neige, et les embrochent sur des bâtons, qu'il suspendent entre deux rocs au soleil. La fusion est rapide, et chaque goutte d'eau qui tombe est recueillie, comme si c'était de l'or, dans un chaudron. Quant aux troupeaux, ils ont à faire 2 kilomètres pour aller boire!

J'admire la noble et fière tournure de ces rois du désert, bronzés comme des Touaregs. Leur âme est fière aussi : car ils refusent obstinément la *peceta* que je leur offre : je suis forcé de la donner à un enfant.

Mais le temps presse, car le pic est bien loin, quoiqu'il ait l'air tout près. Je quitte donc à regret ces braves Aragonais, qui rient toujours, et nous recommençons notre brûlante ascension au nord-est, sur la montagne la plus torride des Pyrénées, quoiqu'il y resplendisse, même au midi, quelques hectares de neige. On voit déjà, dans le S.O., en aval de Canfranc, le pauvre petit village de *Villanueva* : plus loin, au S.S.O., celui de *Castillo*, qui semble un point, et la grande route, de Jaca et d'Huesca. Je vois plusieurs rivières, qui meurent à l'horizon, à 40 lieues d'ici, où la lumière confond la terre avec le ciel. *Jaca* paraît un peu, et à côté, la modeste mais massive *Oroël* (1,760 m.), sombre montagne qui, des plaines, paraît assez élevée, mais qui d'ici, a l'air d'une vague sur l'Océan. Nous dominons déjà d'une manière étonnante. Malheureusement, la cime a l'air de fuir : le soleil nous dévore.....

La terre est endormie dans une vapeur de feu : les rochers brûlent, et le ciel fume... et toujours nous montons, au Nord-Est... Mais oh miracle ! Voici, à l'O.-S.-O. du pic, une petite source ! Puis vient la neige : nous sommes sauvés. Après la neige, deux longs ravins, pleins de cailloux désagrégés qui filent comme des torrents quand on y touche, montent au sommet par pentes très roides. C'est accablant, mais la chaleur s'est amortie, et nous escaladons impétueusement avec les mains la cheminée de droite, qui en moins d'un quart d'heure, nous place enfin sur le sommet de la Collarada.

Nous avions mis près de cinq heures (de marche) depuis Canfranc!

Nous élevons immédiatement une pyramide haute de deux mètres, où je cache une bouteille (côté ouest, vers Canfranc), avec nos noms dedans : pardonnable amour propre! et puis je m'extasie devant l'immensité : car l'infini est devant nous. La vue s'étend depuis la Catalogne jusqu'aux rivages de l'Atlantique. Entre nous et Saragosse, il n'y a que de l'espace, de la lumière, des plaines brûlées et prodigieuses, où étincèlent de rares rivières, et au loin, à 200 kilomètres, des collines vaporeuses qui s'effacent dans le vague horizon du midi. Si nous étions à 10,000 mètres, nous ne pourrions rien voir de plus. C'est comme dans un ballon, tant nous sommes seuls, et séparés du reste des Pyrénées. D'ailleurs, cet isolement des grands pics Espagnols m'a bien souvent frappé. En France ils sont plus nivelés, ils ont un air démocratique, et se perdent dans la foule. En Aragon, ils sont tout seuls, témoins le Cotieilla, le Bisouri, l'aiguille de l'Anayette, le pic Posets, etc.

Au nord aussi, la vue était bien belle, mais plus bornée. C'était un vrai chaos de pics. Au Nord-Est, le regard éperdu plongeait sur un immense abîme, où l'on voyait briller, à 800 mètres plus bas, les eaux bleues, mais laiteuses, du *lac d'Yp*, tout entouré des neiges qui l'alimentent et le salissent. Derrière (au nord), courait de l'Est à l'Ouest, la crête marmoréenne des *Aleras*, ou de *Cantaleras*.

Voici les noms des pics que j'ai relevés, en regardant le Nord. On voit que presque tout s'y trouve, depuis Biarritz jusqu'à la Haute-Garonne.

Pic du Midi de Pau	— N 10° E.	Mont-Perdu	— E. 10° S.
Anayet	— id.	Tendenera	— E. 15° S.
Balaïtous	— N.-E.	Cotieilla	— E. 25° S.
Pic d'Enfer	— E.-N.-E.	Canfranc	— O. (*invisible*).
Vignemale	— E. 10° N.	Bisouri	— O.-N.-O.
Munia	— E.	Anie	— N.-O. etc., etc.

J'aurais voulu coucher là-haut, pour y voir l'Atlantique. Mais n'ayant pas mon sac, il fallut bien descendre, ce que nous fîmes par l'E.-N.-E d'abord, sur des cailloux jaunes, rouges et blancs, mais par pentes douces, les seuls mauvais côtés de la Collarada étant au Nord, et au Nord-Est. Les abîmes du Nord-Ouest ne sont que difficiles, car on peut y descendre. A 30 minutes à l'E.-N.-E. du pic, deux longs ravins neigeux descendent au Nord, dans le cirque d'Yp. Je choisis le second, qui nous mena à la rive orientale du *lac d'Yp*, étroite pièce d'eau, mais longue de plus d'un kilomètre, et dirigée de l'Est à l'Ouest. D'ici nous entendîmes gronder au loin plusieurs orages : mais ils nous effleurèrent à peine, et je passai une heure à contempler les fantastiques murailles calcaires qui se dressaient en demi-cercle à l'Est. Rien dans les Pyrénées ne ressemble au Cirque d'Yp. Moins grand que celui de Trumouse, il est encore plus sombre et plus étrange. C'est presque un cercle, autrement dit une colossale prison : car c'est à peine s'il s'ouvre à l'Ouest, par où l'eau du lac d'Yp s'échappe en bondissant jusqu'à Canfranc, entre d'énormes précipices, et plus bas, sous des bois de pins rouges. Les lignes de toutes ces crêtes sont affreusement brisées : quelles formes n'y trouve-t-on pas depuis l'aiguille la plus aigüe, jusqu'au cylindre? Par le plus beau soleil, ce cirque inspire de l'épouvante, et on y pense à ces temples grecs consacrés à la Peur. Dans ces murailles fragiles, et d'un noir formidable, s'ouvrent quelques cols. Au Sud-Est, est une vaste échancrure, par où l'on peut passer du vallon d'Yp dans la région mal définie de *Bouquesa*, et finalement descendre à *Comoer*, à quelques heures en aval de Panticosa. A l'Est-Nord-Est, un col beaucoup plus large mène à *Sallent*, mais en huit heures!

Dans cet étrange pays, si différent du reste des Pyrénées, ce qui m'a le plus ébahi, c'est un trou gigantesque qui traverse une montagne au midi du lac d'Yp, vers lequel elle surplombe. Elle est percée à jour par ce tunnel, derrière lequel on voit filer les nuages, et qui doit mesurer 25 mètres de diamètre! Quelle cause a pu prodruire cet orifice à une pareille hauteur? Seraient-ce les vagues de l'Océan qui recouvrait jadis les Pyrénées? Peut-être. Toujours est-il que ces perforations sont très communes le long des côtes que déchire l'Atlantique. Qui ne connaît les « roches percées, » à Biarritz et ailleurs? Mais dans les airs, ça fait un singulier effet! Je dirai plus, ça m'a fait rire!

Autant j'aurais voulu rester sur le sommet illuminé de la Collarada, autant il me tardait maintenant de fuir ces lieux horribles, où tout semblait maudit, malgré les feux si doux dont le soleil couchant les veloutait. Même à cette heure, il nous brûlait encore, quand longeant la rive Nord du lac d'Yp (2,000 mètres), nous descendîmes à l'Ouest, pour rentrer au plus vite à Canfranc. A un quart d'heure à l'Ouest du lac, nous trouvâmes une cabane de bergers, puis plus bas, plusieurs autres : nous suivîmes la rive droite; mais l'autre est praticable aussi, à condition (dans les deux cas) de se maintenir à une très grande hauteur au-dessus du torrent, qui coule souvent entre des falaises à pic. La cime de la Collarada paraît à gauche.

Il n'en est pas toujours ainsi: mais cette fois ci ce fut avec délices que je revis les prés, la lumière et les bois, en émergeant, par une ardente soirée d'été, de ces régions funèbres et foudroyées. A gauche, au haut des précipices bronzés de la Collarada, et sur de lisses parois neigeuses dévorées par les siècles et le vent, erraient encore des nuages fauves et sanglants, reste de l'orage qui avait fui. Mais devant nous, à l'Ouest, quel suave contraste ! et quelle sérénité surnaturelle ! A gauche des masses bizarres et théâtrales des montagnes empourprées de *Bernère*, la brise du soir promenait doucement, à l'horizon magique et rouge de la Navarre, des nuées mélancoliques, qui allaient fondre avec la nuit. Le sommeil et la paix descendaient sur le monde et sur moi. J'étais calme et content, et sans une chûte trop ridicule pour en parler, je serais rentré à Pau à pied comme j'en étais parti.

(*Gazette des Pyrénées*, *Juillet 1876.*)

ASCENSION DU PIC DE LA MALADETTA (3,312 MÈTRES)

N. B. — Ne pas confondre ce pic avec celui du Néthou, qui le domine de 92 mètres.

On voit que je reviens toujours avec amour aux Monts-Maudits, malgré leur nom. C'est le groupe le plus vaste, le plus neigeux, le plus élevé des Pyrénées. Voilà pourquoi je l'aime.

Bien que, comme roi des Pyrénées, le Néthou ait toujours les faveurs du public, aux dépens des sommets qui l'entourent, la vue de la *Maladetta* est bien plus belle : car elle s'élève juste au milieu de ces neiges magnifiques qui tapissent aux quatre points cardinaux les flancs et les vallées des Monts-Maudits, tandis que le Néthou se trouve au bout, presqu'en dehors de ce monde de frimas, où il forme promontoire. Sur la Maladetta, qui a l'air d'une espèce d'île dans l'Océan, on est absolument cerné par la glace et la neige.

Pourquoi ce pic est-il si négligé? M. Lézat eut l'honneur d'y monter le premier, il y a près de 30 ans. Deux autres touristes seulement l'avaient escaladé depuis!

Il y a deux ans, ayant voulu y monter seul, par le glacier du Nord, je m'enfonçai jusqu'à mi-corps dans la fatale crevasse ouverte près du sommet, la même où cinquante ans auparavant, avait péri le malheureux Barrau. Je perdis pied d'abord, puis mon bâton, et faillis perdre un peu la tête. Cette année, plus âgé et plus sage, je pris Firmin Barrau, une corde, une hache, et des vivres pour trois jours. La première nuit, couchant comme d'habitude chez Cabellud (Port de Vénasque), j'eus le bonheur inespéré d'y rencontrer un des grimpeurs les plus vaillants des Pyrénées, le tout jeune comte de Chantérac, avec qui je passai une soirée délicieuse, à discuter presque chaque pic de la chaîne. Comment causer d'autre chose à cette hauteur? (2,380 mètres.) Le lendemain (5 septembre) ayant eu la fatale idée de cacher mes bagages, vivres, sacs, armes et costume, sous un rocher du versant Nord de la Maladetta, par où je comptais redescendre le même soir, mais par où je ne redescendis pas, mes vivres me furent volés. Le reste était intact. Je ne croyais pas qu'un voleur pût être si honnête. Il ne manquait pas un cigare! Peu m'importait d'ailleurs, car je ne découvris cette bien triviale mésaventure qu'après avoir laissé mon nom dans une bouteille sur le sommet du pic de la Maladetta, que je gravis en décrivant autour de lui une sorte de longue spirale, passant d'abord à l'Est, par le col si neigeux et si vaste *du Néthou* (3,150 mètres), puis descendant un peu au Sud et au Sud-Ouest, par un ravin pierreux, sur le versant et le glacier de *Gregonio*, et finissant par l'Ouest, où j'atteignis, en montant sur des neiges plus ou moins crevassées, le *col de la Maladetta*. Cette dépression, ouverte à l'Ouest du pic, est le *passage le plus élevé de toute la chaîne des Pyrénées* (3,202 mètres). De ce col au sommet, montant Est, nous ne mîmes qu'un 1/4 d'heure. Aucune difficulté. La cime (3,312 mètres) n'est qu'un rocher; c'est une sorte d'obélisque. Impossible d'y construire une tourelle. Au Sud, se dressent tout près, deux pointes un peu moins hautes, et au Sud-Ouest, on voit briller les eaux profondes et noires du *lac de Gregonio*. Le lac Lanoux (Pyrénées-Orientales) et le lac Gregonio me paraissent être les deux plus grands des Pyrénées. Ils doivent avoir bien près de 100 hectares chacun.

En descendant au Gregonio (par où il y a 13 ans, j'avais fait l'ascension du Néthou), je trouvai (au S. O.) un petit lac encore couvert *d'un mètre de glace!* Il est à près de 3,000 mètres de hauteur absolue, et c'est probablement le plus élevé de toute la chaîne. Il ne dégèle sans doute jamais. *Il n'est sur aucune carte.*

Jamais je n'ai rien vu, pas même en Tartarie, de plus sauvage que l'entassement cyclopéen de blocs qui couvrent toute la rive Nord du lac de Gregonio. C'est vraiment un enfer de granit. C'est pourtant là qu'il nous fallut passer la nuit sous un rocher ; nuit mémorable et désastreuse, car nous n'avions ni couverture, ni bois, et à peine de quoi vivre.

Il gèle presque toutes les nuits à cette hauteur (2,656 mètres), même en juillet : et nous étions au 5 septembre... Le vent soufflait comme en Patagonie. Mais heureusement qu'il faisait clair et sec, et je me consolai un peu de l'insomnie en contemplant, aux rayons de la lune, les effrayantes et pâles magnificences qui m'entouraient. Au bord du lac, dont les brises désolées du couchant faisaient gémir et sangloter les eaux, il y avait des millions de rochers monstrueux, dans toutes les attitudes possibles. On aurait dit une nécropole à perte de vue. Un peu plus haut, les glaciers éternels, que l'on voyait comme en plein jour, prenaient des couleurs fourbes et menaçantes ; et enfin dans le ciel, azuré mais fiévreux, fuyaient partout des nuages rouges en déroute, qui éclipsaient à chaque instant la lune. Sous nos pieds, des brouillards agités couvraient tout. C'était comme une chaudière de brume, dont le niveau ne montait pas, et n'atteignait jamais le nôtre. Malgré le froid, la faim et le sommeil, je trouvais cela superbe : je passai une partie de la nuit à me promener le long du lac, entre de grands blocs plus gros que des maisons, et quand le jour dissipa ces visions, plus mystiques et spectrales que des songes, j'en étais presque fâché ! Mais c'est alors que le sommeil revint, et reprit son empire ! à peine pouvions-nous faire un pas sans tituber ! Nous descendîmes (à l'O.-N.-O.) sur les *Bains de Venasque*, où nous refîmes bien vite nos forces avec un bon dîner et une excellente nuit. J'y trouvai le curé de Venasque, jeune homme très-accompli, obligeant et lettré, ainsi que deux Messieurs dont je me plais à publier les noms : MM. Mariano Anglada, et Sébastian Alban, tous les deux de Vénasque. Avec eux j'oubliai les misères de la nuit précédente, et je rentrai, toujours à pied, le surlendemain, à Bagnères-de-Luchon, ravi d'avoir enfin réalisé mon rêve de tant d'années, une ascension complète de la *Maladetta*.

(*Gazette des Pyrénées, Septembre 1876*).

PIC DE TENDENERA (2,858 MÈTRES).

Comme le nom de cette cime Espagnole, très rarement visitée, est inconnu sans doute à la plupart des habitants des plaines, j'en décris l'ascension à l'intention spéciale des touristes de Cauterets, les mieux placés de tous pour la gravir. C'est une course de trois jours. Le premier jour, on va à *Boucharo* (Espagne) par le col très modeste d'*Aratille* : en tout neuf heures, dont un bon tiers à cheval. La direction moyenne est Sud. Le second jour on monte au pic de Tendenera : et le troisième, on a le choix de deux ou trois itinéraires pour revenir à Cauterets. Cette assension n'est qu'une promenade sentimentale, longue il est vrai, mais jamais difficile, puisqu'un mulet pourrait monter à 2,700 mètres sur le Tendenera.

Ce pic gracieux, pointu et noblement couché, est le point culminant d'une chaîne calcaire et calcinée qui, orientée de l'Est à l'Ouest, semble par ses formes, sa direction et sa nature, n'être que le prolongement, vers l'Ouest-Sud-Ouest, de celle de Gavarnie, bien qu'une gorge l'en sépare. Elle court encore plus loin, à l'Ouest, se brise, et se relève, à la *Collarada* (2,883 mètres). Ici elle est coupée une troisième fois du Nord au Sud par la vallée où descend l'*Aragon* : puis elle remonte vers le Nord-Ouest (au Sud d'Urdos), où elle atteint bien près de 2,800 m. au *Bisouri*, du haut duquel je n'ai rien vu à l'Ouest qui approchât de mon niveau. Elle s'affaisse là tout à coup, et beaucoup. N'est-ce pas un phénomène géologique bien singulier, qu'une chaîne de cette longueur et de cette altitude, courant parallèlement à l'axe des Pyrénées, et se brisant trois fois du Nord au Sud ? « *Cosas de España,* » sans doute ? Derrière les Pyrénées, tout est paradoxal : on n'y comprend plus rien. Le *Tendenera* est le sommet le plus aigu de toute cette chaîne aussi bizarre qu'aride.

Parti de Gavarnie le 9 août avec mon guide fidèle Céleste Passet, dont je ne saurais dire trop de bien, je m'en allai coucher à Boucharo, après avoir été surpris, épongé, et enfin saturé par un violent orage, qui ne fut malheureusement que le prélude d'une vingtaine d'autres. Dans les Pyrénées, le mois d'août est toujours extrêmement orageux. Le lendemain, au lieu de remonter à l'Ouest l'interminable vallon d'*Hotal*, vers le grand col herbeux de Tendenera (par où mes quatre ou cinq prédécesseurs sont tous montés au pic, du Nord au Sud) nous obliquâmes beaucoup à gauche (à l'Ouest Sud Ouest), en abrégeant la course d'au moins une heure.

Déjà avant midi, le temps s'était chargé. Le Grand-Vignemale, au Nord, vibrait au loin sous les coups répétés du tonnerre, et devenait violet. Un autre orage venait du Sud, un autre de l'Ouest, et pris ainsi entre plusieurs feux, sur d'affreuses solitudes où la tempête et les éclairs allaient avoir beau jeu, notre situation devenait critique. Pendant une heure nous explorâmes les environs, pour chercher un rocher qui pût, sinon nous abriter, briser du moins la force du vent et de la grêle. Mais nous ne trouvâmes rien, et de trois à six heures, nous restâmes dans un trou, avec la tête et la poitrine exposées sans merci à toute la rage des éléments. C'était superbe, mais démoralisant et inquiétant. Au centre d'un cercle de feu, bien que sous une mitraille de grêle, nous vîmes trois ou quatre fois tomber la foudre à moins de 300 mètres de nous. Deux gros isards s'enfuirent épouvantés. Etant très-haut perchés (à 2700 mètres), nous grelottions. Bref, je fus au moment, non de descendre (car c'était impossible), mais de me résigner à passer toute la nuit dans ce puits, où j'entendis bientôt gronder des ruisseaux souterrains, venus de je ne sais où et formés subitement. A chaque orage qui s'éloignait, un autre prenait sa place. Ils voyageaient en cercle.

Enfin pourtant, avant six heures du soir, il y eut une éclaircie. Encouragés, et irrités par l'inaction, nous partîmes commme deux fous pour le pic, et à six heures et demie, nous foulions son sommet que nous avions ainsi atteint par l'Est. C'était nouveau. La première chose qui me frappa, fut un grand trou que venait d'y creuser la foudre. La cassure des pierres était encore toute fraîche. D'ailleurs nous l'avions vu tomber une heure avant, comme un poignard de feu.

La vue était sublime. L'horizon courroucé avait l'air d'une fournaise : l'effroi était partout, et le soleil couchant couvrait les plaines d'Espagne de lueurs morbides. Du reste, même par le plus beau temps, et n'importe à quelle heure, toute la nature change de couleurs vers 3,000 mètres. L'air, les nuages et la terre ont une autre teinte qu'au niveau de la mer. Entre l'ombre qui est fauve et bleue, et la lumière, qui est d'une violence extrême, il n'y a pas de pénombre. Le contraste est frappant et fait mal. On croit rêver, on est un peu halluciné, et quant à moi, sur ces sommets où l'air est si subtil qu'il semble déjà manquer, je pense toujours aux paysages décolorés, silencieux et glacés de la lune. Et pourtant sur les monts, je plains toujours ceux qui s'amusent ou végètent dans la plaine. S'ils savaient ce qu'ils perdent !

Sur le sommet, je trouvai quelques fleurs, dont mon célèbre ami, M. Bordères, m'apprit le nom (*Linaria Alpina*). Ce pic avait été gravi quatre ou cinq fois, mais toujours par le Nord. C'est mon ami Charles Packe, qui en fit la première ascension. M. Lequeutre lui succéda quelques années après. M. Wallon y est monté depuis.

Ayant laissé, selon l'usage, une bouteille et nos noms sur la cîme, nous primes la fuite, car il était sept heures, et il allait faire nuit. J'avais mon sac en peaux d'agneaux, mais le tonnerre recommençait, il n'y avait pas le moindre abri nulle part, et il ne fallait pas songer à coucher en plein air. Où aller? Notre descente, au milieu des ténèbres, fut scabreuse, car nous nous égarâmes un peu, et quand il fit nuit close, sans lune, nous arrivâmes à des abîmes à gauche. Heureusement qu'un berger Espagnol monta à notre secours, et nous dormîmes dans sa cabane.

Quatre jours après, je revoyais coucher un soleil presqu'aussi orageux sur le Pic du Midi de Bigorre, dont l'aimable et illustre solitaire, le général de Nansouty, me fit généreusement tous les honneurs. Mais il n'a pas besoin de mes éloges.

(*Gazette des Pyrénées : août 1876*).

LE PIC DE CAMBALÈS (2965 MÈTRES).

Encore une ascension pyrénéenne qui devrait être sur le programme de tous ceux que captivent les montagnes de Cauterets, et à laquelle personne ne pense ! Comme la mode est puissante, aux eaux des Pyrénées ! On dirait qu'il y est défendu, par le médecin ou le préfet, de ne pas faire comme tout le monde.

N'est-il pas singulier qu'il y ait encore, à huit heures de Cauterets, toute une région de pics et de neiges éternelles, moins connue que l'Afrique ou la lune? Les gorges le sont un peu, mais les cîmes pas du tout, et les cols presque pas.

Tel est le cirque de Cambalès, et c'est pourquoi, séduit par l'inconnu, dont le champ diminue à vue d'œil, je m'élançai, le 20 juillet 1877, avec Sarettes, à la poursuite et à l'assaut du *Pic de Cambalès* (2965 mètres), le roi de cette région, car il y domine tout, la *Petite Fache* (2956 mètres), le *Bernard-Berraou* (2819 mètres), et le massif disloqué d'*Aragon* (ou, comme disent les bergers, du *Dragon*) qui, descendant de l'O. à l'E., dessine au S. du val de Cambalès et de ses neiges, un sombre et monstrueux rempart, à tournure infernale. Du reste, le pic de Cambalès lui-même, bien que facile par l'O., se donne un air assez féroce du côté E., et quand il m'apparut par là le 21 juillet dans le vallon de Cambalès, sans laisser voir son dos, je fus pris, non-seulement de découragement, mais de frissons : je me sentis pâlir, car, par l'E. et le N., ce pic est un casse-cou. Par l'O. il est bossu, et tout le monde peut y monter par là. Presque toujours, les montagnes trompent à première vue : elles se donnent de grands airs, mais elles ressemblent aux hommes, qui ont tous un point faible, quelqu'habilement dissimulé qu'il soit. Une montagne invincible est bien rare, quand elle a moins de 6000 mètres, et quant au Cambalès, sa défaite fut l'affaire de quelques heures, bien que pendant longtemps le succès me parût fort douteux. Car, l'ayant attaqué par le N., au plus court (c'est-à-dire par l'arête peu commode qui, par son prolongement au N., forme le vaste col de Cambalès), il fallut renoncer à se servir des pieds. Nous n'avancions, de bosse en bosse, qu'avec les mains, et si doucement qu'on aurait pu nous prendre pour des gymnastes étudiant l'art de la dislocation et de l'écartèlement, plutôt que pour des montagnards. Cette crête est très-mauvaise, je ne dis pas : « impraticable »; à la rigueur, on en viendrait à bout si c'était nécessaire. Mais comme j'avais du temps pour essayer ailleurs, et que je tenais à arriver en haut intact, je fis un long détour à l'O., en descendant, à l'origine de la vallée d'Azun, presque jusqu'au col de la *Pierre-St-Martin*, d'où remontant à l'E. pendant une heure, sur d'immenses nappes de neige, nous arrivâmes à un des cols les plus gracieux des Pyrénées, le *Port d'Azun*, qui s'ouvre à la frontière (du N.O. au S.E.). Absolument couvert de neige le 21 juillet, sa blancheur éclatante et l'élégance de la courbe qu'il décrit, l'auraient fait reconnaître de partout. Il s'ouvre à l'E. de celui de la Pierre-St-Martin, mais en le dominant d'environ 400 mètres. Il doit avoir 2700 et quelques mètres.

Du Port-d'Azun, nous élevant au N.-E. pendant une petite heure sur des neiges à pentes douces (45° environ), et colorées déjà par les rougeurs splendides du soir, nous arrivâmes sans la moindre peine sur le sommet du pic de Cambalès, où je passai une heure dans la contemplation. Mais le panorama était si vaste, qu'à moins de faire un catalogue de pics, je ne pourrais songer à le décrire. Le ciel était partout sans nuages, excepté au couchant, où, comme les ruines d'une montagne d'or, ils flamboyaient à l'horizon. Un peu à droite, le redoutable Balaïtous, comme un vieillard sinistre, mais droit encore, sortait verticalement d'un piédestal de précipices en tuyaux d'orgue et de glaciers, où il allait bientôt faire nuit. De nulle part il n'a l'air si terrible. Au S., l'Espagne dormait dans la lumière. A l'E., et sous mes pieds, descendait, par terrasses de granit, l'interminable vallon encore neigeux de Cambalès, où je comptai douze lacs, dont trois étaient encore gelés le 21 juillet. Mon brave collègue, M. Wallon, estime leur nombre à 20.

Après avoir construit, avec Sarettes, une pyramide de pierres sur le sommet, nous descendîmes par le N.-E., en franchissant, au S.-E. de la cime, un col aussi neigeux que ceux des Alpes, et très-élevé. C'est le *col d'Aragon*, ouvert entre la pyramide grise et très-facile de la *petite Fache* (2,956 mètres) à l'E., et le pic Cambalès au N.-O. C'est une vraie porte, très-caractéristique, ouverte à la frontière d'Espagne, et *le plus court chemin pour aller de Cauterets à Sallent*, car c'est le seul moyen de ne passer qu'un col. Par toute autre voie, il faut en passer deux. Par le col d'Aragon, en rejoint en Espagne, *sans jamais remonter*, la vallée de l'*Ariel*, qui descend, N. et S., à *Sallent*. J'en estime la hauteur à un peu plus de 2,700 m.

De ce col, descendant E.-N.-E., nous fîmes 2 kilomètres en ligne droite dans la neige, sur des pentes presque nulles. C'était d'un blanc inouï, absolument sans tache. Mais quel contraste à droite, où se dressaient à pic les noires et tristes parois de la chaîne d'Aragon! Rien ne pourrait s'y cramponner un seul instant : c'est par le S. et le S.-E. que les isards y montent.

La soirée fut grandiose au possible : mais à la nuit tombante, quand j'arrivai pour y coucher, à la plus basse des trois cabanes de Cambalès, située sur la rive gauche de la vallée, à une hauteur probable de 2200 mètres, à la limite extrême des arbres (pins rouges), je fus témoin d'un des plus beaux orages que j'aie vus de ma vie. Sortant d'Espagne, toutes ses fureurs tombèrent sur le Vignemale, le Péterneille, et l'orifice énorme du port de Marcadau, où les éclairs ne discontinuaient pas, en sorte qu'il faisait jour derrière ces vastes et fantastiques montagnes, tandis qu'entr'elles et moi régnait la nuit la plus impénétrable. Dans la cabane, où les bergers faisaient leur soupe, j'entendais rire et plaisanter ; mais j'aimai mieux rester assis dehors pour jouir le plus longtemps possible de ce bombardement de la terre par le ciel, ne redoutant que les vipères, qui infestent ces parages. Mais on dit qu'elles aiment mieux le mouton.....

Le lendemain matin, le ciel étant tout bleu, nous revînmes à Cauterets en variant notre descente. Montant d'abord au N.N.E. sur de moëlleux gazons au *col de Montaigut* (2530^m?), où apparurent le pic d'Enfer et le pic du Midi de Bigorre, nous descendîmes à l'E. et sur la neige, à un premier petit lac aux verdoyants rivages, où je vis des rochers titanesques, et trois petites cabanes disséminées à l'E., au N. et au couchant (celle-ci très-haut). D'ici part un sentier qui laisse à droite, à 200 mètres plus bas, un lac triangulaire et très-profond (*Castelabarque*), et descend au N.E., par pentes roides, dans un fouillis de magnifiques rhododendrons. Là parut un instant le Vignemale, au S.E.

Baissant toujours (j'en était si fâché!), nous nous trouvâmes, à 20 minutes au-dessous du lac, au haut de la paroi vertiginineuse par où descend en bonds furieux une sorte de cataracte trop peu connue, celle de Castelabarque. Se perdre ici dans le brouillard serait fatal, car il y a peu d'endroits par où descendre.

Mais quel tableau charmant que cet emsemble d'écume, de mousses et de rochers, de forêts harmonieuses de pins rouges, où roucoulent mille oiseaux, et de fières saxifrages, qui se balancent majestueusement au souffle de toutes les brises, tandis qu'en haut, des pics neigeux pointent partout le ciel, emportant avec eux le cœur et la pensée du voyageur? Mettez-moi là sans me dire où je suis, et à l'instant je devinerai les Pyrénées, et même le *Marcadau*, car il n'y a pas à s'y tromper.

Morale : Avec le pic de Cambalès pour but, et mon fidèle Sarettes pour guide, on est sûr d'oublier, pendant deux jours au moins, les servitudes et les misères que nous impose la vie civilisée, surtout aux Eaux.

(*Journal de Cauterets. Août 1877.*)

EXPLORATION DU PIC POSETS (3367 MÈTRES). — SON ASCENSION PAR L'OUEST.

Ce pic, rarement gravi, est après le Néthou (qui le domine seulement de 37 mètres), le plus élevé des Pyrénées. Il a 3367 mètres. Le Mont-Perdu vient après lui (3352 mètres). Ces trois géants sont en Espagne, ce qui ne veut pourtant pas dire qu'ils ne touchent pas aux Pyrénées : car chacun d'eux y est relié par une crête très-élevée, formant des *cols* qui s'ouvrent de l'Est à l'Ouest. Ce sont trois promontoires immenses qui s'avancent sur l'Espagne, en dominant tout ce qui les entoure. Voilà pourquoi la vue en est si belle. Toutefois, le Mont-Perdu occupe une place relativement petite, tandis que le Posets couvre une surface presqu'aussi grande que celle des Monts-Maudits, et pour en faire le tour complet, il faut deux fortes journées. Quant à ses formes, elles sont superbes; ses lignes sont plus grandioses, plus simples que les lignes trop brisées de la Maledetta, et du côté de l'est, c'est une suite de terrasses magnifiques, un escalier de marbre, de granit, de glaciers et de lacs, au beau milieu desquels s'élève, seule et fièrement, l'arête lugubre, qui, longue d'un kilomètre, et courant Nord et Sud, forme le sommet schisteux du pic Posets, d'où l'on découvre tout l'Aragon.

Jusqu'à présent, c'était par l'Est et par le Nord qu'on montait à ce pic. Une fois pourtant, j'en descendis par le Sud-Est (à *Eristé*). Quant à sa partie Ouest, c'était *terra incognita*. Elle me tentait depuis plusieurs années... Comme c'est par là que je viens d'arriver au sommet, avec assez de peine, sans doute, mais sans danger, j'espère que mes lecteurs, même les moins montagnards, trouveront quelque plaisir à me suivre un instant dans une région si mystérieuse, si vaste et si alpestre.

C'est de Luchon que je fis cette course. Mais ce serait plus court d'Arreau, en remontant la vallée d'Aure, et en passant le *Port de Plan* (2457 mètres), accessible aux mulets.

N'oublions pas que le Posets est sur une ligne Sud-Ouest de Bagnères-de-Luchon. La tournée qu'on va lire, malgré tous ses zig-sags, aura donc pour moyenne une direction Sud-Ouest.

27 *Juillet*. Départ avec Firmin Barrau, porteur toujours docile et vigoureux. Nous quittons à *Astau* le chemin du lac d'Oo, pour nous élever vivement à l'Ouest dans le val d'*Esquierry* (le « Paradis des botanistes »). En quittant pour six jours la vie civilisée, j'éprouve sans doute une espèce de malaise, aggravé par une charge colossale de vivres de toute espèce. Il faut deux ou trois jours pour accepter la vie sauvage et pour en jouir. Mais il en coûte encore bien plus de la quitter!... L'âme, un instant émancipée dans les montagnes, souffre et gémit toujours quand elle revient subir les servitudes du monde civilisé. La vue d'un champ ou d'une maison la blesse. L'air élastique et bleu, la liberté, la perspective de l'Inconnu, de découvertes à faire, soutiennent presque miraculeusement le caractère et les jarrets, dans les fatigues morales et matérielles inséparables des premiers jours de course; mais dans la plaine, on en mourrait.

Sur le col de *Couret* (2131 mètres), belle vue vers l'Ouest. Le soir approche. Le Néouvielle et l'Arbizon se dorent : le glacier du Vignemale semble un manteau de pourpre. Nous descendons d'une heure vers le N.-O., sur les cabanes de *Lourtiga,* où nous couchons. Bonne source : 1500 mètres.

28 *juillet.* Beau lever de soleil, mais trop chaud; mauvais signe. Une longue et très-gracieuse cascade descend du Sud, en glissant sur les pentes que nous allons escalader, pour traverser la *Porte d'Enfer*, brèche très-perfide : car si on passe seulement de quelques mètres plus à droite qu'il ne faut, on tombe sur les abîmes de la gorge de Louron, où M. Packe et moi passâmes une fois la nuit en perdition, presque suspendus aux flancs d'un précipice, sans vivres, sans couverture, sans rien. C'est un vilain endroit, où l'homme le plus habile pourrait se perdre. Voici la règle à suivre. Montant au Sud de Lourtiga pendant deux heures (n'importe la rive), passez immédiatement à droite du pic pyramidal et noir qui s'élève juste au Sud. *Le plus près vaut le mieux*. Le pic carré à gauche se nomme la *Belle-Sayette* (2966 mètres).

A 1 heure 30' de Lourtiga, cabane sur la rive droite (2000 m. environ). D'ici, la direction à suivre est S.S.O., et en une 1/2 heure, on arrive à l'étroite *Porte d'Enfer* (2500 mètres ?...).

Ici un formidable orage fondit soudain sur nous. En général, ils viennent de quelque part : on les voit arriver. Mais les orages sur la montagne se forment souvent sur place. Dans le ciel le plus bleu, dans une gorge, on voit naître trois ou quatre petit nuages. Ils ont quelquefois l'air de vous poursuivre, comme s'ils voulaient *flirter !* Les traîtres ! ne vous y fiez jamais ! D'abord ces nuages fondent plusieurs fois, et disparaissent. Ensuite ils s'agglomèrent, couvrent le ciel et se plombent. Le thermomètre descend de 18 ou de 20 degrés, en autant de minutes, il vente, il tonne, il grêle, et tout rugit. Bref, telle fut notre histoire sur l'aride crête d'Enfer, où on ne trouve pas un rocher pour s'abriter. En cinq minutes, des ruisseaux nous coulaient dans le dos, la foudre tomba tout près, etc., etc. Mais ces colères ne durèrent pas. De l'autre côté, il fesait du soleil. Les nuages, brisés, déconcertés, allaient un peu partout, sans ordre. C'était une débandade, une vraie déroute, comme tout ce qui succède à une révolution quelconque. Bientôt ils redevinrent petits et blancs. Un instant égarés sur la terre pour y mettre le désordre, ils remontèrent au ciel aussitôt qu'ils le purent. Nous séchâmes au soleil, et après une descente d'un quart d'heure au Midi, nous remontâmes au Sud-Sud-Est à un beau col herbeux, d'où parut tout-à-coup au Sud-Est, tout entouré de neiges resplendissantes, le lac de *Caillaouas* (2165 mètres). C'est de ce lac, très-rarement visité, que se déroulent vers l'Est les plus grandes glaces des Pyrénées. On peut y faire, en toute saison, douze kilomètres sans toucher terre. On les voit de 200 kilomètres.

Là nous couchâmes, dans une bien pauvre petite cabane située à l'Ouest du lac (à un 1/4 d'heure), sur la rive droite de l'impétueux torrent qui s'en échappe à l'Ouest, et va plus bas précipiter ses eaux, à angle droit, dans celles de *Clarabide*, qui coulent au Nord. Je trouvai là un berger espagnol : il me vendit 3 francs (!) et me fit cuire les deux gigots d'un jeune mouton qui venait de se suicider du haut d'un précipice, ressource inattendue qui me permit d'allonger mon voyage de deux jours. Puis le brouillard revint, mais sans tonnerre. Il était calme et sec, mais pourtant trop épais pour me permettre de continuer. Je passai donc les quelques heures de jour qui me restaient, à explorer les rives sauvages du lac de Caillaouas, qui couvre une quarantaine d'hectares. On ne peut pas en faire le tour. A l'Ouest et au Nord-Est, la roche y tombe à pic. Ses truites sont excellentes : et dans ses eaux, d'un bleu terne et douteux, se mirent de formidables montagnes. Même en venant des Alpes, on est saisi d'admiration, et on frissonne, en voyant au Sud-Est les glaciers azurés et et le pic des *Gours-Blancs* (3202 mètres), dont les pointes granitiques, trop roides pour que la neige y tienne, dominent à perte de vue de blancs déserts, ou règne partout l'immense mélancolie des pôles. Tout haut, tout fier qu'il soit, il a pourtant été vaincu : et ni la foudre, ni les années n'ont encore démoli le petit tas de pierres qu'il y a déjà dix ans, accompagné par Aurillon, j'ai eu la vanité d'élever sur cette cime orgueilleuse, pour prouver notre conquête. Hélas ! que de pays conquis, que de palais, dont il reste encore moins, dont il ne reste que le souvenir, et pas une pierre! Les hommes me semblent bien fous, vus du haut d'une montagne, et quand je me demande ce qui leur reste en général, au bout d'un siècle, de leurs sanglants exploits!

29 *Juillet*. — Après une nuit très-noire, malgré les vers luisants qui, même à ces hauteurs, brillaient partout sur les rochers, l'aurore parut radieuse et sans un nuage, bien que les plaines de France fussent entièrement couvertes de brumes tourbillonnantes, que des lois mystérieuses empêchaient de monter jusqu'à nous. Temps idéal, et le plus sûr qu'on puisse avoir. Car il est rare qu'avec la brume en bas, il s'en forme une autre couche sur les cîmes. Cela arrive pourtant....

Rude escalade sur l'herbe, au Sud du lac de Caillaouas, et vue grandiose au Nord, où se dressent jusqu'au ciel les murailles noires et nues du pic de *Belle-Sayette* (2966 m.). A la vue de tout cela, je me sens devenir de plus en plus sauvage.

Une heure nous mène au col de *Courtaou* (2520 mètres?). Le Port de Clarabide paraît au Sud (2619 mètres), et un peu plus à droite, mais en Espagne, la pointe extrême du Pic Posets. Un pic immense, sans nom connu, mais haut de plus de 3000 m., surgit au S.S.E., avec un beau glacier, labouré de crevasses. Ce pic est la prolongation, à l'Ouest, de celui des Gours-Blancs. Sous nos pieds, au Midi, brille au soleil le lac *Pouchergues*. Nous descendons au Sud : herbe et « chaos ». Voici (une heure 1/2 du lac de Caillaouas) les cabanes de Pouchergues (2200 m.), au N.O. et tout près du joli lac qui porte ce nom, et couvre 18 ou 20 hectares. Il est d'un bleu charmant. La vaste échancrure grise du Port de Clarabide paraît tout près, au Sud; mais c'est une illusion, car nous mettons deux heures pour y arriver, grâce aux blocs prodigieux entassés par milliers dans cette gorge repoussante. (*Gentiana acaulis*).

Au *Port de Clarabide* (2619 mètres), nous entrons en Espagne, où le Posets paraît au S.S.O., glacial et blanc comme le génie des neiges, bien que noyé dans la lumière. Il a des airs d'un autre monde. Plus rien entre nous et lui. Mais comme c'est par son côté Ouest que je veux l'attaquer, il faut aller couper son méridien, au Nord, et traverser pour cela, de l'Est à l'Ouest, l'aride *Port de Gistain* (2520 m.), aux reflets Sahariens, qui le rattache aux Pyrénées. C'est facile, mais très-long. Du port de Clarabide à celui de Gistain, deux heures s'écoulent, puis une troisième, à continuer à l'Ouest sur des schistes inclinés, fatigants, et plus stériles que le Thibet. Pas une goutte d'eau, pas un arbre, pas une fleur. Partout des croupes terreuses, désespérantes et nues, qui descendent de la gauche, et qu'il nous faut toutes contourner, pour arriver dans les régions Nord-Ouest du pic Posets. Enfin, nous y voilà! A l'Ouest, dans des vapeurs chaudes et dorées, je vois rougir au loin les glaces du Mont-Perdu, aux feux mourants du jour. Tout s'attriste... Un izard effrayé s'échappe comme un coup de vent à quelques pas de nous. Jamais peut-être il n'a vu l'homme. Il commence à faire frais; il faut descendre un peu, pour ne pas geler pendant la nuit, sans combustible et sans abri quelconque. Voici pourtant une petite cave dans des grès rouges, au bas d'une gorge Nord-Ouest du pic Posets. Elle est si séduisante que nous nous y installons en bénissant la Providence... Mais, ô misère! A peine y sommes-nous ensevelis, que nous sentons des gouttes pesantes tomber partout de son plafonds, et crépiter sur nous. Que faire? Bloqués par les ténèbres, il faut bien rester là, et nous nous endormons en philosophes, malgré la pluie qui nous arrose la tête et la poitrine. (Hauteur estimée : 2000 mètres).

30 *Juillet*. — Il faut maintenant chercher une gorge qui aboutisse par l'Ouest à la cîme du Posets. Celle où nous sommes ne sert de rien. D'abord elle n'y va pas : puis elle est déchirée, scindée du haut en bas par un ravin partout infranchissable, à parois impossibles. Il y mugit un torrent jaune, malade, bilieux, sur des terrains ferrugineux dont il emporte les sales couleurs. Ce n'est qu'en descendant beaucoup vers le Sud-Ouest, que nous pouvons passer sur la rive gauche, où sur nos têtes encore humides, tombe le premier rayon du jour naissant. Quelle joie !

Ces ravins fantastiques qui déchirent le Nord-Ouest du Posets, sont les plus grands, les plus étranges des Pyrénées.

Nous sommes ici à environ 1700 mètres de hauteur absolue. Cabane à droite, plus bas, sur une pelouse. Allant au Sud, nous contournons par l'Ouest de larges talus schisteux et bruns, où se dressent çà et là des sapins magnifiques. Mais un grand nombre d'entr'eux sont morts, foudroyés et par terre. Ils semblent de grands vieillards de bois, ou plutôt des démons. C'est une forêt maudite.

Un peu plus loin, la nature se réveille. De jeunes sapins élèvent sur des pelouses et des rhododendrons en fleurs, leurs charmantes pyramides, à l'ombre desquelles jaillissent à flots pressés des eaux claires et bleuâtres, que je paierais, s'il le fallait, plus cher que tous les élixirs du monde. Car rien n'est bon et sain comme la *bonne* eau. Jamais elle ne fait mal : elle ressuscite, elle rajeunit, elle donne de l'appétit, et avec elle, jamais le vin n'est nécessaire. C'est l'eau de neige qui empoisonne, pas celle qui sort des rocs en frémissant.

Ici, coup de théâtre ! Inclinant au Sud-Est, et cherchant le Posets sur la gauche, nous en voyons soudain la cîme neigeuse à l'Est, à une telle altitude, qu'on aurait dit l'Himalaya ! Le voilà, ce grand spectre, au sommet de la gorge si longtemps désirée, dont l'embouchure est à nos pieds. C'est celle-là qu'il faut prendre, car il n'y en pas d'autre qui arrive à la cime. C'est la seconde qu'on trouve à gauche, quand du port de Gistain, on descend vers El Plan. Elle est d'ailleurs reconnaissable à sa longueur, à son orientation de l'Ouest à l'Est, et en ce qu'elle débouche aux premiers pins que l'on rencontre dans le val supérieur de Gistain. Ces détails sont arides, mais ils sont nécessaires.

Le bas de cette vallée est ravissant : les eaux les plus limpides ruissellent partout sur de moëlleuses pelouses et sous les pins. Nous grimpons roide sur la rive droite, où serpente un sentier, laissant à droite un entonnoir calcaire, où glisse avec fracas une écumeuse cascade. Nous nous ressentons d'une nuit presque sans sommeil ; mais en levant la tête à l'Est, nous sommes électrisés par le courant d'air froid qui descend du Posets, dont le glacier occidental, rayé de sombres crevasses, fait reluire au soleil sa poitrine bleue et verte. Scène hyperboréenne.

Au bout d'une heure, nous quittons la région des sapins (2000 mètres), laissant à droite, au milieu d'une pelouse, une solitaire petite cabane en ruines (rive gauche).

Calcaire partout. Le Mont-Perdu paraît à l'Ouest, et le *Batoua* (3035 m.) au N. N. O. — Bientôt (2 heures d'en bas), notre torrent se bifurque, en formant un Y avec un autre qui descend de la gauche. Lequel suivre ?

Je me trompe en prenant la branche droite, qui me mène en une heure au glacier, c'est-à-dire, trop à droite. Cailloux abominables, et ascension très-roide. Enfin, l'erreur est réparable, je tourne à gauche, en suivant la moraine terminale, et reprenant bientôt ma direction normale à l'Est, je trouve une longue arête, large et solide, qui mène droit à la cîme, en séparant ce beau glacier à droite, d'un vaste champ de neige à gauche, à pentes assez sérieuses. Il n'est pas tard, le temps est assez sûr : aussi je flâne et je médite sur cette arête bosselée comme le dos d'un chameau, fatigante, irritante et sans fin, mais presque toujours facile. Nos regards plongent à gauche sur une neige éblouissante (visible du col d'Aspin) : à droite sur le glacier, que n'a probablement jamais souillé le pied de l'homme... Il peut avoir 25 hectares. Silence partout... lumière partout... Nous sommes ici à plus de 3000 mètres... Déjà la vue devient illimitée, presqu'incommensurable... Les bruits inquiets du monde, la civilisation, ses besoins, son tapage sont loin, bien loin de nous .. Nous régnons dans les airs...

Au milieu du glacier se trouve une île aussi sauvage que le cap Horn. Elle n'émerge pas des glaces, mais elle y est tombée: c'est une enfant des cataclysmes, précipitée du haut des murs bronzés qui la dominent de 4 ou 500 mètres. Plus bas, je vois une « table », phénomène très commun sur les glaciers des Alpes, mais rare ici. On appelle « tables » des blocs perchés en équilibre sur des tronçons ou sur des cônes de glace, que l'ombre de ces rochers a empêché de fondre, pendant que le glacier se dissolvait et s'abaissait tout autour d'eux sous les feux dévorants du soleil. N'en approchez jamais. Un souffle ou un rayon peuvent les faire écrouler. Ce monstre pesait bien des milliers de kilogrammes. Il était grand comme une chambre à coucher : et quelques jours après, je le vis parfaitement à l'œil nu du haut du Port de Plan, à une distance de 14 kilomètres en ligne droite !

Mais revenons à notre récit. L'arête, d'abord calcaire, qui monte à gauche de ce glacier, se change plus haut en un amas schisteux de pierres mobiles, désagrégées, où il faut s'accroupir pour ne pas reculer, car c'est roide, si roide qu'à gauche la neige serait impraticable, à moins d'avoir une hache, et ces cailloux roulent comme de l'eau quand on les touche. Mais de danger, aucun ; c'est seulement accablant. C'est ainsi qu'en rampant à plat ventre, et après cinq grandes heures d'ascension, j'atteignis le sommet du Posets (3367 m.), toujours avec Firmin Barrau. Une fois sur la longue crête qui forme la cime, nous la suivîmes à droite, pour arriver enfin sur son point culminant, qui est au Sud. (Dans une tempête, cette crête serait désagréable...) N'ayant pas de bouteille, pour y laisser nos noms, selon l'usage, je laissai au sommet une jolie pipe en acajou.

Il fesait chaud..... (18° à l'ombre !) Quant à la vue, elle est d'une merveilleuse magnificence ; mais la sachant par cœur depuis longtemps (car c'était ma 3me ascension), je descendis presqu'aussitôt.

En repassant près du glacier, qui regarde le couchant, je remarquai qu'au lieu d'être bleu, comme en montant, il était devenu vert. L'Ouest était menaçant, le soleil et les nuages avaient l'air en colère ; des lueurs étranges, des sons barbares se jouaient dans les crevasses béantes, qui semblaient d'effroyables mâchoires vertes, dévorant la lumière et le vent. Nous descendîmes très-vite, comme on le fait toujours quand on a réussi, et nous passâmes la nuit dans la cabane en ruines citée plus haut (2000 mètres).

Le lendemain (31) j'entrai dans un pays entièrement différent, qui ressemblait aux parcs heureux et verts de l'Angleterre. Allant Sud-Ouest, sans monter ni descendre, à un niveau d'environ 2000 mètres, et contournant d'abord des croupes et des vallons sombres et cendrés, que sillonnaient des ravins gigantesques, nous rencontrâmes un peu plus loin, sur des pelouses superbes, une insolente colonie de mulets, qui gambadèrent pendant une demi-heure à nos côtés, en s'obstinant à nous accompagner. Étaient-ils fous, ou simplement sauvages ? Pas un homme ne parut. Depuis deux jours, nous n'avons vu personne, et aujourd'hui se passera de même. Quelle solitude que ce pays !

Voici encore nos chers sapins, et des pins rouges partout. Silence universel... le « *vastum silentium* » des anciens. Nous voyageons au Sud, et horizontalement, laissant à gauche les calcaires et les schistes, et leurs affreux précipices bruns, à stratifications bizarres, inouïes, presque circulaires, et torturées dans tous les sens. A droite, tout change, et subitement. Là commence tout un monde de granit; plein de mystère, de fleurs, de sources et de sapins. C'est une nature « *Malibiernique.* »

Quel est ce pic de premier ordre, masse austère de granit et de neige, qui nous barre l'horizon du Midi ? C'est le pic d'*Eristé* (1), qui dépasse 3000 mètres. A sa gauche, assez loin, à mi-chemin entre lui et le Posets, s'ouvre une brèche très-profonde, vaste ouverture où s'engouffrent tous les vents. C'est le col d'*Eristé* (2610 m.?) qui fait communiquer la vallée supérieure

---

(1) Je l'ai gravi depuis, en 1878.

de Gistain avec celle de Vénasque. Tout cela est inconnu dans la géographie Pyrénéenne, du moins en France. Voilà pourquoi j'ai l'air de faire un dictionnaire.

Nous délogeons d'une grotte inaccessible une jeune famille d'izards ; autrement, rien n'a vie..... c'est en silence que nous montons nous-mêmes au Sud, sur la rive droite d'un torrent remarquable au point de vue géologique, puisqu'il sépare, comme une barrière infranchissable, la région granitique du Posets, des schistes et des calcaires, qui sont bien plus considérables, car ils composent la masse et le sommet de cette montagne. La région des granits, qui comprend l'Ouest et le Sud-Ouest, est un peu moins alpestre et moins développée. Pourtant, elle est bien vaste aussi, et bien plus pittoresque. Ce jeune torrent dont nous suivons la rive, sépare nettement les deux régions. *Il coule à l'O.-N.-O.*, et sort d'un lac dont je vais reparler.

Je n'oublierai jamais cette soirée-là, quoique j'en aie vues de belles, dans tous les coins du globe. Ayant trouvé une cabane vide au N.-N.-O. et à une heure de la brèche d'Eristé, nous la prîmes pour la nuit. Mais vers cinq heures du soir, laissant dormir Firmin, je m'en allai errer à l'aventure, au Sud, vers le pic d'Eristé. En un instant, je foulai le granit, qui d'ici, forme à l'Ouest une espèce de désert aérien, en ondulant comme les grandes houles de l'Atlantique. Il me prit des envies de courir, tant j'étais libre et leste. Pas un obstacle sur l'horizon de l'Ouest, où grondaient deux orages, mais vaguement, et très-loin. Partout ailleurs, le ciel était limpide et bleu. La nature s'endormait.

Une petite demi-heure de montée au Midi, vers les sources mystérieuses du torrent, dont une cascade très-turbulente formait le déversoir, me fit franchir un monticule, derrière lequel je pressentais quelque chose d'agréable et d'étrange..... devinez mon bonheur, quand tout-à-coup, au beau milieu de ces déserts, je me trouvai, par une splendide soirée d'été, sur la rive nord d'un lac si pur et si tranquille, que près du bord, je n'en voyais plus l'eau, mais seulement les abîmes et le fond! Quel calme et quel silence! On aurait entendu le vol d'un papillon, la chûte d'une plume aurait été un événement! Et j'étais seul... On admire plus alors, parce qu'on est plus triste. Ce lac, qui forme un carré long, et a bien 20 hectares, comment l'appellera-t-on? Que de couleurs, que de contrastes autour de lui! Au bord, des pelouses et des fleurs, où le granit, en serpentant dans tous les sens, roulait ses vagues sauvages. Au loin, à gauche, des pics désordonnés, schisteux, rouges et cuivrés; au Sud, la neige, partout la neige, formant du bord de l'eau jusqu'au sommet de l'Eristé une nappe immaculée d'une demi-lieue. Sur l'eau, quatre ou cinq îles de pierre et d'herbe, puis au milieu du lac, un *Iceberg*, un seul, fils égaré des glaces, perdu sur l'onde où il errait au gré de chaque zéphyr, cherchant à fondre ou à s'échouer. Il avait l'air si malheureux!

Et dans les nues, que de splendeurs! Au couchant, se dressaient pompeusement des colosses de vapeur et de feu, où grondait sourdement le tonnerre. Ces masses rouges ou plombées se miraient dans le lac, tandis que le soleil, caché derrière leurs tourbillons, dont il dorait les bords, jetait sur tout le reste du monde, mais surtout sur la neige, des reflets d'incendie... En vérité, c'était sublime, et si l'Enfer a des magnificences, c'est à cela qu'elles ressemblent.

Pourtant mon attention se détourna bientôt d'un

autre côté. Que se passait-il donc dans la cascade par où les eaux du lac s'échappent au Nord ? à chaque instant, mais pas toujours, on entendait sortir du gouffre étroit, presque tubulaire où elle tombait, un mugissement, un grondement vague et sourd, un bruit inquiet et inquiétant, sans nom connu... Etaient-ce des colonnes d'air emprisonnées, s'échappant violemment à certains intervalles? ou la sonorité, la vibration des roches, changées en « lithophones » par les caprices de la température, comme la statue harmonieuse de Memnon? Ce singulier ravin de pierre, très profond, presqu'à pic et tortueux, formerait-il les trois-quarts d'un tuyau, où l'eau et l'air chantent des duos? Peut-être. Mais je livre aux savants ce mystère d'acoustique. Pour moi, je m'attristais. Sentant que ce petit voyage allait finir, je fus saisi de désespoir à la pensée de descendre des montagnes et de quitter la vie sauvage. J'espère pourtant ne pas être misanthrope. Mais qui niera qu'il y ait un magnétisme, une sorte d'ivresse dans la vie libre qu'on mène là-haut, et dans le fait de se servir de la nature, des rochers, des sapins, des ruisseaux, au lieu des hommes, et de leurs inventions plus ou moins inutiles et coûteuses? Il est incontestable qu'on est heureux sur ces sommets perdus, où soufflent d'une voix lugubre les vents de l'Infini.

1er *Août*. Il fallut bien enfin tourner le dos à ces merveilles, par manque de vivres (!) et laissant au Sud-Ouest un autre lac, à 3/4 d'heures de celui-ci, et plus élevé, je descendis à l'O.-N.-O., par une large gorge boisée, qui est un Eden de fleurs et de sapins. Il y a là des trésors botaniques. J'ai mesuré un de ces arbres géants, et je lui ai trouvé, à quelques pieds du sol, plus de cinq mètres de tour ! Les pins rouges se rencontrent à chaque pas. Voici notre route :

Suivant d'abord pendant 40 minutes la rive droite du torrent (bon sentier), nous prîmes ensuite le côté gauche, au pied d'une imposante cascade, qui descend du Sud-Ouest. Sur chaque mamelon se profilent des sapins qui semblent des campaniles de cathédrales. Eau partout, et pelouses, grandes gentianes jaunes, iris et digitales, etc. etc. cabane (rive gauche). Là nous faillîmes être écrasés par un énorme rocher, mais il me fascinait : c'était superbe de voir bondir, avec une telle vitesse, cette masse furieuse de pierre, qui voyageait plutôt dans l'air que sur le sol.

Au débouché de cette gorge si fleurie, où l'on a constamment devant soi le *Batoua* au Nord-Ouest (3035 m.), nous nous retournâmes, pour contempler avec un sentiment voisin de la stupeur, l'étonnante masse du pic Posets, qui se dressait à l'Est, et d'un seul jet, d'une hauteur effrayante. C'est un site merveilleux, et un des plus grandioses des Pyrénées.

Mais nous voilà maintenant en pays bien connu, dans le val Espagnol de Gistain. Je couchai à *El Plan*, en Espagne, à une vingtaine de kilomètres de la frontière. J'en recommande en toute conscience l'auberge [*Casa del sol*], que tient Antonio Rinz. C'est là que je descends toujours : tout y est propre, très-bien servi et abondant. Prix modérés. Du reste, Antonio Rinz est l'idole du pays. — C'est par la vallée d'Aure que je rentrai en France. Après neuf jours de courses, j'arrivai à Luchon, très-content de Firmin, mais désolé de quitter les montagnes.

Oh ! quel bonheur de se sentir aux prises avec toutes les fureurs et toutes les forces de la nature, et d'en sortir vainqueur !

Puisse ce récit, terne mais fidèle, faire entrevoir

à l'homme des plaines la poésie des neiges et du soleil, des torrents, des sapins et du vent, et l'initier aux suavités divines qui passent dans l'âme, quand elle s'élève, sur les montagnes, à l'unisson de la nature !

(*Gazette des Pyrénées* : *Août 1875.*)

PIC D'ERISTÉ OU DE BAGUENIOLA. (ALTITUDE ESTIMÉE : 3100 MÈTRES).

A environ trois kilomètres au S.-O. du Posets, s'élève une imposante et haute montagne à trois sommets, dont le versant nord est tout blanchi par un glacier très-roide, qui va mourir aux bords d'un lac sans nom.

En 1875, après avoir gravi le pic Posets, par l'Ouest, j'avais été coucher au nord de cette massive et mystérieuse montagne, avec l'idée d'en tenter l'ascension le lendemain. Mais n'ayant plus de vivres, j'avais été forcé d'y renoncer.

Je me dédommageai trois ans après (1878), en y montant par le sud-est, c'est-à-dire d'*Eristé*, propre et riant village de l'Aragon, situé sur la rive droite de l'Essera, et à 3 kilomètres en aval de *Vénasque*. Le succès fut complet, mais la course fut très-longue. En effet, Eristé est très-bas, (800 mètres environ), et le pic en question a plus de 3000 mètres ; c'est donc une ascension de 2200 mètres ou même plus. Il est aussi fort loin. Il termine au N.-O. une gorge immense qui, orientée du S.-E. au N.-O., débouche à Eristé, de même que celle qui descend du Posets, mais celle-ci incline plus vers le nord. Sa direction moyenne est S.S.E.-N.N.O.

En 1875, j'avais appelé cette cime « Pic d'Eristé ».

Et en effet, c'est ainsi qu'on la nomme à El Plan de Gistain. Mais à Vénasque, on dit Bagueniola. C'est un malheur commun à presque toutes les montagnes de l'Aragon, d'avoir deux ou trois noms, comme les filous. Nos descendants seront bien déroutés, quand ils chercheront à classifier tous ces pics espagnols, qui ont autant de noms que d'arêtes ou d'aspects! Pour ne parler ici que du Posets, le roi de cette région, à Vénasque on l'appelle en effet *les Posets* ; à Eristé, à quelques kilomètres plus bas, jamais : il devient *Lardana!* ainsi de suite. Que faire? J'adopte *Bagueniola* pour le nom de mon pic, parce que j'aime la musique, et que ce mot est en même temps mélodieux et sauvage.

Il faisait une chaleur tout-à-fait effroyable, même avant le lever du soleil, quand, le 17 juillet 1878, je partis de Vénasque avec Firmin Barrau et un agile chasseur d'isards, âgé de 23 ans, André Soubra, jeune homme aussi intelligent qu'honnête et obligeant, qui me fut très-utile. Ce qui me disposa tout de suite en sa faveur, c'est qu'il m'avoua n'avoir jamais été dans le pays que j'allais explorer. D'autres sont moins véridiques!.. Ainsi nous allions tous vers l'inconnu, mais par un temps splendide. Le ciel était absolument immaculé.

En sortant d'Eristé, laissant à droite la gorge très-étranglée qui monte au N.N.O. vers le Posets, nous grimpâmes au N.O. sur des talus très-raides, sans ombre, mais tout couverts de petits buis. Il y a un assez bon sentier, praticable aux mulets. Au bout d'une heure, nous trouvâmes des sapins, où soupirait un zéphir moins brûlant que celui de Vénasque. De l'eau, il en courait partout. Nous entrions dans une gorge granitique ; or, le granit fournit toujours de l'eau. Après avoir longtemps suivi la rive droite du torrent, nous en prîmes la rive gauche à deux heures d'Eristé. Petit pont.

Mais où était le pic qu'il s'agissait de vaincre? Où allions-nous?... Nous nous le demandâmes tous les trois à la fois, et c'est pourquoi personne ne répondit. La vue était bornée. Un grand obstacle se dressait devant nous au N.-O., où une montagne abrupte, austère, et à crêtes déchiquetées, nous barrait le chemin comme un mur. On ne pouvait rien voir, rien deviner de ce qui se trouvait de l'autre côté. Elle avait l'air de traverser la gorge, qui se rétrécissait à gauche, et se cachait derrière ce rempart excentrique de pierres et de pelouses, à pentes très-redressées.

Mon instinct me disait que cette gorge montait droit à notre pic, que je savais être au N.-O. de nous et d'Eristé. Il n'y avait donc qu'à se laisser guider par le torrent, et à en remonter les rives partout faciles. . Mais dans le doute, je préférai m'élever tout de suite aussi haut que possible, pour dominer et observer l'ensemble de la région. Nous franchîmes donc, après une escalade vraiment torride, la montagne insipide et très-roide qui nous cachait la vue vers le N.-O. Herbe et « pierraille », quelques petits sapins, et eau en abondance ; plus de sentier. Le soleil nous fondait, nous traversait, nous écrasait ; il n'y avait pas un souffle. Je ne m'intéressais même pas aux fleurs qui coloraient et parfumaient tout le pays : je ne cherchais qu'à respirer...

Mais ô bonheur! J'avais raison! à peine eûmes-nous coupé la longue arête qui descendait à gauche de 5 ou 600 mètres vers le torrent, que nous vîmes au N.-O., derrière une enceinte nue, hideuse, et toute marbrée de neige, les trois sommets dominateurs du pic Baguenolia. Il n'y avait plus qu'à y monter, il n'y avait plus à le chercher ; c'était déjà beaucoup. Mais il était trois heures. Firmin était malade, il avait bu trop d'eau, et se tordait dans d'atroces convulsions... Il avait l'air empoisonné. Je ne savais que faire...

Il était dur de renoncer à l'ascension par une soirée si merveilleuse. Ferait-il aussi beau le lendemain? Après bien des hésitations, j'imaginai un compromis ; je tranchai la question en laissant mon malade à la garde de son jeune camarade. Je leur livrai les provisions, le vin, etc., et à trois heures et demie, je partis seul pour le désert à la conquête du pic.

Laissant d'abord à gauche et assez bas un joli lac presque circulaire contenant une petite île sauvage, je traversai à toute vitesse de fatigants « chaos », et je fis halte au bas du pic, pour constater laquelle de ses trois cimes était la plus élevée. Ayant cru que c'était celle de gauche (la plus à l'Ouest), je la gravis de gauche à droite, tantôt sur des neiges éternelles, où je vis un isard solitaire, tantôt sur des rochers mobiles et fatigants. L'ascension fut facile, et à six heures, j'étais perché par une soirée divine, à plus de 3,000 mètres d'élévation, sur le sommet le plus à l'Ouest, qui s'évase en cylindre. Jugez de ma tristesse, de mon humiliation, quand je vis au Nord-Est la pointe centrale me dépasser de quelques mètres ! De très-mauvaise humeur et démoralisé, je descendis au lac pour y passer la nuit, mais bien déterminé à ne pas me montrer à Luchon avant d'avoir vaincu la plus haute des trois cîmes. Firmin Barrau était guéri, et nous nous endormîmes tous trois au bord du lac, tout-à-fait en plein air, sans aucune sorte d'abri.

Quel temps, et quelle nuit idéale ! Nous étions cependant à une hauteur très-respectable, que j'estime à 2,300 mètres. Il est rare qu'il fasse tiède toute la nuit à pareille altitude. Quand la lune se leva, vers dix heures, le calme et le silence régnaient partout. Je n'entendais qu'une grande cascade, qui gémissant et tonnant tour à tour, tombait de l'autre côté du lac. Son bruit changeait souvent, et à l'aube, elle se mit à gronder. Car le matin, dans les montagnes, les sons grandissent, ils enflent, et les torrents surtout élèvent alors la voix, comme s'ils s'impatientaient. A l'arrivée du jour, l'air devient plus sonore, et on entend de bien plus loin. Ce phénomène étrange me frappe toujours, mais je n'en comprends pas la cause.

Avant de m'endormir, je me levai deux ou trois fois pour regarder autour de moi. Sublime et singulier spectacle! Nous étions entourés de chaos de granit, où les rayons lunaires produisaient des effets fantastiques : car à mesure que la lumière remplaçait l'ombre sur la face ou aux angles des rochers, ils avaient tellement l'air de remuer, que, plus d'une fois, je les pris pour des ours, qui abondent dans cette gorge. Aussi j'avais mon revolver chargé, à côté de mon sac, bien que jamais encore un ours ne m'ait touché, ni peut-être vu. Il n'y a guère d'animal plus timide, tant qu'on le laisse en paix. En somme, cette nuit fut une des plus tranquilles, une des plus poétiques, que j'aie jamais passées dans les montagnes. La cascade seule déchirait le silence : la nature immobile et aussi calme que Dieu lui-même, avait l'air d'écouter quelque chose : il n'y avait pas un nuage, et tous les trois nous dormîmes jusqu'à l'aube du sommeil des enfants.

Le lendemain, 18 juillet, au lever du soleil, déjà le ciel était en feu. Les pierres brûlaient. Les mouches et les moustiques nous dévoraient, et des centaines de truites saluaient le jour en sautillant à la surface du lac. Enfin un papillon impertinent, (ou peut-être innocent et naïf) vint se percher sur le bout de mon nez, qu'il prit sans doute pour une fleur favorite. Il y resta longtemps à me dévisager dans le blanc des yeux. C'était très-drôle et très-gracieux.

Quelle vie charmante nous menions là ! Comme je m'occupais peu du Congrès de Berlin ! Quel plaisir que celui de rester, de séjourner dans ces lieux inviolés, où l'on devient en quelques heures aussi fort qu'un sapin, fier comme un aigle, et libre comme la lumière ! Même la frugalité est un plaisir sur les montagnes ! Il y a pourtant des bornes à tout. Aussi, je dois l'avouer, j'étais inquiet sur ce chapitre. Je n'avais plus que quelques onces de nourriture : du pain passé à l'état de fossile, et si dur qu'il fallait le casser à coup de pierres, puis le saturer d'eau pour pouvoir l'avaler : quelques bouchées de chocolat et de jambon, et tout au plus deux litres de vin..... Cela devait suffire à trois grands estomacs jusqu'à l'après-midi du lendemain, si je persévérais dans ma résolution d'escalader la pointe centrale du pic, la plus élevée des trois. C'était sérieux, presque alarmant ; mais je persévérai. Je repartis avec Firmin Barrau, laissant André à la garde des bagages et des vivres. Nous montâmes au Nord-Ouest, sur des pentes assez douces, mais pierreuses, et tout-à-fait stériles, bien qu'arrosées par mille ruisseaux qui murmuraient en bondissant partout. Chaque plaque de neige versait le sien. Une fois au pied du cône (1 heure du lac), je m'arrêtai pour l'étudier. Il avait l'air d'un mur à pic. Laissant là nos souliers, nous l'attaquâmes de droite à gauche (de l'Est à l'Ouest), en espadrilles, avec les mains et à genoux, et nous finîmes par le dompter ainsi, mais en suivant une crête épouvantable et moins large que notre corps, entre deux abîmes que l'on voyait ensemble du même coup d'œil, tant l'arête était mince. Heureusement que la roche était bonne : c'était un excellent granit : pas un caillou ne bougea sous nos pas. Mais une bouffée de vent nous aurait emportés.

Sur le sommet, la perspective de redescendre par là gâtait tellement tout mon plaisir, que ma première occupation fut d'explorer la partie ouest du pic, à la recherche d'un autre passage ; et, en quelques minutes, j'en trouvai un tellement facile, qu'en vérité je fus honteux de ne l'avoir pas vu plus tôt. C'était une preuve, ajoutée à tant d'autres, que, même par le temps le plus clair, la moindre erreur suffit dans les montagnes pour exposer sa vie, à quelques pas souvent d'un endroit où monteraient des moutons ou des vaches. C'est une affaire d'instinct. Le mien, cette fois, m'avait trompé.

Enfin, je respirai à l'aise après cette découverte tardive, et pendant vingt minutes, je savourai le plaisir sans mélange de me trouver perché, par une journée de toute magnificence, sur le point culminant d'une montagne inconnue dépassant 3.000 mètres. Je pense qu'elle a 3,100 mètres (approximativement).

Il faut compter six heures d'Eristé au sommet. — — Cette fois, nous étions bien sur la cime véritable du pic *Baguenolia*, ou d'*Eristé* : j'y laissai donc une bouteille et nos noms. Nous avions mis, des bords du lac, un peu moins de deux heures. Nous dominions toute la région, sauf le *Posets*, dont la tête chauve et blanche s'élevait majestueusement dans le nord-est, à une distance de plus ou moins trois kilomètres. Mais le *col* très-profond d'*Eristé* nous séparait de lui à tout jamais ; car le Posets, par le sud-ouest, est à l'abri de toute attaque : **il fait presque peur aux yeux.**

La vue, très-analogue à celle du pic Posets, était nécessairement superbe. Au nord et au nord-est, on voyait plus de neige que de terre : mais au sud, quel contraste ! Là, tout était brûlé, stérilisé par les ardeurs d'un soleil dévorant. Jusqu'au *Port de Saoun*, c'était une masse sauvage de montagnes sablonneuses et pierreuses, s'abaissant graduellement, et comme rougies au feu. Quelques petits lacs bleus brillaient pourtant sur leurs flancs calcinés. Le *Cotieilla* était superbe. Jamais il ne m'avait semblé dominer à ce point les déserts foudroyés qui l'entourent.

Au nord, j'apercevais, par leur revers méridional, au moins cent kilomètres de pics hardis, gracieux, majestueux ou terribles, depuis le *Grand Vignemale* jusqu'aux *Gours-Blancs*. A 5 ou 600 mètres au dessous de moi se déroulait aussi, au nord, la nappe tranquille et bleue du lac en forme de carré long, où j'avais vu il y a trois ans, un coucher de soleil à jamais mémorable. Je l'ai décrit ailleurs. Une demi-lieue de neiges et de glaces éternelles descendait en fuyant sous mes pieds jusqu'à lui.

Je serais resté là plusieurs heures, si le soleil, noyant dans l'ombre les quatre cinquièmes de l'horizon, ne m'avait averti de partir. Nous descendîmes aux bords du lac (1 h. 1/2), où nous passâmes une seconde nuit.

Le lendemain, nous nous trouvâmes menacés de famine. Nous n'avions plus que quelques bouchées de pain tout-à-fait pétrifié, quelques atômes de viande, un peu de chocolat, et presque plus de vin. Il est clair qu'il fallait redescendre.

Vivre plusieurs jours à une très-grande hauteur dans les déserts pyrénéens est à la fois *une impérieuse nécessité*, quand on veut explorer, et un problème extrêmement difficile à résoudre, même en France, mais surtout en Espagne, vu l'éloignement et le peu de hauteur des villages où l'on peut s'approvisionner. Il faut absolument tout emporter pour plusieurs jours, à de grandes altitudes : or, ce n'est pas facile, car les chevaux ou les mulets ne dépassent guère, en général, la zône de 2,000 mètres. Plus haut, c'est à dos d'hommes que tout doit être porté, et plus il y a de porteurs, plus il y a d'estomacs à nourrir. Et c'est pourquoi, les ascensions des Pyrénées sont en réalité plus longues et plus ardues que celles des pics cependant plus élevés de la Suisse, où on trouve des hôtels à plus de 2,000 mètres, et des refuges à 4,000 mètres ! Cela simplifie singulièrement les choses !

Au lac Bagueniola, rien de semblable ! Aussi nous y vécûmes comme des trappistes. Mais j'avais réussi, le pic était vaincu, et je me consolai sans peine de ces petites misères. Puis, mon alerte et jeune chasseur, André Soubra, nous avait tué quatre truites superbes avec sa carabine, pendant notre ascension. Nous ne pouvions, il est vrai, les faire cuire, n'ayant rien pour cela, mais je le fis descendre à Eristé à cinq heures du matin ; il les fit cuire, et remontant à notre rencontre, il nous les apporta encore toutes chaudes avant midi, avec du vin et du pain frais. Jamais Bignon ni les frères Provençaux ne m'avaient fait tant de plaisir !

Du lac Bagueniola, le pic Posets se trouve au nord : (mais on ne le voit pas) ; les trois sommets du pic Bagueniola se dressent entre l'ouest et le nord-ouest. Le pic de Malibierne est juste à l'est (très-loin) et le Gallinero est au sud-est.

Pour notre retour du lac, je copie simplement mon journal. Descente roide au sud-est, par une énorme muraille de 500 mètres. Passage facile vers le milieu, sur l'herbe. Dangers à l'est. Superbe cascade à gauche : elle glisse sur les rochers d'au moins 150 mètres. Au bas de la falaise, (1 h. du lac), voici le confluent de deux ruisseaux : premiers sapins ; source délicieuse, glaciale. Bassin horizontal d'un kilomètre de long, parsemé de gros blocs de granit, et de petits sapins. Un sentier le traverse ; cabane au bout. Passez sur la rive gauche ; le sentier s'accentue. Grande descente au sud-est, sur l'herbe et les cailloux. Fleurs et serpents. Passez sur la rive droite (2 h. du lac), il y a un pont ; sapins partout, et plus bas, buis. En 3 h. 30 du lac, nous arrivâmes à Eristé, et moins d'une heure après, nous étions à Vénasque, où nous couchâmes à l'hôtel Broussao.

Je remontai ensuite aux *Bains* (rive gauche de l'Essera), perchés comme un nid d'aigle sur une colline à pic. On y est à merveille, comme en France. Les lapins y fourmillent. Altitude estimée : 1,600 mètres. J'aime beaucoup cet hôtel et son site. Nous y couchâmes, et le lendemain, remontant au N.-O. pendant près de quatre heures la gorge alpestre mais à pentes douces de *Litayrolles*, nous arrivâmes aux bords glacés du lac qui porte ce nom. C'est le plus haut des Pyrénées. Niché dans un amphithéâtre de neiges immenses et éternelles, il est à près de 2,800 mètres au-dessus du niveau de la mer, et ne dégèle presque jamais. Cette fois-ci cependant, j'en trouvai les trois quarts liquéfiés. (mi-juillet). Jamais encore cela ne m'était arrivé. Ayant une heure de disponible, j'allai au nord, passer la tête dans le *col de Crabioules*, (3,000 mètres). On a beau explorer, voir et revoir ces hautes et froides régions où on ne reste jamais longtemps, on y fait de nouvelles découvertes chaque fois qu'on y revient. Ainsi, je ne m'étais jamais encore douté, malgré mes innombrables ascensions dans ces lieux, de la distance réelle entre le pic de Crabioules et la Tuse de Maupas. Le col Crabioules s'ouvre au milieu de l'intervalle qui les sépare : mais il ne touche ni à l'un ni à l'autre ; il en est loin, bien loin, et à vrai dire, il n'est que le sommet d'un couloir très-étroit. C'est une brèche.

Je fus aussi frappé de la très-grande hauteur du pic Rouge ou *Royo*, qui remplit tout l'espace compris entre le col du Perdighero et le passage de Litayrolles. Comme ce *pic Rouge* dépasse 3,140 mètres, il est plus haut que le *pic de Crabioules*, qui n'en a que 3,119.

C'est par ce col toujours neigeux de *Litayrolles*, (3,100 mètres), que je revins en France. Je la trouvai noyée sous des brouillards livides et orageux, tandis qu'au sud, sur les neiges lumineuses de l'Espagne, régnaient un implacable soleil, et le silence magnifique du désert. On aurait vraiment dit la limite de deux mondes.

Je descendis enfin par le lac d'Oo à Bagnères-de-Luchon, où, comme toujours, l'aimable et obligeant propriétaire du Grand Hôtel des Bains, M. Mérens, sut me régénérer en quelques heures.

On le voit donc, cette ascension est un petit voyage qui, de Luchon, exige au moins trois jours.

(*Journal de Cauterets* : Août 1878.)

UNE NUIT SUR LE NÉTHOU (3,404 MÈTRES).

En juillet 1865 (je n'avais pas encore passé l'âge des folies), je reçus à Luchon la visite d'un de mes bons amis, le capitaine (aujourd'hui commodore) Hoskins, de la marine Britannique. Comme il tenait beaucoup à monter au Néthou, il me pria de l'y accompagner. Toutefois, cette course assez coûteuse ayant perdu pour moi l'attrait de la nouveauté, je ne me décidai qu'après avoir obtenu de lui qu'il ferait avec moi quelque chose d'excentrique et d'entièrement nouveau ; c'était d'aller coucher *sur le sommet!* Une nuit passée à cette hauteur, sur une crête si étroite, à la merci du vent et du tonnerre, devait être quelque chose de splendide et de très émouvant..... Aussi il consentit de très bonne grâce. Il ne restait que la difficulté de se procurer un guide qui fût du même avis. Elle fut sérieuse. Une douzaine refusèrent. L'enthousiasme leur manquait, et le nôtre commençait à s'éteindre, lorsqu'à neuf heures du soir vint Capdevielle (mort depuis), qui accepta énergiquement nos conditions.

Le lendemain, par un temps magnifique, nous fîmes à pied toute l'ascension depuis Luchon, arrivant au sommet du Néthou au coucher du soleil. Déjà nous éprouvions des sensations bizarres et tant soit peu surnaturelles, comme si nous avions changé de monde. Tout avait l'air étrange et menaçant, les teintes violettes du ciel, le froid subit, les coups de vent inattendus, et la lividité des neiges à l'approche de la nuit. Nous ne parlions plus... Perchés au haut des airs entre deux abîmes, et ne pouvant nous allonger dans le sens de la crête, (car nous aurions roulé d'un côté ou de l'autre en dormant), nous nous mîmes en travers, avec les jambes en partie dans le vide.

Je l'avoue, j'étais mal à mon aise. Un vague effroi semblait régner partout. A l'Est, vers Perpignan, étaient amoncelés des nuages énormes et sombres : on aurait dit des catafalques. Heureusement qu'ils étaient immobiles, et très loin, car ils étaient remplis d'éclairs et de tonnerre : ils grondèrent plus ou moins toute la nuit.

La fatigue cependant nous endormit jusqu'à minuit ; mais après cela, ce ne fut plus possible : car bien qu'en somme le temps fut beau immédiatement autour de nous, il nous venait de temps en temps de l'Ouest, des rafales qui, passant sur la cîme comme des boulets de canon, auraient pu nous lancer dans le vide. Il fallut donc nous amarrer avec la corde à une des trois tourelles qui couronnent le sommet.

Vers une heure du matin, le ciel, les pics et les glaciers se couvrirent tout-à-coup de splendeurs infernales. C'était la lune, sortant à l'Est d'une masse de nuages, plus opaque que la nuit, mais rouge au centre, où s'agitaient des frissons électriques. Cette lune me fit l'effet d'un mort qui ressuscite. Toutes les montagnes qui dormaient sous nos pieds, et qu'on ne voyait guère avant, devinrent blêmes et difformes ; leurs contours faisaient peur ; leur neiges prenaient une teinte verdâtre, les crevasses avaient l'air de remuer, enfin le ciel était cendré, et le silence lui-même, quand le tonnerre cessait, avait je ne sais quoi d'extraordinaire et d'inquiétant. Il donnait du malaise. Celui qui n'a jamais passé la nuit sur le haut des montagnes, n'a pas la moindre idée de ce que c'est que le silence. La chûte du plus petit cailloux à un mille de distance, le passage d'un oiseau, le réveil d'un insecte, dans le silence glacial des nuits alpestres, semblent ébranler toute la nature et présager une catastrophe. On tend l'oreille et on se lève, comme s'il y avait un événement ; puis tout rentre dans la mort...

La nuit sublime que j'ai passée sur la cîme du

Néthou ne s'effacera jamais de ma mémoire, et je trouvais si beau l'ensemble de ce tableau spectral, que je n'ai jamais eu si envie de quitter pour toujours la vie civilisée ; mais si mon imagination nageait dans les splendeurs et les mystères de l'infini, mon corps souffrait, et Hoskins plus que moi, car il n'avait qu'une ou deux couvertures, tandis que moi, j'étais enseveli voluptueusement dans mon sac en peaux de mouton. Bientôt ses dents claquèrent convulsivement, comme si une mécanique les agitait ; il devint bleu ; enfin, pour conserver le peu de calorique qui lui restait, il m'enlaça affectueusement dans ses deux bras, et ce fut dans cette tendre attitude qu'en frissonnant, nous attendîmes l'aurore, avec le thermomètre juste à zéro (17 juillet). En somme, nous fûmes favorisés : car bien souvent à ces hauteurs, même en plein jour, il gèle à cinq ou six degrés. Quant au brave Capdevielle, il ronfla toute la nuit !

Au lever du soleil, nouvelles magnificences. Il y avait de quoi chanter un *Hosannah*, ou tomber à genoux. Les neiges frappées par la lumière étaient d'un rouge de sang, les autres étaient d'un bleu marin. Et puis nous vîmes une chose qu'il est bien rare de voir : c'était l'ombre du Néthou, dont nous foulions la tête, se projetant à l'Ouest *dans l'air*, sur le ciel bleu, car de ce côté-là il n'y avait pas un nuage. Mais bientôt, en moins de dix minutes, la vision fantastique disparut, et l'ombre immense du mont descendit sur la terre à mesure que le soleil montait.

Huit heures après, nous étions à Luchon, bâillant un peu, mais élastiques et réchauffés, et l'âme pleine de souvenirs qu'un demi-siècle ne saurait effacer. Ces folies ne sont pas tout-à-fait inutiles.

(Journal des Étrangers : Juillet 1877).

CABANE DU MONT-PERDU, HAUTEUR PROBABLE 2,920 MÈTRES.

Des plaines brûlantes de Saragosse, on voit étinceler à l'horizon du nord-nord-est, trois grandes masses blanches. Ce sont le *Mont-Perdu* au centre (3,352 mètres), le *Pic Ramond* à droite (3,280 mètres) et le *Cylindre* à gauche (3,327 mètres). Ces trois cîmes, appelées en Espagne *Las tres Ermanas*, se voient rarement et mal des plaines de France. Elles sont en Aragon, et au sud-est du Cirque de Gavarnie.

Il y a déjà bien des années que je souhaitais platoniquement la construction, soit d'une cabane, soit d'un modeste abri aux environs du Mont-Perdu, et *à une grande hauteur*. Car l'ascension de cette montagne, aller et retour de Gavarnie, exigeait une journée de douze heures, ou bien une nuit glaciale passée sous les étoiles, dans des déserts de neige, presque sans limites. Il y avait de quoi refroidir le zèle le plus ardent : aussi la course du Mont-Perdu se fesait-elle rarement.

Enfin, l'année dernière, fermement résolu à réaliser mon rêve, j'ouvris une souscription pour subvenir aux frais de la cabane du Mont-Perdu. Le Club Alpin Français, la Société Ramond, la vallée de Barège, et cinq ou six de mes collègues du Club Alpin, ayant généreusement répondu à mon appel, et m'ayant même laissé carte blanche pour construire la cabane où et comment je l'entendrais, je me mis à l'œuvre au commencement de cet été, je fis plusieurs voyages aux environs du Mont-Perdu, le gravissant une sixième fois, et à la fin de juillet, j'avais choisi le site de la cabane, qui est aujourd'hui un fait accompli. En faire l'histoire serait trop long et peu intéressant : mais parmi les nombreux lecteurs du *Journal des Étrangers*, il s'en trouvera peut-être quelques-uns que l'ascension du Mont-Perdu, désormais mise à la portée de presque tout le monde, pourrait séduire l'année prochaine, et qui me sauront gré de leur donner quelques détails sur l'abri qu'on leur a préparé.

La cabane en question est de beaucoup le gîte le plus élevé des Pyrénées. J'en estime la hauteur à un peu plus de 2,900 mètres. Même dans les Alpes, il n'y en a pas beaucoup à une telle altitude.

Elle est située en Aragon, à l'ouest du Mont-Perdu (dont le sommet n'est qu'à une heure et demie), et au sud-sud-ouest du *Cylindre*.

Elle est à six bonnes heures de Gavarnie. *Elle contiendrait à l'aise une trentaine de personnes.* Son seul inconvénient sérieux (mais comment l'empêcher?) c'est la distance d'un combustible quelconque. Toujours est-il qu'avec des murs de 80 centimètres d'épaisseur (dont on a « joint » les pierres avec 250 kilos de chaux du Theil), et une bonne porte en tôle, elle garantit assez de la température glaciale de ces régions, pour qu'on y puisse dormir, avec la certitude que ni la grêle ni le vent, ne sauraient y entrer. Etre à l'abri de ces deux choses au faîte des Pyrénées, n'est-ce pas un avantage inappréciable ?

Les avalanches n'y toucheront pas. Elle est nichée au pied d'une grande paroi calcaire, haute d'une centaine de mètres, et qui surplombe beaucoup au sud, en sorte que tout ce qui se précipite d'en haut (cailloux, cascades ou neige), décrit un arc de cercle et va tomber très en avant. La nuit, on croit qu'il pleut à verse : on sort découragé pour consulter l'état du ciel... et on le trouve sans nuages... Ce sont les cascatelles qui tombent du haut de la paroi jusque vers 3 heures du matin. Puis le bruit cesse : on n'entend rien . C'est la congélation qui a tout pétrifié. En juillet, au plus fort de l'été, il pendait le matin, le long de la falaise où la cabane est adossée, de longues aiguilles de glace, étincelant aux rayons de l'aurore, qui s'y décomposaient en mille couleurs ardentes.

Autour de la cabane, la neige est éternelle, et l'aspect est polaire. Mais au loin, du sud-ouest au sud-est, l'Aragon fume comme une fournaise. Même les malades devraient, au moins une fois, aller y voir un coucher de soleil. Ils oublieraient leurs maux, et les rhumatisés trouveraient des douches toutes prêtes.

A la fin de juillet, je pus cueillir devant la porte, (près d'une muraille de neige de 3 mètres d'épaisseur)! de très jolies fleurs blanches *(Hutchinsia Alpina)*. Mais en septembre, elles avaient disparu. Il y a beaucoup d'oiseaux *(grimpereaux des roches)*, et les isards y font des réflexions..... On en tua un pendant la construction.

Le 10 septembre, j'inaugurai l'abri, avec treize amateurs ou guides, et Étienne Theil, l'entrepreneur. Puissé-je avoir atteint le but auquel nous visions tous, celui de populariser une des régions les plus neigeuses des Pyrénées ! Mais il serait ingrat à moi de ne pas remercier publiquement M. Zircher, ingénieur civil, et M. Guillemain, conducteur principal des ponts et chaussées, à Luz, de l'aide et des conseils aussi pratiques que bienveillants qu'ils m'ont donnés.

Voici maintenant la liste des souscriptions :

Club Alpin Français	500 fr.
Section du sud-ouest	200
Syndicat de Barèges	200
Société Ramond	100
Général de Nansouty	50
M. Packe	40
M. Wallon	40
M. Lequeutre	20
Cte Henry Russell	100
Total	1,250 fr.
Dépenses	1,100
Restent	150 fr.

(*Journal des Étrangers* : Octobre 1877).

PIC DE CESTRÈDE (2,947 MÈTRES).

La crête chauve et neigeuse de *Cestrède* (2,947 m.) est le point culminant, au sud-est, du groupe sauvage, mais très-gracieux, de *Culaous*, que l'on voit de partout à Cauterets, un peu à gauche du fond de la vallée pittoresque et boisée de Lutour. Mais tandis que les eaux du pic de Culaous descendent au nord et à Cauterets, celles de Cestrède s'en vont à Luz par le nord-est. Du reste, la carte d'état-major tranche la question avec autant d'exactitude que de clarté. On peut même, de Cauterets (avec de très-bons yeux), voir le haut de l'arête qui, partageant les eaux, se cache ensuite en descendant au N.N.E. des pics de Culaous, les sépare de celui de Cestrède, et puis remonte après avoir formé le col de Culaous, au terrible *Barbe-de-Bouc* (2,948 m.).

Pourquoi ce fier massif est-il presque inconnu? On peut à peine sortir de chez soi, à Cauterets, sans le voir : c'est même ce qu'on y voit de plus élevé. Jamais pourtant il n'inspire de passion. N'étant pas « à la mode, » son élégance et sa beauté ne le sauvent pas de l'abandon. Il paraît que la foudre aime le pic de Cestrède. Rien d'étonnant. Mieux vaut qu'il se disloque et tombe, puisque personne ne s'en occupe. Il rappelle certaines femmes ravissantes, mais glaciales ou timides, qui vont poser au bal sans trouver de danseurs : on les laisse de côté.

Je ne vais pas décrire mon ascension du 21 août, faite avec Casse, guide sûr et vigoureux, dont je fus très-content. La course fut très-facile, mais longue. J'y mis en tout douze heures, qui se décomposèrent ainsi : cinq pour monter, quatre pour descendre, et trois pour les repos, l'admiration et les repas. A deux heures de Cauterets, nous quittâmes la vallée de Lutour, pour monter très-vivement au S.-E. Une heure après, laissant à gauche la pauvre cabane de Culaous, et une excellente source un peu plus haut, nous arrivâmes au *col de Culaous* (2,620 mètres, 3 heures 30 minutes de Cauterets). Ici commencent, non des dangers (car les pentes sont trop douces pour cela), mais des ennuis et des efforts sérieux. Allant au S.S.-O., on ne sort pas pendant une heure d'un enfer de rochers si mal équilibrés, qu'un chat n'y passerait pas sans les secouer ou même les faire partir, car ils ne tiennent à rien. A chaque instant, il suffirait d'une distraction pour se briser au moins les jambes. C'est comme à l'Ardiden. Après avoir monté ainsi au S.S.-O. pendant une heure, laissant à droite les pointes modestes de Culaous, nous déviâmes au sud-est, en franchissant une petite crête facile. Passant alors dans le bassin de Gèdre, nous n'eûmes plus qu'à grimper au S.-E. pendant 25 minutes sur des rochers énormes, mais plus solides que ceux de Culaous, et, délogeant six magnifiques isards tout rouges, nous prîmes leur place sur le *Soum de Cestrède* (2,947 mètres), où je trouvai les ruines d'une petite pyramide. On y était donc déjà monté.

La vue ressemble à celle de l'Ardiden, mais on voit mieux le cirque de Gavarnie. J'aperçus même au sud les plaines d'Espagne. La chapelle de Héas brillait au loin dans la verdure comme un flocon de neige à peine tombé du ciel. Tout Cauterets paraissait. Quant au Vignemale, jamais ses proportions, la splendeur de ses lignes, et l'azur fauve et menaçant de son glacier ne m'avaient tant frappé. Sa masse écrasait tout. J'étais d'ailleurs bien disposé pour admirer, me sentant plus agile et plus fort qu'en partant. Singulière chose que l'entraînement! Il n'y a que six semaines, une ascension de quelques heures m'avait presque épuisé, et maintenant, dans l'espace de huit jours, je venais de gravir, sans éprouver la moindre fatigue, le pic aragonais de *Louseras* (3,075 m.), le pic *Cambiel* (3,175 m.). et enfin le *Cestrède* (2,947 m.). Que se passe-t-il dans l'organisme d'un homme qui triple ses forces en six semaines? Est-ce une transformation chimique, ou bien un simple endurcissement? Médecins, veuillez répondre!

(Journal de Cauterets : Août 1878.)

LAS LOUSERAS (3075 MÈTRES).

L'existence de ce pic ne me fut révélée qu'en 1875, par la belle carte de la région de Gavarnie qu'a publiée M. Schrader. Il se trouve entièrement en Espagne, et juste au sud du pic de la *Munia* (3150 mètres), dont le sépare une profonde dépression. J'en ai fait l'ascencion le 13 août 1878, guidé par Célestin Passet. Elle n'est ni difficile, ni même très-longue : car en partant d'Héas, on peut la faire dans une journée. Mais nous la rendîmes longue, en revenant par l'Ouest, et le cirque d'Estaubé, où je couchai sur l'herbe et en plein air, à une hauteur de 2.000 mètres, après douze heures de course.

Partis d'Héas, nous arrivâmes en 3 heures 30 au *col de la Munia*, ouvert à 3,000 mètres, à l'O.-S.-O du beau pic de ce nom. D'ici nous vîmes le pic de Louseras au S.-S.-E. et les deux lacs austères de la Munia au Sud, à près de 500 mètres au-dessous de nous. Toutefois, nous ne fûmes pas obligés d'y descendre. Nous abaissant seulement de 300 mètres au S.-E. sur des pentes caillouteuses et schisteuses, mais peu raides, laissant ensuite à droite les lacs de la Munia, nous attaquâmes le Louseras de l'Ouest à l'Est, escaladant pendant une heure une espèce de falaise fatigante et feuilletée, muraille d'ardoises tranchantes, que coupent du haut en bas des sentiers naturels, mais tortueux, et çà et là extrêmement raides. (Il paraît qu'en patois *las Louseras* veut dire « ardoises ». En ce cas là, le pic est bien nommé!) L'absence totale de neige redoublait notre fatigue. Passant enfin au sud du Pic, nous en foulâmes la cime après cinq heures de marche depuis Héas. Chose incroyable, elle ressemblait à un jardin! Elle était toute couverte de fleurs, dont le neveu de mon ami M. Bordères, eut l'obligeance de me donner les noms. Les voici : *Armeria Alpina : Linaria Alpina : Saxifraga Bryoides : Saxifraga Groënlandica*..... Ce dernier mot était bien en rapport avec notre entourage et le climat de ces hauteurs. A l'Est, au fond d'un gouffre, se déroulait un beau glacier, à crevasses larges et parallèles. D'affreuses ténèbres régnaient dedans. A l'O.-S.O., miroitaient ceux du Mont-Perdu, et tout autour de nous, il fesait froid et gris. Les pentes étaient aussi glaciales et silencieuses que l'air. Aussi, comme elles semblaient charmantes, ces fleurs qui frissonnaient sur le sommet! Et comme notre solitude devint triste et complète, lorsque nous eûmes fait fuir à l'Est, dans les abîmes effrayants et polaires du cirque de *Barossa*, une colonie gracieuse d'isards qui, pendant quelques secondes, nous avaient contemplés du haut d'une sorte d'aiguille, avec l'oreille tendue, la tête penchée, et toutes leurs jambes prêtes à bondir, en ayant l'air de se demander si nous étions méchants! Quel étonnement, quelle joie nous cause toujours l'apparition d'un être vivant dans ce royaume de l'épouvante et de la mort, où les plantes même ne poussent qu'en grelottant, et où la glace devient l'état normal de l'eau!

A 4 heures, nous quittâmes le sommet. Puis, pour rentrer en France par l'Ouest et le Port Vieil, nous dûmes d'abord descendre à l'Ouest pendant plus de deux heures, c'est-à-dire d'environ 1200 mètres (!). Nous remontâmes ensuite sur la même ligne pendant une heure et demie, sur des cailloux et des graviers schisteux si raides, si fatigants et si décourageants, que la nuit nous surprit au *Port Vieil* (2630 mètres), d'où Célestin, avec une admirable adresse, me fit descendre dans les ténèbres jusqu'au cirque d'Estaubé, bien avant le lever de la lune, qui ne se laissa voir que vers dix heures, beaucoup trop tard pour nous servir. Là il coucha dans une cabane, et moi par préférence dehors, sur l'herbe.

C'est en flânant que nous rentrâmes le lendemain à Gavarnie, par une soirée de pourpre et d'or.

PIC DE CAMBIEL (3175 MÈTRES).

Il est au moins étrange que cette montagne si haute, si accessible, si bien placée au centre d'une des plus belles régions des Pyrénées, ne soit presque jamais gravie. Comme elle n'offre pas la moindre difficulté, c'est sans doute le prestige et le charme du danger qui lui font préférer le *Pic Long* qui se dresse à côté (O.N.O.) et qui ne le domine que d'une vingtaine de mètres.

La vue du pic Cambiel a fait sur moi une impression ineffaçable, parce qu'il était six heures du soir quand j'arrivai sur le sommet (17 août 1878) accompagné par Célestin Passet, au magnifique moment où le soleil sombrait à l'Ouest dans une fournaise de nuages. Je n'ai jamais compris l'idée bizarre qu'on a souvent, de marcher toute la nuit pour arriver avec le jour au haut d'un pic, brisé par la fatigue et l'insomnie. De quoi donc peut-on jouir, quand on n'a pas dormi? D'ailleurs à de pareilles hauteurs, le soir est bien plus beau que le matin. Des teintes glaciales et violacées se répandent sur les plaines, les pics s'allument, et le soleil, brûlant les bords des grands nuages écarlates qui l'entourent, s'éteint dans des rougeurs qui ne sont plus terrestres. L'aurore est loin d'être aussi belle. Sur les montagnes, elle rappelle trop l'hiver. Elle glace un peu l'âme et le corps.

Mon ami Packe fit l'ascension du pic Cambiel il y a onze ou douze ans. Elle est très-longue, puisque de Gèdre (1000 mètres), qui est le point de départ naturel pour cette course, il faut s'élever à l'Est, d'une manière continue, de 2200 mètres. Pourtant, on peut très-bien la faire sans découcher, puisqu'en partant de Gavarnie après neuf heures, toujours à pied, j'arrivai au sommet à 6 heures. Si je m'étais levé plus tôt, nous serions facilement revenus à Gavarnie à l'entrée de la nuit. Mais cette belle course m'a laissé un regret : celui de l'avoir faite sans mon ami Lequeutre, qui, pris d'une indisposition subite, se vit forcé d'y renoncer.

HOURQUETTE BADET, LAC D'ORRÉDON ET NÉOUVIELLE.

Londres est peut-être la ville la plus sociable du monde : je serais bien ingrat de penser le contraire. Cependant, quatre longs mois passés dans ses brouillards multicolores m'avaient tant fait regretter le soleil, qu'en désespoir de cause, je m'élançai à toute vapeur, le 2 septembre 1873, vers Pau, les Pyrénées et Gavarnie.

Septembre !..... C'est un peu tard, même dans cette latitude, pour coucher sur les pics dans un sac ! Les nuits sont déjà longues et froides, et tout annonce l'agonie de l'été.... En remontant la gorge de Luz, je rencontrai de longs troupeaux descendant des montagnes : ils avaient l'air de fuir, et le tintement de leurs clochettes me semblait triste : tous les ruisseaux emportaient des feuilles mortes ; enfin le vent du nord semblait me dire d'une voix lugubre : " Il est trop tard : allez-vous en. " Pourtant septembre a de beaux jours, et mes chères Pyrénées me réservaient encore leurs splendeurs habituelles.

Je commençai par redescendre de Gavarnie à Gèdre, avec des vivres, mon sac en peaux d'agneau, et Célestin Passet. Notre ciel était sans nuages, mais d'après Célestin, le brouillard devait être dans la plaine, parce que, disait-il, l'air était plein de fortes émanations de buis, que l'on sent à plusieurs kilomètres pour peu qu'il soit humide..... Et Célestin avait raison. A peine entrés à l'Est, dans la gorge désolée de Cambiel, nous vimes de menaçants brouillards accourir de la plaine, envelopper les vallées, puis les pics, si bien qu'au bout d'une heure, tout était envahi et en deuil, et le temps sérieusement compromis.

A *Saoucet*, groupe de cabanes déjà abandonnées par les bergers (1,960 mètres), il fallut s'arrêter, et passer là les trois-quarts d'une journée et une nuit, dans un brouillard intense, sans bois, n'ayant pour tuer l'ennui et réchauffer nos membres glacés, que la ressource d'aller chercher partout, et d'arracher à ces montagnes, déjà bien assez nues, les rares rhododendrons, dont les fleurs rouges forment en été leur seule parure, et dont les touffes mouillées étaient notre seul espoir pour faire du feu pendant seize heures. Ces longs arrêts forcés dans les montagnes démoralisent toujours : dans un brouillard impénétrable, ils sont une véritable tribulation.

Un instant cependant, nous eûmes l'idée de continuer : ces brumes immenses crevèrent au nord, la pluie cessa, et j'aperçus vaguement les abîmes rouges et formidables par où j'avais, il y a quelques années, opéré ma descente du Pic Long..... Mais aussitôt tout rentra dans la nuit, l'illusion disparut comme un rêve, la neige vint battre la pauvre cabane, et nous nous résignâmes à y rester, dans la bourrasque, sous un linceul de brume et d'ombres, jusqu'au lendemain matin. La nuit dura onze heures...

Le lendemain, l'aurore fut magnifique. Laissant alors à l'Est le large col de Cambiel, nous gravîmes au Nord-Est les pentes raides et stériles qui aboutissent à la brèche de Badet, une des plus hautes des Pyrénées. Blanchie pendant la nuit comme en plein février, et profilant sa crête neigeuse sur un azur superbe, elle fit bien vite renaître en moi ces fortes et innocentes passions que le séjour des capitales peut assoupir ou émousser, mais que la vue d'un pic neigeux, sans trace humaine et couvert de soleil, ressuscite à l'instant chez l'homme qui s'est une fois épris de la nature. Dans un milieu si pur, que nous manque-t-il, excepté ceux que nous aimons? Et comment regretter la vie civilisée, quand on se trouve si bien sans elle?

Quelque chose d'admirable vint bientôt mettre le comble à ma joie. Juste à l'entrée des neiges nouvelles, le sol étincelait, comme si tous les diamants et les rubis de l'Inde étaient tombés dessus en pluie brillante. A chaque brin d'herbe pendaient des gouttes parfaitement rondes, nullement crystallisées, où se jouaient tour à tour en tremblant, toutes les couleurs du prisme, suivant la direction et la force de la brise, et l'angle où on les regardait. L'herbe avait l'air en feu, ou pleine d'étoiles et de lueurs électriques, et faisait mal aux yeux. Jamais assurément les rosées de la plaine n'ont une scintillation si merveilleuse, et il me semble que les gouttes d'eau elles-mêmes se transfigurent sur les montagnes.

Après une rude montée au N. N. E., nous nous trouvâmes en bas de deux ravins très-raides et rocailleux, celui de droite menant au sommet du *Cambiel* (3,175 mètres), celui de gauche montant au Nord, à la Hourquette Badet. En 20 minutes (1 heure 1/2 de Saoucet) nous atteignîmes la crête, élevée de près de 3,000 mètres, qui unit le Badet au Cambiel. Elle a au moins un kilomètre de long. Au Nord, la neige, épaisse de plus d'un pied, allait à perte de vue; mais devant nous, à 200 mètres plus bas, les eaux noires de l'étang du Pic-Long, à moitié gelées et n'ayant d'autre rivage que la neige, semblaient un trou maudit, plutôt qu'un lac. Passant à droite, en appuyant beaucoup à l'Est, nous laissâmes assez loin sur la gauche le glacier onduleux du Pic-Long, alors tellement couvert de neige, vieille ou nouvelle, qu'une femme ou un enfant l'eussent traversé sans peine, et nous ne commençâmes à descendre sérieusement, que juste au nord du Pic Cambiel, par une gorge assez raide, et d'une aridité inouïe. A l'Ouest, le pic *Badet* (3,140 mètres?) dressait fièrement sa pointe vertigineuse, au sommet de laquelle j'aperçus une petite pyramide. On y est donc monté, certainement par le Nord : il n'y a pas d'autre moyen .. Au Nord-Est, le cylindre d'*Estaragne*, bruni et déchiré par tous les vents du ciel, terminait noblement ce formidable quadrilatère de pics de premier ordre, qui borne à l'Ouest la gorge sauvage de *Cap-de-Long*, dont le beau lac laissait apercevoir au nord, à un millier de mètres plus bas, un coin de ses eaux bleues. Tout cela est d'une désolation suprême.

A moins d'un kilomètre à l'Est de la Hourquette Badet, et au nord du Cambiel, nous reprimes le granit, dont la limite est aussi bien marquée que celle d'un champ.

Gagnant enfin par ressauts successifs, et le long d'un torrent presqu'entièrement couvert de neige, le bord occidental du lac de Cap-de-Long, nous eûmes la maladresse d'en suivre à l'Est la rive méridionale, à travers une forêt de sapins, où ne pouvant longer le bord de l'eau, nous perdîmes près d'une heure à ne faire que monter et descendre, comme un navire qui tangue sur place, voyant avec envie sur la rive nord, un sentier rocailleux, il est vrai, mais qui du moins était horizontal, et qui raccourcissait d'au moins une demi-heure.

Ce lac a 1600 mètres de long, et 600 mètres de large ; c'est donc un des plus grands des Pyrénées ; mais le bleu de ses eaux, mêlées de neige fondue, est loin d'être pur. Il est très sale. Du côté Nord, les précipices de *Néouvielle*, inaccessibles à l'homme, se dressent avec une majesté horrible, tandis qu'au Sud s'élèvent de nobles sapins, qui continuent à l'Est jusqu'au lac d'Orrédon, et plus bas. En descendant d'un lac à l'autre, sur un sol granitique tourmenté comme la mer, nous longeâmes un troisième petit lac (*Loustallat*), modestement caché sous les sapins, comme au fond d'un berceau, et là, levant les yeux au Sud, je vis soudain, sur un trône de brouillards et de neiges, les arêtes aériennes qui mènent par l'Ouest au pic *Méchant* (2944 mètres), montagne assez terrible en apparence.

Nous arrivâmes enfin, par la rive Sud, à la partie orientale du beau lac d'*Orrédon*, vers six heures, très-affamés et fatigués. Je couchai là, mais par faveur : et sans faire de critique sur ce qui n'est ni mon affaire, ni de ma compétence, je dois pourtant désabuser ici les rares touristes (trop rares hélas)! qui montent au lac, s'imaginant que le tarif pendu aux murs du vaste chantier où l'Etat loge et nourrit tous les jours une centaine d'ouvriers, donne au premier venu le droit d'entrée. Il n'en est rien : c'est une faveur, même en payant, et sans l'intervention de l'ingénieur en chef (M. Michelier), j'aurais dû m'en aller, ou coucher sous un arbre.

Tout le monde a entendu parler de ces travaux intéressants, que l'Etat exécute à grands frais sur le lac d'Orrédon, dont on veut élever le niveau d'un nombre de mètres très-effrayant, pour que la vallée d'Aure ne manque plus d'eau. Un barrage arrangera tout cela, quitte à gâter le paysage, et à noyer peut-être, après un gros orage, quelques villages de la vallée. C'est bien grave et coûteux .., mais la science veut l'utile à tout prix. Peut-être a-t-elle raison, pourvu qu'elle ne mutile que la nature! — Remercions, en passant, le conducteur de ces travaux (M. St-Guily), qui fut très obligeant pour moi.

Le lendemain, je refis l'ascension du pic de *Néouvielle* (3092 mètres), mais cette fois-ci, directement par l'Est. Laissant au bas du lac d'Aubert le sentier qui s'élève au N O. vers le col de ce nom, nous attaquâmes à l'Ouest une gorge sans nom, séparée par une crête qui n'en a pas non plus, des glaces et des névés d'*Aubert*, qu'elle emprisonne au Sud. Plusieurs brèches la déchirent, et nous passâmes du Sud au Nord, par la plus basse, sur le glacier d'Aubert, qu'une autre arête, parallèle à celle-ci, sépare au nord, des grands névés si éblouissants de Néouvielle. D'ici ce pic paraît soudain à l'O.N.O.; et pour l'atteindre, il n'y a plus qu'à monter, *ad libitum*, sur le glacier, pendant une heure, pour attaquer enfin la dernière pointe par le Nord-Est. C'est très-facile. Je croyais honnêtement avoir fait là une précieuse découverte ; je fus donc bien surpris de trouver au sommet, M. Michelier, l'ingénieur en chef des travaux du lac d'Orrédon, et d'apprendre qu'il avait, lui aussi, suivi le même itinéraire.

Température à l'ombre (Septembre) = 10°. Il faisait beau.

Voulant maintenant descendre à Luz par le Nord-Ouest, et la gorge de *Boulou*, qui débouche à Betpouey (à mi-chemin entre Barèges et Luz), et traverser la brèche *Chausenque*, par où ce montagnard illustre et vénérable, mon maître et mon ami, fit le premier cette ascension, il y a un demi-siècle, je descendis d'abord pendant une demi-heure au N.N.E. sur le glacier de Néouvielle, laissant à gauche la crête hardie et disloquée que ce pic darde au Nord, et où s'ouvrent deux grandes brèches. Mais ici, pour être clair et concis, je copie mon journal.

De la brèche de Chausenque, descendez Ouest, dans un ravin de pierres roulantes, vers un petit lac triangulaire et très-limpide. Le ravin du N.O. est plus court, mais très-raide. Mieux vaut passer à gauche du lac (2500 mètres?); puis descendez au Nord, sur la rive gauche de son torrent, dont vous vous rapprochez. Chaleur solaire intense : beaucoup de neige.

A 40 minutes du premier lac, cabane très "primitive", sur la rive droite. Sentier. Reprenez la rive gauche. Herbe et granit, et pentes presque nulles. Cette descente est très-longue.

Lac n° 2, en forme de sangsue. Il est plus grand que le premier, et un îlot se dresse presque au milieu. N'en suivez pas les bords ; restez au moins à 50 mètres au-dessus de l'eau (rive Ouest).

A 15 minutes plus bas, étang n° 3. Restez à gauche.

A 10 minutes plus loin, voici encore deux lacs (n°˚ 4 et 5), celui de droite triangulaire, celui de gauche presque rond, et un peu plus élevé. (Presque aucun de ces lacs ne se trouvent sur les cartes). Passez entre les deux, sur un sol tourmenté. Ici la gorge se bifurque ; ou plutôt, celle que vous suivez continue à descendre vers le Nord sous le nom de *la Glaire*, et aboutit au Haut-Barèges ; tandis qu'à l'Ouest, derrière une petite brèche herbeuse très-caractéristique, commence une autre vallée, celle de *Boulou*, qui descend au N.O., à Betpouey. (Sans ma boussole, j'aurais infailliblement pris l'autre.....).

Derrière cette brèche, il faut descendre très-raide, d'environ 300 mètres. Alors on trouve un pont, des pentes presque nulles, et un sentier sur la rive gauche (le pic de Viscos paraît à l'O.N.O).

De ce pont à Betpouey, il faut encore une heure 1/2 ; et en tout, de la cime du Néouvielle à Luz, nous mîmes près de cinq heures ; la distance véritable étant d'une vingtaine de kilomètres " de montagne ", et la différence de niveau, de 2400 mètres.

LE PIC DE BOUM (3060^m) ET LES GLACIERS DU LYS — LE PIC POSETS (3367^m). — L'AUTOMNE SUR LES MONTAGNES.

Le 15 septembre 1873, je me trouvais installé au lac d'Oo, près Luchon, où Célestin Passet vint me rejoindre pour passer avec moi en Espagne. Mais cette campagne fut un désastre. Trois jours de suite, nous montâmes à l'assaut du Port d'Oo, et chaque jour nous en fûmes violemment repoussés par la neige et le vent. Le premier jour, il soufflait dès l'aurore (mauvais signe), une tempête formidable. Le ciel était d'un bleu ardent et pâle, et le vent d'Ouest chassait les nuages comme de la paille. Il fallut redescendre à toutes jambes du plateau d'Espingo, à moitié aveuglés par la neige, et grelottant comme en Russie.

Le troisième jour, avec M. Bryce (*), aussi fort montagnard qu'écrivain distingué, et son ami M. Ilbert, nous arrivâmes au troisième lac (*Coume de la Vache*), mais pas plus loin, et d'un commun accord, nous revînmes à Luchon, Célestin reprenant tristement la route de Gavarnie. Les murailles dévastées du Quaïrat et du Cirque d'Espingo ne manquaient pourtant pas de grandeur, dans cet affreux pêle-mêle de brouillards et de neige : mais l'homme n'y peut pas vivre, et tous les trois nous battîmes en retraite.

Quittant avec regret M. Bryce et son ami, je remontai, deux jours après, avec Firmin Barrau, le val fleuri du Lys, où je couchai à la première auberge de la cascade (chez Lafon Prince), pour tenter l'ascension du pic très négligé de *Boum*, qui borne à l'Est le cirque neigeux du Lys.

Le *Boum* a deux sommets. Sa pointe occidentale, un peu moins haute que l'autre, est une espèce de dent triangulaire, qui sort des neiges comme une île sombre et désolée. Elle fut gravie, il y a de longues années, par le docteur Lambron, avec MM. Lézat et de Neuville, guidés par Pierre Barrau. M. Gourdon escalada aussi cette pointe en 1877.

(*) En 1876, M. Bryce atteignit *seul* la cime de l'Ararat (5248 m.).

Le sommet oriental, le plus élevé des deux, est une masse cylindrique, presqu'entièrement couverte de neige. C'est lui que j'ai gravi en 1873, avec Firmin Barrau, par une journée superbe.

Nous montâmes lestement au Sud-Est, dans l'air frais du matin, et en 2 heures un quart nous étions au *Lac Vert*, dont le soleil frappait déjà les eaux dormantes (1960 mètres). Elles n'avaient pas une ride. D'ailleurs, sauf la cascade immense par où l'eau du Lac Bleu se précipite dans celui-ci, rien ne bougeait dans cet amphithéâtre austère et toujours froid, que les bergers avaient abandonné depuis longtemps. A l'Ouest du lac, leur cabane était vide.

Que n'aurais-je pas donné pour avoir une maison sur cette charmante et verte presqu'île, espèce de paradis dont les moelleuses pelouses s'avancent jusqu'au milieu du lac, et ont l'air d'y flotter! Quand le printemps la couvre de fleurs, quel contraste elle doit faire avec la sombre aiguille du Boum, qui la domine au S.-S.-O. d'au moins mille mètres, et du milieu d'un monde de neige, fait planer dans les nues les emblêmes noirs et blancs de la mort! Il n'y a que les montagnes qui puissent offrir de tels contrastes.

C'est au Lac Vert que cessent les arbres. On peut s'élever d'ici vers le Lac Bleu sur les deux rives : mais il vaut mieux passer à l'Ouest, pour monter au Midi sur des assises rugueuses, espèces de vagues superposées, plus ou moins parallèles, et souvent assez raides. Bientôt l'herbe disparaît. On laisse à gauche, au bout d'une heure, un rocher monstrueux, posé en équilibre, et prêt à se précipiter dans le Lac Vert, d'où on le voit très bien. Enfin, laissant aussi à gauche le Lac Bleu (sans le voir), on aperçoit au S.-S.-E. le vrai sommet du Boum, émergeant des glaciers comme un îlot sinistre. C'est un cylindre, qu'il ne faut pas confondre avec la pointe pyramidale, et moins élevée de quelques mètres, qui se dresse plus à l'Ouest. Entre les deux s'ouvre un col (3000 m. ?), que la marée des neiges découvre à peine. D'ailleurs, ces neiges sont les plus vastes des Pyrénées : car elles s'étendent de l'Est à l'Ouest, jusqu'aux lacs des Gours-Blancs, sur une longueur de quatorze kilomètres.

A 1 h. 15' du Lac Vert, nous quittons graduellement la terre ferme, en traversant des chaos de granit d'un blanc sale. Pentes assez douces : neige et désolation partout. Torrent et dernière eau courante, qui glisse sur des pierres blanches aplaties par le poids de la neige de l'hiver : on dirait un pavé. Les montagnes de l'Ariége se dressent confusément à l'horizon de l'Est. Nous montons au Midi, sur la neige : puis inclinant vers l'E.-S.-E., nous attaquons franchement le grand glacier du Boum, laissant à droite la pyramide qui est la moins haute de ses deux cimes, et jette sur nous une ombre mélancolique, où le noir tourne au bleu. Neiges étonnantes. Un fossé prodigieux, profond d'une cinquantaine de mètres, creusé par la tempête et large comme ceux d'une citadelle, s'ouvre entre nous et la muraille à pic de cette flèche menaçante. Mais les parois de ce fossé, vraie gorge de neige, sont disposés en longs gradins, dont chaque marche a peut-être vingt-cinq mètres de hauteur, avec une pente qui nous permet d'y descendre en glissades. A droite de nous, le *Col de Boum* s'ouvre entre ce pic et la Tusse de Maupas. (La descente en Espagne par ce col (3000 m.) est peut-être praticable, mais à coup sûr très-difficile. On tombe à pic, de l'autre côté, sur la gorge espagnole de *Ramougn*, fameuse pour ses isards.)

Au nord du Col de Boum (que j'ai escaladé par pure curiosité, sur un talus de glace très incliné), nous laissons nos bagages sur la neige (pas de voleurs ici!...) Nous traversons ensuite de l'Ouest à l'Est, presque horizontalement, les belles pentes blanches du long glacier de Boum, douces au milieu, mais redressées vivement à droite, où elles montent vers le pic. Il ne faut pas les traverser trop haut. A gauche, s'ouvrent trois ou quatre hideuses crevasses, qui se cachent sous nos pieds, et nous inquiètent assez, car nous n'avons ni hache ni corde... Une fois sur la rive droite de ce glacier, qui tombe au Nord du grand cylindre de Boum, nous laissons nos bâtons, et nous escaladons avec les mains un mur assez mauvais de roches désagrégées, d'où un ravin facile, orienté du N.-E. au S.-O., mène au sommet en dix minutes (3060). De la cabane du Lys, c'est une montée de cinq bonnes heures.

La vue est analogue à celle de la Tusse de Maupas, et frappe surtout par l'étendue des neiges qui se déroulent de tous côtés, même au midi, où par une exception bien rare dans la grande chaîne des Pyrénées, les pentes sont verticales, et font horreur à voir. A l'O.-S.-O., la vue est très grandiose. C'est d'ici qu'il faut voir ces longues et majestueuses arêtes, qui du Perdighero et des montagnes d'Oo, descendent au sud, sur des lignes plus ou moins parallèles, vers la vallée sinueuse et verte d'Astos, derrière laquelle s'élèvent orgueilleusement et par gradins superposés, les masses neigeuses du pic Posets. En descendant de 500 mètres au sud du pic de Boum (c'est difficile...), on arriverait à l'origine de la gorge granitique et sauvage de Ramougn, vers le bas de laquelle (à l'entrée des sapins) se trouve une misérable cabane, mais avec eau et bois. En se maintenant à une hauteur moyenne de 2400 mètres, et en allant toujours à l'Ouest, passant au sud du lac de Litayrolles, et coupant tour à tour toutes les arêtes qui tombent du nord, on arriverait en une demi-journée, presque de plein pied, à la cabane de la *Paoul* (d'où l'on monte au Posets). Mais il faut être montagnard-né pour tenter l'expérience : car en descendant trop ou pas assez, on arriverait toujours à des abîmes.

N'ayant trouvé aucun vestige humain sur le sommet du Boum, j'y élevai avec Firmin Barrau un petit cône de pierres, et nous redescendîmes vers le N.-O., à la recherche d'un abri pour la nuit, dans les rochers énormes entassés par milliers sur les gradins du cirque de Lys, vers 2700 mètres de hauteur, le long des capricieuses moraines qui endiguent ses glaciers. En cherchant bien, on trouve toujours, à n'importe quelle hauteur, des blocs bien préférables aux cabanes de bergers, plus propres, souvent plus chauds, formant des caves ou des tunnels, et où l'on sent au moins qu'on est chez soi. Dans les cabanes, cinq ou six hommes s'entassent souvent sur quelques mètres carrés! D'ailleurs, quel avantage inappréciable, quand on veut séjourner sur les pics, que celui de coucher, même sans bois, à une heure de leur cîme!

Cette fois, le choix fut bien facile. Au nord-est de la Tusse de Maupas, à la sortie des neiges, et au bord d'un ruisseau dont la musique aurait charmé Mozart, nous trouvâmes deux rochers magnifiques qui semblaient faits exprès pour défendre l'homme et l'abriter. Formant ensemble un angle ouvert au sud, où il faisait beaucoup plus chaud qu'à quelques pas de là, et surplombant un peu sur l'herbe chétive, mais douce et sans cailloux, qui s'étendait entr'eux, ces deux rochers nous offraient là un abri admirable. En cas de neige (il ne pleut guère à ces hauteurs), il y en avait des centaines d'autres autour de nous, formant des voûtes, des caves, et presque des catacombes, où ni le vent, ni un flocon de neige, ni peut-être un rayon de soleil n'ont jamais pénétré. On aurait dit des cercueils entr'ouverts. Comme la nature est secourable, quand on sait s'en servir ! Est-il un lieu sur toute la terre, où l'homme ne puisse poser sa tête et s'endormir heureux, s'il a le cœur tranquille et pur ?

Entre ces deux blocs nous passâmes donc la nuit (19 septembre), à 2700 mètres de hauteur, au bord des plus grandes glaces des Pyrénées, sans combustible, mais sans pourtant beaucoup souffrir du froid, Firmin n'ayant même pas de couverture !

Ce fut encore une soirée mémorable que celle-là, j'allais dire " idéale ". Le temps était vraiment superbe. Pas un nuage sur nos têtes, et pas un souffle dans l'air. Au nord, mais à mille mètres plus bas, dormait une mer presqu'infinie de nuages, dont les vagues écarlates et brûlantes laissaient voir çà et là des sommets émergeant comme des îles, et rougis d'un côté par les feux assoupis du soleil, qui projetait au loin leurs ombres à l'est, sur ce monde fantastique de vapeurs rutilantes. On aurait dit un archipel immense, sortant d'une mer de sang. A l'occident, le soleil descendait dans la gloire. A l'est, les pics neigeux de l'Aragon et de l'Ariège, pourprés ou déjà sombres, semblaient nager dans une atmosphère rose et veloutée, qui répandait sur eux une sorte de somnolence, et leur donnait un air surnaturel. Je n'ai jamais rien vu de plus sublime, et un instant je fus tenté d'adorer la nature...

Mais la température baissait, le thermomètre ne marquant plus que 2°. Après dîner, j'entrai donc dans mon sac, et vers 10 heures, les torrents qui s'échappent des glaciers s'arrêtèrent et se turent, surpris soudain par la congélation. Il y en eut un pourtant qui murmura jusqu'au matin dans sa prison de glace : mais là il fait souvent moins froid qu'à l'air, paradoxe qui s'explique plus ou moins par la chaleur du sol, qui ne peut rayonner, et par l'absence de vent.

Avant de m'endormir, je me livrai à des études astronomiques : j'étais si bien placé pour cela ! Sans me lever, je voyais défiler, dans les solitudes bleues du ciel, des processions d'étoiles, et les trouvais plus belles et plus brillantes qu'au niveau prosaïque de la plaine... Elles seules remuaient sur le monde endormi.... Mais pour comprendre et apprécier d'aussi étranges magnificences, il faut être montagnard, et coucher près du ciel. Au sud, les pics de Boum et de Maupas, plus sombres que la nuit même, tranchaient en noir sur les ténèbres, et semblaient deux énormes catafalques, au milieu des grandes neiges qui les rendaient presqu'effrayants.

Le matin, je guêtai le lever du soleil, réglant ma montre dessus, comme nous touchions à l'équinoxe. Quel spectacle !

A l'instant même où son premier rayon dora la cime de la Tusse de Maupas (3110 m.), des nuées d'oiseaux, sortant soudain comme moi des rocs où ils avaient dormi, se ruèrent sur les glaciers, en voltigeant follement et comme une trombe, dans tous les sens. Etait-ce la joie ou le vertige? Je n'en sais rien : mais un instant je les crus pris d'aliénation mentale. Enfin, après une foule d'évolutions, ils se calmèrent et se mirent à marcher sur la neige, pour déjeuner sans doute, car je les vis manger avec voracité. Que mangeaint-ils? Des fourmis mortes, chassées là par milliers sur l'aile de la tempête et gelées dans la neige ! Singulier déjeuner !

Cette journée fut encore magnifique, et j'en passai une bonne partie à explorer les glaces de la vallée du Lys. Coupant d'abord de l'Est à l'Ouest l'arête en ruines qui monte au Sud à la *Tusse de Maupas* (3110 mètres), et en suivant laquelle j'avais une fois gravi cette cime sans quitter la terre ferme, nous dûmes beaucoup descendre sur son versant occidental, avant de pouvoir prendre la neige, où nous recommençâmes à monter prudemment au S.-O., vers le *Col de Crabioules*, laissant à gauche l'imposant précipice de la Tusse de Maupas, qui tombe à pic de quatre cents mètres sur les glaciers comme une falaise sur l'Océan. Là je passai deux heures au milieu des crevasses, dominé au midi par des *séracs* superbes et assez alarmants. N'osant rester longtemps sous la menace de ces chaos de neige en équilibre et prêts à s'écrouler sous un soleil ardent, je traversai bien vite leur méridien. Mais nous trouvant bientôt cernés, sans corde ni hache, par des crevasses entrecroisées dans tous les sens et à moitié couvertes de neige, nous battîmes en retraite, et sortant en toute hâte de ce monde bleu et blanc, où l'on n'est jamais sûr de ne pas s'engouffrer, nous reprîmes terre pour continuer à l'Ouest sur les moraines. En général, la roche est granitique et d'un blanc très étrange. J'espère que, pour l'honneur des Pyrénées, ces glaciers calomniés seront un jour photographiés : mais ils sont raides, et il faut s'y tenir éveillé, car des séracs ou des rochers en descendent en été comme la foudre, en y traçant d'énormes sillons. Malheur aux imprudents qui se laisseraient entourer là par le brouillard ! Ils pourraient être coupés en deux avant d'avoir rien entendu ou vu !

Longeant successivement de l'Est à l'Ouest la base de ces glaciers, qu'on aperçoit très-bien de la plaine de Toulouse et même de bien plus loin, je continuai ma course sur des pelouses, des blocs et des moraines, restant généralement à 2600 mètres : aucun obstacle, aucune difficulté. Puis remontant bientôt à l'O.-S.-O., vers le pic *Quaïrat* (3059 mètres), je me trouvai soudain au bord d'un petit lac ovale et du vert le plus pur, appelé, je ne sais pourquoi, *lac de Crabioules*, car ce pic est fort loin, au S.-E. Sur ses rives désolées sont entassés des blocs immenses, où l'on devrait aller coucher pour l'ascension du Quaïrat, dont la grise pyramide s'élève au S.-S.-O. d'environ 500 mètres. Ce petit lac doit donc être à 2600 mètres de hauteur absolue : il est pourtant charmant. A droite du pic, s'ouvre la grande brèche par où on y arrive de l'Ouest, quand on monte du lac d'Oo. De cette brèche à la cime, les pentes sont douces et trois quarts-d'heure suffisent. En somme, le Quaïrat est un des pics les plus faciles des Pyrénées, vu sa hauteur.

De ces régions perdues, je m'en allai, presque sans descendre et en une heure, au col herbeux de *Montarouy* (N.-O. : 2500 m.), d'où une descente très-raide à l'Ouest et une autre heure au Nord me ramenèrent à l'auberge du lac d'Oo.

Le lendemain, gardant mon excellent porteur, Firmin Barrau, je montai au Port d'Oo par une journée sans nuages. Cette fois, le lac glacé du port n'était qu'à moitié gelé ; mais sur ses eaux sinistres, d'un bleu glacial, flottaient et voyageaient d'élégants *ice-bergs*, assez solides pour transporter un voyageur d'une rive à l'autre, sur un bateau de neige, s'il avait ce caprice. Rien n'est plus gai que ces glaçons quand le soleil les fait reluire : c'est comme une procession de vierges ; mais à l'ombre, ils ont l'air satanique.

Ici, je regardai à droite, et puis à gauche du port, où comme deux gigantesques sentinelles, le pic des Hermittans (3202 m.) et le Seil de la Vache (3060 m.) portaient encore sur leurs têtes chauves les petits cônes de pierres qu'il y a déjà bien des années j'y ai construits : enfantillage qu'on a toujours, et qui veut dire : « Personne n'est monté avant moi ».

Au midi du Port d'Oo (3001 m.), nous descendîmes d'abord au Sud, à travers des chaos, pendant 40 minutes, et trouvant un sentier, nous obliquâmes au S.-S.-E. A 1 h. 20' du port, première cabane (2200 m.?), et à 40 minutes plus bas, cabane d'Astos.

C'est là que nous couchâmes, comme l'avaient fait deux mois auparavant mes deux amis, MM. Packe et Lequeutre, à quelques pas d'un rocher " ridicule ", tant il est loin de ses semblables et leur ressemble peu. Il a l'air d'une grande larme de granit, tombée sur un mamelon de mousse. On le voit de partout, et sa pose excentrique le ferait reconnaître à une lieue.

Le cabanon d'Astos, situé sur la rive gauche de cette vallée, à mi-chemin entre les cabanes de Turmes et de Paoul, et au Sud du Port d'Oo, a sans doute bien des charmes : le site est ravissant ; il y a de l'eau, du bois en abondance ; pourtant, le lendemain je regrettai vivement de n'avoir pas été descendre directement à l'O.-S.-O. du Port d'Oo (comme c'était mon avis), sur la cabane de la Paoul, les dangers supposés de cette route étant purement imaginaires. Il n'y a, pour s'en garer, qu'à obliquer toujours à droite, en descendant très-graduellement. En allant à Astos, je perdis une journée.

Le lendemain, 22 septembre, partant trop tard de

la cabane d'Astos pour monter ce jour-là au Posets, a nuit nous prit au N.-N.-E. du pic, vers le sommet de la gorge repoussante et glaciale de Paoul, qui monte du Nord au Sud, par pentes très-raides, au col à jamais blanc, que dans mon « Guide » j'ai proposé d'appeler « Col de Paoul ». Pour attaquer cette gorge, on a le choix de deux immenses ravins qui se rejoignent plus haut et que sépare un pic pyramidal très-majestueux. On ne peut guère se perdre.

Cette nuit fut une des plus horribles que j'aie jamais passées dans les montagnes, et elle dura onze heures... Comptant sur le beau temps, nous nous étions blottis contre un rocher des moins hospitaliers, à 2700 m. de hauteur, au N.-N.-E. du pic Posets, qui vu d'ici, se présente sous la forme d'une masse triangulaire, projetant vers le Nord une longue arête de précipices affreux, avec lesquels il forme un cirque ouvert au N.-N.-E., et à moitié comblé par le glacier sauvage et crevassé de la Paoul. C'est près de sa moraine, mais très-haut sur la gauche, que nous passâmes la nuit, et que nous fûmes, avant huit heures, assaillis tout à coup par la neige, la tempête et l'orage. En moins de dix minutes, nous fûmes couverts d'un pouce de neige ! Mais à part la souffrance, je n'étais pas sans inquiétude, songeant que nous étions à l'équinoxe : car nul ne sait, à moins de l'avoir vu, ce que c'est que la grêle, à cette époque, sur les montagnes, et avec quelle fureur elle tombe. J'ai souvent vu voler des pierres et des grêlons d'une once, capables de fracasser la tête d'un homme, et je ne souhaite pas à ceux qui pourraient en douter, d'aller, pour s'en convaincre, braver ces météores en mars ou en septembre.

Les choses tournèrent moins mal cette fois que je ne

l'avais craint : mais on ne savait jamais ce qui allait arriver. A chaque coup de tonnerre, les pics semblaient se démolir, car de tous les côtés et sans rien voir, nous entendions rouler, avec le bruit d'une canonnade ou de vingt mitrailleuses, des avalanches de ruines et de rochers. C'était sublime, mais ça faisait trembler ! Ce bruit, ces éclairs rouges et spasmodiques jetant des lueurs sans nom sur le glacier de la Paoule et sur les précipices du pic Posets, où bouillonnaient déjà des brumes d'un bleu livide.... les coups de vent subits, la grêle qui crépitait sur nos pauvres corps transis, puis cessait tout à coup..., les éclats formidables du tonnerre; enfin, ce trouble universel, cette fièvre de la nature au milieu d'une nuit noire comme l'Erèbe : ce tout ensemble avait quelque chose de si épouvantable, que je me figurais ce que serait la fin du monde, surtout si c'est le froid qui doit le faire périr... car nous étions à moitié gelés, et nous passâmes onze mortelles heures à grelotter. La matinée fut claire et calme, mais nous étions couverts d'un pouce de neige glacée, et nous perdîmes une heure à aller nous dégeler au soleil, qui se leva très-pâle et menaçant, colorant le Posets d'un rose étrange et faux. On aurait dit que la lumière, comme le sang sur un front qui rougit, venait de l'intérieur à la surface, au lieu de frapper dessus.

Signalons un étrange phénomène. Tout près de là se trouvait un étang, où nous allâmes faire notre toilette pour monter au Posets. Qu'on s'imagine mon étonnement, en trouvant son niveau plus bas d'au moins un pied qu'il ne l'était la veille ! Abaissement d'autant plus singulier, qu'il était pris partout de glace, et que son lit était loin d'être spongieux : au contraire, il était tout pavé de rochers.. et les rochers ne boivent pas !

Laissant là ce mystère, et un peu dégourdis, nous partîmes pour le col de Paoul, montant au Sud sur de la neige aussi dure que du fer, et sur les traces d'un gros isard passé la veille. En trois quarts d'heure, nous atteignîmes ce col, ne voyant rien que de la neige et du brouillard, sauf à l'Est, où parurent un instant les arêtes orageuses et maudites du Néthou.

Puis tout se referma, la longue crête du Posets restant seule découverte : hasard heureux, car on pourrait n'y jamais arriver, si l'on manquait la cheminée qui monte à droite, à la pointe Nord de cette immense muraille, probablement inaccessible partout ailleurs. Vu la saison (23 septembre), je craignais fort de trouver un abîme entre la glace et le roc : mais il n'était pas large, et j'ajouterai que l'escalade du long couloir de schistes qui conduit à la cîme, me parut ce jour-là " simple comme bonjour ", bien qu'autrefois il m'ait semblé assez scabreux. Il y a des escaliers partout, et il faudrait être ivre pour faire une chute sur ces rochers. Ne diminuons jamais les dangers des montagnes, mais ne les exagérons pas non plus : *in medio veritas*. Toutefois, il est bien difficile d'apprécier ces dangers à leur juste valeur ; car non-seulement ils changent ou disparaissent souvent eux-mêmes, suivant le temps et la saison, mais l'opinion du même observateur varie aussi d'un jour à l'autre, selon l'état de son esprit et de ses forces. Il est presqu'impossible de dire exactement où commence le danger. Cela dépend souvent de l'estomac !........

Nous voici donc enfin au Nord et au sommet de cette fameuse arête qui, courant au Nord et Sud sur une longueur de près d'un kilomètre, en s'élevant graduellement vers le Sud, forme le faîte du Posets (3367 m.).

Je ne décrirai pas la vue, car, cette fois-ci, je ne

vis rien : moins heureux en cela que mes amis MM. Lequeutre et Packe, qui en juillet avaient fait l'ascension par un temps magnifique. Mais la température était très douce, vu la saison (23 septembre). Un instant, j'aperçus cependant vers le Nord, à l'Ouest du port de Clarabide et sur son versant Sud, un petit lac très élevé, peut-être sans nom. Ce port est peu connu.

Mon excellent et charitable ami, le Vte de Lamyre, m'ayant donné une merveilleuse bouteille d'un vin blanc de son crû, je savourai ses flots vermeils sur cette crête chauve, où même l'eau semblerait un nectar, et puis nous descendîmes « à toute vapeur », car il grêlait, il faisait sombre et tout était en deuil, comme au Spitzberg. En vingt minutes (!) nous étions sur le col de Paoul (3000 m.), et moins d'une heure après, dans une des deux cabanes qui portent ce nom (car elles sont deux, l'une au Nord, l'autre au Sud du torrent de la vallée d'Astos, à un bon kilomètre l'une de l'autre) : celle du Sud me paraît la meilleure. Puis le temps s'éclaircit, et cette journée si agitée se termina par une soirée calme et dorée, les pics alpestres de la vallée d'Astos sortant successivement des brumes et des orages, plus orgueilleux et plus beaux que jamais. L'âme aussi s'ennoblit par la tribulation, et les montagnes sont toutes pleines de symboles.

Qu'elles sont grandioses, ces vallées espagnoles qui rayonnent de toutes parts sur les versants neigeux des deux monarques des Pyrénées, le pic Posets et le Néthou ! Elles ne ressemblemt à aucune autre, et leurs arbres séculaires, leurs proportions, leur majesté, leurs précipices dignes des sierras de la Californie, donnent certainement l'idée d'une chaîne bien supérieure aux Pyrénées.

Après une halte à la cabane de *Turmes*, nous continuâmes sur la rive droite, à descendre vers Vénasque. Là nous couchâmes, chez Broussao, que je me plais ici à réhabiliter bien sincèrement, ayant écrit mon « Guide aux Pyrénées » à une époque où je lui en voulais, probablement à tort. Cette fois, nous fûmes très bien servis : tout le monde fut charmant et la note raisonnable.

Le lendemain, nous rentrâmes à Luchon par le port de Vénasque. En passant à l'hospice espagnol de ce nom, reconstruit aujourd'hui au pied des Monts-Maudits (rive gauche de l'Essera), et à l'abri des avalanches terribles qui avaient plusieurs fois détruit l'autre, je constatai avec plaisir qu'il y avait là cinq ou six lits très propres, de jolies chambres en plein midi, avec une vue superbe, des comestibles à discrétion, des écuries, etc. (hauteur : 1800 m.) C'est un hôtel en règle, et il serait bien ardemment à désirer qu'on imitât partout cet exellent exemple dans les hautes gorges des Pyrénées, si rarement visitées aujourd'hui, parce qu'on n'y trouve que le désert... Du monde entier on y viendrait en foule : ceci est un axiome.

Nous rentrâmes donc en France par le port de Vénasque, et très vite. Mais à l'auberge du port, je ne pus m'empêcher de m'arrêter au moins une heure, pour voir mourir ou décliner le jour sur les glaciers des Monts-Maudits, qui, au soleil, resplendissaient d'un blanc inouï, tandis qu'à l'ombre, leurs neiges, pures comme le ciel, devenaient bleues et donnaient le frisson. Plus bas, à droite, dans les vallées encore ardentes qui descendaient vers l'Ebre sous les vapeurs vermeilles de l'Aragon, mouraient vaguement les mélodies et les rougeurs du soir.... Tout respirait le calme et la tristesse des dernières belles soirées de l'automne, et un repos suprême régnait encore sur tous ces blancs colosses, où, quelques jours après, l'hiver et ses fureurs allaient sans doute se déchaîner.... C'était vraiment magique : c'était comme le dernier sourire de la nature et de l'été. C'est là qu'un saint ou un poète voudrait mourir ; et rentrant dans mon âme, je me dis que le temps était proche, où elle aussi commencerait son automne ; mais il en coûte si cher d'être jeune, qu'on se console parfois de ne plus l'être.

Londres, 15 décembre 1873.

GRAND-BATCHIMALE (3177 MÈTRES).

Cette majestueuse montagne, située sur la frontière d'Espagne, à mi-chemin entre le *Port de la Pez* et celui d'*Aygues-Tortes*, est le point culminant de l'immense crête de Batchimale, qui, orientée du Nord au Sud, et longue d'au moins deux kilomètres, tourne brusquement à l'Est au port d'Aygues-Tortes, pour former plus à l'Est quelques cîmes très-hardies, et le vaste *port de Clarabide*, souvent appelé aussi « port de Vénasque ».

Telles sont du moins, après trois grandes tournées dans ces régions, mes convictions, mes impressions sur leur topographie. Toutefois j'ai le devoir et le regret d'ajouter qu'elles diffèrent très-gravement des conclusions de mon savant ami M. Schrader, qui non-seulement place le Grand-Batchimale tout-à-fait en Espagne (en l'isolant de tous côtés de la frontière), mais plus au Sud que moi. Je crois encore qu'il est sur la frontière, et au Nord-Ouest de la crête d'Aygues-Tortes. Nos successeurs jugeront et videront la question.

En attendant, voici comment je l'ai gravi le 10 septembre 1878, un mois après M. Schrader, qu'accompagnait Henri Passet. J'avais pris un chasseur à Génos, Vincent Grassy, et Célestin Passet. Il y avait eu en 1876 une ascension douteuse, celle de M. Lacotte-Minard avec Henri Passet : je dis « douteuse », parce qu'ils la firent dans le brouillard, croyant monter ailleurs. Quoiqu'il en soit, la première ascension de ce pic, exécutée « en connaissance de cause », fut celle de Franz Schrader avec Henri Passet, au mois d'août 1878. Celle qu'on va lire ne fut que la seconde.

Partis d'Arreau le 9 septembre, nous remontâmes au Sud la gorge assez scabreuse de *Clarabide*, par sa rive gauche, sur des parois souvent très-inclinées, lisses et mouillées, où un faux pas serait fatal, et nous couchâmes la première nuit à une hauteur d'environ 2000 mètres, dans une cabane située au Nord et à la base du *pic Pétard* (2548 mètres), près d'une excellente source. Nous fîmes cette course dans un brouillard impénétrable ; mais le soir il creva un instant, et j'aperçus alors à l'O.N.O. la crête et la brèche *de la Hourque*, par où sont obligés de passer les bestiaux, pour aller paître dans la haute gorge de Clarabide. Ils remontent au S.O. le vallon de la Pez, puis grimpent à l'Est à 2600 mètres, et redescendent après ce long manège à l'Est sur Clarabide. C'est un énorme détour, mais ils ne peuvent passer ailleurs sans se casser le cou.

La nuit fut triste, humide, brumeuse et très-décourageante, en sorte que je dormis à peine, ce dont un rat très-mal élevé et spasmodique fut un peu responsable, car il ne fit que courir toute la nuit autour et au-dessus de nous, dans une agitation fébrile. Quand il fait sec et clair, j'aime mille fois mieux coucher sous les étoiles, sans feu et sans le moindre abri, à n'importe quelle hauteur, que dans ces misérables huttes de bergers, souvent plus sales et plus fétides que les yourtes des Mongols !

Puis d'autres choses m'attristaient. C'étaient les gémissements, la voix lugubre et les appels désespérés d'une vache tombée malade, et qui, trop faible pour redescendre avec les autres aux champs heureux de sa patrie, avait été abandonnée dans les montagnes pour y mourir dans quelques jours de faim, de froid et de tristesse.... Je l'entendais mourir... .....

Mais quel spectacle frappa nos yeux appesantis le lendemain matin ! Plus une tache dans le ciel, qui était bleu partout, tandis qu'au dessous de nous et jusqu'aux bouts de l'horizon, dormait encore un océan de nuages immacculés, tout blancs, et immobiles. Leurs flots moëlleux ne semblaient s'agiter qu'au contact des montagnes qui sortaient de cette mer comme des îles éclairées par l'aurore. Tout le long de leurs côtes aériennes, les nuages troublés et tumultueux avaient l'air de bondir comme des vagues qui déferlent. Ils écumaient contre les rochers, et l'illusion était complète. Une heure après, toutes ces vapeurs avaient fondu, il n'en restait plus rien, et le soleil régnait partout en maître. La journée fut superbe.

Au port d'Aygues-Tortes, au lieu de le franchir et d'entrer en Espagne, je pris à droite la crête qui monte abruptement de plus de 500 mètres à l'O.N.O. du port, et aboutit au pic très élevé d'Aygues-Tortes, aussi nommé "d'Aygues-Cluses". Il a au moins 3100 mètres. A l'horizon, la vue était déjà de toute beauté :

mais près de nous, rien à l'Ouest n'atteignait notre niveau. Où était donc, où pouvait être, où se cachait le grand pic signalé et gravi par Schrader? J'étais tout dérouté, pour ne pas dire découragé. Nous avions beau monter, monter toujours à l'O.N.O, sur une arête interminable, très roide, et souvent peu commode, l'Ouest restait vide, nous n'arrivions jamais nulle part, et cependant à droite l'abaissement du vallon d'Aygues-Tortes, à d'immenses profondeurs, prouvait éloquemment notre altitude. Elle dépassait déjà de beaucoup 3000 mètres, lorsque soudain, en arrivant au *pic d'Aygues-Tortes*, après une heure d'accablante escalade, nous eûmes la joie d'apercevoir à 3 ou 400 mètres de nous, mais encore plus au Nord, l'aride et fier sommet de mon ami Schrader, ne nous dominant guère que de 80 mètres. Sa défaite n'était plus qu'une question de patience. Mais comment y monter par ici? Nous tînmes conseil. Mes guides voulaient aller tout droit, en suivant vers le Nord l'arête qui nous joignait à lui; car il n'y avait aucune rupture, pas la moindre brèche sérieuse dans cette crête continue et presque horizontale.... Je fus tenté.... Mais elle était si disloquée, si rocailleuse, que j'allai au plus sûr, et la laissant à droite, nous descendîmes de 400 mètres à gauche dans des ravins schisteux, sans un brin d'herbe ou une goutte d'eau. Là je me retrouvai dans mon itinéraire de 1874, au bas d'un âpre vallon de cailloux et de glace, où rien ne pousse, et qui descend de l'Est à l'Ouest sur la gorge Espagnole de la Pez. Quand on ne l'a pas vue, ce n'est qu'en rêve qu'on peut imaginer une telle désolation. Et pourtant, les isards aiment ces lieux. Il n'y a pas d'animal si sauvage! Nous en vîmes un *tout blanc* se profilant vivement contre le ciel bleu, mais les autres étaient rouges. C'est le seul isard blanc que j'aie vue de ma vie, mais il paraît que sur le Batchimale, ils ne sont pas très rares.

Escaladant au Nord un couloir presqu'à pic, où suintait un peu d'eau, nous nous trouvâmes à son sommet sur de vastes pentes désertes, couvertes de cailloux jaunes, mais tellement douces qu'on pourrait les gravir à cheval. Ces longues pentes montent à l'Est jusqu'au Grand Batchimale, en s'effilant un peu vers le sommet. Partout ailleurs, c'est une espèce de grande route inclinée d'une trentaine de degrés. Vue d'un peu loin, cette croupe aride et longue d'au moins un kilomètre, ressemble assez, autant par sa couleur que par sa courbe, au cou fauve, mais gracieux, d'une girafe qui regarde le soleil.

Quelle vue nous eûmes ici ! surtout à l'Ouest ! L'espace et la lumière, l'air et la liberté nous enivraient. Aussi nous montâmes vite, et à six heures du soir, nous étions tous les trois sur le *Grand-Batchimale* (3177 mètres), où je trouvai, dans la tourelle qui le couronne, le cher petit billet de mon ami Schrader, et de son guide Henri Passet. Mon premier soin fut de le mettre dans une bouteille avec le nôtre, puis j'admirai la vue, qui est sans contredit d'une splendeur éblouissante. Elle me rappelle beaucoup celle du Perdighero et du pic des Gours-Blancs : c'est tout dire. Je voyais même au Nord, par delà des légions de montagnes, les plaines de la Garonne. Mais n'ayant plus qu'une heure de jour, et ne sachant où je pourrais coucher, je me livrai, boussole en main, à une rapide étude topographique, d'où il résulte que bien qu'éminemment faillible, je ne puis en conscience mettre le Grand-Batchimale en Espagne. Je crois qu'il est sur la frontière. Quant à la crête fort longue qui constitue le *port* très large d'*Aygues-Tortes*, elle comblait tout l'espace compris entre le Sud-Est et l'Est-Sud-Est. Le port lui-même étant pour ainsi dire partout sur une longueur de plus de 300 mètres, ses limites sont trop vagues pour qu'on en puisse exactement fixer la place. On le traverse *ad libitum*, et sa hauteur moyenne est de 2600 et quelques mètres.

Revenons à notre Grand-Batchimale, que je ne puis me résigner à placer en Espagne, malgré l'immense autorité de mon ami Schrader en ces matières. Il est très vrai qu'au fond du vallon d'Aygues-Tortes, à l'Est et au Nord-Est du pic que je discute, on voit se dessiner des rigoles, des fossés, des plissements, qui à la fonte des neiges, peuvent accidentellement conduire en Aragon presque toutes les eaux qui descendent de la cîme : mais en hiver, et pendant les trois-quarts de l'année, les choses changent. Ces rides et ces ravins disparaissent sous la neige, qui cesse de fondre en haut, et ne fond plus qu'en bas, autrement dit en France. Les moutonnements et les rigoles se cachent sous des terrasses neigeuses dont les eaux naissent et se déversent à l'Est, dans le vallon français d'Aygues-Tortes, d'où elles se jettent dans celles de Clarabide. Du reste, il y a quatre ans, en plein été, des nappes de neige descendaient d'un seul jet depuis la cîme du pic jusqu'au fond du vallon d'Aygues-Tortes, en sorte qu'une pierre détachée du sommet serait tombée tout droit en France sans rencontrer d'obstacle.

Mais laissons là, comme je le fis bien vite moi-même, ces problèmes peu pratiques : car qui s'occupe de la frontière à ces hauteurs? Qui se la disputerait? A quoi sert-elle? Une question bien plus grave (pour moi, du moins) occupait mon esprit : c'était celle d'un abri pour la nuit, car il ne restait plus qu'une demi-heure de jour! Descendant au Nord-Ouest sur les deux *lacs de Batchimale* (2,500 et quelques mètres?), j'eus beau chercher des rochers protecteurs sur leurs rivages glacials et nus comme ceux des mers polaires, je n'y trouvai que des cailloux, des lambeaux de glaciers, et pas la moindre pelouse.... Et il allait faire nuit..... A l'Est, la *Montagnette* et ses arêtes barbares, (qui aboutissent au Nord au petit pic de Batchimale, coté 2980 mètres sur la carte de l'Etat-Major) devinrent d'un rouge sinistre. Il y avait du courroux dans ces lueurs écarlates : elles me rappelaient les crépuscules sanglants qui précèdent les typhons de la Chine.... . Mais l'incendie ne dura qu'un instant, et à 7 heures et 1/2 il fallut s'arrêter sur les splendides pelouses où glisse de près d'un kilomètre la folle cascade de Batchimale., avant de se précipiter par un dernier escarpement sur le torrent Espagnol de la Pez (rive gauche), de l'autre côté duquel le pic *Batoua* fait monter dans les nues ses déserts et ses neiges. Il a les lignes et l'attitude d'un lion surnaturel.

C'est là que nous campâmes le 10 septembre, sans abri et sans feu, à une hauteur probable de 2400 mètres, et fesant face à l'ouest, où sur un ciel encore un peu pourpré, flottaient quelques nuages roses, innocents et fragiles, qui fondirent à l'approche de la nuit, ou s'en allèrent à la suite du soleil.

Quelle nuit ! Quelle majesté partout, et quelle sérénité ! Je n'entendais que la triste et plaintive harmonie des cascades, où miroitaient des reflets phosphoriques : mon regard dépassait les étoiles, et ma pensée traversait l'univers. A neuf heures, tout changea au lever de la lune. A peine sortis derrière les crêtes de Montagnette, ses pâles et froids rayons tombèrent sur nous, nous donnant

l'air de trois sauvages. Faut-il l'avouer? Je me mis à
dîner !..... puis j'allumai mon punch, en me demandant
ce que penseraient des ours, ou même des hommes,
qui auraient aperçu tout-à-coup au haut des Pyrénées
et à dix heures du soir, la flamme fantasque et bleue
de mon esprit de vin s'agitant comme une langue, ou
comme un feu follet sur les tombeaux? Entre ses reflets
livides et ceux de la pleine lune, qui promenait sur
les montagnes des lueurs d'Apocalypse, je devais ressembler à Méphistophélès........

Je dormis bien, grâce à mon sac, mais en glissant
sans m'en apercevoir, et le matin je m'éveillai à plusieurs
mètres plus bas qu'où je m'étais couché. Mes deux
braves guides, qui n'avaient rien pour se couvrir, souffrirent tellement du froid qu'à trois heures du matin ils
descendirent au clair de lune à la recherche d'un combustible quelconque, et remontèrent avec quelques rhododendrons. Heureusement que la nuit fut superbe : que
serions-nous devenus sans cela, à cette hauteur?

Le lendemain, nous descendîmes sans trop de peine
à l'ouest sur le vallon Espagnol de la Pez, en appuyant
beaucoup à gauche, le long de la cascade de Batchimale,
et en passant tout près de deux petites cabanes en
ruines, comme suspendues aux flancs du précipice! Il
en descend un tout petit sentier : mais c'est le seul passage : il n'y a pas d'autre moyen de descendre au torrent
de la Pez sans se briser les membres.

Rentrant en France par le *Port de la Pez* (2480 mètres)
nous couchâmes à *Génos*, après une admirable soirée
d'automne. Une brise légère nous apportait tous les
aromes des champs, une harmonie miraculeuse sortait
des bois et des torrents, et les montagnes, un peu gazées
par les vapeurs du soir, avaient encore les teintes chaudes

et vermeilles de l'été. Le gémissement des feuilles, qui étincelaient en tremblotant au vent du crépuscule, annonçait seul l'automne. Qui pourrait résister à de telles influences? Elles viennent de Dieu, puisqu'elles nous purifient en nous charmant, et nous font voir le Bien sous les couleurs du Beau.

ASCENSION DU NÉTHOU (3,404 MÈTRES). — ITINÉRAIRE NOUVEAU, PAR LE NORD-EST.

Le Néthou est le point culminant de toute la chaîne des Pyrénées, ce qui ne veut aucunement dire qu'il soit dangereux ou difficile. Bien loin de là. Mais *en Europe*, quand une montagne dépasse ou atteint 3,000 mètres, elle me paraît au moins digne de respect. Il est bien clair qu'il n'en est pas de même en Amérique ou en Asie. Car dans l'Himalaya, on voit des femmes et des moutons monter sans peine à 6,000 mètres, presque sans toucher la neige : et *Potosi*, ville des Andes Boliviennes, qui a jadis contenu plus de 120,000 âmes, est à 4,165 mètres. On s'y porte à merveille. On arrive aujourd'hui en chemin de fer à *La Paz* [3,715 mètres]! Si l'on compare entr'elles des montagnes de différents pays, ce n'est donc pas d'après leur altitude qu'il faut en estimer les difficultés relatives ou les périls, bien que *dans un pays donné*, les difficultés soient généralement proportionnelles à la hauteur. Il faut ici avoir deux poids et deux mesures. Je connais peu la Suisse, n'y ayant fait que trois grandes ascensions : le Mont-Blanc, l'Alphübel et le Breithorn ; mais j'en ai vu assez pour me convaincre qu'il faut se donner plus de peine pour arriver à 3,000 mètres dans les Pyrénées, qu'à

4,000 dans les Alpes, ou à 6,000 sous les tropiques. Pourquoi ? parce que les Alpes ont partout des auberges, ou du moins des refuges, à des hauteurs où dans les Pyrénées on est à une ou deux journées de marche d'un toit quelconque, ou d'un morceau de pain. La vie y est extrêmement dure à 3,000 mètres, et y passer deux jours est un problème très-compliqué. Ce triste sujet m'entraînerait loin. Je l'ai du reste bien souvent discuté ; aussi je le laisse là, avec l'espoir que d'autres le reprendront d'une manière plus pratique, et que le Club Alpin Français, suivant le généreux exemple donné en Suisse par l'*Alpine Club* de Londres, fera bientôt construire, près des glaciers des Pyrénées, quelques refuges absolument indispensables, en commençant par les régions déshéritées qui entourent les grandes cimes. Car dans l'état actuel des choses, les ascensions des Pyrénées sont tellement dures, qu'elles rebutent beaucoup de monde. En supposant même qu'on ne prenne qu'un guide, il faut souvent qu'il porte de quoi nourrir son voyageur et lui pendant quatre ou cinq jours, sans compter la hache, la corde, la couverture, etc. Il est chargé comme un mulet. Dans mes grandes courses, j'ai dû souvent porter moi-même dix kilogrammes, par pitié pour mon guide qui en portait le double ! Et si le mauvais temps allonge la course, la viande se décompose ; on n'a plus rien. Combien de fois ai-je dû, pour ne pas renoncer à un pic, manger des vivres gâtés, produit chimique sans nom connu, assaisonnés avec de l'eau de neige ! Car bien souvent, sur les sommets torrides de l'Aragon, l'eau manque partout, et on n'a rien à boire, que de la neige fondue. Parfois, même dans les vallées basses, les torrents se dessèchent, et c'est à croire que dans les plaines brûlées d'Espagne, **il y a plus de vin que d'eau !**

L'ascension du Néthou — car cette longue digression m'y ramène — ne serait plus qu'une promenade, que les médecins conseilleraient à leurs malades, s'il y avait une auberge sous le rocher si pittoresque de la *Rencluse* [2,080 mètres]. C'est là qu'on couche ; c'est la seule nuit qu'on passe dehors, et les chevaux y arrivent.

Mais c'est un peu à cause de cela, et pour trouver une route nouvelle, en savourant toutes les délices de l'inconnu, que cette année, j'ai attaqué le pic par le Nord-Est, abandonnant l'itinéraire du Nord, que suivent prosaïquement depuis plus de 30 ans tous les ascensionistes, comme si le reste de la région était pestiféré. Il y a bien eu quelques rares ascensions par le *Lac Gregonio* [2,656 mètres], c'est-à-dire par l'Ouest et le Sud-Ouest. J'ai même vu un bouquetin, en faisant cette course en 1864. Mais sur cent ascensions au Néthou, au moins 99 se font par le Nord. C'est la mode. La mode ! oh ! laissons-la dans les salons ! Dans les montagnes, c'est au caprice que nous devons presque toutes les découvertes. Aussi, n'obéissant qu'à lui, je partis de Bagnères-de-Luchon le 5 juillet avec deux vigoureux porteurs (Firmin Barrau et César Cier), et pas de guide, et nous allâmes coucher deux nuits de suite chez Cabellud en Espagne, près du *Port de Venasque* [2,400 mètres]. Ma première nuit fut blanche ; c'est pourquoi j'y restai 36 heures, n'ayant pas le don que semblent avoir plusieurs de mes confrères, de marcher sans dormir. Je leur envie cette faculté précieuse.

Toutefois, qui regretterait une belle journée d'été, passée au grand soleil, à contempler les Monts-Maudits du haut d'un belvédère de 2,400 mètres ? Elle serait froide et bien vulgaire, l'âme de celui à qui les heures pèseraient devant de telles splendeurs. J'ai vu bien des montagnes : l'Himalaya, les Andes, les pics funèbres de la Nouvelle-Zélande, les Alpes et l'Altaï, plus neigeux qu'elles encore. Toute ma vie j'ai aimé, j'allais dire « adoré » les montagnes, les gravissant avec passion. Je puis en comparer beaucoup ; mais quelque aveugle que soit l'amour, je crois encore avoir raison en admirant plus que jamais les Pyrénées, leur ciel si bleu et si limpide, leurs glaces resplendissantes, leurs aspects vaporeux, les plaines ardentes et veloutées endormies à leur base au plus beau des soleils, et ces eaux merveilleuses, qui s'échappant des neiges avec fureur, se calment ensuite sur des pelouses horizontales, et serpentent en silence entre des tapis de fleurs si rares et si charmantes, qu'on ose à peine marcher dessus. Il y a dans la nature Pyrénéenne une poésie extrême, une harmonie de formes et de couleurs, et des contrastes que je n'ai vus nulle part ailleurs. Quant à la neige, il y en a juste assez ; les Andes en manquent, et les Alpes en abusent. Aussi je ne me lasse jamais de contempler les Pyrénées, même seul, surtout quand tout un monde de glaces se déroule devant moi, comme au Port de Vénasque. Car bien que les glaciers des Monts-Maudits soient çà et là coupés du Sud au Nord par des arêtes, granitiques ou calcaires, qui les isolent les uns des autres en partageant leurs eaux, l'œil ne voit dans l'ensemble " *to all intents and purposes* ", qu'une mer de glace, de neige et de crevasses, qui du Pic d'*Albe* [3,280 mètres] à l'Ouest, à celui de *Moulières* [3,000 mètres] à l'Est, forme une courbe éblouissante d'au moins dix kilomètres.

Peut-être plus belle encore, quoique plus restreinte, est la vue du Néthou près du « Trou du *Toro* », où la Garonne s'engouffre avec des teintes d'un bleu sinistre, et disparaît sous terre entre des falaises absolument à pic. Il est inconcevable que cet endroit, où sont accumulées toutes les beautés possibles, et qui n'est qu'à cinq heures de Luchon, soit si peu visité. Je n'y ai jamais trouvé personne, sauf mon ami Charles Packe, à qui les Pyrénées doivent tant. C'est là qu'il faut coucher si l'on monte au Néthou par la vallée de la Salenques. On y est à 2,024 mètres de hauteur absolue, en Espagne, et à une heure au Sud-Est du Port de Vénasque. Il y a de l'eau, du bois en masse et une cabane. Si j'étais photographe, c'est bien ici que je ferais mon coup d'essai. Car rien ne manque à ce tableau Alpestre par excellence. Au premier plan, s'étalent de molles et chaudes pelouses, tout-à-fait plates, où circulent en tout sens les ruisseaux étincelants qui forment ensemble la source occidentale de la Garonne. Au Sud, se dresse en demi-cercle un imposant amphithéâtre de monts de premier ordre, au pied desquels croissent des sapins, les uns jeunes, vigoureux et souples, les autres blanchis, tordus et foudroyés ; d'autres, renversés par l'avalanche sur des chaos de gros blocs granitiques, ont tout éclaboussé de leurs débris. Enfin, derrière ces ruines et cette désolation, mêlées à la plus douce verdure, se hérisse jusqu'au ciel, droit au Sud, l'immense et neigeuse masse du roi des Pyrénées, le *Grand-Nethou* [3,404 mètres]. Au plus fort de l'été, on ne voit pas une île sur son glacier ; c'est une surface entièrement blanche ou bleue, formant un vaste carré dont chaque côté a, plus ou moins, trois kilomètres. Il n'a donc pas du tout la forme d'un fleuve, comme la plupart de ceux des Alpes. Mais il est grand ; il couvre une étendue que ne remplirait pas Toulouse ; il se boursouffle en imposantes collines d'un blanc superbe, et d'un peu loin, la forte inclinaison de ses pentes onduleuses — qui varie entre 25° et 60° — lui donne tout l'air d'un précipice de neige.

C'est cependant par là que nous montâmes, en l'attaquant plus haut, de la gorge de *Salenques*, qui descendant très-graduellement du S.-S.-E. au N.-N.-O, emporte dans la Garonne toutes les eaux et la boue du glacier du Néthou, en en longeant la base d'un bout à l'autre.

Grimpant d'abord au Sud, sur des blocs fracassés de granit, très-mal équilibrés (rive droite), nous prîmes au bout d'une demi-heure l'autre rive, en obliquant un peu au S.-S.-E. De belles cascades retentissantes tombaient à droite des moraines et des glaces du Néthou. Les pentes de la vallée de la Salenques, devenues herbeuses et douces, se changèrent en tapis de verdure; mais ce charmant décor ne dura qu'un instant : un peu plus haut nous fûmes cernés par la désolation ; la vallée se couvrit de rochers monstrueux aussi pâles que la neige qui les avait déposés là, et arrivés à la hauteur du petit col et du *Lac des Barrans* [2,478 mètres, encore gelé le 7 juillet], nous n'eûmes plus devant nous que de la neige à perte de vue. Les Monts-Maudits méritent assurément leur nom, car la malédiction semble y régner partout. Et puis le temps s'était gâté. Le ciel, très-orageux, s'était couvert de nuages livides et lourds, dont les grandes ombres, filant à droite sur le glacier avec une alarmante rapidité, nous annonçaient, pour les régions plus aériennes, une espèce de tempête. Le vent était à l'Ouest. Il était tard (1 heure) ; bref, je fus pris d'indécision, encouragée et partagée par mes porteurs peu rassurés, et nous passâmes deux tristes heures sous un rocher qui nous garantissait fort peu du vent, du froid et de la pluie. Quand elle cessa, il était juste trois heures ! Que faire ? Mes deux porteurs étaient inquiets, pour dire le moins..... Nous allions en pays inconnu, par un temps très-chanceux, et à une heure où il faudrait toujours finir une ascension, et n'avoir plus qu'à redescendre. J'étais d'ailleurs forcé de convenir que vu d'ici, le glacier du Néthou avait un air extrêmement menaçant, pour ne pas dire impraticable, tant ses pentes semblaient fortes, et tant ses teintes étaient sinistres. Le froid aussi me démoralisait un peu, après tant de chaleur. Quant aux crevasses, on n'en voyait pas une ; elles etaient toutes encore cachées. Du reste j'avais une corde longue de 15 mètres.

Enfin, après bien des hésitations, et sachant ma retraite assurée, ayant d'ailleurs des provisions, et mon *sac* à dormir, je criai « en avant », et nous nous élançâmes à 3 heures 10' du soir, à l'assaut du Néthou, par une route inconnue, en montant au S.-O., ligne que je ne quittai plus.

Quelle blancheur ! Partout, absolument partout du blanc, moutonnant vers les nues, où paraissait au loin le seul lambeau de terre que l'Océan des neiges n'avait pu submerger tout-à-fait ; et cet ilot, c'était la cîme, qui ne nous dominait verticalement que de mille mètres, mais dont au moins trois kilomètres nous séparaient encore, grâce aux ondulations des pentes neigeuses, qui, formant des collines étagées, ressemblaient à une houle colossale. C'était absolument comme la montée des *Grands-Mulets* au *Grand-Plateau*, quand on va au Mont-Blanc.

A peine entrés sur le glacier, nous vîmes les dernières pierres. Mais là, près des moraines, il n'y en avait que trop, car elles tombent toutes « d'en haut ».

Ce sont des projectiles. Ces « pluies de pierres », si communes dans les Alpes, sont un fort beau spectacle ; mais on en jouit très-peu quand on est sur leur trajectoire, car le contact ou le frôlement de quelques-uns de ces rochers, tombant du haut des pics, aussi vite que la foudre, pulvériserait un éléphant et anéantirait un homme. Heureusement qu'il y avait « de la place à côté », comme dit le proverbe. Et d'ailleurs je dois dire que je ne vis tomber cette fois qu'une ou deux pierres, qui passèrent très « au large ». Il était tard ; c'est vers midi qu'elles se détachent le plus. Mais le ravin neigeux et assez raide par où nous commençâmes notre ascension sur le glacier, était tout labouré du haut en bas de rides et de sillons creusés peut-être une heure avant par des cascades de pierres. Les traces étaient encore toutes fraîches. Aussi j'avoue que j'ouvrais l'œil et les oreilles......

Mais un danger bien plus réel, auquel je ne m'attendais guère dans cette saison (Juillet), nous menaça plus haut : c'était celui des avalanches.

Il est bien singulier que plus nous nous élevions, plus la neige était molle. Près du sommet, nous enfoncions d'un mètre, ce qui, sur des pentes roides, est assez grave, quand la neige n'a pas plus de consistance que de la cendre. Après avoir monté pendant deux heures sans dépasser, peut-être même sans atteindre, des angles de 45°, nous arrivâmes à une « Épaule », que le Néthou projette vers le N.-E., et que la neige découvre un peu à la fin de l'été. C'est plutôt une terrasse, surmontée au S.-O. par le *dôme* éblouissant auquel elle sert de base, en lui donnant une grande tournure.

Ce passage fut un peu difficile. Sans doute, en allongeant d'une heure, nous aurions pu tourner ici à droite (à l'Ouest) et arriver sans peine au petit *Lac de Coroné*, en évitant « l'Epaule » ; mais il était trop tard (5 heures !) pour perdre une heure au milieu d'un glacier. Je me décidai donc à conserver ma direction S.-O., et à escalader cette bosse de neige, à un angle d'environ 55°, peut-être plus, car notre figure touchait la neige, qui était molle comme du sable. Nous fîmes partir deux avalanches, qui se changèrent plus bas en deux fleuves formidables pleins de vagues, mais elles ne nous firent pas glisser d'un pouce. C'était un grand spectacle !

Ce fut ici la seule difficulté de toute la course, et à la fin d'août, quand la glace est à nu, je ne sais si on pourrait franchir cette bosse, à moins d'y faire avec la hache plusieurs centaines de marches. Dans tous les cas, puisqu'en tournant à droite et en perdant une heure au plus, on peut toujours éviter cet obstacle, j'ai raison de maintenir que l'ascension du Néthou par le Nord-Est n'offre aucune difficulté sérieuse, et qu'elle est à la portée de quiconque a la moindre ambition ou la moindre prétention. Ce que j'espère vivement, c'est qu'on fera désormais l'ascension par une voie et la descente par l'autre. On n'a rien à y perdre et on y gagne beaucoup.

Déjà nous nous trouvions à 3,200 mètres. Il était 5 heures 20'. Quel sombre silence régnait autour de nous ! C'était absolument comme en janvier. Quelle différence avec l'été ! Dans quelques semaines, ces grandes solitudes blanches et mornes, où l'on pourrait ensevelir une nation, où rien ne bouge, que l'ombre qui s'y promène, se rempliront de bruits et de fougueux ruisseaux qui s'y précipiteront vers tous les points de l'horizon, dans un tumulte inexprimable. On y verra s'ouvrir d'énormes crevasses, et des gouffres bleus, remplis de râles, de plaintes et de clameurs sans nom, parce que ce n'est que là qu'on les entend. Il n'y aura plus de neige ; tout sera bleu, disloqué, déchiré, chancelant, et dans cet infernal chaos de glace, on ne pourra plus faire un pas sans le tailler à coups de hache. En vérité, si les glaciers sont moins grandioses sous un épais et monotone manteau d'hermine, il est bien sûr qu'on y avance deux fois plus lestement. Ayant la corde, je m'en servis, par excès de prudence ; mais je suis convaincu que partout, la neige aurait porté un monument. Il y en avait plusieurs mètres d'épaisseur (7 Juillet). Le seul abîme qui commençât à s'entrouvrir, était la « Grande Crevasse », située juste au milieu du glacier. Nous la laissâmes à droite, à environ un kilomètre, au lieu de la laisser à gauche, comme on le fait toujours en montant par le Nord. A la fin de l'été cette crevasse, une des plus belles des Pyrénées, a une douzaine de mètres de large et 5 ou 600 mètres de long. Quant à sa profondeur, qui pourrait l'estimer? Sa seule rivale est celle— appelée aussi la « Grande-Crevasse » — du glacier Oriental du Vignemale. Celle-ci a bien un kilomètre de long.

Arrivé sur l'*Epaule* du Néthou, à 3,200 mètres, je vis descendre à gauche, de l'Ouest à l'Est, une longue gorge pleine de neiges éternelles, aboutissant, en bas, au *Col de la Salenques* [2,825 mètres]. Nous aurions pu aussi monter par là, en appuyant un peu à droite vers le haut du vallon et le *pic des Tempêtes*.

Une fois l'*Epaule* gravie, laissant fort loin à droite l'étang toujours gelé de *Coroné* [3,173 mètres], nous attaquâmes le *Dôme*, où nous tombâmes dans la route habituelle du Néthou. Pentes 48°. Dans la neige, nous trouvâmes une bouteille contenant les noms de deux touristes qui, quelques jours auparavant, avaient dû renoncer à atteindre le sommet. Leurs traces, encore visibles, s'arrêtaient là. Notre ascension — comme je m'en assurai du reste sur le sommet, en feuilletant le registre — était donc la première de l'année. Quelques minutes après, nous arrivions à la fameuse arête du *Pont de Mahomet,* avec un vent furieux de l'Ouest. Il fallait se coller aux rochers, pour ne pas être enlevés comme de la paille. Ces grandes rafales nous furent pourtant utiles, car c'étaient sans doute elles qui avaient dénudé toute l'arête, où nous n'eussions peut-être jamais passé, si elle avait été couverte de neige.

Sur le roc vif — quand il est sec — ce n'est qu'une plaisanterie, et c'est vraiment couvrir les Pyrénées de ridicule, que d'appeler ce pas " dangereux ", par les temps ordinaires, bien qu'en hiver ou au printemps, le toit très-effilé de neige qui le recouvre le rende probablement impraticable. Au nom des Pyrénées, qui contiennent des dangers très-réels, je proteste contre l'abus de ce mot qu'on y fait tous les jours.

C'est cette arête que j'avais vue d'en bas, tranchant en noir sur le glacier, car sur la cîme elle-même, nous ne trouvâmes que de la neige, où nous restâmes debout comme trois colonnes, enfoncés jusqu'aux hanches, et sans pouvoir bouger ni nous asseoir. Cette neige était glaciale, et le soleil tombait à l'horizon... Jamais je n'avais eu si froid sur le Néthou; mais comment s'arracher à de pareilles magnificences, dont les plus belles visions du Dante ou de Milton ne peuvent donner la moindre idée? Il est bien rare de pouvoir assister au coucher du soleil, du haut d'un pic de 3,400 mètres, et si de tels spectacles pouvaient durer, toute une nation viendrait les voir.

Mais mes porteurs étaient gelés, et je m'engourdissais moi-même. Il était six heures 10'. Ainsi nous avions mis trois heures, de la gorge de Salenques au sommet, et du Port de Vénasque un peu moins de six heures (sans compter les arrêts). Notre ascension n'avait donc pas été plus longue que par la voie de la Rencluse; raison de plus pour combiner les deux itinéraires dans la même course. Le bas de la Salenques est un vrai parc, qui, à lui seul, mériterait un voyage de Luchon. On peut aller à cheval jusqu'au trou du *Toro*.

Parlons maintenant un peu du vent : qu'on me permette à son sujet une petite digression, car j'ai trop voyagé pour ne pas m'y intéresser; c'est un de mes amis, et souvent même on m'a dit que j'avais avec lui quelques analogies.....

J'avais appris dans mon enfance, que le vent soufflait horizontalement. Peut-être est-ce vrai au niveau de la mer. Mais combien de fois, sur les montagnes, j'ai constaté tout le contraire ! Et d'ailleurs, pourquoi pas ? Ce qui produit le vent, c'est une différence, une rupture d'équilibre, entre la température de deux couches d'air, et entre leur densité. Pour rétablir cet équilibre, la plus légère se précipite vers la plus lourde, ou celle-ci se dilate, pour prendre la densité de l'autre. Dans les deux cas, il se produit du vent. Or, quand deux couches d'air d'inégale densité se trouvent superposées, — comme cela arrive partout dans les montagnes — quand il gèle dans un ravin à l'ombre, tandis qu'à quelques mètres plus haut le thermomètre marque 20° en plein soleil, comment ne se produirait-il pas un courant plus ou moins vertical, comme cela se passe pour les liquides? La nature cherche toujours l'équilibre, et elle le fait dans toutes les directions possibles. Quelquefois même, le vent a l'air de *reculer*, c'est-à-dire par exemple, que le vent d'Ouest pourrait souffler le dimanche à Paris, et ne souffler que le lundi au Hâvre, qui est cependant plus à l'Ouest que Paris. C'est une espèce d'*aspiration*, qui donne au vent l'air d'un recul. Ce phénomène s'est plus d'une fois vu en Russie, où le vent d'Ouest se fait sentir avant de souffler en Pologne. Mais je m'écarte de mon sujet. Une fois sur l'aile du vent, on perd très-facilement sa route. Ce qui est bien sûr, c'est que dans les montagnes, pour une raison ou l'autre, le vent circule à tous les angles possibles. La preuve en est que bien souvent, quand on s'abrite du vent contre un rocher que l'on dépasse de toute la tête, ou même de la moitié du corps, on ne sent plus le moindre zéphyr, pas même contre la figure. Evidemment dans ce cas-là, le lit du vent n'est pas horizontal.

J'ai touché cette question, parce que sur le Néthou, dans l'ascension qu'on vient de lire, nous eûmes un vent très-fort, soufflant de bas en haut. Il suffisait de s'abriter les jambes derrière un tas de neige, pour en être tout-à-fait garanti.

Mais ces pauvres jambes étant transies, comme le reste de mes membres, je sonnai la retraite et quittai le sommet à six heures et demie. Il n'était pas trop tôt, car la nuit vient bien vite à 3,400 mètres; elle fond sur vous. Comme c'était ma cinquième, et peut-être ma dernière ascension au Néthou, j'en pris congé avec tristesse. Qui sait si nous nous reverrons jamais? On s'attache aux montagnes qu'on a connues dans son enfance, et on les pleure comme des amies, surtout lorsqu'on leur dit adieu le soir, à l'heure mystique où l'âme, à tous les âges, s'épure et s'attendrit, et regrette ou retrouve ses couleurs et ses ailes d'autrefois.

Saluant encore avec amour les Pyrénées, qui rougissaient d'une mer à l'autre aux feux mourants du jour, je m'en allai. Puis nous « dégringolâmes »; c'est le seul mot dont je puisse me servir. Notre descente fut une chûte; en cinq minutes je fis une demi-lieue, en me laissant glisser assis, de colline en colline, sur ces prodigieuses pentes de neige, où pas le moindre obstacle, pas même une ride ne pouvait me blesser. C'était uni comme de la crème. Nous ne mîmes pas 25 minutes à descendre de mille mètres, sans compter la distance, au moins trois fois plus grande que la hauteur. Cinquante minutes après, à l'entrée de la nuit, nous arrivâmes au bas de la Salenques, où nous couchâmes sur l'herbe au ravissant endroit, beaucoup trop peu connu, appelé le *Plan des Aigouillats* [2,049 mètres], un peu plus au Midi que le Trou du *Toro*. Je l'ai décrit plus haut.

Depuis douze ans que j'ai adopté le système de coucher au grand air dans les Pyrénées, je n'ai jamais trouvé d'endroit qui réunisse à ce point toutes les conditions voulues pour bien dormir et pour charmer l'âme et les yeux. J'y regrettai bien sincèrement mon sympathique ami, M. Lequeutre, qui aime autant que moi ces scènes nocturnes dans la montagne.

Ce fut une nuit vraiment enchanteresse. La lune, à peu près pleine, se leva dans un azur absolument immaculé. Il faisait calme et tiède. J'avais mon sac, mais la température était si douce, que je dormis *dessus* la moitié de la nuit. L'air était saturé de l'odeur des sapins; sans ces effluves aromatiques qui rappellent tant le Nord, le froid et les climats Alpestres, on aurait pu se croire dans une nuit Brésilienne.

Heureux, charmant pays, où l'on peut s'endormir en plein air, à plus de 2,000 mètres d'élévation! Le calme de la nature donnait vraiment l'idée du Paradis, et le silence nocturne n'était troublé que par le clapotement des petits flots de la Garonne naissante, argentée par la lune, et serpentant mélodieusement à nos côtés, avec ce bruit rêveur et vague, particulier à tous les sons pendant la nuit. Au loin, dans les ténèbres, on en suivait des yeux l'écume phosphorescente. Autour de nous, les sombres blocs de granit, frappés spasmodiquement par les reflets ou les éclairs de notre brasier, où flambait un sapin séculaire, ressemblaient à des monstres. Ils avaient l'air de vivre, et de se tordre comme des démons, ou comme de grands pécheurs qui vont mourir.

Après un très-frugal dîner, j'allai fumer près du berceau de la Garonne. Quelles réflexions il m'inspirait, c'est innocent petit ruisseau, que j'aurais pu franchir ici d'un bond ! Etait-ce donc lui qui l'an dernier, à 40 lieues d'ici, dévastait des provinces, arrachait tant de ponts, noyait des villes entières, et tuait mille hommes ? Mais c'est ainsi qu'en grandissant on devient méchant.

Je m'arrête, cher lecteur, car je ne finirais jamais, si j'essayais de vous décrire les songes et les beautés miraculeuses d'une nuit d'été passée sur les montagnes, entre Dieu et la nature.

(*Annuaire du Club Alpin Français* : *1876*).

EXPLORATION DU SUD-EST ET DU SUD DU NÉTHOU, ET ASCENSIONS DU PIC OCCIDENTAL DE LA MALADETTA (3300 MÈTRES), DU PIC DES TEMPÊTES (3350 MÈTRES), ET DU SOUM DE RAMOND (3280 MÈTRES).

Sur l'arête aérienne et neigeuse qui, orientée du Nord-Ouest au Sud-Est, et longue d'au moins 7 kilomètres, forme comme l'épine dorsale des Monts-Maudits, on voit surgir sept grands sommets, assez distincts les uns des autres pour mériter chacun un nom. Ce sont, en allant du Nord-Ouest au Sud-Est : d'abord le pic d'*Albe* (3,280 mèt.); puis le pic occidental de la *Maladetta* (3,300 mèt.), suivi de la *Maladetta* proprement dite (3,312 mèt.), séparée par le *pic du Milieu* (3,354 mèt.), du *Néthou* (3,404 mèt.). Au Sud-Est du Néthou se dresse le *pic des Tempêtes* (3,350 mèt.). Enfin le pic *Russell* (3,300 mèt.) termine la ligne. Après ce dernier pic, tout s'abaisse subitement.

Une chaîne qui se soutient à une pareille hauteur pendant 7 kilomètres est digne de figurer parmi les grandes montagnes de l'Europe : elle est l'orgueil des Pyrénées, et il serait impardonnable d'en négliger un seul détail.

Je ne sais plus quel auteur écossais a appelé les Pyrénées « démocratiques »; et il avait raison : car on y trouve souvent groupés, et presque soudés les uns aux autres, des pics moins hauts sans doute que les géants superbes et solitaires des Alpes, mais arrivant presque tous à un niveau moyen supérieur à celui des massifs de la Suisse. L'égalité a traversé les Pyrénées. Je ne sais pas comment elle s'y est prise : mais elle a réussi. Le résultat est magnifique, et il est clair que la nature, en fixant à son gré le niveau capricieux des montagnes, a tout fait pour le mieux. Elle ne se trompe jamais.

Passons maintenant à l'examen des lieux.

Ayant escaladé tous les sommets cités plus haut, et traversé à différentes époques, dans tous les sens, les crêtes et les glaciers qui s'en échappent, j'espère pouvoir, dans cet article, donner une idée nette et vraie du seul recoin des Monts-Maudits qui soit resté, jusqu'à l'été dernier, tout à fait inconnu.

La carte qu'a publiée, il y a douze ans, mon consciencieux ami, M. Charles Packe, est si exacte et si complète, qu'elle me désespérait quand je me mis, l'année dernière, à la recherche d'une découverte à faire ou d'une erreur à relever dans cette région. Ce n'était pas facile. Je finis cependant par trouver une lacune entre le Sud-Est et le Sud du Néthou. Là s'étend, sous la forme (plus ou moins) d'un triangle, un des vallons les plus austères que je connaisse. C'est un des sites les plus mornes de l'Europe. Pas un arbuste, pas un sentier, deux lacs sombres et sans nom que dominent des glaciers, au haut desquels se hérissent des murailles de 3,300 mèt., couleur de rouille, et aussi déchirées par le vent que les falaises de la Norwége. Voilà l'ensemble. C'est comme l'Averne, et l'âme frissonne en y entrant. C'est un endroit excessivement curieux, mais il est à deux jours de Luchon. Aussi, après avoir fait venir Célestin Passet de Gavarnie, j'allai coucher la première nuit, selon mon habitude, chez Cabellud (port de Vénasque), à 2,400 mèt. Le lendemain (20 août), par un temps déplorable, nous montâmes au Sud-Est, au *col de la Salenques* (2,825 mèt.), où l'on ne pouvait se tenir debout tant le vent était fort. Et quelle tristesse voilait toute la nature de l'autre côté, vers le Sud-Est! Le ciel était en larmes, les montagnes étaient noires, les rochers rugissaient, il faisait froid, et il fallait toute la confiance que j'avais en Célestin pour oser continuer, avec un pareille nuit en perspective, dans un pays perdu et inconnu, où nous ne trouverions peut-être pas un rocher pour nous couvrir la tête. Je m'attristais..... Pourtant, la pluie ayant cessé, j'allai errer, en montant au Sud-Ouest, sur un glacier carré et très-bombé, où le vent d'Ouest ne pouvait pénétrer, car le vallon qu'il comble descend à l'Est, et, des trois autres côtés, il est borné par des remparts terribles, inexpugnables et verticaux, sauf au Nord-Ouest, où s'ouvre une brèche facile, dont j'estime la hauteur à 3,200 mèt.

Nulle part la glace ne saurait être d'un bleu plus pur et plus céruléen que celle de ce glacier, dont toute la partie inférieure venait de s'écrouler, formant d'effrayantes ruines d'un azur fantastique et des grottes de saphir. Il n'y a que l'Océan et les glaciers qui aient de ces bleus-là. Je m'en allai en soupirant, car des années s'écouleront peut-être avant qu'un autre touriste visite ce vallon relégué dans les nues, et ses splendeurs arctiques n'auront pas d'autres témoins que Dieu et le soleil. Qui sait? il n'aura même peut-être jamais de nom! Il mériterait celui de « Vallon bleu ».

Frissonnant et morose, je « repris terre » au Sud. Mais à peine débarqués, nous faillîmes faire naufrage, car, en moins d'un quart d'heure, nous fûmes tous deux renversés par le vent, et moi deux fois! Que serait-ce donc quand nous aurions doublé, du Sud-Est au Nord-Ouest, le promontoire du pic Russell, qui est une espèce de cap Horn dans les airs (3,300 mèt.)! Il nous garantissait encore, mais derrière, au Sud-Ouest, on entendait des mugissements vraiment féroces, tandis qu'à l'Est-Sud-Est le Montarto disparaissait dans la brume et la grêle.

Nous traversons pourtant debout, mais en nous accrochant partout, la dépression marquée à l'Est du pic Russell sur la carte de Charles Packe, et cotée 2,770 mèt. Puis, avançant en demi-cercle et horizontalement, en inclinant à l'Ouest-Sud-Ouest, nous atteignons des granits sans limites, mêlés de neige et de petits étangs glacés, espèce de mer solide, où mille mamelons simulent des vagues. Nous ne descendons pas au-dessous de 2,700 mèt. Il fait froid, il est tard, et, à mesure que nous envahissons la morne patrie des bouquetins et des isards, l'inconnu se déroule devant nous à travers la tempête. Je suis peu rassuré..... Trouverons-nous un rocher, dans ces âpres solitudes, qui puisse nous abriter pendant une nuit qui menace d'être sauvage ? Oh ! comme un montagnard a besoin des rochers ! Comme il les cherche, comme il les aime, et que d'or il donnerait quelquefois pour un bloc de granit ! Je ne pensais qu'à cela. Cependant la tempête relevait mon moral. C'était si beau ! Les nuages, pleins de reflets de forge, volaient en cercle. Au Sud, le *pic de Malibierne* (ou méchant hiver; quel nom féroce !) avait aussi l'air en délire. Échevelé, entouré de brumes rouges et cendrées, drapé de neige et sortant des éclairs, il ressemblait à un volcan des pôles. Quant à nous, nous courions, heureux de n'être que deux devant les convulsions et les angoisses de la nature. Lorsqu'on est trois, la poésie s'échappe de l'âme et même des choses. On ne peut plus se recueillir assez pour admirer; on cause de tout, on redevient civilisé, et parfois même on s'intimide. Les caravanes alpestres peuvent être utiles à des novices, je n'en doute pas ; mais ceux qui ont la passion de la nature et une longue expérience des montagnes n'aimeront jamais la foule : bien plus, ils la fuiront, car elle dépoétise et profane tout. D'ailleurs, elle tue la liberté. Or, un des plus grands charmes des ascensions, — pour moi du moins, — c'est de pouvoir changer d'allures et d'être parfaitement libre de se diriger dans tous les sens, comme les oiseaux, sans règle et sans programme. A mon avis, la discipline ne doit régner que dans les ascensions scientifiques.

Je me trompais pourtant..... Nous étions plus de deux. En descendant innocemment entre deux petits monticules de granit, j'eus le chagrin de troubler le bonheur domestique d'une pittoresque famille d'isards qui sommeillaient. J'allais me présenter à eux... mais la terreur les fit partir si vite, quand ils se réveillèrent, que c'est à peine si nous pûmes les compter. Ils étaient six ou sept. C'était peut-être la première fois qu'ils voyaient des bipèdes.

Pauvres bêtes ! Je suis heureux qu'elles courent encore ! Jamais je ne vois ces innocentes et gracieuses créatures sans m'étonner qu'on ose les tuer : car elles ne gênent personne, leur chair est très-médiocre, et leur agilité miraculeuse, leur fougue et leurs ébats ne manquent jamais d'électriser l'âme engourdie par le silence et l'immobilité des solitudes neigeuses et vides de la montagne. Il y a des heures où ce mutisme de la nature donne une sorte de cauchemar. S'il se prolonge, il nous rend si moroses, que le vol ou la voix d'un oiseau suffisent pour nous charmer et nous réjouir le cœur. Même la tempête et le tonnerre redoublent alors notre énergie. Les marins le savent bien : un calme plat les énerve. Par un grand vent, la vie acquiert une telle puissance, que l'on voudrait courir comme lui. Pas si vite cependant, qu'il le faisait le 20 août, alors que, obliquant à l'Ouest, nous le reçumes en plein dans la figure : car on ne pouvait plus parler. Nous avancions pourtant en louvoyant.

Deux heures et quelques minutes après avoir quitté le col de la Salenques, nous atteignîmes un lac en forme de carré long, que nous laissâmes à gauche et assez bas. C'est de ce point qu'il y a treize ans j'avais escaladé le pic Russell, que nous laissâmes à droite (au Nord), pour traverser à l'Ouest un col immense. quoique anonyme, qui s'ouvre au Nord du col de Malibierne, à la même hauteur environ (2,776 mètres), et à 1 kilomètre de distance. Appelons-le *col des Bouquetins* : on verra tout à l'heure pourquoi je lui souhaite ce nom.

Le *pic Posets* nous apparut alors, fort loin, dans un mélange d'orages et de soleil. L'heure me préoccupait, car nous étions désormais en plein mystère ; il n'y avait plus qu'une heure et demie de jour, et le pays où nous allions coucher ressemblait au Ténare. Le but de mon voyage étant l'exploration du Sud-Est et du Sud du Néthou, il nous fallait tourner vers le Nord-Ouest, et trouver au plus vite un abri pour la nuit, dans le vallon glacial et très-élevé qui descend Nord et Sud du Néthou. Mais nous n'y étions pas encore. Entre nous et ce vallon si désiré, il restait un obstacle : il y avait un autre col à franchir. Allant donc au Nord-Ouest, sans monter ni descendre, nous traversâmes avec prudence de longs et très-glissants talus herbeux, qui devenaient, à gauche, en fuyant sous nos pieds, des parois presque à pic. Heureusement le vent se calma vers le soir, car une glissade à gauche nous eût précipités de 400 ou 500 mètres. Enfin, une heure avant la nuit, nous passâmes, du Sud-Est au Nord-Ouest, un dernier col (hauteur probable, 2,610 mètres), au Nord-Nord-Ouest duquel apparut le *Néthou*, que l'orage et le soir couvraient de lueurs sanglantes et hyperboréennes.

Il n'y avait plus d'obstacle entre lui et nous. Je complétais ainsi le demi-cercle que j'avais mis quatre grandes heures à décrire autour de sa partie Sud-Est.

Il fallait maintenant non-seulement s'arrêter, mais s'assurer d'un bon abri, car la nuit arrivait à grands pas, et le temps devenait menaçant.

Descendant au Nord-Ouest, comme Robinson et Vendredi, vers un petit lac noir, où le regard de l'homme n'était sans doute jamais tombé, et que peut-être aucune brise n'a jamais caressé, tant il est abrité de toutes parts, nous découvrîmes, au crépuscule, un bloc immense ayant la forme et l'attitude d'un gigantesque hippopotame. Sa gueule s'ouvrait au Sud ; son crâne, épais d'un mètre, faisait un merveilleux plafond imperméable, et il y avait largement place dessous pour deux. Quelle découverte et quel bonheur ! Nous déblayâmes et nous grattâmes le sol, pour le rendre plus moelleux ; nous bouchâmes tous les trous latéraux qui auraient pu laisser entrer le vent ; nous dînâmes bien, avec punch et chartreuse, à côté d'une bonne source, et puis j'allai poétiquement m'asseoir dehors, pour contempler, à la lueur des étoiles, les pâles déserts où nous étions cernés par le mystère et par la nuit. Le vent était tombé, et un silence presque alarmant régnait partout..... Malgré les nuits sans nombre que j'ai passées ainsi « entre ciel et terre » au haut des Pyrénées, je ne me défends pas toujours d'une certaine émotion, en me livrant à la Nature et au sommeil, dans la patrie perfide de la foudre et des ours, sans feu et souvent sans abri. Quand l'orage gronde et que j'entends tomber des quartiers de rochers sans les voir, sans savoir où ils vont ; quand la grêle siffle autour de moi dans les éclairs, il me semble être à la merci de toutes les forces de la Nature ; s'il fait calme et très-noir, mon imagination est encore plus frappée par le silence : il me semble être dans un cimetière. Mais la moindre réflexion suffit toujours pour me guérir de ces vagues inquiétudes qui viennent des nerfs et non de l'âme, et je m'endors, sur le haut des montagnes, souvent plus vite que dans mon lit, avec le sentiment de la sécurité la plus complète. J'entends les animaux, mais jamais ils ne viennent : je ne les crains que pour mes provisions, que j'ai toujours soin de cacher. En somme, dormir sur les montagnes se réduit à pouvoir endurer de grands froids sur un lit de cailloux, ce qui, avec un sac en peau de mouton, de l'enthousiasme et un bon caractère, devient vite une des joies les plus pures de la vie.

Je ne discuterai pas le côté hygiénique du système, car j'ai contre moi tous les médecins qui me prédisent depuis 13 ans des rhumatismes et toutes espèces de maux. Ce qui est sûr, c'est qu'ils se sont jusqu'à présent trompés. L'air est trop sec, à ces grandes altitudes, pour déposer de la rosée, et, à moins qu'il n'ait plu, jamais, en me levant, je n'ai trouvé la moindre humidité autour de moi.

Dans tous les cas, elle n'était pas à craindre sous le massif plafond de pierre qui m'abrita pendant la nuit du 20 août, avec Célestin Passet, dans le vallon glacial qui, descendant d'abord Nord et Sud du Néthou, tourne brusquement à l'Ouest au petit lac près duquel nous couchâmes, et va tomber plus bas sur les sapins de la splendide vallée de Malibierne, en se rétrécissant assez pour ne plus laisser place qu'au torrent, en sorte que l'ouverture, qui fait communiquer cette gorge avec le reste du monde, n'a que 15 ou 20 mèt. de largeur. Abrités de toutes parts, nous ne tardâmes ni l'un ni l'autre à dormir du sommeil le plus suave, bien que sans feu et à une altitude que j'estime à 2,600 mèt.

Le lendemain matin, à 4 h., comme la nuit commençait à pâlir, nous nous levâmes en sursaut et inquiets dans un vacarme atroce. L'orage grondait partout ; il tombait des déluges, et notre rocher était devenu une île pendant la nuit ! Toutefois, nous étions secs, car nous dominions l'eau comme un navire. Il soufflait un cyclone, qui faisait tout trembler.

Mais que vois-je tout-à-coup ? Voici deux créatures vivantes qui marchent gravement comme des ermites..... L'une est petite, l'autre a des cornes immenses..... Ce sont deux bouquetins ! Ils semblent rêveurs et peu timides. Serait-ce un père qui promène son enfant ? En ce cas, il a bien mal choisi son temps, à moins qu'il n'ait envie de s'en débarrasser en le rendant phthisique. Nous crions, pour avoir le plaisir d'effrayer quelque chose ; mais l'effet est manqué. Le petit tousse, et voilà tout. Puis, nous jetant un regard dédaigneux plein de mauvaise humeur, ils disparaissent majestueusement dans la tempête, derrière le col que nous avons passé la veille. A peine sont-ils cachés, qu'arrivent une quarantaine d'isards, dégringolant comme des cascades sur des parois presque verticales, mouillées et aussi lisses que des lames de rasoir. Sont-ils fous? Ils nous font oublier nos misères ; mais la brise, le tonnerre et la grêle nous les rappellent à tout moment. Vers midi cependant, le temps s'étant un peu calmé, nous montons droit au Nord, sur des pentes inconnues, blanchies par de mousseuses cascades.

Le vallon qui descend Nord et Sud du Néthou se dédouble, sa partie orientale (celle que nous prîmes) dominant l'autre d'environ 300 mètres. Celle-ci, qui descend juste de la pointe du Néthou, est une espèce de longue allée de glace, se terminant abruptement au bord d'une sombre paroi qui surplombe sur un lac circulaire, le *lac Néthou*, marqué (mais trop au Nord) sur la carte de Charles Packe. Les cascades du glacier se jettent dans l'eau du lac à travers l'air, en décrivant des courbes gracieuses. C'est d'une désolation inouïe. On dirait un cratère de granit.

Nous montâmes donc au Nord, sur les pentes douces et assez uniformes qui, çà et là plaquées de neige, aboutissent à la crête qui se prolonge au Sud-Est du Néthou, dont le glacier méridional descendait à notre gauche. Avec un peu d'audace et un temps sûr, on atteindrait probablement le sommet principal par le Sud.

Pour aujourd'hui, je ne songeais qu'à l'arête mystérieuse qui, descendant au Sud-Est du Néthou, le relie au pic Russell. Voilà treize ans que cette muraille, la plus élevée des Pyrénées, hantait mes rêves. Hélas! elle ne fit pas beaucoup de résistance. Notre seul ennemi sérieux, c'était le vent qui soufflait avec rage, chassant et bousculant partout de grands nuages écarlates et bistrés. Suivant toujours au Nord l'espèce de crête qui scinde en deux l'âpre vallon du Néthou, et qui n'est qu'une longue suite de monstrueux blocs de granit, nous y cachâmes nos *alpenstocks*, pour avoir les mains libres. Nous nous collâmes au sol pour ne pas être terrassés par le vent, et, sans avoir touché la neige, nous arrivâmes, accroupis et gelés, sur le sommet du fier piton qui domine toute la crête au Sud-Est du Néthou (2 h. de notre abri). Ce pic a environ 3,350 mètres. Sa distance du Néthou, à vol d'oiseau, est d'un peu moins de 1 kilom.: mais ils sont séparés par une brèche formidable, en forme de V, où l'ouragan passe comme un projectile, avec des bruits sauvages et lamentables.

J'ai pris la liberté d'appeler cette pointe « *Pic des Tempêtes* ». Si ce nom m'a séduit et m'a semblé logique, c'est surtout parce que le rempart en question est en même temps le plus élevé des Pyrénées et le plus exposé aux tempêtes du Sud-Ouest, qui sont les plus fréquentes et les plus fortes de ces régions. Il doit être constamment bombardé, et quelque beau jour il s'écroulera sans doute, car il est mince, et, du Nord au Nord-Est, il tombe à pic sur le glacier très-crevassé de la Salenques, qui couvre bien plus d'espace que je ne l'aurais cru.

Malgré les nuages, j'aperçus quelques cîmes, entre autres celle de la Mine : mais le port de Vénasque était masqué par le Néthou.

Après avoir superposé quelques pierres pour prouver

notre passage, nous prîmes la fuite, foulant aux pieds, près du sommet, des fleurs décolorées qui grelottaient comme nous : c'étaient des *renoncules glaciales*. Je ne vis pas d'autres plantes. Revenus « chez nous » au cher rocher qui nous avait rendu de si précieux services, je relevai quelques points importants.

Le surlendemain (22 août), après avoir passé une seconde nuit très-orageuse dans la vallée de Malibierne sous un rocher qui ne nous garantissait de rien, nous allâmes prendre patience à l'*Hospice de Vénasque* (1,700 m.).

Mais le repos m'agite, et, le 25 août, nous profitâmes d'une journée magnifique pour attaquer et vaincre la pointe occidentale de la Maladetta (3,300 mèt.).

Ce fut vite fait. Fortifiés par nos courses précédentes et par les brises fougueuses dont nos poumons vivaient depuis cinq jours, nous montâmes comme des fous : et, bien que l'ascension fût roide et continue, le pic Paderne à gauche, et la Pique Blanche à droite défilèrent à nos côtés comme ces navires qui ne font qu'apparaître un instant aux yeux des passagers emportés à toutes voiles par un clipper américain, tandis qu'au Nord les fières cimes luchonnaises, et même les glaces resplendissantes du Lys, s'abaissaient à vue d'œil, agrandissant l'horizon vague et bleu des plaines brûlantes de la Garonne.

Au-desssus des pelouses onduleuses et fleuries, couvertes de grands débris calcaires et granitiques, nous remontâmes d'un bout à l'autre, toujours au Sud, le vallon neigeux d'Albe aux aspects sibériens. En 3 h. 1/2 de marche (depuis l'Hospice), nous atteignîmes le col d'Albe, à 3,200 mèt., ouvert à l'Est et à côté du sommet de ce nom. Cette pointe noire et d'aspect si funèbre, que j'ai gravie en 1868, sort des neiges perpétuelles, en faisant avec elles un effrayant contraste (3,280 mèt.).

Je franchis le col d'Albe sur de la glace très-inclinée, très-dure et noire, puis, montant au Sud-Est, je vis se dérouler au Sud, en plein soleil, la nappe entière du beau lac Gregonio, plus splendide que jamais. Pas un glaçon ne flottait sur ses ondes azurées, auxquelles la brise et la lumière donnaient un scintillement d'étoiles. Aussi, avec quelle joie je me rappelais alors la nuit glaciale de onze heures que l'année précédente j'avais passée sur ses rivages, à écouter en grelottant le fracas de ses vagues, mêlé aux longs soupirs des vents d'automne ! Plus heureux aujourd'hui et plus lestes, nous grimpâmes au Sud-Est du col d'Albe, en sautant de rocher en rocher sur un désert de blocs perfides qui fuyaient, mais trop tard, sous nos pieds. A 11 h. précises nous étions au sommet du pic *Occidental de la Maladetta*, dont la hauteur probable est de 3,300 mèt., et où nous élevâmes un *cairn*, y laissant une bouteille.

La vue, très-étendue, embrasse un horizon de cimes neigeuses. Au Sud tout descendait mollement. A l'Est on aurait pu, en moins de 3/4 d'heure, rejoindre le sommet *oriental* de la Maladetta, en descendant un peu sur le revers méridional, de manière à longer (au lieu de passer dessus) la crête très-disloquée qui unit les deux pics. On traverserait ainsi, de l'Ouest à l'Est, la partie supérieure d'un glacier sans danger, qu'un gigantesque fossé de neige sépare de la terre ferme. Ce fossé, le plus grand que j'aie vu, est un vallon de neige ayant au moins 12 mèt. de profondeur et autant de largeur. Je laisse à mon savant et compétent ami, M. Schrader, le soin d'en expliquer la formation.

Mais à la fin d'août, surtout après un été froid et court, on aime mieux étudier les glaciers et leurs lois dans sa chambre qu'à 3,300 mèt., et c'est pourquoi je descendis très-vite, car l'été avait fui, et l'automne commençait. Le thermomètre ne marquait que 3° à l'ombre le 25 août !

Le 10 septembre, j'inaugurai, avec treize amateurs ou guides, *l'abri du Mont-Perdu* (dont j'estime la hauteur à 2,900 mèt.), je mis ma carte le lendemain matin, avec le guide Brioul, sur le *Soum de Ramond* (3,280 mèt.), et octobre me trouva sur les plages de Biarritz, comparant les montagnes et la mer. J'y fis une infidélité aux Pyrénées, bien qu'elles parussent encore à l'horizon : mais elles étaient si loin ! D'ailleurs, je n'en disconviens pas, les plaines sublimes de l'Océan ont une magie que n'ont pas les montagnes, et les seules plaines que je déteste sont celles que la charrue a déchirées de hideuses cicatrices.

Un montagnard aime toujours la nature, tant qu'elle n'a pas été défigurée par l'homme. Si les montagnes nous montrent le ciel, la mer nous ouvre les perspectives de l'infini, dont elle est le symbole.....

Après tant d'ascensions, c'était pour moi un plaisir ineffable de m'arrêter et de rêver ainsi, par une incomparable soirée d'automne, devant les mers de la Biscaye. Le soleil était mat, l'écume battait le promontoire du phare comme les coups cadencés d'une horloge, et la nature elle-même avait l'air de rêver. Déjà les gloires du jour allaient s'éteindre derrière les pics des Asturies, dont les neiges devenaient bleues sous le manteau glacial des nuits. Des nuages cendrés s'alignaient dans le ciel, et seules les Pyrénées, couchées au loin sous d'éternels frimas, conservaient à l'Orient les traces rouges du soleil. Mais bientôt elles aussi devinrent pâles, comme si la nuit leur faisait peur. Quand les étoiles commencèrent à monter, on alluma le feu du phare, dont la lumière lugubre et fantastique allait, pendant dix heures, se promener en tournant, dans la nuit, sur les bruyères et l'Océan, scrutant, illuminant et rougissant la terre, le ciel et l'eau, comme un œil plein de sang qui chercherait quelqu'un.....

Je m'en allai : car, sur ces tièdes et doux rivages, la rêverie nous énerve, et, quand je m'endormis, c'est aux montagnes que je pensais.

Penzance (Cornwall), novembre 1877.

(*Annuaire du Club-Alpin français, 1877*).

P. S. Quelques semaines après avoir écrit ces lignes, je me promenais aux îles *Scilly* (Sorlingues), à la fin de Janvier, dans une avenue de palmiers *en plein air !* Il me semblait rêver ! Ces îles charmantes, toujours baignées par l'eau tiède du *gulf-stream*, ont, en hiver, la même température que Gibraltar ! Il y a même des autruches d'Australie !

H. R.

LE BISOURI.

Ayant très-peu de temps pour écrire cet article, je ne puis qu'expliquer sommairement l'itinéraire que j'ai suivi pour gravir cette montagne, dont la hauteur est inconnue et difficile à deviner, car aucun point voisin n'a été mesuré, pas même le joli lac d'Estaëns, si fameux pour ses truites. Je n'ai, pour me baser dans mon estimation, que l'altitude connue d'*Urdos* (760 mètres). Or, Urdos se trouvant, en ligne droite, à environ treize kilomètres du Bisouri, je n'ose guère hasarder un chiffre pour la hauteur de ce pic. Approximativement, et sauf erreur, j'estimerai l'altitude du lac d'Estaëns à 1700 mètres, et celle du Bisouri à 2,800 mètres.

C'est par l'Est que je fis l'ascension (en 1875), passant au lac d'Estaëns, où je couchai deux nuits sur l'herbe, avec mon guide, Gil Narcisse, d'Urdos. Du lac, on voit la pointe du Bisouri, à l'OSO, derrière une brèche appelée la *Pourtasse de Bernère* : mais ce n'est pas tout à fait le sommet, qui est un peu plus à l'Ouest, et invisible du lac. Ce lac d'Estaëns est une charmante pièce d'eau, très-bleue et entourée de la plus belle verdure. Toutefois, pas un arbre n'est en vue, et rien n'égale la nudité, l'aridité de la chaîne grise qui le domine au Sud. Ce sont des monts calcaires, qui passent tous sous le nom générique de *Bernère*. On aperçoit aussi, à l'Est 20° nord, la cime du Pic du Midi d'Ossau.

Je compte trois heures et demie de marche assez rapide d'Urdos au lac d'Estaëns. Direction moyenne : Sud 20° ouest. Suivant au Sud la grande route de Somport et d'Espagne, on trouve à droite, à 5 kilom. et 1/2 d'Urdos, la modeste auberge de Peilho. Un peu plus loin (6 kilom.), on laisse à droite le sentier de mulets, qui s'élève au Sud-ouest au port d'*Echo* (1 h. 30' d'ici). On quitte alors la route d'Espagne, et on descend à un vaste bâtiment qui ressemble à un monastère. Il est à droite de la grande route, dans un riant vallon de la plus riche verdure, et entouré de bois. C'était jadis la fonderie de M. Abel, mais c'est maintenant la propriété de M. Adolphe Bertrand, dont l'hospitalité est sans limites, puisque son régisseur a pleins pouvoirs pour l'exercer en son absence. En ayant profité, en y faisant une provision d'excellent vin d'Espagne, je prends cette occasion d'en remercier vivement M. Bertrand.

Ici la montée devint sérieuse : la chaleur était tropicale;

et nous fûmes enchantés de grimper sous d'épais bois de hêtres ; c'est la forêt d'*Espalugnères*. Au bout d'une heure, on revoit la lumière sur des pelouses brûlantes et douces comme de la ouate. Encore quelques zig-zags au Sud, et tout-à-coup, derrière un monticule herbeux, voici le lac d'Estaëns, qui, m'a-t-on dit, est en Espagne pendant quatre ans sur cinq, et redevient français tous les cinq ans. Cette année-ci, c'était le tour de la France, ce dont, je l'avoue, je fus bien aise, tous les bergers étant français et les plus braves gens du monde. Mais bien que leurs cabanes fussent excellentes, je préférai aller dormir sur l'herbe, deux nuits de suite, sous la superbe coupole du ciel, noyée dans la lumière vermeille et vaporeuse de la pleine lune.

La première nuit, il vint un ours, et les quatre mille moutons qui m'entouraient furent saisis de vertige. Quel bruit ils firent ! C'était une vraie tempête ! Les chiens hurlèrent, les bergers, jeunes et vieux, poussèrent longtemps des cris plaintifs qui s'en allaient mourir dans l'étendue, après avoir été répercutés par mille échos : bref, l'ours eût peur et s'en alla s'en rien manger. La seconde nuit, il ne vint plus. Il est vrai que les bergers m'avaient prié de tirer quelques coups de pistolet, qui sans doute lui donnèrent à penser. Ce qui me chagrinait le plus, c'était la toux des moutons poitrinaires : ils éternuaient et toussaient comme des hommes.

Mais le grand jour de l'ascension du Bisouri s'étant levé, j'oubliai tout, et je partis avec Narcisse, accompagné de son petit garçon, qui, chose incroyable, fit l'ascension entière, bien qu'il n'eût que douze ans !

Passant à gauche (à l'Est) du lac d'Estaëns, dont les eaux tombent à l'Ouest, en Espagne, par le vallon tortueux et rouge d'*Aygues-Tortes*, nous traversâmes de ravissantes et onduleuses pelouses, pour monter roide ensuite au Sud, sur des rocailles où serpentait encore un sentier de mulets : où ne vont pas les mulets espagnols? Chaleur d'Afrique.

En trois quarts d'heure (du lac) nous arrivons à une charmante pelouse, dont l'herbe a l'air d'avoir été tondue ce matin même. Nous nous heurtons à une falaise calcaire et presque à pic, fendue du haut en bas par deux fissures profondes et parallèles. Dans celle de gauche, on entend mugir une cascade, mais sans la voir. La montagne est scindée, coupée littéralement en deux. Voici, à l'Est, la flèche aiguë de l'Anayette, dont le soleil levant argente les précipices, et à sa gauche trône le Balaïtous. Nous nous élevons au S. S. O., sur des lacets faciles, pour pénétrer, par le ravin de *Trinchera*, dans le cirque majestueux de *Bernère*. Figurez-vous un hippodrome aussi vert que Longchamps ou que le parc Monceaux, uni comme de la glace, borné au Sud par des murailles neigeuses, dressées en hémicycle et recevant les premiers feux d'un jour sans nuage. Un torrent crystallin le traverse, et deux ou trois énormes rochers simulent des îles sur ce lac de verdure, qui certainement a été un vrai lac, il y a quelques milliers de siècles. Horizontal comme l'eau, bien qu'à une altitude de plus de 2,000 m., ce plateau vert a plus d'une fois fait les délices de MM. d'Auribeau, Manescau, Daran, Post et Valette, celui-ci dessinant, les autres chassant l'isard pendant plusieurs semaines de suite, dans les parois neigeuses qui se dressent au Midi. Ces messieurs campaient là, sous des tentes, avec le luxe et le comfort de Pau ou de Paris, mais entourés des pompes les plus sauvages de la nature. Je comprends leur amour pour ce lieu que je n'ai fait que traverser, étant pressé d'escalader le

Bisouri, dont tous m'avaient vanté l'aspect et chanté les merveilles. Je ne fus pas désappointé. Au fond du cirque, la gorge tourne brusquement à droite (à l'Ouest), et là je vis soudain le Bisouri du haut en bas dans sa splendide stérilité. Il était juste à l'Ouest, et paraissait nous dominer encore de 800 mètres, bien que le plateau de Bernère ait au moins 2,000 mètres d'altitude. (Je compte une heure et quart du lac d'Estaëns au vallon de Bernère).

Là où la gorge tourne subitement à l'Ouest, au pied des précipices qui bornent le cirque au Sud, nous trouvâmes quelques neiges, puis un petit étang d'un bleu profond, dont l'eau s'écoule au Sud vers l'Ebre, tandis que jusqu'ici tous les torrents descendent d'abord au Nord, avant d'atteindre par l'Ouest les plaines de l'Aragon. Laissant à gauche le très-facile port d'*Arajuez*, et très loin, au Midi, le village de ce nom, nous allons droit à l'Ouest, pour faire sans déviation aucune l'assaut du Bisouri, qui forme un grand cône gris et calciné, bien que rayé de neiges qui doivent être éternelles.

Il faut l'avouer, ce pic est bien facile, et il n'y a pas de gloire à y monter. Il est seulement très-loin et haut : il est dans un pays perdu, et c'est presque un voyage que d'y aller de Pau; puis l'eau est rare sur ses parois brûlées. On ne voit guère que de la neige fondue, dans cette gorge insipide et stérile, sans cascades et sans lacs. Seulement, dans le lointain, en regardant au Sud par dessus le port d'Arajuez, que l'on ne tarde pas à dominer, on aperçoit de noires forêts qui dorment dans les chaleurs de l'Aragon. L'horizon est torride au possible.

Nous mîmes près de trois heures pour arriver du plateau de Bernère sur le sommet du Bisouri (4 h. 15' du lac d'Estaëns, sans compter les arrêts). La cime est une assez longue crête, dirigée Est et Ouest, et le point culminant est à l'Ouest. Il se trouve en Espagne.

A cette hauteur, la vue est presque toujours superbe. Mais elle l'est doublement dans ce cas, pour une raison bien simple, c'est que le Bisouri domine énormément toutes les régions environnantes, et qu'entre lui et la mer, éloignée de 120 kilom., aucune montagne n'approche le moins du monde de son niveau. Aussi voit-on toute la Navarre à l'Ouest, comme sur une carte, et jusqu'à la Biscaye. A l'Est, on aperçoit la cîme du pic Posets, à une centaine de kilomètres : c'est un des horizons les plus immenses que l'on puisse voir du haut des Pyrénées. Vu du Nord-Est, entre Urdos et Gabas, le Bisouri me rappelle le Batoua : il ressemble à un lion qui menace l'Atlantique. Aux géologues, je recommande le vallon d'Aygues-Tortes, situé au Nord du pic et où serpente mollement, sur des terrains rouges comme du sang, le plus tortueux ruisseau que je connaisse : il coule à l'O.N.O. Des pâturages du vert le plus exquis alternent dans ces parages avec des terres tout à fait écarlates, et forment de saisissants contrastes. En somme, c'est un très-singulier pays : la forme même des montagnes est étrange, surtout à l'Est, du pic d'Aspe à Bernère, et nul ne devinerait que ce sont là les Pyrénées : on y rêve à l'Atlas et à l'Abyssinie, malgré les flaques de neige qui brillent éternellement au front du Bisouri, en prouvant sa hauteur. Nous retournâmes au lac d'Estaëns par l'Est-Nord-Est.

Sur ces belles neiges si pures, je fis quelques *glissades* en descendant, au grand effroi de Gil Narcisse, qui ne comprenait pas cet amusement : ce qui ne m'empêche pas de le recommander en toute confiance, comme **guide et comme brave homme.**

Telle fut mon ascension du fameux Bisouri, d'où je revins capricieusement, par mille détours, en France, y rentrant finalement par les Bains de Panticosa, où, étant pris pour un carliste, j'eus toute la peine du monde à me faire libérer. Oh! comme je regrettai alors mes chères montagnes, où aucune loi ne peut m'atteindre, aucun homme me barrer le chemin!

Je pris beaucoup de notes en remontant des Bains au port de Marcadau, les descriptions de cette région laissant singulièrement à désirer : une autre fois, je donnerai des détails. Qu'il me suffise, pour aujourd'hui, de signaler la « Roche tremblante », située au bord de l'eau, sur la rive Sud du dernier lac qu'on trouve en descendant aux Bains. Le poids de ce rocher est quelque chose de prodigieux, et cependant un enfant le secoue!

(*Bulletin de la Société Ramond, d'octobre 1875*).

Stephen's Green Club.

Dublin.

P. S. A l'O. et au N.O. du Bisouri, la chaîne des Pyrénées s'abaisse beaucoup et subitement. Entre lui et l'Océan, on ne trouve plus que deux montagnes qui aient une altitude sérieuse; le pic d'*Anie* (2,504 m.), et un peu plus à l'Ouest, le *Mont-Orrhy* (2016 m.). Au mois d'octobre 1872, dans un voyage pédestre à travers tout le pays Basque, je couchai à *Larrau*, pour attaquer le lendemain le Mont-Orrhy. Mais une affreuse tempête de neige m'ayant forcé de battre en retraite, je continuai à l'Ouest mon voyage vers la mer, par *Ahusky* (602 mètres, petit hôtel, et source célèbre) et *Roncevaux* (980 m.), hameau paisible et romanesque, cerné par les plus grandes forêts des Pyrénées. De là je descendis jusqu'à Bayonne, sur les bords enchantés de la Nive.

Les parties nues du pays Basque ressemblent beaucoup aux régions montagneuses de l'Irlande et du pays de Galles. Mais le reste est couvert de forêts magnifiques.

LA RHUNE (900 MÈTRES).

Le 21 décembre 1865, ayant choisi exprès le jour le plus court de l'année, je refis, de Biarritz, l'ascension de *la Rhune* [900 mètres], montagne modeste assurément, mais qui domine un des plus vastes horizons maritimes de l'Europe. C'est une course que tout le monde devrait faire.

Il n'y avait pas un nuage. Aussi, en traversant St-Jean-de-Luz, j'y pris un bain de mer avant l'aurore. Je déjeûnai ensuite à l'hôtel de la Poste, et je flânai pendant quelques instants dans les rues encore vides de cette ville pittoresque, mais toujours silencieuse, et capable de loger dix fois plus d'habitants qu'elle n'en a. On y devient naturellement pensif. On n'y entend que le bruit de la mer, qui laisse à sec et recouvre tour-à-tour les ruines qu'elle a elle-même accumulées dans ses jours de colère. La plage en est aussi couverte que les sables de l'Egypte. De grands murs noirs, et souvent sans fenêtres (car le vent les briserait), s'alignent en demi-cercle le long de l'Océan, qui tonne et gronde toujours. Les tuiles des toits ont l'air d'avoir mille ans, et partout, à toute heure, n'importe où l'on dirige ses pas, l'oreille est poursuivie par l'éternelle détonation des vagues, s'écroulant pesamment sur la plage avec des bruits de cataractes, et dévorant le sable et les galets qui grincent avant de disparaître sous des torrents d'écume. Pendant la nuit, le son a quelque chose de métallique, et le sol vibre comme le bourdon d'une cathédrale.

Au Nord, la rade est protégée par le cap désolé de *Sainte-Barbe*. Au clair de lune, cette brune et caverneuse colline, chargée de ruines, et minée par la mer et le vent, a l'air d'un crâne ouvert. Au sud, derrière les vertes prairies de la Nivelle, s'élève La Rhune, aux élégants contours. Avec tout cela, et le souvenir de Louis XIV, St-Jean-de-Luz doit plaire aux sages, aux peintres et aux poètes, et Pétrarque n'eut jamais de retraite aussi douce.

Mais, trêve au sentiment : il faut partir. Il est neuf heures, et à quatre heures il fera nuit....

Remontant la rive droite de la Nivelle, dont l'eau, bleue comme le ciel, rutilait au soleil, j'arrivai en une heure à *Ascain* (7 kilomètres), à la base et au nord de la Rhune.

Là, je grimpai au Sud-Sud-Ouest, laissant à gauche un grand ravin très-raide, et voyant graduellement disparaître les arbres chétifs qui ornent la base de cette aride montagne, brûlée par le soleil et déchirée par tous les vents. A mi-chemin (une heure d'Ascain), je trouvai une cabane, protégée contre les vents de la mer par un petit bosquet de chênes, qui ressemblaient, dans cette saison, à des démons. Ils n'avaient plus une feuille. Les pentes de la montagne se dépouillaient de plus en plus. Traversant un plateau ondulé, couvert d'ajoncs et de bruyères, je vis encore quelques cabanes, mais plus un arbre. La Rhune me dominait encore de 400 mètres au Sud, comme un rempart de bronze. La fin de l'ascension est un peu raide, mais il y a des zigzags praticables à cheval, et en trois heures, de Saint-Jean-de-Luz, j'étais sur le sommet.

Quelle vue! et quelle journée! Comment se croire au 21 décembre? Je brûlais. L'air était immobile, et la lumière était aussi intense que la chaleur. Assis sur des gazons tout tièdes, et regardant du haut de mon observatoire l'azur immense de l'Océan, il me semblait revoir les mers ardentes et lumineuses qui dorment au pied des chaudes montagnes du Malabar, et ma pensée revenait aux lieux torrides et enchantés, aux latitudes magiques où s'était écoulée ma jeunesse insouciante.

O soleil de vingt ans ! Comme vos mirages sont beaux ! Pourquoi durent-ils si peu ?

Quelques moutons à moitié endormis broutaient paresseusement autour de moi, et au tintement de leurs clochettes vint bientôt se mêler le bruit sonore de vingt bourdons sonnant gravement midi dans les vallées environnantes. La fumée qui s'élevait des villages, ne sachant où aller, s'arrêtait en montant vers le ciel, et entre moi et la mer, je ne voyais remuer que la longue frange d'écume qui, d'Arcachon à Bilbao, dessinait sur les côtes une ligne mousseuse de 200 kilomètres. Au nord, sur les heureuses et riantes plaines du pays basque, l'Adour, le fleuve Pyrénéen par excellence, traînait languissamment ses flots du bout de l'horizon à la barre de Bayonne, entre des centaines de blanches maisons dispersées sur ses bords, comme les flocons immaculés d'une neige qui commence à tomber.

Jamais je n'oublierai cette vue. Entr'autres montagnes, j'apercevais à l'Est-Sud-Est, à une distance énorme [140 kilomètres]! le pic du Midi de Bigorre (2877 mètres).

Et que de souvenirs peuplaient ces lieux ! C'était là, sous mes pieds, que l'étoile de la France avait un jour failli, non seulement s'éclipser, mais s'éteindre, aux jours néfastes où la Nivelle roulait du sang. Un peu plus loin, voici le défilé de Roncevaux, où Charlemagne fut culbuté. Enfin Napoléon et Louis XIV ont immortalisé Saint-Jean-de-Luz, que je voyais comme sur une carte.

Mais, malgré tout, ce qui me fascinait le plus, c'était

la mer, et l'incommensurable immensité des flots. Car rien au monde n'est si vaste, si puissant que la mer : et on a beau la traverser dans tous les sens, il restera toujours quelque chose d'infini, d'invincible, et de souverainement poétique dans ces horizons d'eau, si menaçants, même dans leur calme, si vides, qu'on peut y faire mille lieues sans voir de terre ou de navire, si vastes que tous nos continents ensemble y ont l'air d'îlots perdus, prêts à sombrer, avec l'humanité qu'ils portent, dans l'insondable empire des flots.

Je ne sais si le lecteur sera de mon avis, mais je trouve qu'il n'y a pas de spectacle plus imposant que celui de la mer vue du haut d'une montagne, quand il n'y a dans le ciel ni un nuage, ni un souffle. En face de l'Océan qui dort, après tant de délires, notre âme elle-même se calme et s'assoupit mystérieusement comme lui : le cœur le plus troublé trouve la paix à la place du bonheur, et Dieu aidant, il se console entre la nature et la vertu.

ASCENSIONS DU MONT-BLANC (4,810 MÈTRES), DU BREITHORN (4,148 MÈTRES), ET DU COL D'ALPHÜBEL (3,802 MÈTRES).

En juillet 1867 (ayant quitté les Pyrénées pour quelques semaines), je me trouvais en face des Alpes, chez le comte A. Desbassayns de Richemont, aujourd'hui sénateur, tendre et fidèle ami d'enfance, qui, en Suisse comme partout, m'ouvrit à deux battants les portes de sa maison et de son cœur. De sa villa, on découvrait un des plus beaux panoramas du monde. Au premier plan, au Sud, c'était le magnifique lac de Genève, aussi bleu que les mers du Mexique, et sillonné de bateaux à vapeur : un peu plus loin, s'étageaient des collines d'une merveilleuse fertilité, presque couvertes de castels, de vignobles, de pelouses et de bois. Enfin, derrière, à l'horizon, c'était l'immense rideau des Alpes, froides et sublimes. Le Mont-Blanc trônait là, comme le monarque neigeux d'un royaume de frimas, et tous les soirs, après dîner, je m'extasiai devant ses neiges incandescentes, qui ressemblaient alors à un enfer céleste, aux teintes surnaturelles. Ces couleurs-là n'ont pas de nom.....

Electrisé par ces merveilles, je n'y résistai pas longtemps, et je leur sacrifiai pour quelques jours toutes les douceurs et les délices d'une amitié qui n'a jamais changé que pour grandir.

J'étais aussi poussé vers le Mont-Blanc par une autre influence. Je connaissais déjà M. Adolphe Joanne, l'auteur aimable et consciencieux de ces « Guides » sans pareils, chefs-d'œuvre d'exactitude et de clarté, qui donnent envie d'aller partout. Je ne crois pas qu'il en existe d'aussi parfaits. M. Joanne plaida la cause des Alpes avec tant de chaleur, il alluma si bien mon enthousiasme en rédigeant lui-même pour moi un programme d'ascensions, il fut si obligeant et si zélé, qu'il me tourna un peu la tête, et en quittant Paris, j'étais galvanisé par le Mont-Blanc, avant de l'avoir vu!

Je prends cette occasion de remercier M. Joanne de ses précieux conseils, ainsi que des nombreuses marques d'amitié qu'il m'a données depuis.

Voici maintenant l'histoire de mes trois ascensions dans les Alpes.

Parti de Genève en diligence (17 juillet) pour Chamounix, j'y arrivai le même jour, mais à pied. Bien que l'hôtel où je couchai fût plein d'Anglais, et qu'il y eût même plusieurs de mes collègues de l'*Alpine-Club*, j'aimai mieux m'isoler, pour jouir de la nature tout à mon aise. J'allai m'asseoir après dîner sur un balcon donnant en plein sur le Mont-Blanc, et j'y tombai dans une rêverie profonde. Il y avait bien de quoi..... Au milieu des glaciers, à plus de 2,000 mètres au-dessus de l'hôtel, je voyais scintiller une sorte d'étoile verdâtre, dont la lueur spasmodique rappelait celle des vers luisants. Elle provenait de l'ignition d'une ficelle de métal, allumée là par des touristes, pour annoncer leur arrivée sans accident aux *Grands-Mulets*. Ingénieux télégraphe ! Plus bas, se dessinaient confusément les ténébreuses crevasses et les aiguilles du glacier *des Bossons*, qui descendait abruptement au milieu des sapins, comme un lambeau du Groënland : et plus haut, dans la sombre majesté de la nuit, se profilait le dôme sans tache du « monarque des montagnes », plus livide et plus froid qu'un fantôme.

Mon imagination montait vers les étoiles, mon sang bouillait. Le Mont-Blanc m'empêcha de dormir, et dès le lendemain (18 juillet), prenant deux guides au prix exorbitant de 100 fr. chaque, et un porteur à 50 fr., je partis pour les Grands-Mulets, par une chaleur intense, même à l'ombre des mélèzes et des pins, où le sentier serpentait sur des pentes si rapides, qu'en deux heures, nous montâmes de mille mètres.

Aux *Pierres-Pointues* (2,049 mètres), nous trouvâmes un châlet, dans un site admirable. Au-delà, la verdure disparaît : on voit encore quelques sapins chétifs et des rhododendrons, mais bientôt les cailloux et la stérilité envahissent tout : on frissonne, et on entre sur la glace pour y rester un jour et demi !

C'est une heure solennelle, même pour ceux qui y sont habitués, que celle où l'on s'embarque sur ces immenses glaciers, pour y combattre un élément bien plus perfide encore que les flots de la mer. Que d'expérience il faut, pour regarder d'un œil tranquille ces milles abîmes qui s'entrecroisent dans tous les sens, autour de vous et sous vos pieds, sans issue apparente ! On a peine à comprendre qu'un être si frêle et si microscopique que l'homme, puisse sortir la vie sauve de cet affreux dédale de gouffres, où il suffit d'un faux pas pour se tuer. Tantôt il faut franchir des crevasses de dix mètres de largeur, dont jamais le soleil n'a exploré les profondeurs ou percé les ténèbres, et cela, sur d'étroits ponts de neige qui, cinq minutes après, peuvent fondre ou s'écrouler, tellement ils sont fragiles ! Tantôt il faut ramper ou fuir le long de ces grands blocs de glace appelés *séracs*, fantastiques monuments qu'un rayon de soleil, ou le doigt d'un enfant, la parole même, suffisent pour culbuter sur vous !

Mais c'est surtout au confluent de deux glaciers qu'on est saisi d'une sorte d'horreur, quand on débute dans les grandes ascensions. Figurez-vous une capitale qu'un tremblement de terre aurait changée en ruines, avec tous ses palais, ses colonnes et ses ponts mêlés et entassés dans un pêle-mêle inexprimable, et vous n'aurez qu'une faible idée de ce qu'on voit à la rencontre de deux puissants glaciers : car ce spectacle n'a plus rien de terrestre, et on ne peut le comparer à rien.

Après avoir passé ce labyrinthe de vagues solides, qui se hérissent au confluent du glacier des *Bossons* et de celui du *Taconnay*, nous mîmes enfin le pied sur un rocher sinistre et noir, devenu maintenant aussi célèbre qu'un continent, quoiqu'il ait l'air d'un pauvre îlot perdu au sein des mers. C'était l'oasis des *Grands-Mulets*, où à une altitude de plus de 3,000 mètres, on a trouvé le moyen de construire une auberge, possédant une cuisine, des lits, un poële et quelques meubles. C'est là qu'on couche, pour faire le jour suivant l'ascension du Mont-Blanc, et redescendre le soir à Chamounix.

Le coucher du soleil fut d'une splendeur étrange et triste. A l'horizon, les nuages formaient des lignes ardentes et violacées, sur un ciel écarlate. Les cimes neigeuses, plus rouges que de la braise, illuminaient comme des volcans les ténèbres qui montaient des vallées : enfin dès qu'il fit nuit, toutes ces montagnes, naguère si pleines de bruit, de lumière et de feu, devinrent soudain blafardes et muettes. On aurait dit une armée de cadavres. Assis devant la porte des Grands-Mulets, et entouré d'un océan de glace où l'on n'entendait pas un son, je me croyais halluciné. Jamais, sauf dans l'Himalaya, un tel spectacle n'avait frappé mes yeux. Mais le froid me chassa, et j'entrai dans mon gîte pour la nuit.

Je dormis d'un sommeil agité : le temps ne m'inspirait aucune confiance, et les crevasses se disloquaient autour de notre ilot avec des bruits qui m'étaient inconnus. Les glaciers se plaignaient. Avant trois heures, mes guides vinrent m'éveiller, d'un air un peu déconcerté, disant qu'il fesait beau pour le moment, mais qu'ils étaient inquiets pour la journée, par ce qu'une tempête régnait sur les sommets, où on voyait déjà tourbillonner la neige. Nous partîmes cependant, après avoir, suivant l'usage, bu un peu de vin chaud, et mis des gants fourrés, des guêtres énormes, autrement dit un attirail de Sibérie, car il gelait à cinq degrés!

Nous étions huit, car nous avions été rejoints par

un Américain, un M. Lee, qui lui aussi, avait deux guides et un porteur. Mais nos deux caravanes montèrent séparément.

Je m'attachai à mes trois hommes par une longue corde, puis d'un pas lent et mesuré, nous nous élevâmes diagonalement sur la neige dure et bleue, qui résonnait comme du métal. Pendant au moins dix heures, nous ne toucherions plus maintenant la terre! Quel singulier voyage en plein été! Aucun de nous ne disait mot, et on n'entendait rien, que la glace qui criait sous les pas cadencés et sonores de notre morne caravane, espèce de procession funèbre marchant en deuil et en silence. Il me semblait revoir la Mongolie, en regardant ces froides et blanches montagnes, arrondies en coupoles, absolument comme les dernières collines de l'*Altaï*, là où elles meurent en moutonnant sur les stérilités glaciales du désert de Gobi. La ressemblance était frappante. Et, en effet, on ne saurait rien voir de plus arctique que les hautes gorges des Alpes, à quatre heures du matin. Mais à peine un rayon de soleil a-t-il doré une cime, qu'à ce symbole de vie et de résurrection, le voyageur sourit, et il croit avoir chaud!

Pendant deux heures, mes guides tracèrent d'interminables zig-zags sur cette suite de collines assez roides qui montent en s'étageant depuis les Grands-Mulets jusqu'au *Petit-Plateau* (3655 mètres). La neige étant très dure, ils y faisaient des escaliers à coup de hache. Mais les crevasses tendaient à disparaître, car c'est surtout en se précipitant sur les vallées, c'est-à-dire vers leur base, que les glaciers se brisent et se déchirent. En général, vers 4000 mètres, les pentes deviennent plus douces, et l'origine d'un glacier diabolique est souvent un immense réservoir de neiges ou de névés, aussi horizontal qu'un lac. Mais le *Petit-Plateau* est assez dangereux, à cause des avalanches qui le balayent : aussi on le traverse très-vite, et sans parler.

Ici je m'attristai, car le temps menaçait de toutes parts. La neige, chassée des cimes par de furieuses rafales, remontait en colonnes vers le ciel : des chevelures blanches s'agitaient sur les crêtes, et bien longtemps avant qu'il ne pût nous atteindre, nous entendions rugir le vent, qui passait sur les pics avec une foudroyante rapidité. Tout fuyait devant lui comme du sable : des cataractes de neige, de grêle et de brouillard tombaient et bondissaient au fond des gorges : il fallait fuir ou étouffer. Ce fut bien pire au *Grand-Plateau* (4000 mètres) où, pour comble de misère, mes poumons commencèrent à souffrir de la raréfaction de l'air. Nous décidâmes à l'unanimité de redescendre : mais comment faire? La grêle nous empêchait d'ouvrir les yeux, nos traces n'existaient plus, et il fesait presque noir. A chaque instant, nous arrivions au bord de quelque épouvantable crevasse, invisible à trois pas. Il était même très-difficile de respirer dans un tel vent; car il soufflait maintenant des quatre points cardinaux, changeant chaque gorge et chaque ravin en une espèce de solfatare de neige, de grêle, et de fumée glacée. Mes pieds, mes doigts, mon sang, tout se gelait, graduellement, mais sûrement, par huit degrés de froid. Dans une tempête, huit degrés en valent trente. En vérité, elle est triste et critique, la situation de quelques hommes perdus et transis par le froid, dans un cyclone des Alpes, et le 19 juillet 1867 ne sortira jamais de ma mémoire. Malgré l'instinct extraordinaire, le sang-froid et la force des mes guides, auxquels je rends pleinement hommage, ce fut la Providence qui nous sauva d'une catastrophe, et ce ne fut qu'après avoir erré un peu partout pendant des heures au milieu des crevasses, que nous redescendîmes sans accident aux Grands-Mulets.

Le lendemain matin, le temps étant glacial (le 20 juillet!), mais calme et sûr, nous repartîmes, et en trois heures nous atteignîmes encore le *Grand-Plateau*, où MM. Charles Martins, Bravais et Le Pileur campèrent pendant trois ou quatre jours, en juillet 1844, pour s'y livrer à des observations scientifiques. C'est une grande plaine de neige, horizontale, toute blanche, longue de trois kilomètres, et bornée au Midi par le dôme colossal du Mont-Blanc, que l'on gravit généralement de là par sa face orientale. Traversant ce plateau sur une ligne Nord et Sud, nous attaquâmes ensuite le raide et périlleux couloir de neige, appelé *le Corridor*. L'inclinaison est d'environ 50°, et là nous dûmes nous taire encore, de peur de faire partir des avalanches. Juste au milieu, il fallut traverser une crevasse, sur un pont de neige presque transparent, opération très-émouvante à un tel angle, et que nous accomplîmes à la manière des crocodiles, en rampant sur le ventre. Enfin nous atteignîmes un col tout-à-fait Sibérien, ouvert au haut du Corridor, à l'altitude de 4,500 mètres, et joignant le Mont-Blanc au sinistre Mont-Maudit, qui se dresse plus à l'Est. On dirait deux cadavres, deux géants morts de froid. Mais l'Italie parut alors au Sud, baignée dans son soleil. Quel spectacle, quand on gèle! Au Nord, à une centaine de kilomètres, j'aperçus une ligne bleue : c'était un coin du lac de Genève. Ici nous fîmes une halte obligatoire, car l'air était déjà si raréfié, que je ne pouvais plus faire qu'une cinquantaine de pas sans m'arrêter : puis nous montâmes à droite, vers la fameuse et redoutable falaise de neige et de névé, appelée *Mur de la Côte*, qui défend le versant oriental du Mont-Blanc. C'est une muraille haute de 150 mètres, et inclinée d'au moins 50 degrés. Il faut y faire un escalier de glace. Ce n'est cependant pas la possibilité d'une chûte, qui rend cet endroit dangereux : c'est le froid et le vent qui y règnent. Le sang s'arrête, on tremble, on est couvert de givre, sur cette paroi glacée où on ne peut remuer : on devient pâle et bleu, et quand on voit la neige éclabousser comme de l'écume, les jambes, les mains et les épaules du guide qui taille péniblement, à coups de hache, chaque marche du terrible escalier, des images laponiennes envahissent le cerveau ; on croit être près des pôles, et comme on n'ose bouger, il y a de quoi geler sur place, surtout quand l'oxygène manque aux poumons : car la vie est une combustion : et pour brûler, autrement dit pour vivre, il nous faut beaucoup plus d'oxygène qu'il n'y en a dans l'air subtilisé des hautes régions. J'étais déjà un peu malade sur le *Mur de la Côte*, à 4,600 mètres. Plus haut, bien que les pentes devinssent plus douces, je me traînais : je ne pouvais plus faire 20 pas sans me sentir à moitié asphyxié. Enfin c'est comme un somnambule que j'arrivai au sommet du Mont-Blanc, et que, cinq heures après avoir quitté les Grands-Mulets, j'eus le plaisir insigne de me trouver sur le point culminant de l'Europe (4,810 mètres). Il y gelait à *dix* degrés ! Le ciel, pur jusqu'aux bouts du monde, n'était plus bleu, mais sombre : et réléguée au fond de l'horizon, la terre, noircie par le contraste avec tant de blancheur, ne fesait plus qu'une ceinture infinie de rivages à l'Océan des neiges. Elle ressemblait à de la poix.

Le merveilleux panorama qui se déroule aux yeux éblouis du spectateur sur la cime du Mont-Blanc est quelque chose de tellement prodigieux, qu'il faudrait une journée pour en identifier tous les détails, et une brochure pour les décrire. On croit voir la moitié d'un empire. C'est une image de l'infini, car l'œil le plus perçant ne saurait distinguer, dans une immensité si indécise, le point de contact entre la terre et le ciel. C'est quelque part à une centaine de lieues du spectateur. D'ailleurs il fait généralement trop froid pour observer longtemps, et on ne se rappelle, en descendant, qu'un ensemble gigantesque et confus de pics, de plaines et de glaciers sans fin visible. Ce qui frappait le plus mon imagination, ce n'était pas la vue; c'était plutôt l'effroi des lieux, l'horreur de ces déserts inhabitables, le vide qui m'entourait, et la pensée de ce qui devait se passer là pendant les nuits d'hiver, dans la foudre et le vent. Quelles rages! Quelles luttes! Quels bruits! Quels cataclysmes doivent ébranler alors ce livide arsenal des ouragans et des éclairs! C'était aussi avec un sentiment voisin de la stupeur, que je me demandais pendant combien de siècles il avait dû neiger pour former cette *calotte*, dont les savants estiment la profondeur à **70** mètres! Quelle est là-dessous la vraie charpente, la forme de la montagne, dont le squelette est invisible à tout jamais? Nous n'en avons aucune idée.

Et puis, quand je m'analysais moi-même, je l'avoue humblement, je me reconnaissais à peine. Sans parler de mon corps, qui n'était plus qu'une espèce de machine, mon moral même était atteint, et sous une influence morbide : la prostration était complète. N'étant ni endormi ni éveillé, mes idées étaient vagues et confuses, et je croyais rêver. Enfin le froid était tellement intense, qu'au bout de cinq minutes, je sonnai la retraite.

Et qu'il me soit permis de protester ici contre les

explications de ce *mal de montagnes*, données par quelques-uns de mes collègues de l'« Alpine Club », qui ne voudraient y voir qu'une grande fatigue, ou un « manque d'entraînement ». Une des preuves innombrables du contraire, c'est que tous ces malaises disparaissent à l'instant, dès qu'on retrouve, en descendant, une atmosphère normale et plus oxygénée. Ce n'est qu'une asphyxie momentanée, et qu'on n'éprouve jamais au niveau de la mer, quelque fatigué que l'on puisse être. A mon retour à Chamounix, après treize heures de marche, je m'y promenai jusqu'à minuit, sans la moindre lassitude. Pourquoi donc, au sommet du Mont-Blanc, pouvais-je à peine rester debout?

En repassant aux Grands-Mulets, nous eûmes la bonne fortune d'y trouver le célèbre photographe Andrieux, qui fit poser notre caravane sur le glacier : et cette photographie a été reproduite par Jules Verne, dans un de ses derniers romans.

Je regrette d'ajouter que j'eus avec mes guides une vive et très-pénible altercation, quand il fallut payer la note. Mais l'obligeant commissaire de police les rendit raisonnables, et réduisit leurs exigences à de justes proportions. En chiffres ronds, l'ascension me coûta 400 francs, parce qu'elle avait duré trois jours. Dans tous les cas, il faut compter sur 300 francs.

(Pour une centaine de francs, on peut faire l'ascension du Mont-Rose, qui est presqu'aussi haut, et plus dangereux que le Mont-Blanc).

Zermatt me consola de Chamounix. J'y aime mieux la nature et les hommes. On y est moins intéressé. J'y logeai à l'hôtel du Mont-Rose, chez les frères Zeiler, à l'ombre du Mont-Cervin. Mais voulant faire l'ascension du Mont-Rose, je montai le lendemain à l'hôtel du

Riffel (2,569 mètres), pour y attendre une belle journée, qui s'obstinait à ne jamais venir. Un matin il neigea (!), dans la première semaine d'août. Aussi pendant quatre ou cinq jours, je dus me contenter de quelques promenades sentimentales sur le glacier gigantesque du *Görner*, dont la longueur dépasse 20 kilomètres ! C'est un fleuve. Mais sa pente est si douce, sa surface si unie, que tout le monde peut y flâner, même seul. C'est le « Boulevard » du Riffelberg. J'étais accompagné d'un de mes bons amis, M. Hinchliff, aussi connu par ses lointains voyages et les récits brillants qu'il en a publiés, que par ses ascensions et ses exploits alpestres. Il présida longtemps l'*Alpine-Club*. Madame Weston et son mari charmaient aussi ma solitude. Quant au Mont-Rose, je dus y renoncer, la brume et les bourrasques ne discontinuant pas. J'allai seulement lui dire bonjour et le saluer respectueusement par une belle et glaciale matinée, du haut du *Görnergrat* (3,136 mètres) ; et là, faut-il l'avouer ? je fis de tristes, d'humiliantes réflexions au souvenir de mes chères Pyrénées, en pensant aux fatigues, au nombre d'heures, aux longs efforts et aux préparatifs sans fin qu'exigent les ascensions Pyrénéennes de 3,000 mètres, tandis qu'en Suisse, une promenade d'une heure m'avait suffi pour arriver à cette hauteur, et plus, avant mon déjeûner ! Un excellent hôtel et une table d'hôte m'attendaient là tout près, à l'altitude de 2,569 mètres ! Avant onze heures, la course était finie ! Quel admirable état de choses !

Un jour, impatienté d'attendre pour rien, je fis un coup de tête. Je partis *à dix heures* de l'hôtel du Riffel, avec un chaudronnier, une corde et un poulet. J'escaladai le *Breithorn* (4,148 mètres), et je revins avant la nuit à mon hôtel, après une course vertigineuse.

C'est par le Sud que nous montâmes, après avoir goûté au col *Saint-Théodule* (3,322 mètres). Là encore je trouvai une auberge (!), des lits, des provisions, et du très-bon café. Trois heures après, je fumais un cigarre sur le sommet du Breithorn, d'où l'on découvre les plus grandes neiges des Alpes et de l'Europe. Sur un rayon d'au moins dix kilomètres, l'hiver est éternel. A une heure environ de la cime (côté méridional), on perd littéralement de vue la terre. On est sur une vaste plaine de neige, au centre d'un océan immaculé, formant un horizon au bout duquel on ne voit plus que des cônes toujours blancs et glacés. Au Nord aussi, le Breithorn domine une mer de glace à perte de vue. Se hérissant de 2,000 mètres sur la rive gauche du glacier du Görner, il rappelle ces falaises menaçantes et stériles qui narguent la mer Arctique, en brisent les ouragans, et lui renvoient ses bruits et son écume. J'ai beaucoup voyagé, mais je n'ai jamais vu, dans aucune latitude, de spectacle plus polaire.

Deux ou trois jours après, quittant Zermatt de grand matin, j'allai à *Saas* en franchissant le *col de l'Alphübel* (3802 mètres) avec Johann Krönig, guide merveilleux, véritable acrobate, dont l'instinct, la souplesse, la prudence et la force firent plus que m'étonner : j'en étais ébahi. Quel montagnard! quels muscles, et quelle intelligence ! Il commença par refuser d'aller seul avec moi : il faut être trois au moins, dans ces courses de glaciers. Mais comme le temps était superbe, nous le risquâmes, et la descente sur le glacier de *Fee* se fit sans accident, malgré ses effroyables et monstrueuses crevasses.

Quinze jours après, je revins à Bagnères-de-Luchon. Il faut l'avouer, les Alpes sont magnifiques. Mais si les

Pyrénées sont moins massives et moins neigeuses, elles ont une grâce, une noblesse de contours, de chaudes couleurs, et un soleil qu'on ne trouve pas en Suisse.

Les Alpes représentent l'homme, les Pyrénées la femme. J'aime mieux la femme.

Je me rappelle encore avec ivresse l'heure délicieuse où le clipper le *Brave-Lourmel,* qui m'emportait en 1856 au Pérou, sortit, après un mois de luttes, des mers furieuses et froides de la Patagonie, rouvrit enfin ses ailes aux tièdes brises des tropiques, et se mit à glisser vers l'Equateur et le soleil, sous les caresses du vent du Sud. Lorsqu'apparurent les pics superbes des Andes, ils avaient l'air de fondre dans la lumière..... J'étais ravi. Eh bien! les sensations, les émotions que j'éprouvai alors, je les sentis renaître en moi aussi suaves, aussi vives que jamais, quand de la Place Royale, à Pau, devant les neiges ardentes et vaporeuses des Pyrénées, je me souvins des cimes froides et décolorées des Alpes. Mon cœur eût chaud et tressaillit, car j'ai un culte pour le soleil.

Les Alpes ont une sublimité polaire : elles inspirent une espèce de terreur. Mais il y a quelque chose de céleste dans la beauté des Pyrénées : on y devient rêveur, comme si on entendait un nocturne de Chopin, et elles inspirent une sorte d'amour, que vingt-cinq ans de courses n'ont pas éteint en moi. J'espère goûter encore cet amour sans épines.

TABLE DES MATIÈRES.

A

	Pages.
Accous	78
Achil (île d')	16
Adour	395
Ahusky	392
Aiguillous	228
Aigouillüts	374
Albe (pic d')	94-383
Albe (col d')	383
Albe (brèche d')	40
Alfred (col)	196
Algas	243
Allanz	133
Alos	265
Alpes	409
Alphübel	408
Altaï	364-404
Amoulat	97
Anarouye	204
Anayette	254
Andes	409
Andorre	263
Anie (pic d')	74
Anouillas	97
Aoubé (lac d')	267
Ar (col d')	98
Aragon (col d')	286
Arajuez	390
Aratille	197-280
Arbizon	58
Arcizette	97
Ardiden	50
Ardounes	33
Arensal (port d')	124
Argelès	149

	Pages.
Ariège	146
Ariel	223
Armenia	464
Armes (pic d')	266
Arras (vallée d')	100
Arreau	30
Arrens	145
Arribit	145
Arrius (col d')	224
Arse (cascade d')	266
Arsouë	30
Arualas	209-243
Ascain	394
Aspe (vallée d')	78
Aspé	56
Astazou	23-64
Astos	36-344-348
Aulus	266
Aure (vallée d')	29
Auzat	121
Ax-les-Bains	260
Aygues-Tortes (port d')	245-352
— (pic d')	353
— (cabane d')	244
Ayous (lacs d')	190
Azet	30
Azun (port d')	285

B

Babiel (lac)	156
Bacque (seil de la)	52-344
Bacrabère	147
Badet (pic)	330
— (hourquette)	48-330
Bagueniola (pic de)	304

Bagueniola (lac de)... 307-312
Balaïtous............. 143
— (petit)......... 154
Balinet............... 250
Bantry (baie de)..... 16
Barane (la)........... 147
Barans (lac des).... 192-363
Barbaruens........... 162
Barbe de Bouc.... 54-87-322
Baroude (port et pic de la) 230
Basque (pays)......... 392
Bassia-Sailla.......... 34
Bassiès (pic et lacs)... 122
Bassivé (col de)....... 47
Batchimale (grand).... 350
— (petit)....... 356
— (cascade de). 237-357
— (lacs de).... 246-356
Baticiel (lac)......... 36
Batoua........ 247-356
Bécibère (lac)......... 193
Bédous............... 78
Belle-Sayette....... 241-294
Belle-vue (terrasse)..... 138
Bernère............... 389
Bézines (col de)........ 264
Biarritz......... 182-385
Bielsa............... 167
— (port de)........ 234
— (cascade de)..... 136
— (cirque de)..... 138
Bisouri............ 96-386
Blanc (lac)............. 264
Bleu (lac) de Luchon.... 336
Bondellos (lacs)........ 209
— (col)......... 210
— (pic)......... 213
Bossons (glacier des). 398-399
Boucharo............ 284
Boulogne............. 74
Boulou............... 333
Boum (pic de).... 335
Bouquesa............ 253
Bouquetins........... 380
— (col des)..... 377
Bramatuero........... 198
Breithorn............. 407
Bugarret (lac de)....... 88
— (hourquette de). 89

C

Caballos (passo de los)... 232
Cabanasse (la)...... 258-263
Caillaouas (lac)..... 247-294
Caldas de Bohi........ 194
Cambalès... 283
Cambiel (pic de)....... 326
— (cabanes de)... 48
Campo................ 164
Canaou-Roya.......... 252
Canfranc............. 269
Canigou.............. 257
Cantaleras 268
Caouarère (port de)..... 247
Cap de Long (lac de).. 89-334
Carbounouse........... 87
Carlitte (pic)......... 260
— (lacs)......... 263
— (col).... 262
Cascade (col et pics de la). 74
— (source et glaciers de la)... 104
— (précipices de la). 129
Casque............ 85-94
Castaneza............ 47
Castelabarque.......... 287
Cauterets............. 203
Cerbillonas............ 185
Cestrède......... 56-204
— (pic de)........ 324
Chamounix........... 398
Chausenques (brèche de). 333
Cinca................ 166
Clarabide (port de) 243-294-350
— (gorge de) 30-242-354
Clare (Irlande)........ 16
Clot de la Hount....... 185
Collarada (Peña)....... 268
Collat............... 266
Como la Forno........ 192
Coronas (col de las)..... 164
Coroné (lac).... 42-366-367
Corridor............. 403
Cotieilla............. 158
Couflans......... 120-265
Couplan.............. 89
Couret (col de)..... 248-290
Courtaou (pic et cabane). 243

Courtaou (col).......... 293
Crabioules (pic)........ 314
— (col)... 35-145-343
— (lac de)...... 343
Cristail (pic)........... 154
Culaous (col et pics). 200-321-322
Cylindre du Marboré... 60

D

Déjeûner (rocher du).... 147
Doumblas............. 145

E

Echo (port d')........ 387
Enfer (pic d')......... 203
— (col d')........ 205
— (lac d')........ 206
— (porte d').... 218-290
— (rue d')..... 112-113
Englas (lac d')........ 99
Eristé........... 39-289-304
— (pic d')..... 299-304
— (col d')............ 299
Esparrets............ 134
Esquierry..... 218-289
Essera............ 42-159
Estaëns (lac d')........ 388
Estaragne............. 330
Estats (pic d')......... 127
Estaubé............. 166
Estoum (lac d')........ 57
Eyne................ 258

F

Fache (grande)........ 225
— (petite)......... 286
— (col de la)...... 226
Fachon.............. 156
Fanlo (pics de)........ 138
Fee (glacier de)....... 408
Foix................ 117
Fonvive............. 261
Fourcaral............ 136
Fulsa......... 232-234

G

Gabiétou............. 254
Galway 16
Garin............... 52
Gaulis.............. 25
Gavarnie.......... 28-103
Gela (pic de la)..... 201-228
— (cabane).......... 229
— (lac)........... 229
Genève (lac de)....... 397
Génos........ 238-241-357
Ger (pic de).......... 67-97
Gistain (Plan de). 178-236-303
— (Port de)...... 294
Glaciers des Pyrénées... 240
Glaire (la)............ 334
Gloucester........... 76
Görnergrat 407
Gours-Blancs (pic des).. 217
Gourzy 67
Grand-Plateau...... 402-403
Grands-Mulets........ 400
Gregonio (lac)....... 41-278
— (col)........... 41
Guchen............. 58
Guerreys........... 250

H

Héas............. 212-227
Héchempy (port)....... 231
Hermittans........... 344
Himalaya 358
Hiver (ascensions d').... 66
Hospitalet........... 263
Hotal (val d')......... 281
Houle (col de la)....... 56
Hourque (la).......... 351
Huesca.............. 216

I

Ice-bergs 52
Inde................ 17
Isards (col des)....... 102
Izabe (lac d')......... 96

J

Jaca.................. 216-272
Japon................. 17

L

Labassa............... 150
Laberou............... 80
Lanoux (lac).......... 261
Lardana............... 305
Larrau................ 392
Légné (pic de)........ 243
Lescun................ 78
Litayrolles (lac). 35-90-112-313
— (port de)..... 314
Llo (col de).......... 259
Llors................. 263
Londres............... 75-327
Long (pic)............ 47-88
Lourtiga.............. 218-290
Louseras.............. 324
Luchon (Bagnères de).. 314
Lustou (pic de)....... 29
Luz................... 24
Lys (cirque du)....... 143
— (glaciers du)....... 342

M

Madera (port de)...... 247
Mahomet (pont de)..... 368
Mal de montagnes...... 406
Maladetta (pic Est).. 239-276
— (pic Ouest)... 383
— (glacier)..... 92
— (col de la)... 278
Mâle (Soum de)........ 56
Male-Rouge (col de)... 55
Malibierne (pic de)... 46-376
— (col, lacs, vallée de)...... 45
Malvern Hills......... 76
Marboré (pic du)...... 71
— (gradins du).... 84
Marc (pont de)........ 124
Marcadau... 204-217-288-392
Maudits (Monts)....... 43
Maupas (Tusse de). 54-339-342

Méchant (pic)......... 334
Mède (pic de)......... 267
Mérens................ 260
Midi (pic du) d'Ossau... 189
— (de Bigorre).... 255-395
— (de Génos)...... 243
Miguelou (lac)........ 145
Milieu (pic du)....... 42-109
Millaris.............. 25
Moines (col des)...... 269
Montagnette........... 356
Montaigut (col de).... 287
Montarouye (col de)... 343
Montarto.............. 194
Mont-Blanc............ 396
Montcalm.............. 123
Montferrant........... 93-187
Montlouis............. 258
Mont-Perdu... 25-99-133-318
— (col du)...... 62
— (lac glacé du) 64-434
— (cabane du). 348-385
Montrouge............. 120
Moudang (port de)..... 234
Moulières (col et pic)... 196
Mounges (Tuc dous).... 57
Mulets (col des)...... 184
Munia (pic de la)..... 204
— (col de la)...... 324
— (lacs de la)..... 324
Mur de la Côte........ 403

N

Néous (glacier de las)... 144
— (brèche de las)... 157
Néouvielle............ 332
Néthou...... 36-107-314-358
— (glacier du)... 109-366
— (col du)...... 109-277
— (lac)......... 381
Newhaven.............. 77
Niscle (col de)....... 135-137
Nive.................. 261-392
Nivelle............... 394-395
Nuria................. 259

O

Oncet (lac d')........ 63

Oo (lac d')............	33-334	Potosi.................	358
— (lac glacé d').......	52-343	Pouchergues (lac de)...	293
— (Port d')	53-217-343	— (cascade de).	243
Ordino.................	263	Prades.................	257
Orientales (Pyrénées)....	256	Pragnères..............	87
Oroël..................	272	Puigmal................	258
Orrédon (lac d')........	334	Puymorens (col de).....	263
Orrhy (pic d')...........	392	Pyrénées...........	361-409
Ossoue (glacier d')	93-187		
Oulettes (cascade des)...	69		
Ourdissette.............	232		

Q

Quaïrat (pic).......... 343

P

R

Pallas (pic)..........	147	Rabiet (lac)............	88
Paloume (porte de la)..	58	Ramond (société).......	211
Panticosa..............	215	— (soum de)..	318-385
Paoul (glacier de)......	37	Ramougn...............	337
— (gorge de).......	345	Rencluse (la)......	109-360
— (col de).......	37-347	Rhune (la)............	393
— (cabanes de).	339-344-348	Rialp..................	264
		Rieus (port et lac de)...	195
Pardina................	232	Riffel................	46-407
Passeports.............	265	Rimoula (pont de).....	65
Pau....................	409	Rio-Bueno (lacs de)....	44
Pédrous................	264	Riou-Majou............	247
Pékin..................	17	Rochers-Blancs.........	63
Perche (col de la).	258	Roland (brèche de).	85-24-100-197
Perdighero.............	33		
— (col du)........	34	Roncevaux..........	392-395
Pétard (pic)........	243-354	Royo (pic).............	314
— (cabane de)......	354	Russell (pic)........	44-377
Péterneille..............	198		
Petit-Plateau............	404		

S

Pez (port de la)...	237-357	Saas...................	408
— (vallon de la).....	33	Saint-Barthélemy (pic)..	122
Piedra-Fitta.......	157-207	Saint-Jean-de-Luz......	393
Pierrefitte (col de)......	89	Salau (port de).........	265
Pierre-pointue.........	398	Saldeu (port de)........	263
Pierre St-Martin (port)	153-285	Saleix (col de).......	121-123
— (gorge de la).	153-157	Salenques (gorge de la)	192-363
— (lacs de la).....	157	— (col de la).	192-374
Pijeol (cabane de)......	125	Sallent................	144
Piméné.................	211	Saoucet................	328
Pinède (port de).......	166	Saoun..................	159
Portet-St-Simon........	128	— (col de)...	159-184-314
Portillon...............	34	Saragossa............	246
— (lac du).......	33-54	Saravillo...............	169
Posets........	36-288-347		

Sarettes (col)	209	Turbon	173-235
Sarrat	264	Turmes	36-349
Scilly (îles)	356		
Sègre (pic de)	259	**U**	
Sénet	47		
Serra-Moureune	204	Urdos	386
Sesques (pic de)	95	Ustou (St-Lizier d')	266
Sibérie	17-98		
Siguier (port de)	264	**V**	
Silence des montagnes	316		
Sobe (col de)	224	Vaccas (col de las)	231
Somport	269	Vénasque	305
Soubiron (lacs d'Estoum)	57	— (Hospice de)	349
— (col)	488	— (Port de)	108-349-360
Suelsa	232	— (Bains de)	279-343
Suyen (lac)	145	Vernet	256
		Vert (lac)	336
T		Vicdessos	120-265
		Vidaillet	47
Taconnay (glacier du)	399	Vieil (Port)	326
Taillon (pic)	87-255	Viella (Port de)	47
— (glacier du)	86-143	Vignemale (Grand)	68-93-487
Tapise	75	— (Petit)	94
Tarascon	118-264		
Tempêtes (pic des)	46-367-382	**Y**	
Tendenera	280		
Théodule (col Saint-)	408	Yp (cirque et lac d')	274
Toro (trou du)	361-369		
Tourat (lac)	49	**Z**	
Tringonné	231		
Trumouse	202-229	Zélande (Nouvelle)	17-219
Tuque-Rouye	133	Zermatt	406